21世纪应用型本科系列教材

广播电视类

段兰霏 主编　冯春燕　姬晨晨　张正学 副主编

非线性编辑
NON-LINEAR EDITING

中国传媒大学出版社
·北京·

前 言

随着数字技术，特别是视频压缩技术的迅猛发展，影像传播成为当下信息传播的主流，影像制作活动越来越普及。不管是电影还是电视节目，其制作过程都需要一个共同的技术，那就是非线性编辑技术。没有扎实的操作技术，许多好的创作构思也将无法实现。本书作为大学生学习非线性编辑的实训教程，主要以实训操作为主，核心内容是非线性编辑软件操作方法和技巧的学习。

多年的后期制作和教学经验让笔者认识到，学生学习一个软件可能不难，可如果要把学到的知识点应用到解决实际问题上，学生往往不知如何正确、合适地去使用一个软件的各种功能。所以，我以数字影视后期制作技术的原理为基础，结合在“非线性编辑”课程中的实践教学案例，再加上来自一线设计师的实践案例，编写了这本实训教程。实训练习能使学生熟练运用所学的软件，将技术操作与实际应用相结合。

针对传媒院校学生特点，在编写这本书时，我们采用了“实战讲解”的方式，将所有知识点融化在实例中，让学习者知道“需要什么效果”，掌握“如何实现效果”，以快速扎实掌握实用的技能；让学习者学习体会第一线的工作要求，即如何高质量、快速地完成非线性编辑的工作。因此，本书也适合当作传媒院校相关专业的学生实训教材。

本书分为十六章：第一章主要介绍视频制作的基本概念和知识以及非线性编辑系统概说；第二章至十一章讲解了Adobe Premiere Pro非线性编辑软件的操作方法，辅以大量精心设计的实训案例，包括时间线的操作方法与技巧、字幕的创建、视频过渡效果、关键帧的运动效果、各类视频特效的使用方法、抠像及调色技术、视音频合成，以及节目输出等；第十二章至十六章介绍了影视制作领域另一个主流的编辑软件EDIUS的操作方法。

本书具有两个特点：第一，为了拓展学习者的应用面，内容上综合了Adobe Premiere Pro、EDIUS这两款影视制作领域主流的、专业级别的非线性编辑软件，学习者可以根据自己的工作环境有选择地学习；第二，本书实训案例丰富，并附带所有案例的素材文件、最终效果演示工程文件、教学课件。实例讲解图文并茂，实例操作详略得当、重点突出，本书为学习者提供了完善的练习平台，更便于高校专业教学，解决了教学中素材缺乏的问题，具有较强的实用价值。

本书的编写得益于教师团队的共同努力，无论是前期的构思、中期的编撰还是后期的修改，张正学、冯春燕、姬晨晨老师都提出了很多重要的建议，在此表示感谢。

虽然我们竭尽所能认真撰写，但由于能力有限，书中难免有不足之处，敬请批评指正。

段兰霏

2020年7月25日

目　录

第一章　数字视频编辑基础

在当前的媒体形式中，最受人追捧的、最能长时间吸引人们眼球的莫过于视频。在电视机上看到的电视节目，在电影屏幕上看到的电影大片，以及在计算机上看到的动态图像，都属于视频范畴。

从20世纪90年代开始，随着数字技术和计算机技术的飞速发展，基于计算机平台的数字视频编辑方式已逐步取代了基于磁带的传统线性编辑方式，并成为当今视频编辑的主流。所以，现在的“非线性编辑”就是指数字视频编辑。

第一节　数字视频基本概念

数字视频(Digital Video)是以数字信息记录的，先用数字摄像机等视频捕捉设备，将外界影像的颜色和亮度等信息转变为电信号，再记录到存储介质中。视频资料的数字摄像机如图1-1-1所示。

图1-1-1　数字摄像机

一、视频运动原理

我们观看电影、电视以及网络视频时会发现画面中的人物和场景是连续运动着的。其实，这些连续运动着的画面可以被拆分为一个个不连续的静止的图像，也就是说，运动的影视图像实际上都是由连续的静止画面构成的。由一系列静止图像组成的电影或电视影像为什么会动？传统的解释是由于人眼存在“视觉暂留”现象。这种现象就是说，当一个物体或图像以一定的速度从我们眼前闪过的时候，图像消失后，影像仍然会滞留在视网膜上一段时间，大概0.1～0.4秒。因此，当人眼看到一连串略有差异的影像时，每个影像都有一个短暂的滞留，这些影像连在一起，人眼便感知到了平滑的运动影像。电影和电视的影像运动正是利用了人眼的这一视觉暂留特性。例如电影胶片以每秒24格画面匀速转动，这就相当于每一格画面给人眼的刺激是1/24秒(相当于0.04秒)，由于人的眼睛有视觉暂留的特性，一个画面的印象还没有消失，下一个稍微有一点差别的画面又出现在荧幕上，连续不断的印象衔接起来，就形成了活动影像的效果。

实际上，人眼对影视图像的运动感知，远不只视觉暂留这样简单，它和人复杂的心理认知机制有关。人眼和大脑存在运动感知系统、细节感知系统和模式感知系统，我们感知的运动应该是多种因素综合作用的结果。

二、模拟视频信号与数字视频信号

按信号组成和存储方式的不同，电视信号可以分为模拟信号和数字信号两种方式，所以反映图像信息的视频信号也就分为模拟视频信号和数字视频信号两种类型。

模拟视频信号用一种连续记录的模拟电磁信号来表现图像信号的变化。模拟视频信号的处理是对信号本身的处理，由于记录媒体在信号传输过程中还会产生噪声，再处理时信号已经是上次失真的波形信号了，这样经过一次次处理后，失真就会越来越大。

随着电子技术的飞速发展，数字技术首先使音频和视频的记录方式发生了变化，产生了数字音视频信号。数字视频信号处理的本质是信号的“再生”，是用一连串离散的、不连续的0和1组成的数字序列来表示视频图像幅度变化的模拟量。在重放、传输和处理信号时，即使有外界干扰，信号也会很容易得到纠正并恢复，从而保证信号的高精度、高可靠性和高质量。信号的传输处理还可以采用压缩技术，通过减小占用带宽来加大传输的数据量。

数字视频信号的获取方式有3种，第一种是由数字摄录设备直接记录，第二种是由电脑软件制作，第三种是由模拟信号转化。

三、数字视频基础知识

1.电视制式

电视制式是电视信号标准的别称。制式的区别主要在于场频、分辨率、信号带宽等表述的不同。目前存在3种制式，分别为：

NTSC(National Television System Committee)：由国际电视标准委员会规定的彩色电视广播标准。美国、加拿大等大部分西半球国家以及日本、韩国、菲律宾等国家均采用这种制式。NTSC制式的电视系统规定每秒30帧或29.97帧图像，即帧速率可以为30帧/秒或29.97帧/秒两种，场频是60Hz或59.94Hz。NTSC制式每帧有525条扫描线，其中480条为可见扫描线。所以NTSC制式可表示为480/60i(i表示interlaced隔行扫描)等形式。

PAL(Phase Alternating Line)：意为逐行倒相正交平衡调制，指在信号传输编码时，相邻两行的色度信号发生倒相，这样即使亮色分离不佳，由于彩色相位逐行改变，小幅度的串色也可以通过视觉平衡得到补偿。这就克服了NTSC制式因为敏感而造成色彩失真的缺点。中国、新加坡、澳大利亚、新西兰、英国及一些西欧国家均采用这种制式。PAL制式的电视系统规定每秒25帧图像，帧速率为25帧/秒，场频是50Hz，每帧有625条扫描线，其中576条为可见扫描线。所以PAL制式可表示为576/50i等形式。

SECAM(Sequentiel Couleur A Memoire)：法文缩写，意为顺序传送与存储彩色电视系统，是由法国在1956年制定的彩色电视制式。使用SECAM制式的国家主要是法国、东欧和中东一带的国家。SECAM的技术参数同PAL制式基本相同，区别在于SECAM制式的色彩是调频信号调制的。

2.帧和帧速率

帧是影像动画的基本组成单位，一帧就是一个静止画面，相当于电影胶片中的一格镜头。电影、电视包括动画都是通过一连串快速且连续的画面在人眼中产生视觉暂留现象，从而使人感觉画面在动。视频是由一系列单独的静止图像组成的，每秒钟放映若干张图像，会产生动态的画面效果，因为人脑可以暂时保留单独的图像，这些构成连续画面的每一个静止图像是一帧。

帧速率是显示或者处理帧的速率，以秒为时间单位，即每秒钟播放的帧的数量就是帧速率，通常用帧/秒来表示。帧速率的数值在24–30，才会产生平滑、连续的效果。帧速率取决于输出的媒体，PAL制式的电视系统的帧速率为25fps，NTSC制式的帧速率为30fps，而电影胶片的帧速率是24fps。

3.扫描方式

图像的顺序分解与复合的过程称为扫描。在扫描过程中，电子束是从左向右、从上到下进行扫描的，主要有隔行扫描(Interlace)和逐行扫描(Progressive)两种方式。

隔行扫描(i)是将一帧图像分成2场进行扫描。电子束先自上而下地扫描每帧图像中的奇数行，即第1、3、5……行，在扫描完一帧图像中的全部奇数行后，再回到图像上端依次扫描一帧图像中的偶数行，即第2、4、6……行。这样，一帧图像经过两场扫描，所有的像素可全部扫完。我们把扫奇数行的场称为奇数场，把扫偶数行的场称为偶数场。

逐行扫描(p)是电子束一行接一行地从上到下扫描整幅(帧)画面的方式。

我国的标清和高清电视标准均采用隔行扫描方式。

4.场

场是隔行扫描的产物，扫描一帧画面时由上到下扫描，先扫描奇数行，再扫描偶数行，两次扫描完成1幅图像。由上到下扫描1次叫做1个场，1幅画面需要2次扫描来完成。在扫描每秒25帧图像的时候，由上到下扫描需要50次，也就是每个场间隔1/50秒。如果制作奇数行和偶数行间隔1/50秒的有场图像，可以在隔行扫描的每秒25帧的电视上显示50幅画面。画面多了自然流畅，跳动的效果就会减弱，但是场会加重图像锯齿。

5.像素与分辨率

像素是显示器或电视上的图像成像的最小单位，我们可以把像素理解成一些小点，放大显示器我们看到的图像就是由一些颜色不一的小点组成的。所以，才会有了像素越高，图像越清晰的说法，因为像素越高，小点越密集，形成的图像就越精细清晰。

像素比就是一个像素的长宽比例。

图像分辨率是指图像中包含像素的数量，也叫图像清晰度。图像的水平分辨率×垂直分辨率就是图像分辨率。现在常用的分辨率是1920×1080，意思是屏幕水平方向有1920个像素，垂直方向有1080个像素。

6.画幅宽高比

画幅宽高比是指电视和电影影像宽度和高度之比，也可以说是组成画面图像的像素在纵横方向的数量比。常见的画幅宽高比有4：3和16：9两种，后者呈现的画面因为更接近于人眼的实际视野，所以是现在主流的画幅宽高比。

7.颜色深度

图像中每个像素可显示出的颜色数量为颜色深度。颜色深度通常用2的幂指数来表示，常用的颜色深度有1位、4位、8位、24位等。1位颜色深度的图像只能表示$2^1=2$种颜色，我们把它称为单色图像；4位和8位颜色深度分别可以表示16种和256种颜色；还有一种常说的灰度图像，所能表示的是从黑到白的256种非彩色图像；24位颜色深度能够表示1600多万种颜色，我们称之为全彩色或真彩色。人眼无法识别真彩色以上的颜色。

8.RGB模式

RGB模式是影像成像的色彩模式，就是常说的电视三基色。R代表Red(红色)，G代表Green(绿色)，B代表Blue(蓝色)。RGB模式又称RGB色空间，它是一种色光表色模式，广泛应用于我们的生活中，如电视机、计算机显示屏、幻灯片等都是利用光来呈色。印刷出版中常需扫描图像，扫描仪在扫描时首先提取的就是原稿图像上的RGB色光信息。自然界中肉眼所能看到的任何色彩都可以由这三种色彩混合叠加而成，因此，RGB模式也称为加色模式。

在计算机定义颜色时，R、G、B三种色彩的取值范围是0–255，0表示没有刺激量，255表示刺激量为最大值。R、G、B均为255时就合成了白光，R、G、B均为0时就形成了黑色，当R、G、B两两相加时将得到不同的“C、M、Y”颜色。在显示屏上显示颜色定义时，往往采用RGB模式。

9.高清电视

高清晰度电视(High Definition Television)是数字电视(DTV)标准中最高级的一种，简称HDTV。其在拍摄、编辑、制作、传输等一系列电视信号的播出和接收全过程都使用数字技术。

较之标清，高清最大的优势就是具有更高的画面清晰度。国际电联给高清晰度电视的定义是：高清晰度电视应是一个透明系统，一个正常视力的观众在距该系统显示屏高度的3倍距离时所看到的图像质量后的印象应与观看原始景物或表演时所得印象相同。所以，HDTV水平和垂直清晰度是常规电视的2倍左右，并且HDTV配有多路环绕声。

数字高清电视有1080i和720p两种标准，分辨率最高可达1920×1080像素，1080或720表示的是每帧的有效扫描行数。高清电视的画幅比为16∶9，声音支持5.1环绕立体声系统。

从画质上来看，高清的分辨率基本上相当于传统模拟电视的4倍，画面清晰度、色彩还原度都要远胜于传统电视。同时，4∶3的画幅也变为了16∶9，更符合人们的视觉习惯，而且由于画幅正好可以适应人眼的视角范围，因此，“16∶9”又被誉为视觉的黄金比例。

从拍摄角度来看，首先，如果要拍摄主体的最清晰影像，就必须在所用焦距状态下直接精确调焦，否则即使是微量的焦点漂移，也将被高清电视清楚地放大在观众面前。因此，拍摄高清影像应该尽量多用定焦和广角，拍摄运动物体尽量少用推、拉、摇的方法，最好能在高清监视器中现场监看。其次，由于高清画面本身的特点，许多传统上可以忽略的非主体画面的细节，如某些灯光、道具等，也会清晰地表现在屏幕上，这就需要制作人员以新的标准来处理从前期至后期的各个环节，以符合高清影视的要求。

总之，高清电视对广大专业影视从业人员来说，意味着意识、技术、软件和硬件方面的巨大革新。

10. 2K和4K标准

2K和4K标准是在高清之上的数字电影格式，代表的是更清晰的画面影像。2k是指图片水平方向的线数是2×1024。(高清电视的分辨率为1920×1080，2K数字电影的分辨率与高清电视的分辨率大致相当)。4K是指图片水平方向的线数为4×1024。4K数字电影指拥有4096×2160分辨率的数字电影，其总像素数超过了800万，是2K投影机和高清电视分辨率的4倍，其图像更清晰。

真正意义上的4K数字电影，是指用4K摄像机拍摄并用4K放映机放映的数字电影。

11.流媒体和移动流媒体

流媒体(Streaming Media)是指采用流式传输的方式，在网络上进行实时的、无需下载并等待的播放技术。流媒体是边传边播的媒体，是多媒体的一种。边传边播是指媒体提供商在网络上传输信息的"同时"，用户也在不断地接收并观看或收听被传输的信息。"流"媒体的"流"指的是这种媒体的传输方式(流的方式)，而并不是媒体本身。流媒体的出现极大地方便了人们的工作和生活。目前，主流的流媒体包含声音流、视频流、文本流、图像流、动画流。

移动流媒体可以在移动设备上实现视频播放功能，一般情况下，移动流媒体的播放格式是3gp格式。目前使用较多的是4G手机上网，在线接收移动流媒体信息。非线性编辑软件可以将编辑后的影片输出为指定的流媒体格式，并通过移动设备和网络发布，在网络和无线网络的各种终端播放。

四、数字视音频压缩基础

在使用数字视频制作影视节目时需要考虑的一个重要因素是文件大小，因为数字视频文件往往会很大，将占用大量硬盘空间。视频信息中有一部分是"冗余信息"，比如相同的亮度和颜色等，而删除这些信息后，人们的视觉系统并无察觉，这就决定了数字视频能够有效地被压缩。当声音和画面被压缩后，它们可以更高效地被CPU处理，并能减少数据量，减少视频及音频文件占用的硬盘空间。压缩也是视频在网络上传播的关键，必须将文件大小压缩至带宽允许的程度才可以被用户下载。因此，要使视频得到有效应用，必须首先解决视频的压缩编码问题。

当然，视频动态画面一经压缩，画面就会有损失，压缩的格式不一样，得到的图像质量也不一样。

1.采样格式

采样格式就是在视频信号输入计算机时所规定的颜色和亮度的采集比例，也是一种压缩的概念，PAL制用YUV(亮度/色差)模式，N制用YIQ模式。我们知道，在屏幕上图像是用RGB来表示颜色的。采样前首先把RGB转换成YUV信息，其中Y是亮度分量，U和V是色度分量；然后由编码器对YUV采样，生成码流，进行压缩。这样可以使亮度与色度分离，既不降低图像的分辨率，又能减少数据量。目前，YUV图像的主流采样格式有“4：4：4”“4：2：2”“4：2：0”，其中，“4：4：4”采集的图像信息包含了所有的亮度信息和颜色数据量，是最保真的方式，当然需要的信息存储空间也是最大的。

“4：2：0”的色度采样方式相比其他采样格式，色彩还原度要逊色得多。

2.码流/码率/视频比率

码流，是指视频文件在单位时间内使用的数据流量，也叫码率，是视频压缩编码中控制画面质量最重要的部分，视频比特率与码流可以说是同一个事物的两种名称。

3.可变比率

可变比率的特点是可以根据编码的内容动态地选择合适的比特率，因此，编码的结果是在保证画面质量的同时又照顾文件的大小，很受欢迎。

4.压缩率

压缩率是描述压缩文件效果的名词，指的是源文件和压缩文件之间的比率，比如100M的文件压缩后是90M，压缩比就是10：9。一般，压缩率越小，图像清晰度越高；压缩率越大，图像损失也就越大，但是文件占用的空间就越小。

5.常见的视频标准与格式

DV格式是一种国际通用的数字视频标准，它通过1/4英寸的金属蒸镀带来记录高质量的数字视频信号。DV视频的亮度取样频率为13.5MHz，使用4：2：0数字分量记录系统，使用帧内压缩，允许2声道、48kHz、16比特录音，或者用4声道、32kHz、12比特录音。常见的MiniDV使用磁带(65mm × 48mm × 12mm)，专业DV的视频数据比率为50Mb/s增加了比率。

DV25格式是普通DV摄像机MiniDV、DVCAM和Digital8等视频格式所用的视频压缩标准。DV25采用4：1：1抽样视频，5：1的压缩比。DV25的视频数据比率是25Mb/s，专业DV的视频数据比率为50Mb/s。

Avi格式是指视频和音频以交错的方式储存。Avi格式最大的特点是图像质量高，用不压缩的方式，采集原始模拟视频，可以获得最优秀的视频图像。缺点是对数据没有压缩，占用空间过大。

MPEG是一种压缩力度很大的视频压缩标准。其最大压缩比可达到200：1。当前MPEG的主要标准有以下几种。

MPEG-1制定于1992年，是VCD和CD的压缩标准，是针对1.5Mb/s及以下的影音视频的数据编码标准，使用4：2：0抽样，码流不超过1.8Mbps，没有处理隔行扫描图像的相应工具。MPEG-1支持的分辨率是352×240(NTSC)或者352×288(PAL或SECAM)。这种视频格式的文件扩展名包括.mpg、.mlv、.mpe、.mpeg及VCD光盘中的.dat文件等。

MPEG-2制定于1994年，是DVD压缩标准，是针对3 Mbps-10 Mbps的影音视频的数据编码标准，使用“4：2：0”或“4：2：2”或“4：4：4”抽样，最高分辨率为1920×1080，支持5.1环绕立体声，可用于隔行扫描和逐行扫描视频编码。这种视频格式的文件扩展名包括.mpg、.mpe、.mpeg、.m2v及DVD光盘上的.vob文件等。

MPEG-4制定于1998年，关注的是极低码率的视音频编码。MPEG－4是为了播放流媒体的高质量视频而专门设计的，可利用很窄的带宽，通过帧重建技术，压缩和传输数据，以求使用最少的数据获得最佳的图像质量。目前，MPEG-4最有吸引力的地方在于它能够保存接近于DVD画质的小体积视频文件，主要应用目标为数字电视、交互式图形应用和交互多媒体等。这种视频格式的文件扩展名包括.asf、.mov和.avi等。

MPEG-7与压缩无关，它是关于元数据的，并不是一种压缩编码方法，而是一个多媒体内容描述接口标准。MPEG-7力求能够对日渐庞大的图像、声音信息等多媒体资料进行有效管理和迅速搜索。

MPEG-21是一些关键技术的集成，能够控制对保密信息以及与内容相关的商业事务的存取。因此其用途多是为多媒体信息用户提供透明而有效的电子交易和使用环境，在电子商务活动中发挥着重要的作用。

随着市场需求的变化，在尽可能低的存储情况下获得好的图像质量和低带宽图像快速传输已成为视频压缩的两大难题，为此IEO/IEC/和ITU-T两大国际标准化组织联手制定了新一代视频压缩标准H.264。真正的H.264分辨率有720p、1080i、1080p三种。H.264能以较低的数据速率传送基于互联网协议(IP)的视频流，在视频质量、压缩效率和数据包恢复丢失等方面，超越了MPEG-2、MPEG-4视频通讯标准，更适合窄带传输。

RMVB格式是网络在线音频视频压缩格式中的标准。这是一种由RM视频格式升级延伸出的新视频格式，它的先进之处在于打破了原先RM格式那种平均压缩采样的方式，在保证平均压缩比的基础上合理利用比特率资源，就是说静止和动作场面少的画面场景采用较低的编码速率，这样可以留出更多的带宽空间，而这些带宽会在出现快速运动的画面场景时被利用。这样在保证了静止画面质量的前提下，大幅度地提高了运动图像的画面质量，从而使图像质量和文件大小之间达到了微妙的平衡。RMVB格式的特点是图像质量高、占用空间小。

ASF(Advanced Streaming Format)格式是微软为了和现在的Real Player竞争而推出的一种视频格式,用户可以直接使用Windows自带的Windows Media Player播放ASF格式的视频。ASF格式使用了MPEG-4的压缩算法,所以压缩率和图像的质量都很不错(高压缩率有利于视频流的传输,但图像质量肯定会损失,所以有时候ASF格式的画面质量不如VCD是正常的)。与RM格式相比,通常RM视频更柔和一些,而ASF视频则相对清晰一些。

WMV(Windows Media Video)格式也是微软推出的一种采用独立编码方式并且可以直接在网上实时观看的视频文件的压缩格式。WMV格式的主要优点包括:本地或网络回放、可扩充的媒体类型、部件下载、可伸缩的媒体类型、流的优先级化、多语言支持、环境独立性、丰富的流间关系以及扩展性等,这些特点使得它更适合在网络上传输。

WMV9是微软继WMV格式后发布的流媒体编码标准,与RMVB一样引入了可变比率VBR(Variable Bitrate)的编码方式,其性能和编码质量与RMVB相近。

MOV格式是Apple计算机公司开发的一种音频、视频文件格式,默认的播放器是QuickTime Playel。MOV格式具有跨平台、压缩效率高、支持网络流媒体播放等优点,还可以针对不同的网络环境选择不同的转换压缩率,无论是在本地播放还是在网上传播,都是一种优良的视频编码格式。

FLV是动画文件格式,是随着Adobe公司推出的Flash MX发展而来的网络流媒体视频格式。视频部分使用H.263编码,音频部分使用MP3编码,也支持无压缩音频。FLV文件体积小,加载速度快,目前在很多视频网站中广为使用,是使用最为广泛的视频传播格式图像。

DivX格式是由MPEG－4衍生出的另一种视频编码(压缩)标准,也即我们通常所说的DVDrip格式,它采用MPEG-4压缩算法的同时又综合了MPEG-4与MP3的技术,即DivX格式是使用DivX压缩技术对DVD盘片的视频图像进行高质量压缩,同时用MP3或AC3压缩音频,然后再将视频与音频合成并加上相应的外挂字幕文件而形成的视频格式。该格式最大的特点是能够在较高压缩率的情况下保持较为清晰的影音品质,其画质不低于DVD,但是体积只有DVD的1/10。这种编码对机器的要求也不高,所以DivX视频编码技术可以说是一种对DVD造成最大威胁的新生视频压缩格式。这种格式借用了AVI文件的扩展名,但不是标准的AVI文件。所以播放DivX影片前,必须先安装PMEG-4(DivX)解码驱动程序。

DVD采用的是MPEG-2的压缩标准,画面清晰,音质优越。

6.音频常见的编码与格式

PCM编码是Pulse Code Modulation(脉冲编码调制)的缩写。PCM编码的最大优点就是音质好，最大缺点就是体积大。我们常见的Audio CD就采用了PCM编码，一张光盘只能容纳72分钟的音乐信息。

WAV格式是Microsoft Windows提供的音频格式，可使用多种音频编码压缩，最大优点是音质好，兼容性好，体积小。虽然WAV文件可以存放压缩音频甚至MP3，但它本身的结构注定了它的用途是存放音频数据和做进一步的处理，而不是像MP3那样用于聆听。目前所有的音频播放软件和编辑软件都支持这一格式，并将该格式作为默认文件保存格式之一。

MP3（MPEG Audio Layer Ⅲ）音频格式是伴随着MPEG-1而开发的，MP3可以实现12∶1的压缩比例，同时又能保持相当不错的音质。MP3格式引入了可变比率VBR（Variable Bitrate）的编码方式，这种编码方式的特点是可以根据编码的内容动态地选择合适的比特率，编码的结果是在保证音质的同时又照顾文件的大小，因此深受欢迎。目前，MP3格式依然是世界上最流行的音频压缩技术。

AAC编码是Advanced Audio Coding（高级音频编码技术）的缩写，是杜比实验室为音乐社区提供的技术。AAC号称最大能容纳48通道的音轨，采样率达96 kHz，并且在320Kbps的数据速率下能为5.1声道音乐节目提供相当于ITU-R广播的品质。和MP3比起来，它的音质比较好，也能够节省大约30%的储存空间与带宽。它是遵循MPEG-2的标准所开发的技术。

WMA是Windows Media Audio编码后的文件格式，由微软开发，WMA针对的不是单机市场，竞争对手是网络媒体市场中著名的Real Networks。微软声称，在只有64Kbps码率的情况下，WMA可以达到接近CD的音质。和以往的编码不同，WMA支持防复制功能，它支持通过Windows Media Rights Manager 加入保护，可以限制播放时间和播放次数甚至播放的机器等。WMA支持流技术，即一边读一边播放，因此WMA可以很轻松地实现在线广播。由于是微软的杰作，微软在Windows中加入了对WMA的支持，WMA有着优秀的技术特征，在微软的大力推广下，这种格式被越来越多的人所接受。

Dolby Digital编码是1994年日本先锋公司宣布与美国杜比实验室合作研制成功的一种崭新的环绕声制式，并命名为“杜比AC-3”（Dolby Surround Audio Coding-3）。1997年初，杜比实验室正式将“杜比AC-3环绕声”改为“杜比数码环绕声”（Dolby Surround Digital），我们常称为Dolby Digital。它是杜比公司开发的新一代家庭影院多声道数字音频系统。杜比AC-3提供的环绕声系统由5个全频域声道加一个超低音声道组成，所以被称作5.1个声道。5个声道包括前置的“左声道”“中置声道”“右声道”和后置的“左环绕声道”“右环绕声道”，这些声道的频率范围均为全频域响应3-20000Hz。第6个声道也就是超低音声道包含了一些额外的低音信息，使得一些场景如爆炸、撞击声等的效果更好。因为这个声道的频率响应为3-120Hz，所以这个声道被称为“.1”声道。6个声道的信息在制作和还原过程中全部数字化，信息损失很少，全频段的细节十分丰富。

第二节　非线性编辑概述

现在的视频编辑指的是“非线性编辑”，这是相对于线性编辑而言的。

一、线性编辑与非线性编辑

1.线性编辑

一般来说，基于磁带的电子编辑系统被称为线性编辑系统。在磁带中，数据是线性存储的，磁头读写指定位置的素材所用的时间是与素材存储的位置线性相关的。最早的模拟视频信号对应的就是线性编辑，也就是直接在磁带内编辑，编辑过程就是使用放像机播放视频素材，当播放到需要的片段时就用录像机将其录制到磁带中，然后再播放磁带继续寻找下一个需要的镜头，如此反复播放和录制，直至把所有需要的素材片段都按照剪辑规划的顺序录制下来，如图1-2-1。

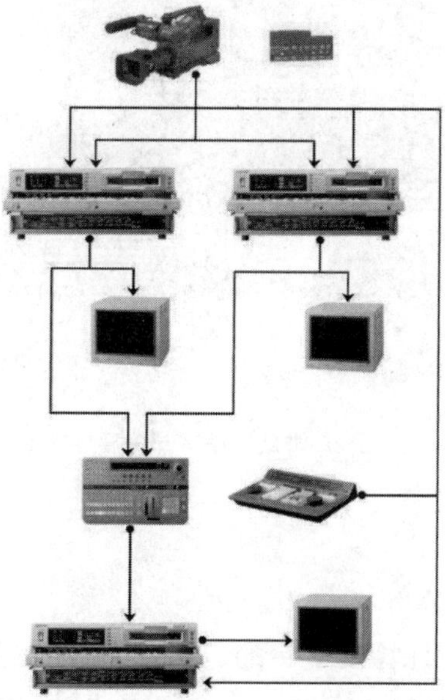

图1-2-1　线性编辑流程示意图

2.非线性编辑

非线性编辑是以计算机为核心，在计算机内对数字化多媒体素材进行编辑处理，制作视频或多媒体节目的数字技术，主要用于电视节目的后期制作、电影剪辑、多媒体光盘设计以及电脑游戏制作等领域。因此，任何依赖计算机处理的信息都必须是数字化信号。非线性的编辑方法首先打破的是线性编辑中线性复制的序列模式，形成了非序列化的素材自由编排，而非序列化的编辑素材的前提是必须将视频信号数字化，并保存在计算机上，可随机调用或存储，这样就构成了非线性编辑的主要特点：信号的数字化、编辑方式的非序列化和素材存取的随机化。

非线性编辑系统数字化的信号处理方式，带来了编辑方式的非线性，但非线性编辑不仅解决了素材的横向剪辑的排列顺序问题，还提供了多层画面合成、多种特技渲染、字幕特效、音频合成等强大而复杂的功能。这些都丰富了编辑和特效制作的手段，而且该系统的可靠性高、拓展方便。

二、非线性编辑系统的构成

非线性编辑系统是以计算机软硬件为核心的视频音频处理系统。一套完整的非线性编辑系统由硬件(包括计算机、硬盘、非线编板卡以及外围设备)和软件(非线性编辑系统软件、二维动画软件、三维动画软件、视音频处理软件)构成，如图1-2-2。

图1-2-2　非线性编辑部分硬件设备

1. 硬件部分

(1)CPU的选择

非线性编辑系统是基于计算机平台的，因此计算机的发展大大影响着非线性编辑的进程。目前，计算机市场的争夺主要在MAC平台和PC平台之间进行，也有少数非线性产品采用SGI工作站这样的高档计算机平台，性能好，但价格昂贵。随着计算机主频速度的不断提高，总线技术和显示技术的大幅进步，Windows NT的成功应用，PC在非线性编辑领域的应用逐渐成熟，一些如Avid等原以苹果机为主要平台的非线性厂商相继推出基于Windows NT操作系统的非线性编辑产品。PC平台成为非线性编辑系统的计算机平台的发展趋势。

(2)硬盘

硬盘是非线性编辑系统中的重中之重，它的容量和性能是系统性能的关键所在。因此，硬盘必须拥有尽可能大的容量和优质的性能。硬盘有SCSI和IDE之分，SCSI硬盘转速高，带有缓存，数据传输快，占用资源小，但价格昂贵。建议使用IDE硬盘阵列，一般用两个或两个以上相同容量的硬盘做成RAID 0方式(代表了所有RAID级别中最高的存储性能)，达到最优的性价比。

(3)非线性编辑板卡

非线性编辑板卡是整个非线性编辑系统的核心和基石，其他软硬件都是对非线性编辑板卡强大功能的辅助与发挥。它集视频采集、压缩与解压缩、视音频回放、实施特技等各种功能于一身，可以轻易地完成影像、图形、声音、特效、字幕和动画等工作，并提供专业级的小压缩比以采集分辨率极高的视频图像，支持多通道实时编辑，并且处理速度极快，配合功能强大的非线性编辑软件，能够让我们随心所欲地制作出专业效果的影片。

不同的非线性编辑板卡在信号输入输出格式、内部实时编辑格式、视频特技实时处理功能、通道设置、对第三方产品的支持以及选件扩展能力等方面有着很大的区别。目前较为知名的产品很多，如Matriox、Pinnacle、DPS、Canopus和Avid等。在影视节目制作的不同环节，因为所需的非线编系统有不同的性能和价格要求，所以我们会选择采用不同的非线性编辑板卡。

2.软件部分

非线性编辑系统软件是指非线性编辑系统厂商针对硬件的特点而开发的软件，属于专用的编辑软件，可以直接调用非线性编辑板卡内的数字特技模块而形成实时特技或短时间地生成特技，从而大大加快节目的编辑速度，同时也可以直接驱动非线性编辑板卡对素材进行上传和下载，成为用户完成一般编辑的主要手段。非线性编辑系统生产商以外的软件公司提供的软件属于第三方软件，这些软件与非线性编辑板卡没有关系，但是可以对素材库中的音频文件进行加工处理和编辑，适合在任何一台计算机上运行。许多图形图像、动画创作软件都属于第三方软件，这些第三方软件与专用非线性编辑软件处于同一个操作系统上，拥有相同的文件数据格式，相互之间具有良好的融合性。目前，常用的非线性编辑软件有会声会影、Movie Maker、Sony Vegas、Adobe Premiere Pro、EDIUS、Final Cut Pro、Avid MC 等，还有一些广播电视台使用的广播级剪辑软件，如大洋、索贝、新奥特等。这些非线性编辑软件，根据操作的难易程度、功能特效的复杂性，有的适合家庭或个人爱好者学习使用，有的适合编辑电影或者电视节目，多数需要专用硬件系统配合工作。

三、非线性编辑系统的基本工作流程

目前，非线性编辑软件的设计考虑到传统的影视节目制作人员的习惯，软件的编辑工作流程在某种程度上与传统的线性二对一编辑过程有相似之处。其基本工作流程大致如下：

1.创建项目

启动非线性编辑软件，可以新建或者打开一个已有的工程文件。当新建一个工程文件时，应该首先选择工程文件的参数(电视制式、视频格式和其他参数等)。

2.采集、导入素材阶段

使用【采集】面板，可以从DV摄录机或者放像机采集DV素材。利用相关的硬件设备也能够采集从家用录像带到高清视频等各种格式的素材。采集到硬盘中的文件会自动导入到【项目】窗口中成为一个视频素材。

使用【项目】窗口，可以导入视频、音频、图片等各种数字格式的素材，能够调用Adobe Premiere Pro的工程文件进行无缝、整合编辑，还可以创建彩条、彩底等标准素材。【项目】窗口中包括素材分组、改变标签、使用图标视图等功能，以便更好地组织和管理复杂的素材。

3.编辑视音频阶段

使用【源】监视器，可以浏览视频素材，设置编辑点，给素材或时间线做标记；可以浏览音频素材的波形，并进行视音频的编辑。在【源】监视器中，通过拖动的方式，可以把素材片断添加到时间线上。在时间线监视器(【节目】监视器)窗口，可以浏览时间线，或者在一个附加的电视监视器上全屏浏览时间线。在时间线面板中，使用【工具栏】中的各种工具，可以调整时间线。使用修剪工具，可以微调剪辑点。使用时间线嵌套，可以得到很多特殊的效果。

【音频混合器】可以用于基于音轨的声音编辑，实现调音台的音频衰减、声像、发送等多种音频特效，并且实时保存这些调整结果。通过合适的声卡，利用混音器可以录制声音或者实现5.1环绕立体声的混音。

4.添加特效与转场阶段

【效果】面板包含了能够添加到时间线素材上的各种转场和视频特效。通过【效果控件】面板，使用后可以调整素材的不透明度、运动等基本属性和其他特效滤镜的属性和参数，并可以用关键帧来实现素材的动画属性控制，也能在时间线上调整转场和素材的特效关键帧的属性参数。

5.处理字幕阶段

使用【字幕设计器】可以创建风格化的静态字幕或滚动字幕，并很容易地把字幕叠加到视频之上。Adobe Premiere pro还提供了丰富的可编辑的字幕模板，像视频一样，可以在时间线上应用各种字幕特效。

6.输出节目阶段

时间线编辑完可以输出到多种媒介上，如磁带、光盘等，还可以按照用途将编辑好的内容输出为不同格式的文件。

第二章　Adobe Premiere Pro编辑基础

Adobe Premiere Pro是Adobe公司发布的视频编辑软件。Adobe Premiere Pro是一款最具扩展性、最高效和最精确的视频编辑软件。它支持广泛的视频格式，其中包括AVCHD、HDV、HD和HD422、Sony XDCAM EX、Panasonic P2 DVCPRO HD、QuickTime和AVI、GoPro Cineform等。在后期制作过程中，Adobe Premiere Pro对同是Adobe公司的其他软件有很好的兼容性，如平面处理软件Photoshop、特效合成软件After Effects等，这为视频编辑制作提供了极大的方便。Adobe Premiere Pro还拥有大量的第三方插件，为视频制作提供了更为丰富的画面效果和拓展方案。

第一节　项目的创建与设置

项目文件又叫工程文件，用于存储Adobe Premiere Pro中制作视音频的所有编辑数据。

一、新建项目

单击桌面上的Adobe Premiere Pro的图标，启动软件。启动Adobe Premiere Pro后将出现欢迎界面。单击“新建项目”以新建一个项目，如图2-1-1。在欢迎界面中单击新建项目按钮后，就进入到新建项目对话框。“常规”选项卡中可以设置视频和音频的显示格式和采集格式。“暂存盘”选项卡中可以分别设置采集视频、音频、视频预览以及音频预览的暂存盘路径。设置完成后在新建项目对话框的上方填写项目的名称和选择项目存储的位置，单击“确定”按钮即可完成新建项目，如图2-1-2。

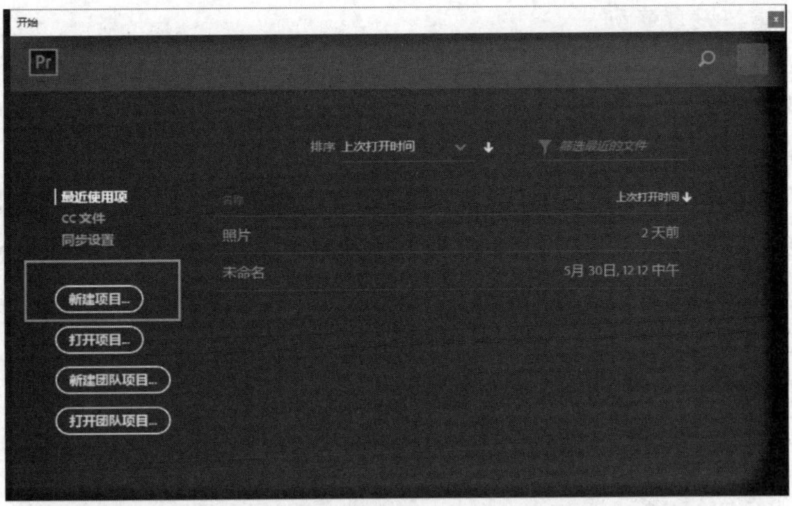

图2-1-1　Adobe Premiere Pro欢迎界面

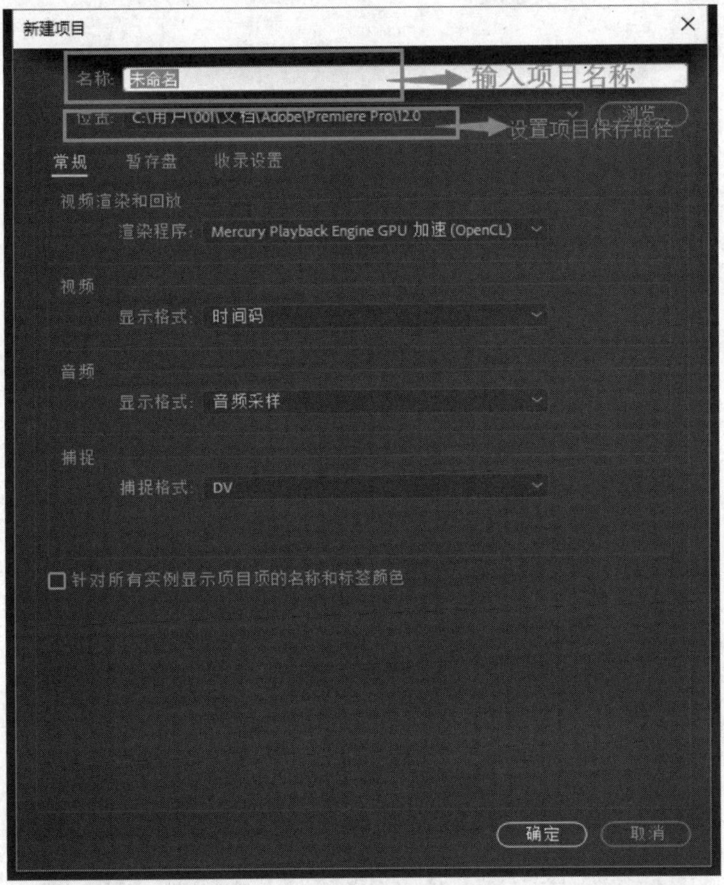

图2-1-2　新建项目对话框

二、创建与设置序列

新建的项目都是一个空白的项目，项目创建之后需要创建序列。在Adobe Premiere Pro中，所有对素材的编辑操作都是依托序列来完成的，一个序列就是一个时间线。

单击菜单栏【文件】/【新建】/【序列】命令，弹出新建序列对话框，如图2-1-3。新建序列对话框中有序列预设的选项卡，可以选择其中一个合适的预设格式使用。预设格式主要包含序列的分辨率、帧速率、像素长宽比等参数信息。在这里，以高清的格式为例，可以在预设中选择一个高清的格式HDV文件夹下的HDV 1080i25格式，在旁边的预设概述中了解这个格式所预置的参数的含义，如图2-1-4。

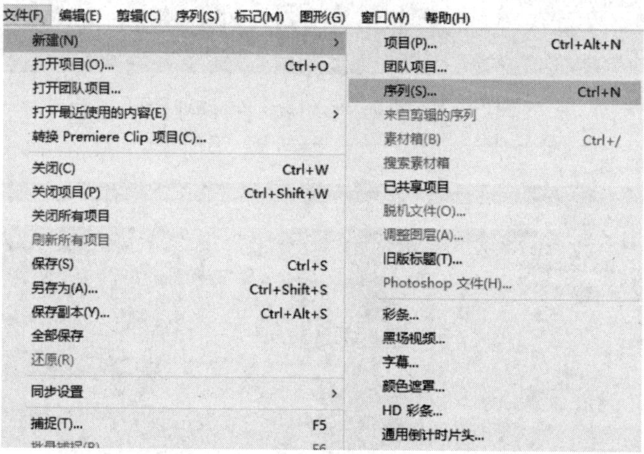

图2-1-3　新建序列命令

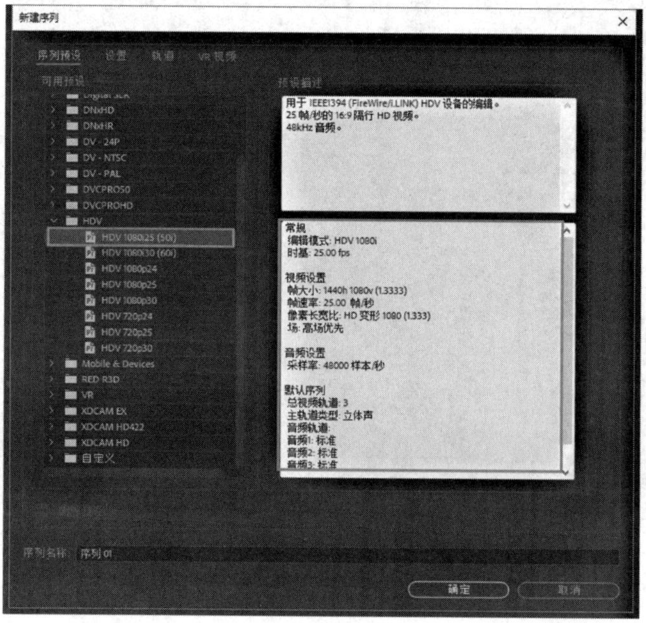

图2-1-4　新建序列对话框

在新建序列对话框“设置”选项卡中也可以自定义设置序列格式的参数，并将自定义的设置保存成预置格式以便日后使用，如图2–1–5。

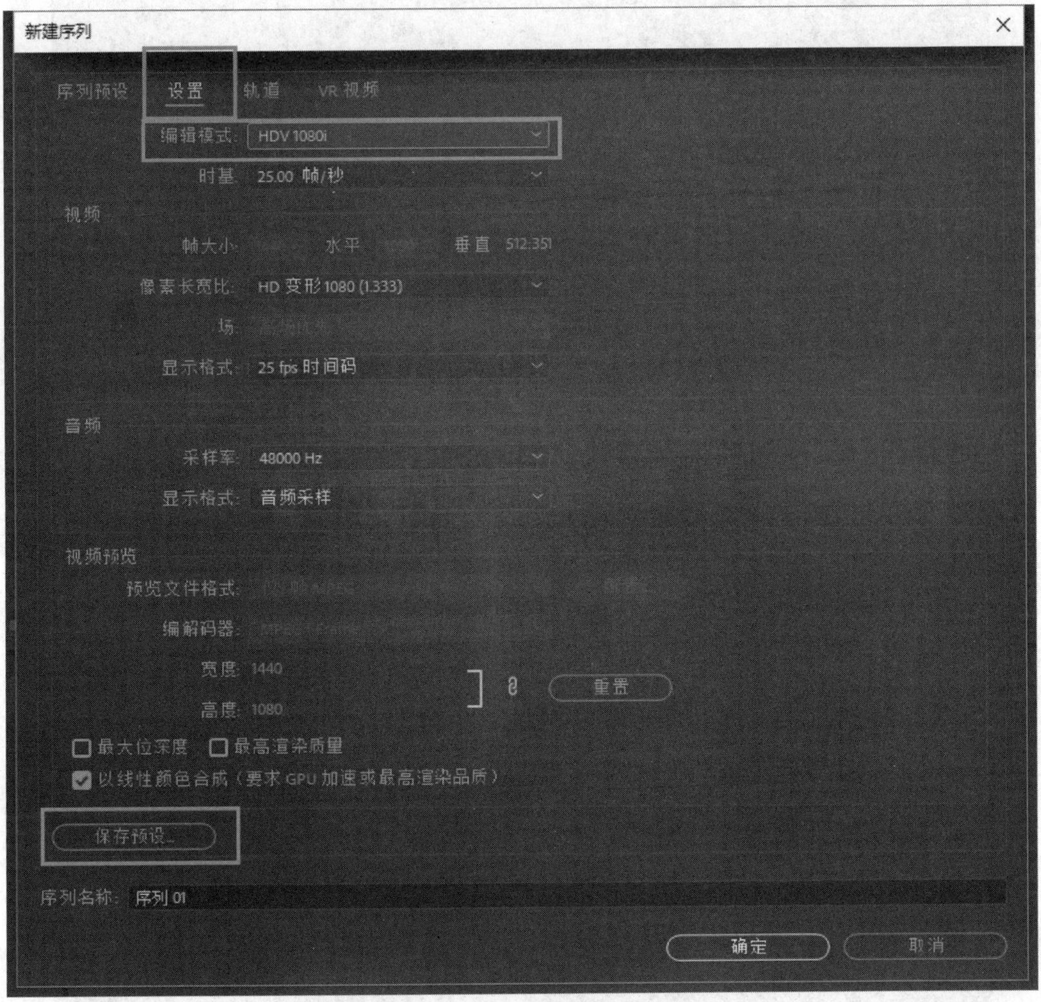

图2–1–5　自定义序列格式

设置完成后，单击“确定”按钮，即可打开Adobe Premiere Pro的工作界面。所有的视音频内容编辑最终存在于各个“序列”中。

第二节　界面构成

完成“序列”的创建后，可以看到Adobe Premiere Pro的工作界面，如图2–2–1。

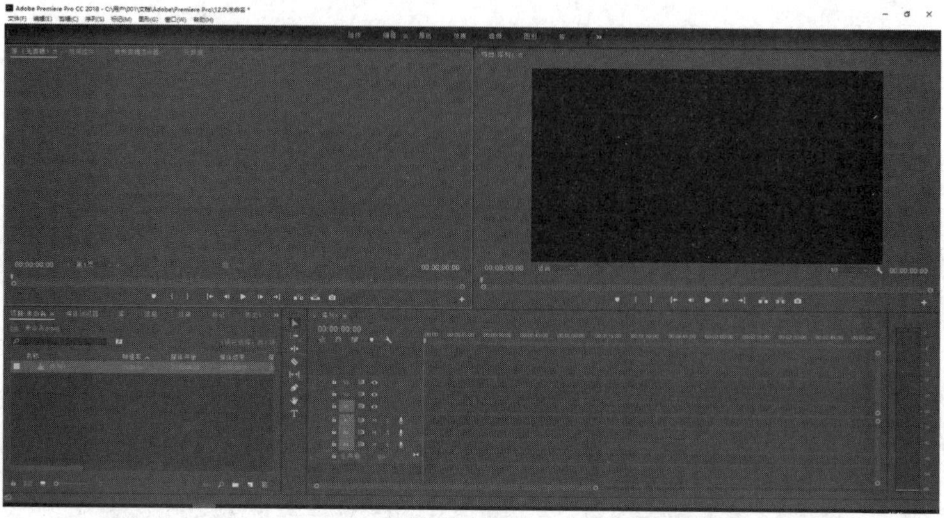

图2-2-1　Adobe Premiere Pro的工作界面

Adobe Premiere Pro包含了20多种面板，所有的工作都是通过这些面板的协调工作来完成的。随着Adobe Premiere Pro版本的不断升级，其工作界面的布局也更加合理和多样化，在编辑过程中，常用的工作面板主要包括以下几个：

一、【项目】面板

【项目】面板主要用于导入、存放和管理素材。只有导入到项目面板中的素材，才可以被Adobe Premiere Pro编辑。创建的时间线，也就是序列，也会被存放在【项目】窗口，如图2-2-2。

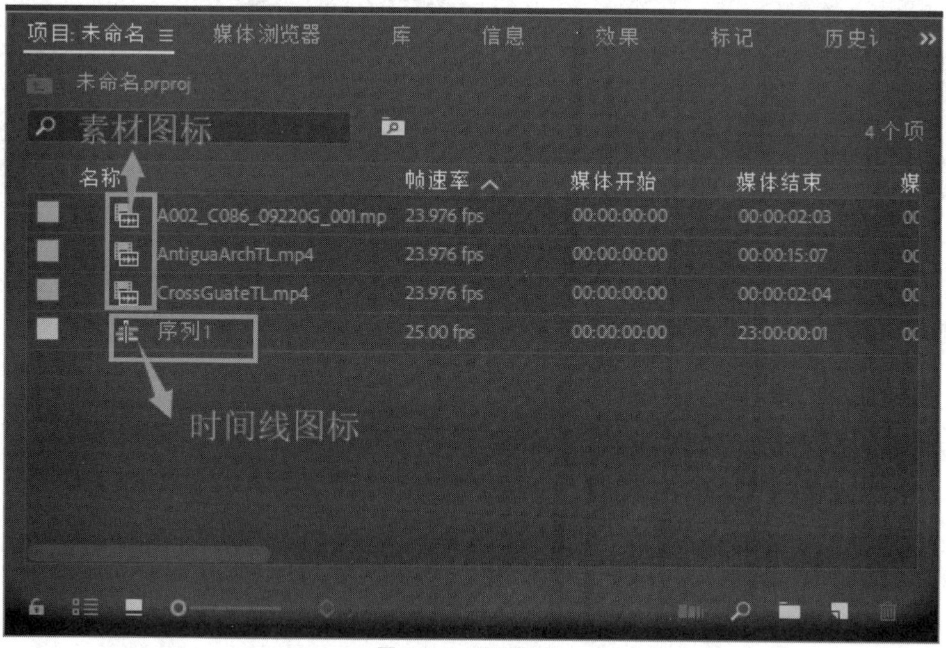

图2-2-2　项目面板

二、【监视器】窗口

【监视器】窗口有左右两个窗口，在默认的状态下，左侧是【源】监视器窗口，右侧是【节目】监视器窗口。双击【项目】面板中的素材，素材将会在源监视器窗口中打开，【源】监视器窗口主要用于播放和简单编辑原始的素材，监视器下方的工具按钮，可以把在【源】监视器编辑好的内容，以插入或覆盖的方式，编辑到时间线面板中，如图2-2-3。【节目】监视器窗口用于显示当前时间线面板各个轨道的内容叠加之后的效果，是编辑和预览整个项目的窗口，如图2-2-4。

图2-2-3　源监视器

图2-2-4　节目监视器

三、【时间线】面板

【时间线】面板是Adobe Premiere Pro最主要的编辑窗口，在这里，素材剪辑片段按照时间顺序在轨道上从左至右排列，并按照先后顺序，从上到下分布在不同的轨道上，如图2-2-5。视频和音频素材的大部分编辑操作，大量特效的设置和转场特效的添加等操作都是在时间线窗口内完成的。

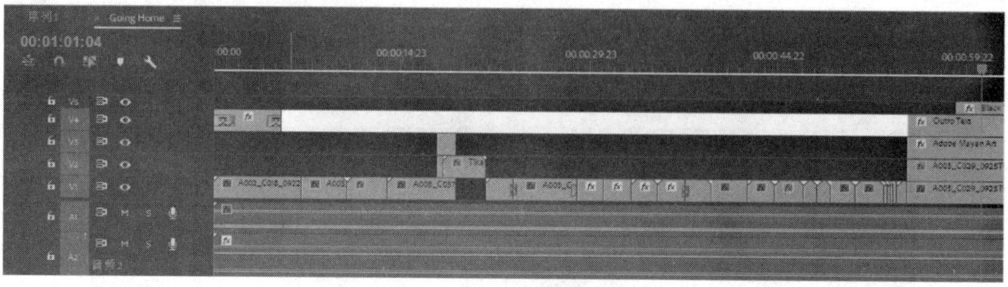

图2-2-5　时间线面板

四、【工具栏】面板

【工具栏】面板提供了很多工具，以方便编辑轨道中的一些剪辑片段，如图2-2-6。

图2-2-6　工具栏

五、【效果】面板与【效果控件】面板

【效果】面板包括一些内置的特效，如：音频效果与音频过渡，视频效果与视频过渡，如图2-2-7。添加了效果之后，设置效果的参数时，往往需要在【效果控件】面板中进行，如图2-2-8。

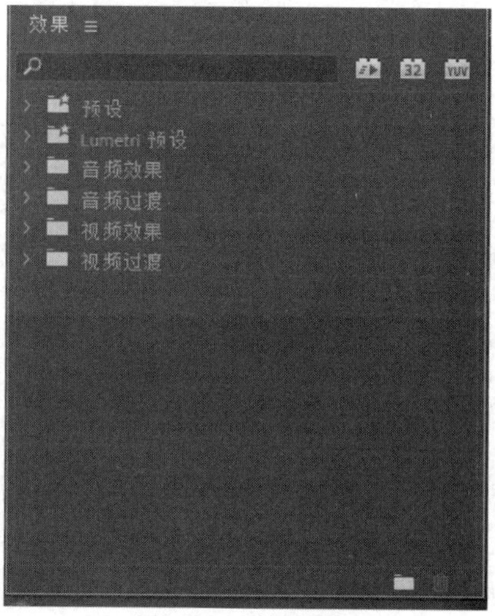

图2-2-7　效果面板

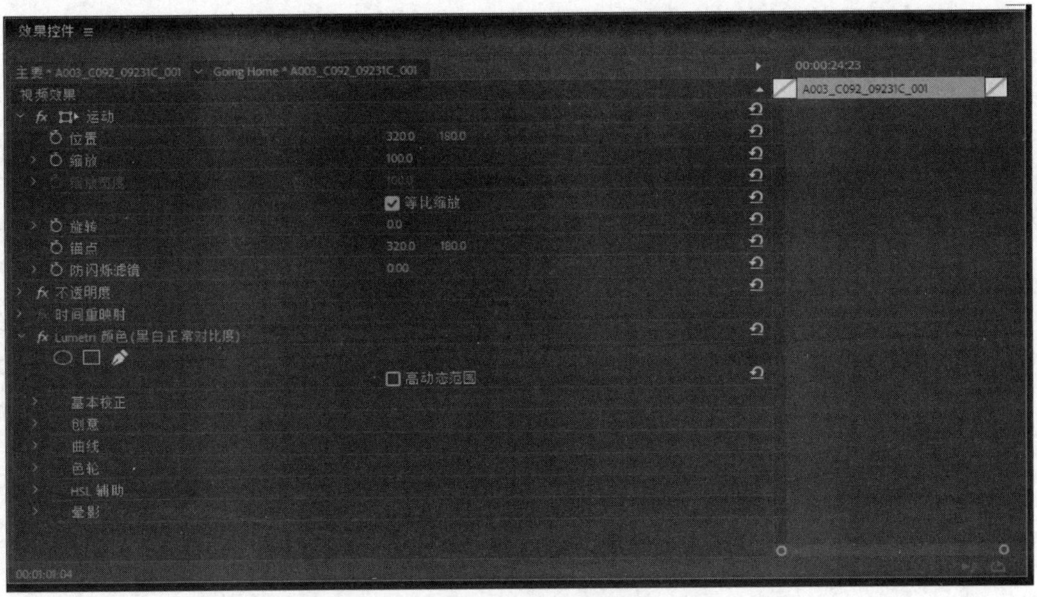

图 2-2-8　效果控件面板

Adobe Premiere Pro为用户提供了浮动的界面，当鼠标位于两个窗口之间的分界线和四个窗口间的对角位置时，可以通过拖动鼠标来调试，以同时调整多个窗口的大小。

第三节　导入与管理素材

Adobe Premiere Pro中使用的素材来源大体可以分为这样几类：一类是通过视音频采集得到的素材，获取这类素材其实是需要从模拟信号到数字信号的转换；一类是直接以数字视音频信号存储的素材，比如通过数字摄录设备、网络下载或者从其他途径得到的文件。

一、导入素材

素材的导入主要是将已经存储在计算机硬盘中的数字视音频信号导入到【项目】窗口中。【项目】窗口相当于一个素材仓库，编辑视频时所用的素材都放在其中，导入的素材也存放在【项目】窗口中。

1.导入计算机原有的素材

(1)选择菜单栏【文件】中的“导入”命令，或者用快捷键Ctrl+I，打开导入对话框，选择要导入的素材，如图2-3-1。

(2)在【项目】窗口中单击右键，找到“导入”命令。

(3)在【项目】窗口中双击，直接弹出导入的对话框。

图2-3-1　导入素材对话框

导入文件后，文件会自动存放在【项目】窗口的空白处。

提示：按住Ctrl键和Shift键可以同时导入多个素材文件，单击导入“文件夹”可以将一个文件夹内的所有素材全部导入。

2.导入图层文件

在Photoshop和Illustrator等软件中，在导入制作的含有多个图层的文件时，需要进行图层设置，可以分层导入素材，如图2-3-2。导入到项目后，分层文件一般是以文件夹的方式保存在【项目】窗口(图2-3-3)，此处可以进行分层操作。

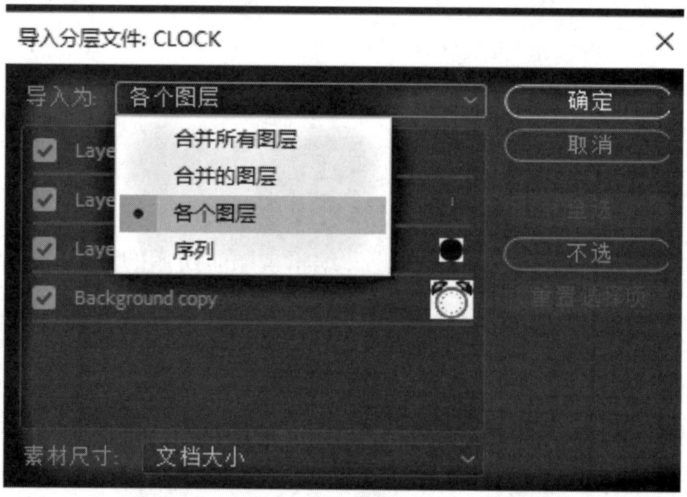

图2-3-2　导入图层文件

图 2-3-3　图层文件以文件夹形式存放

3. 导入静态图像序列文件

序列文件由若干幅按序排列的图片组成，用来记录活动影像，每幅图片代表一帧，其导入方法与导入一般素材的方法一样，只是在对话框中要选择“序列图像”复选框，如图 2-3-4。序列文件导入项目后，以动态影片格式存放在【项目】窗口，如图 2-3-5。

图 2-3-4　导入序列文件

图 2-3-5　序列文件图标

二、管理素材

素材的管理在【项目】面板中完成。对素材的管理主要表现为设置素材显示方式、素材分类等。

1. 设置素材显示方式

单击【项目】窗口下方“列表视图”按钮，可以设置素材在项目窗口中以列表方式显示(图2-3-6)。单击【项目】窗口下方“图标视图”按钮,可以设置素材在项目窗口中以图标方式显示,如图2-3-7。

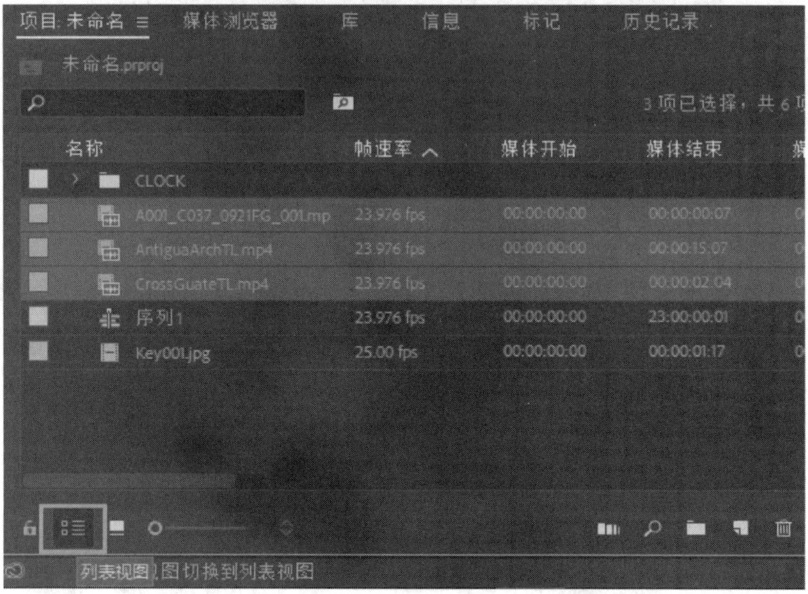

图2-3-6　列表视图

图2-3-7　图标视图

2.素材分类

使用【项目】窗口下方的“新建素材箱”按钮可以对素材进行分类,使得项目窗口显示简洁直观,如图2-3-8。

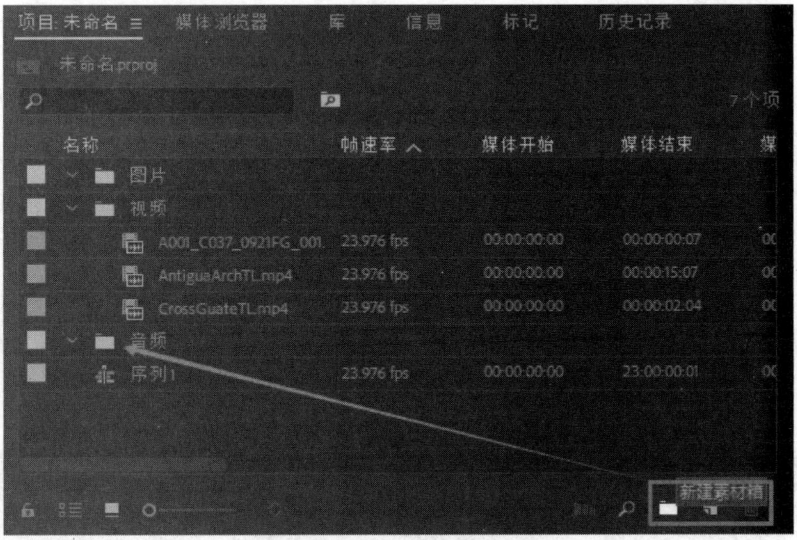

图2-3-8　新建文件夹按钮

第四节　输出影片

编辑制作之后的最后环节就是输出文件了，通过Adobe Premiere Pro 的输出功能将序列的编辑信息输出为视频文件。就像支持多种格式文件的导入一样，Adobe Premiere Pro 可以将时间线中的内容以多种格式渲染输出，以满足多方面的需要，这也是该款软件功能强大的体现。Adobe Premiere Pro 输出的文件种类主要有音频、视频、图片、字幕，以及直接输出刻录DVD或录制磁带等。

在编辑时间线的状态下，选择菜单【文件】/【导出】的下级菜单命令，如图2-4-1。Adobe Premiere Pro可以输出多种类型的文件，这里介绍几种常用文件的输出方法。

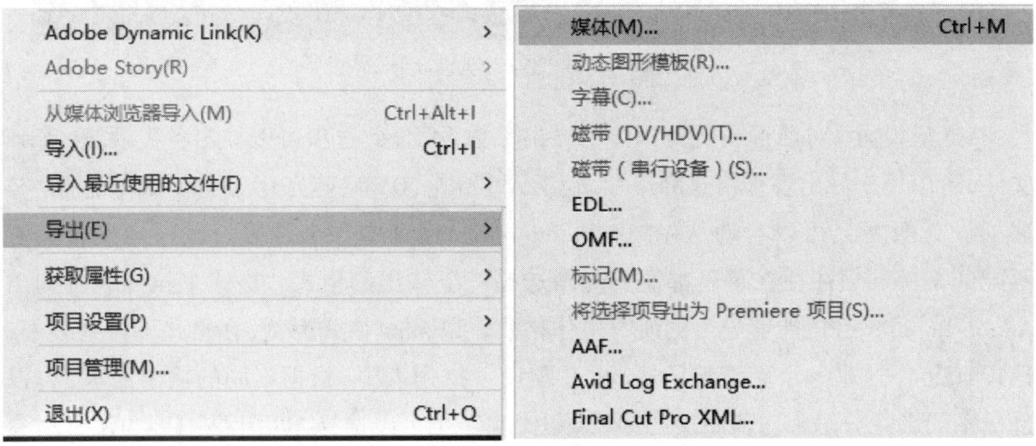

图 2-4-1　输出菜单

一、输出视频文件

在编辑时间线的状态下，选择菜单【文件】/【导出】/【媒体】命令，打开“导出设置”对话框，可以设置输出的视频尺寸、编辑方式、输出文件的格式等。在左侧的视频预览区上方有“源”和“输出”两个选项卡，其中“源”表示项目的编辑画面。单击“裁剪输出视频”按钮，可以在预览区域内拖动调整框，控制画面的输出范围；预览窗口下方有播放控制按钮，拖动滑杆上方的滑块可以控制当前画面的播放位置；滑杆下方左右两个小三角用来控制输出影片的入点和出点。调整结束后单击“导出”选项卡可以看到最终输出的视频画面效果，如图2-4-2。

图 2-4-2 导出设置对话框

“导出设置”对话框右侧为具体的导出参数设置，此选项可以导出各类视频、音频文件，可以用来导出各种格式的影片，包括Avi格式、DVD、蓝光DVD等。如果选择“与序列设置匹配”，可以自动从Adobe Premiere Pro序列中导出设置与该序列设置完全匹配的文件。但往往在这里都需要重新选择一下输出的格式。格式下拉列表会列出Adobe Premiere Pro能够导出的所有媒体格式。以.mp4格式为例，在格式下拉列表中，选择H.264，这是一个高清编码格式，在预设下拉列表中，根据不同的输出需求，可以选择不同影像分辨率与清晰度的预设导出方案，也可以选择“匹配源”（即与源素材参数相符）如图2-4-3和图2-4-4。

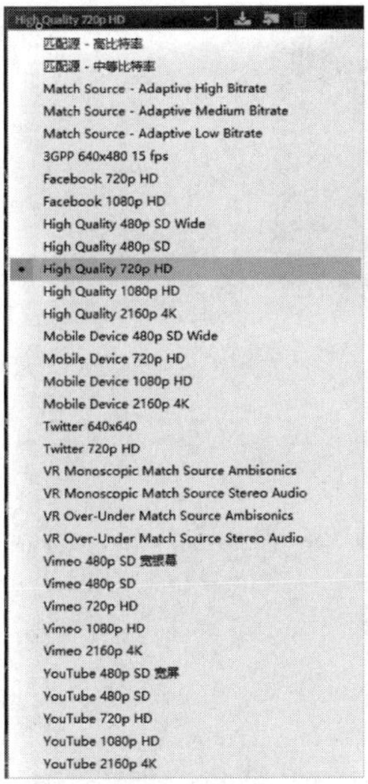

图 2-4-3 “格式”列表

图 2-4-4 设置名称与路径

在输出名称中设置文件的存储路径和文件名称，设置完成后，可以单击“导出”，视频文件的输出就完成了。

在【导出设置】中，“视频”选项卡下的“比特率设置”参数是影响视频文件编码质量的很重要的一个参数设置。比特率编码主要有以下两类。

1.CBR恒定比特率编码

CBR恒定比特率编码在流媒体播放方案中使用恒定比特率编码最为有效。CBR编码比特率在流的进行过程中基本保持恒定，并且接近目标比特率。但是这个编码的缺点在于编码内容的质量不稳定。

2.VBR可变比特率编码

当输出的内容需要下载，或者要将内容在本地播放，或者在读取速度有限的设备上播放时，就可以使用VBR可变比特率编码。当编码内容混有简单数据和复杂数据(例如在快动作和慢动作间切换的视频)时，可变比特率编码是非常有优势的。

VBR比特率编码分为1次编码和2次编码两种情况，如图2-4-5。当选择1次编码时，编解码器只对视频画面进行1次编码分析，其特点是快，但无法获得最佳的编码设置；当选择2次编码时，系统将在1次编码的基础上进行2次编码，调整和优化系统设置，从而以最佳的编码设置来渲染视频文件输出。当然，这样获得的文件占用的空间大小也会比较大。

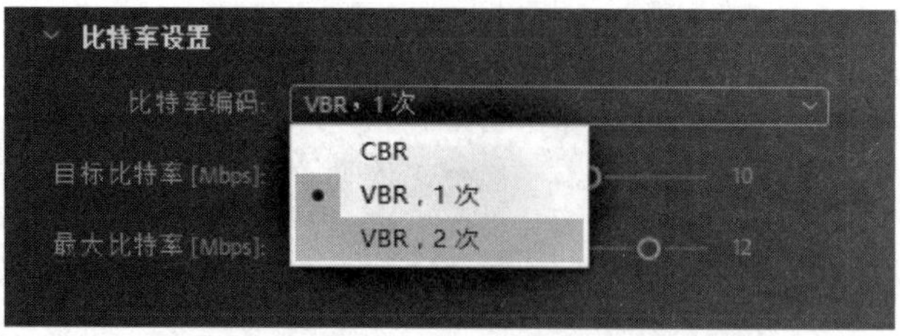

图 2-4-5　设置名称与路径

二、输出交换文件

交换文件指可以与其他应用程序进行协同工作的项目文件，也就是允许多个软件共享的一种文件形式。

1.输出EDL文件

EDL(Edit Data List)产生于传统编辑时代。EDL是一个数据表，包含很多编辑信息，包括素材所在的磁带、素材文件的长度、时间线入出点等。在编辑大数据量的视频节目时，制作人员往往使用一种自线性编辑时代就有的较特殊的编辑手段——离线编辑来进行节目的制作。简单来说，就是把手工逐个选择的出入点记录成EDL，这样要找回前几个片段的编辑点就非常容易了，当然也可以先把一批出入点都找好，形成EDL，然后自动剪辑素材。

单击【文件】/【导出】/【EDL】，打开EDL导出设置对话框设置相关选项，单击确定按钮后在对话框中设置文件的名称和保存的位置，如图2-4-6和图2-4-7。

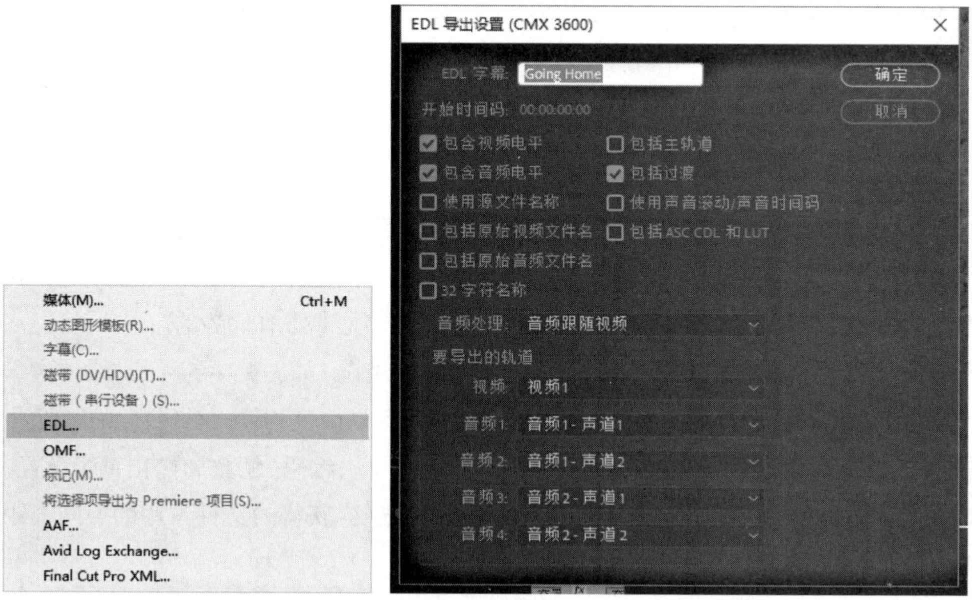

图2-4-6　EDL导出对话框

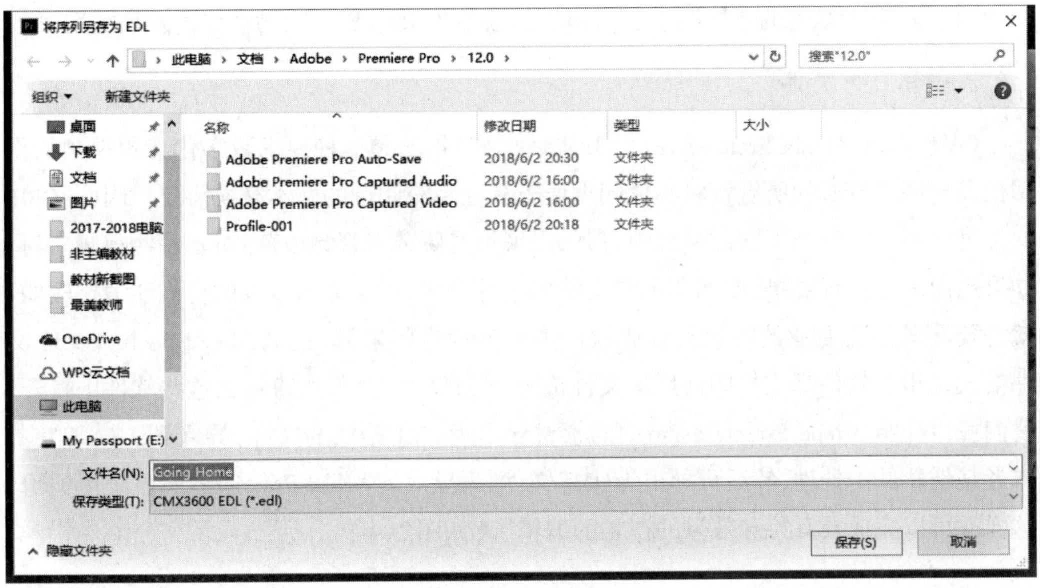

图 2-4-7　保存EDL类型文件

在编辑系统里完成节目制作后，输出EDL表。在其他的非编系统中，导入这个表格之后可重新制作自己需要的素材，再通过批处理采集将原有的素材直接采集到当前的非编系统中就可以输出文件了。还有一种用法是为了降低编辑时对计算机运算和存储资源的占用，先对一个压缩比率大的文件(画面质量差、数据量小)进行编辑，编辑完成后输出EDL文件，再通过导入EDL文件采集压缩比率小甚至是无压缩的文件进行最终成片的输出，如图2-4-8。

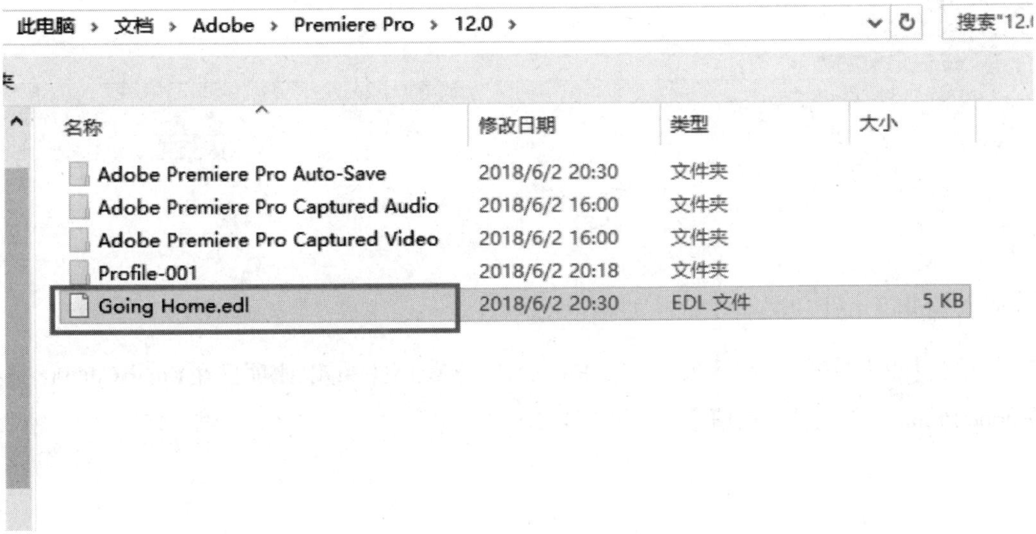

图 2-4-8　输出EDL文件

技巧：对于软件的不同版本、不同软件之间的编辑，EDL表的输出输入均适用。

2. 输出OMF文件

OMF(Open Media Framework，公开媒体框架)指的是一种要求数字化音频视频工作站把关于同一音段的所有资料制成同类便于其他系统阅读的文本交换协议。因此，OMF文件可以在一套完全不同的系统中打开，以编辑音频或者视频段落。对于一些视频素材，如果想做一些特殊效果，比如角色和实拍场景的合成，由于非编软件的合成能力比较弱，就需要在其他更专业的特效与合成软件中来处理这些素材，比如After Effects。OMF文件格式是很多软件都支持的通用的文件格式，因此OMF文件可直接在这些软件中打开。我们可以先将Adobe Premiere Pro中的素材导出为OMF格式的文件，导入到After Effects或者其他软件中处理，然后再导出为OMF文件，再导入到Adobe Premiere Pro系统里剪辑，这样就可以完成具有特殊效果的视频的编辑了，如图2-4-9。

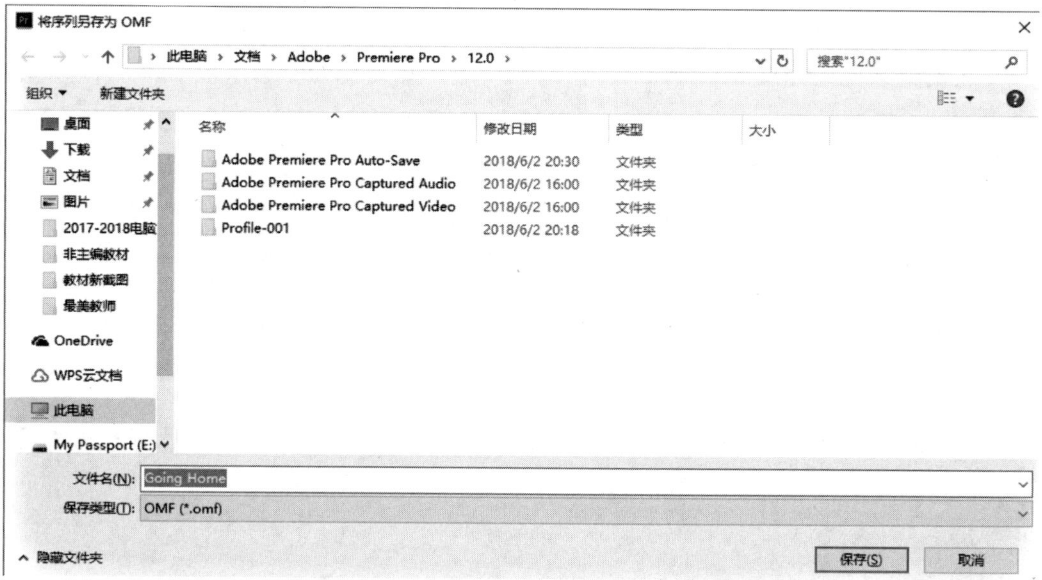

图2-4-9　输出OMF文件

3. 输出Final Cut Pro XML文件

单击【文件】/【导出】/ Final Cut Pro XML，XML文件可以让项目在Final Cut Pro与Adobe Premiere Pro间交换信息，如图2-4-10。

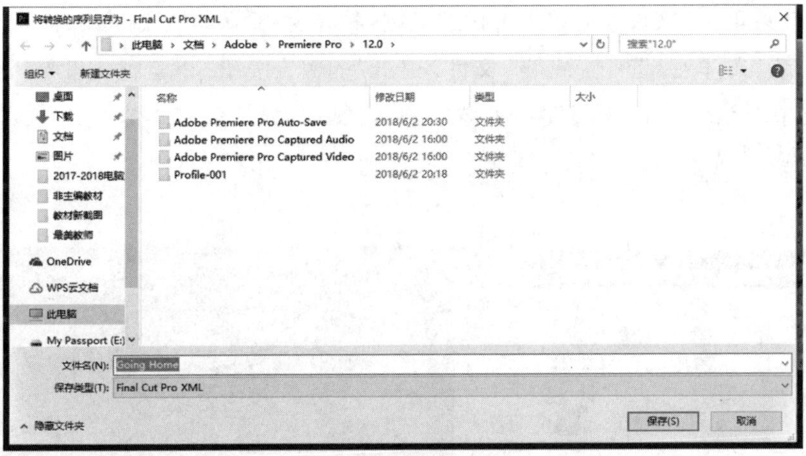

图2-4-10　输出XLM文件

第五节　实训:导入素材与输出影片

一、导入多格式素材

实践目标:掌握各种格式素材的导入方法。

实践内容:素材的导入主要是将已经存储在计算机硬盘中的素材导入到【项目】窗口中,导入的素材存放在【项目】窗口中。

实践工作流程:

(1)新建一个名为“素材导入”的项目文件,选择主菜单【文件】/【新建】/【序列】命令,在弹出的对话框中展开“HDV”选择“HDV720p25”并设置序列名为“素材导入”,如图2-5-1和图2-5-2。

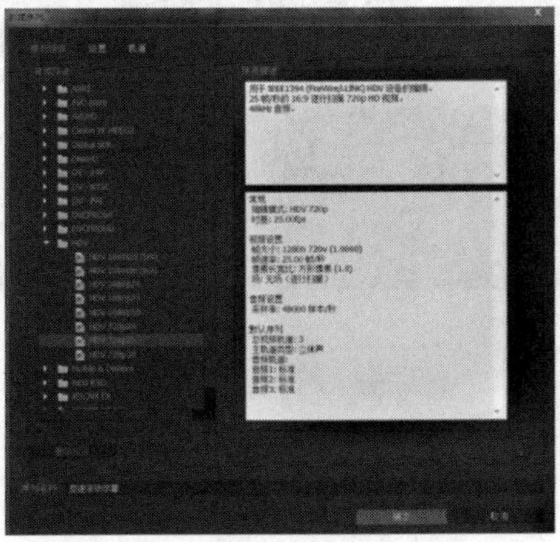

图2-5-1　新建序列对话框

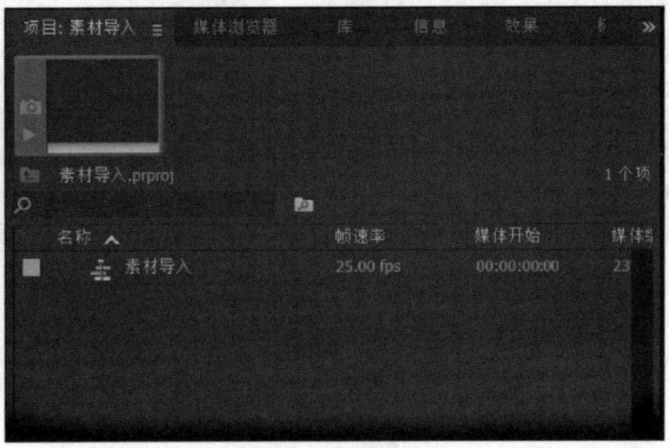

图2-5-2　新建序列

(2)选择菜单栏【文件】/【导入】,找到案例\素材\第二节 素材的采集、导入与输出\多格式素材导入文件夹,选中“视频”文件,单击“打开”按钮,将素材文件导入到【项目】窗口中。选中该素材后,项目窗口上方的预览区域会显示其基本参数,例如素材类别、分辨率、像素纵横比、时间长度、帧速率等,如图2–5–3和图2–5–4。

图2–5–3 导入对话框

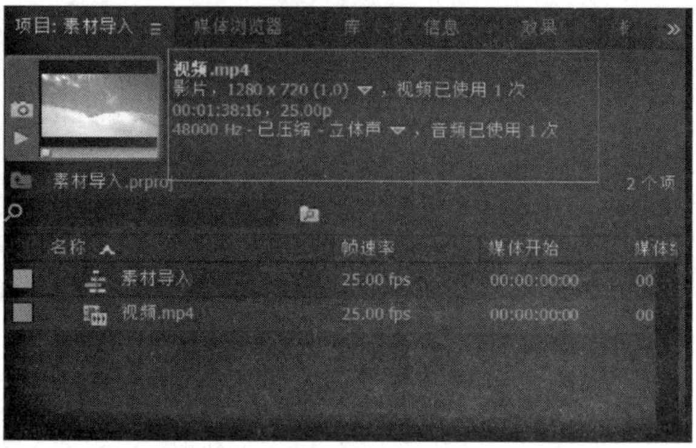

图2–5–4 导入素材

(3)继续使用快捷键Ctrl+I,打开导入对话框,选择素材“风景.psd”文件,单击“打开”,这时会弹出“导入分层文件”的对话框;单击“导入为”的下拉列表,会弹出分层选项;在弹出的列表中选择“序列”,单击“确定”;在弹出的列表中选择序列,单击“确定”。经此操作后,项目窗口中会导入一个文件夹,此文件夹是该psd文件的所有单个图层及含有所有图层的并以该psd文件命名的一个序列文件,如图2–5–5和图2–5–6。

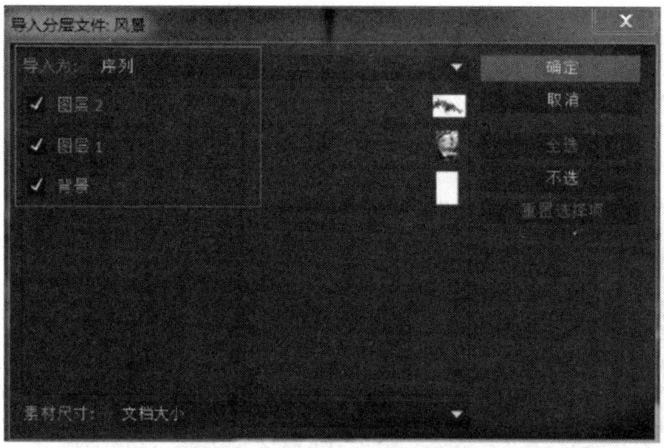

图2–5–5 导入分层文件对话框

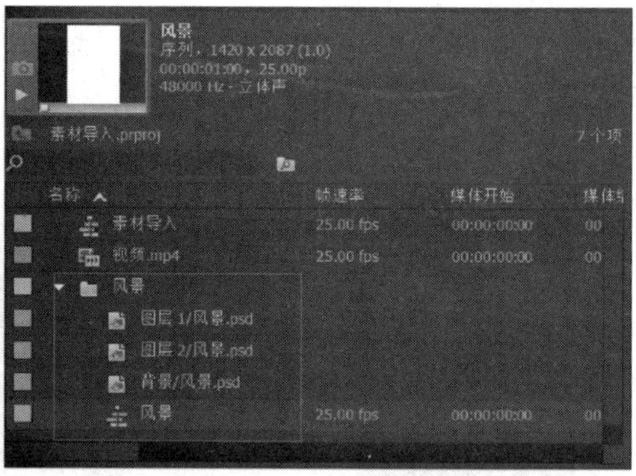

图2–5–6 导入分层文件

(4)双击以“风景”命名的序列文件,可以在时间线中打开含有3个图层并排列好的序列,如图2–5–7。

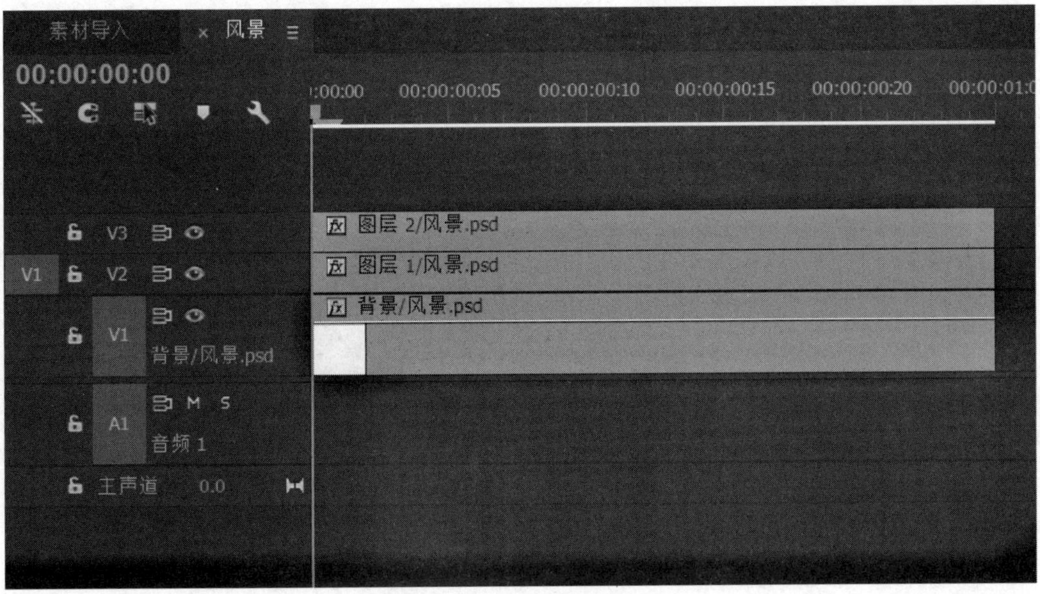

图2-5-7 打开序列并查看素材

(5) 在项目窗口中双击空白处，打开导入对话框，双击“马路延时”文件夹，打开一个含有多个图片的文件夹，选择素材“video_00000”，并勾选下方的“图像序列”复选框，单击【打开】按钮，如图2-5-8。

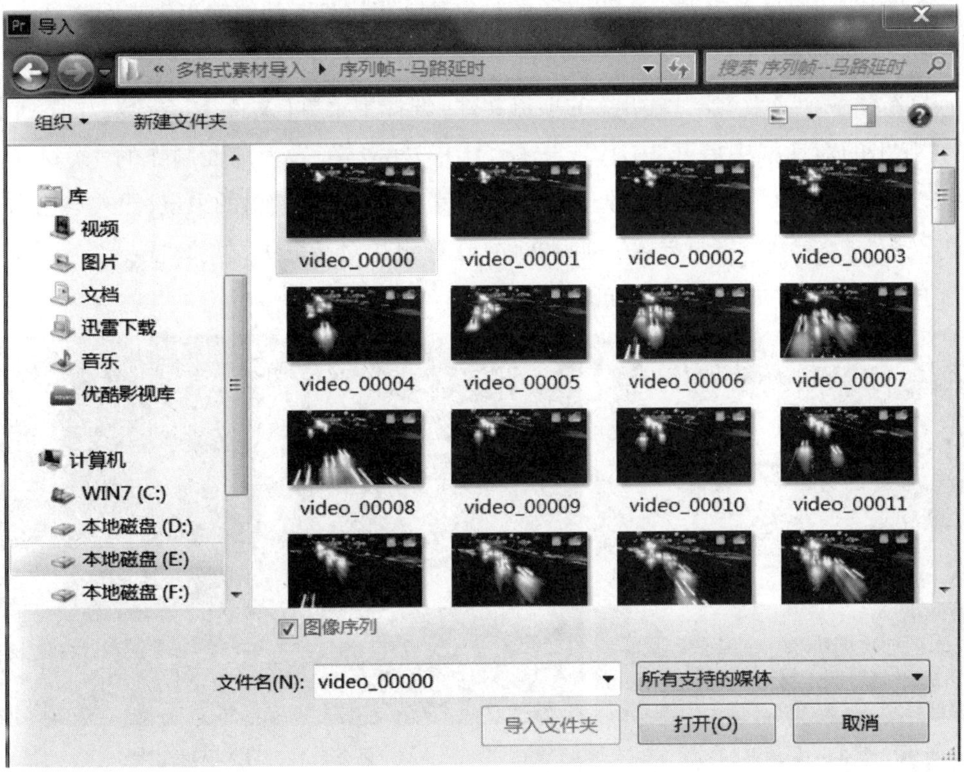

图2-5-8 勾选“图像序列”

(6)通过图片序列导入到项目窗口的图片组成的是一个影片素材。从【项目】窗口中按顺序将素材拖至【时间线】面板01的视频1轨道中，点击空格键或Enter键预览最终效果，如图2-5-9和图2-5-10。

图2-5-9　导入序列文件

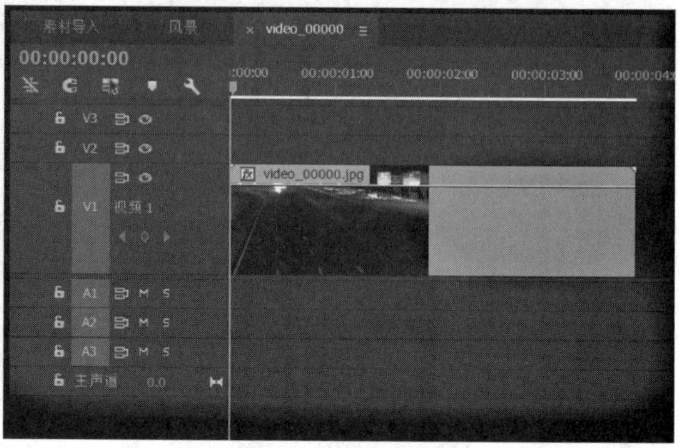

图2-5-10　预览时间线

二、输出影片

实践目标：掌握影片的输出方法。

实践内容：通过Adobe Premiere Pro的输出功能将序列时间线输出为视频文件。

实践工作流程：

(1)新建一个名为“影片输出”的项目文件，选择主菜单【文件】/【新建】/【序列】命令，在弹出的对话框中展开“HDV”，选择“HDV720p25”，导入前面制作的“素材导入”项目文件。双击项目窗口的空白处，找到案例\素材\第二节 素材的采集、导入与输出\影片输出文件夹，导入“素材导入”项目文件，在弹出的对话框中，选择“导入完整项目”，单击“确定”按钮，如图2-5-11和图2-5-12。

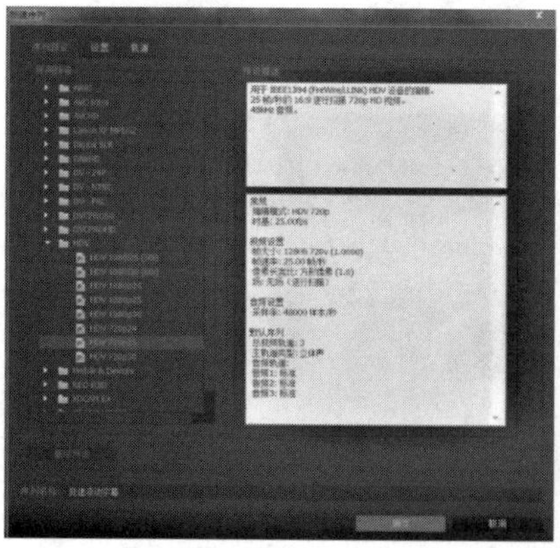

图2-5-11　新建序列

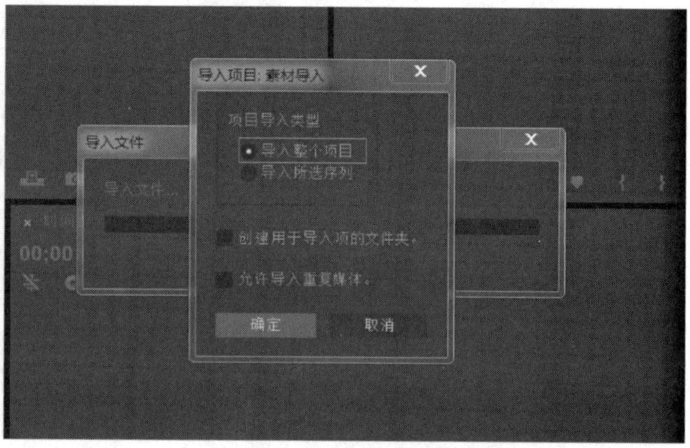

图2-5-12　导入项目文件

(2)在【项目】窗口中，双击“序列video_00000”，打开时间线序列，如图2-5-13。

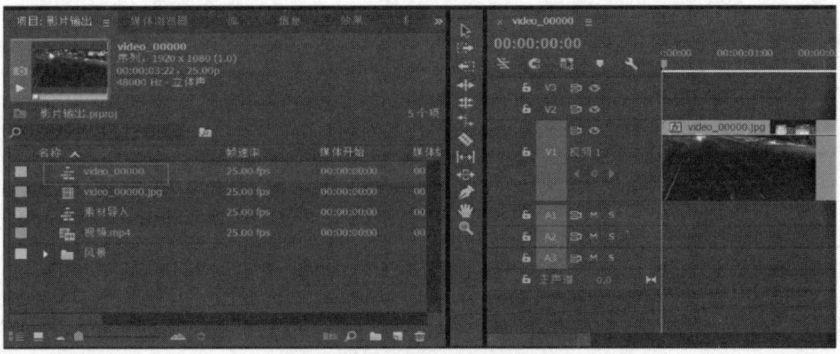

图2-5-13　打开序列文件

(3)选择菜单【文件】/【导出】/【媒体】，在导出设置窗口中可以设置不同的输出格式，在这里，以输出“.mp4”格式为例，在“格式”下拉列表中，选择H.264，如图2-5-14和图2-5-15。

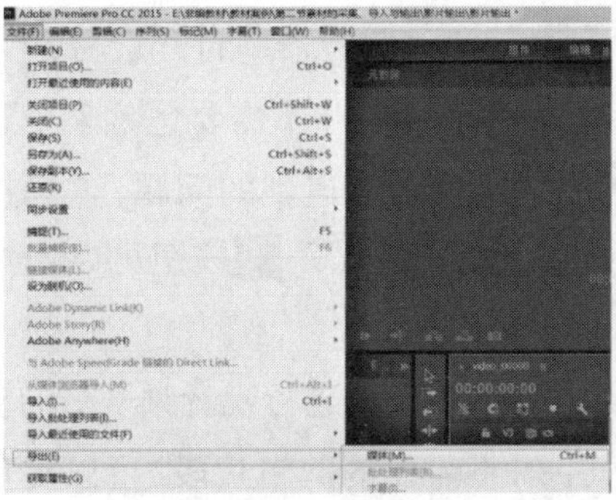

图2-5-14　导出命令

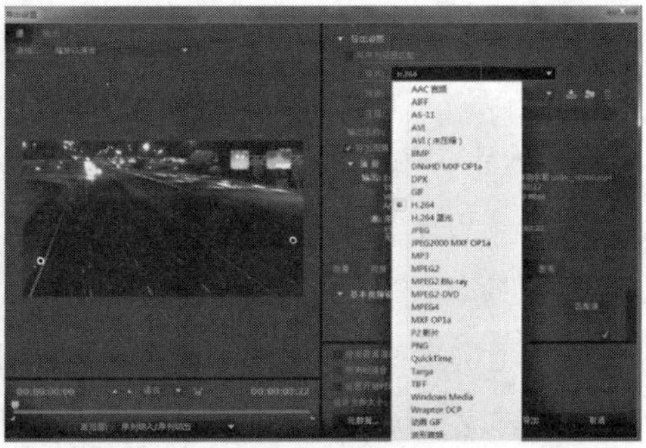

图2-5-15　选择格式

(4)检查其他设置有没有错误，一般可以用默认设置，单击“确定”按钮，渲染完成后，找到路径文件，播放预览，查看画面质量，如图2-5-16。

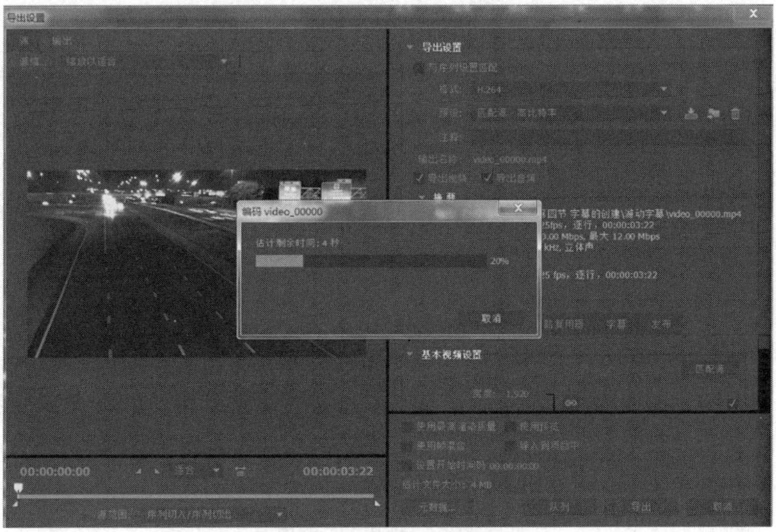

图2-5-16　视音频编码

第三章　Adobe Premiere Pro时间线操作基础

第一节　剪辑素材

熟悉原始素材的内容是进行素材剪辑的准备工作之一，可以通过播放预览素材确定素材片段是否可用，以及可以使用哪些画面内容。

将素材导入【项目】窗口后，双击素材名称可以在【源】监视器中打开素材，单击“播放”按钮可以预览该素材。在预览素材片段之后，如果节目中并不需要包含整个素材片段，就意味着需要对素材进行截取。在实际工作中，这是常常遇到的问题，这个过程称为素材的剪辑。点击【源】监视器窗口中的“入点”和“出点”按钮可以选择素材的长度范围，对原始素材进行剪辑。

在时间线上的素材片段，可以使用常用的几种“编辑”工具进行视音频素材的初步剪辑。“剃刀”工具(快捷键C)可以将素材剪切开；对不需要的剪辑片段，可以在片段上点击右键，选择“波纹删除”命令将其删除；选择工具(快捷键V)可以选中和移动素材。

当把多段素材片段编辑至时间线时，当前时间指针默认停在第0秒处，按键盘上的“Shift+↑”“Shift+↓”组合键可以移至下一个剪辑点，按键盘上的“Home”键和“End”键可以分别将播放头跳转到第一帧和最后一帧画面。

拖动【时间线】面板下方的滑块按钮(快捷键“+”或“-”)来放大或缩小时间线窗口，可以对素材做精确处理，如图3-1-1和图3-1-2。

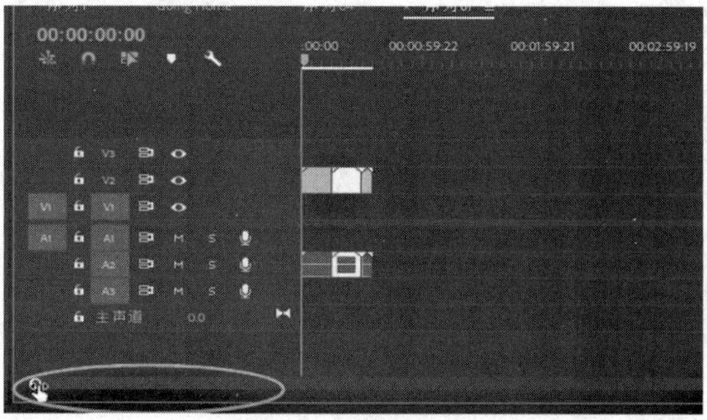

图3-1-1　时间线调整前

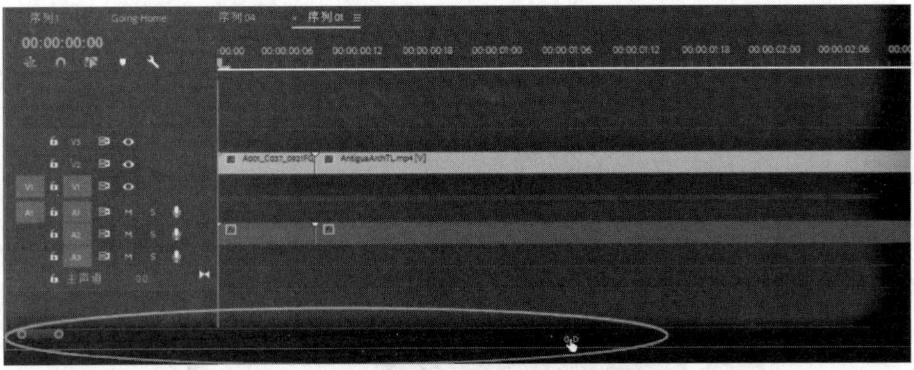

图3-1-2　时间线调整后

下面以一个实例说明素材剪辑的过程。

(1)启动Adobe Premiere Pro软件，单击“新建项目”按钮新建一个项目文件，打开新建项目窗口，在位置项的右侧单击浏览按钮，打开浏览文件夹的窗口，新建或选择存放项目文件的目标文件夹。在名称项中输入所建项目文件的名称——“剪辑素材”，单击“确定”按钮。

(2)打开新建序列窗口，展开DV-PAL，选择国内电视制式通用的标准48khz，单击“确定”按钮，进入Adobe Premiere Pro的操作界面。

(3)双击项目窗口空白处，双击“案例\素材\第三章 时间线操作基础\打包素材”文件夹，导入素材，将“jump1.mp4”“jump2.mp4”“jump3.mp4”“jump4.mp4”“polo.mp4”“sample sequence_1.wav”导入到项目窗口中。

(4)选择“sample sequence_1.wav”音频文件，将其拖至时间线音频1轨道中，如图3-1-3。

图3-1-3　拖入音频文件至时间线

(5)将时间指针移至音频轨道27秒11帧位置，点击“剃刀工具”，单击素材，将其分割为两段，素材在27秒11帧位置断开，将前一段素材删除，并将素材前移至0帧位置，如图3-1-4。

图3-1-4　剪切素材

(6) 双击素材“jump1.mp4”的名称，使素材在素材监视器中打开，单击播放按钮，预览素材，如图3-1-5。

图3-1-5　预览素材

(7) 拖动播放头到8帧位置，点击【源】监视器窗口中的入点按钮，继续拖动播放头到3秒07帧位置，点击【源】监视器窗口中的出点按钮，截选出一段视频，拖至视频1轨道，完成一段所需视频的剪辑，如图3-1-6。

图3-1-6　剪辑素材

(8) 按顺序依次选择“jump2.mp4”“jump3.mp4”“jump4.mp4”“polo.mp4”，拖至视频1轨道，如图3-1-7。

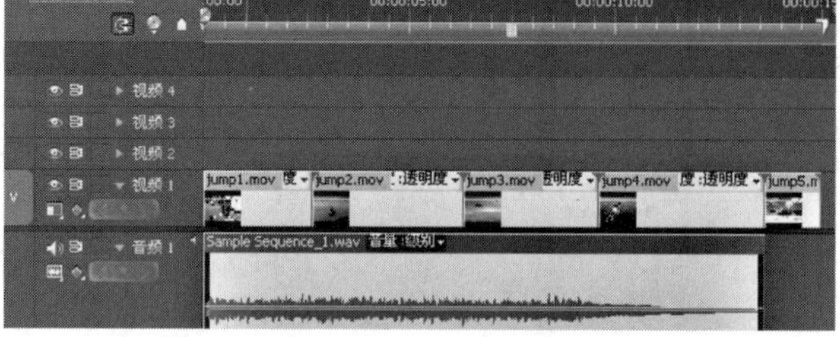

图3-1-7　拖动素材至时间线

(9) 对新添加的素材进行裁剪。将时间指针移至5秒20帧处，在【工具栏】面板中选择“剃刀”工具(快捷键C)，确认时间线左上角的“吸附”按钮已经打开，如图3–1–8。在素材“jump2.mp4”时间指示线的位置处单击，将其分割为两段，如图3–1–9。在后一段“jump2.mp4”的素材上单击右键，在弹出的菜单中选择“波纹删除”命令，将其删除。进行删除操作后，后面的素材自动前移，如图3–1–10。

图3-1-8　吸附按钮

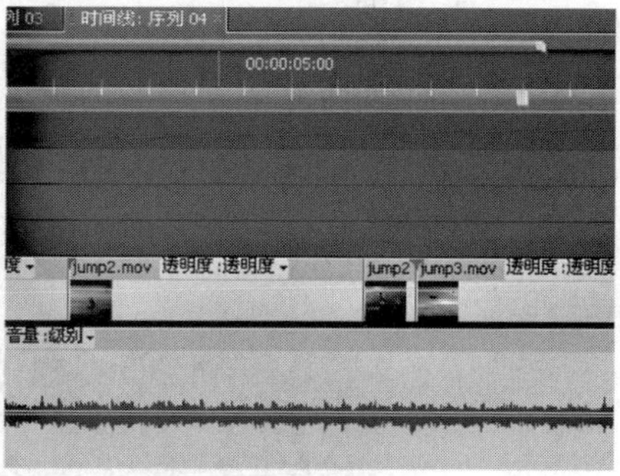

图3-1-9　分割素材

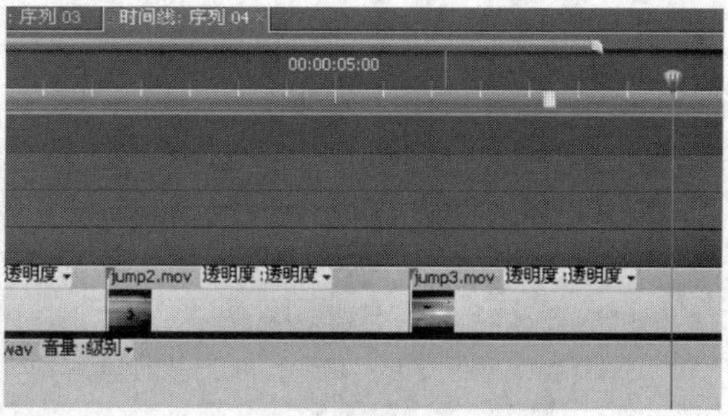

图3-1-10　波纹删除命令

(10) 将时间线移至7秒22帧处，将鼠标置于“jump3.mp4”的出点位置，修改其出点画面。当鼠标变为红色方括号形状时，向右拖动该素材出点位置至与时间指针重合。直到看到有一条黑线，松开鼠标，素材的出点即被修改，如图3–1–11。

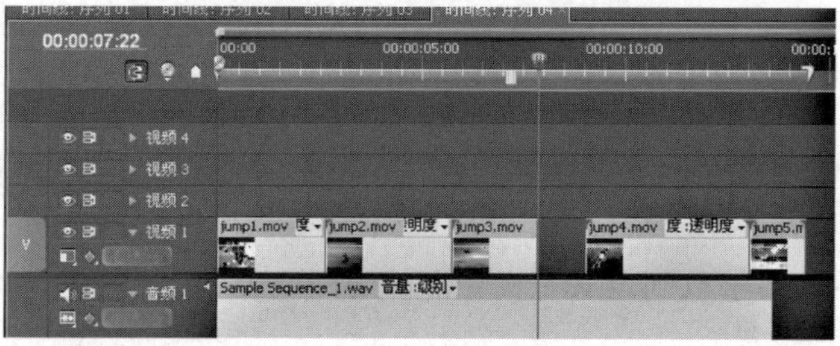

图3-1-11　修改素材出点

(11) 修改“jump3.mp4”的出点位置后，“jump3.mp4”与“jump4.mp4”之间会有空隙。在空隙处右击，选择“波纹删除”，可以看到后面的素材自动前移。

(12) 利用上述方法，将时间线移至9秒03帧处。在素材“jump4.mp4”上，用剃刀工具单击，将其剪切开，在其后一部分上单击鼠标右键，选择波纹工具删除后一部分，其后的素材“polo.mp4”自动前移。可以选择放大镜工具，在时间指示线处单击，放大显示以便能更清晰地观察素材内容。

提示：选择剃刀工具，按住shift键的同时在时间指示针处单击，可将时间指示针处的视频和音频素材同时分隔开。

(13) 此时，初步完成素材的剪辑。

(14) 在时间线上的编辑结果都在【节目】窗口中显示，可以在窗口下方的显示缩放等级处选择不同大小的预览画面。默认为“适配”方式，以适应窗口的大小变化，如图3-1-12。

图3-1-12 适配窗口按钮

(15) 按空格键播放时间线上的视音频。

第二节 三点编辑和四点编辑

三点编辑和四点编辑是非线性编辑的专业术语，初学者可能觉得它是一个很复杂的技术手段，其实并不难。三点编辑和四点编辑是指可以精确地将一段定义标记点的素材按照指定的要求放到定义有标记点的时间线上，定义的标记点一般有三个或四个。

首先在素材监视器窗口定义好入点和出点，确定素材来源长度；然后在时间线上定义好入点和出点，确定目标长度。只要能确定四个或其中的三个标记点，都可以得到相应的结果。

在四点编辑中，当两对标记点长度不一致时需要选择其中一种，在将素材放置到时间线上时也要确定视音频是插入方式还是覆盖方式，如图3–2–1。对于这些内容，我们通过实例操作验证能更容易掌握。

图3–2–1 “插入”和“覆盖”按钮

下面以一个实例说明三点编辑和四点编辑的方法。

(1)新建一个名为“三点四点编辑”的项目文件，选择国内电视制式通用的DV–PAL下的标准 48kHz。

(2)双击【项目】窗口空白处，双击“案例\素材\第三章 时间线操作基础\三点编辑和四点编辑”文件夹，导入素材“jump1.mp4”“jump2.mp4”“polo.mp4”“ski.mp4”至项目窗口。

(3)在【项目】窗口中选中某一个素材文件后，在窗口上部缩略图旁会显示相关的信息，包括素材的尺寸、时长、帧速率等信息，如图3–2–2。

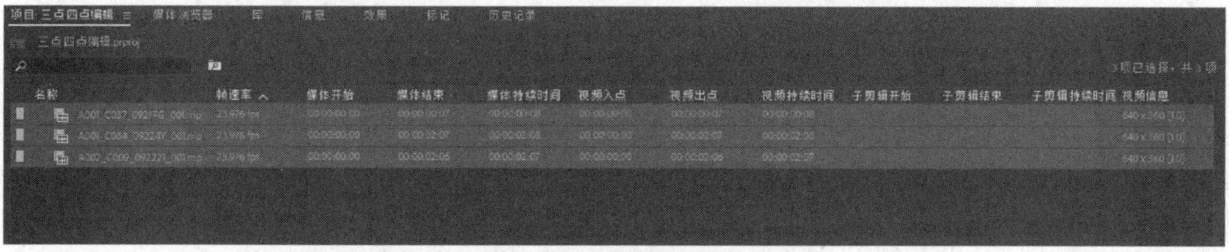

图3–2–2 【项目】窗口素材信息显示

(4)双击一个素材文件，可以在源素材预览窗口中进行预览。这里双击“jump1.mp4”，将其在【源】监视器中打开，如图3–2–3。

图3-2-3 【源】窗口预览素材

(5)预览素材后，将其从素材监视器拖动至时间线视频1轨道，如图3-2-4。

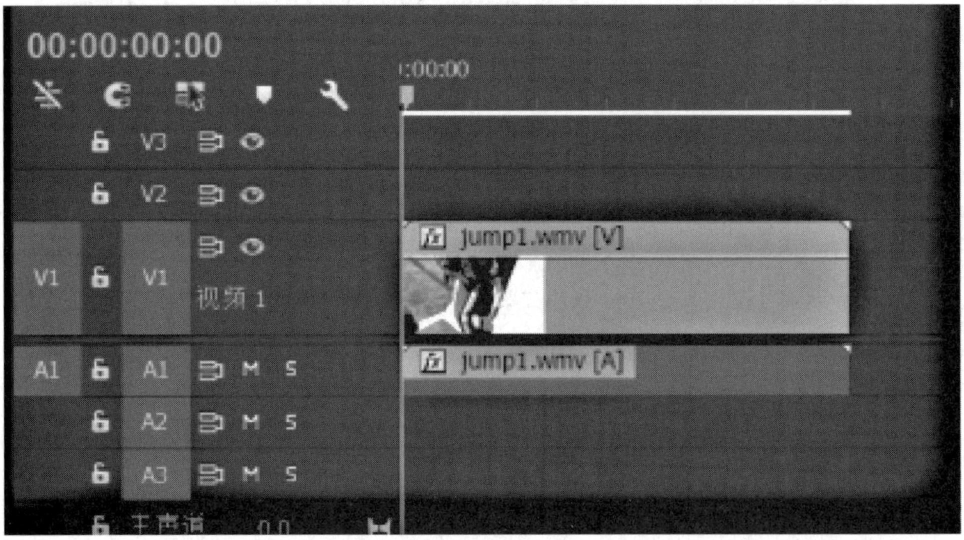

图3-2-4 编辑素材至时间线

(6)我们先看四点编辑，双击素材窗口中的“ski.mp4”素材，使其在素材监视器中打开，在0秒位置设置入点，单击按钮，或者按“I键”，在1秒20帧位置设置出点，单击按钮，或者按“O键”。这样就定义了1秒20帧的源素材，如图3-2-5。

图3-2-5　在【源】窗口定义入点、出点

(7) 在【时间线】中，将时间指针移至2秒位置，按“I”键设置入点，将时间指针移至3秒06帧位置，按“O”键设置出点，如图3-2-6。

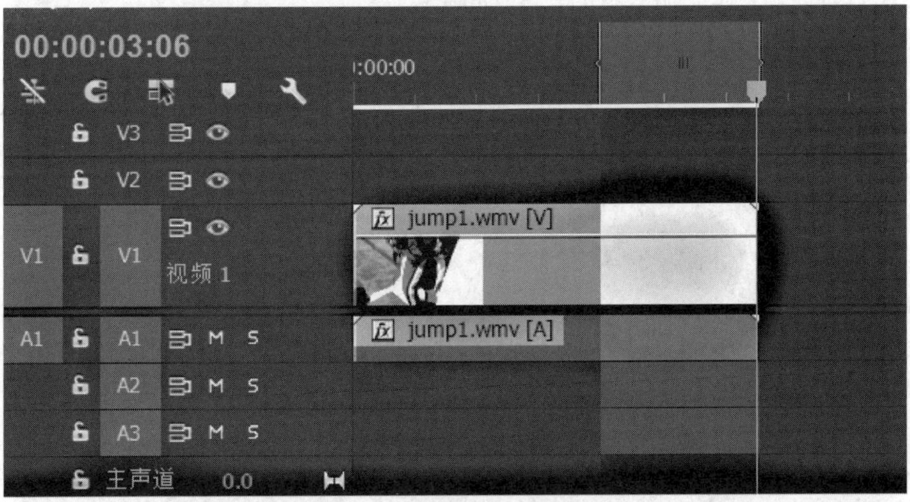

图3-2-6　在【时间线】面板定义入点、出点

(8) 在【源】窗口单击覆盖按钮，用源素材预览窗口中1秒20帧的视频覆盖时间线中1秒06帧的视频。

(9) 如果两段素材所设置的入出点长度一致，将会很顺利地进行覆盖替换。因为这里源素材时间长，剪辑目标时间短，所以会弹出一个提示，默认第一项为改变素材源的长度来适应剪辑目标的长度，单击“确定”，如图3-2-7。

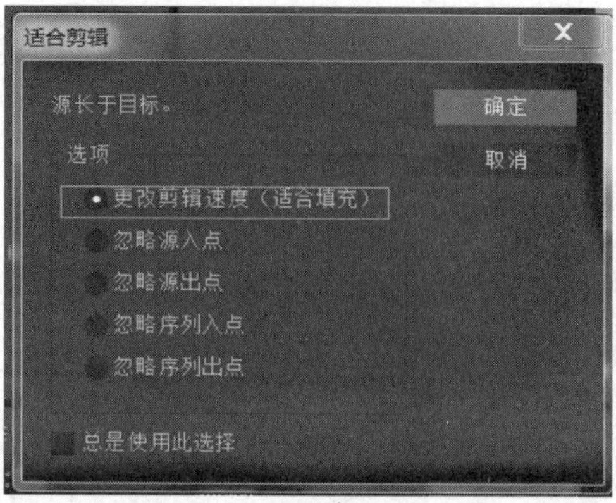

图3-2-7　适配素材对话框

提示：因为源时间长，目标时间短，素材替换后，总长度保持不变，所以源素材覆盖到时间线后，会加快播放速度。

(10)使用过四点编辑后，三点编辑就更好理解了。双击项目窗口中的“polo.mp4”文件，在素材监视器中打开，在0秒处定义入点，在2秒处定义出点。在时间线中，将时间指针移至1秒16帧位置，按“I”键设置入点，单击素材监视器中的“覆盖”按钮，将源素材覆盖到时间线中，可以看到时间线中没有定义出点。所以，源素材从时间线入点开始覆盖，出点自动顺延至来源素材的长度，如图3-2-8。

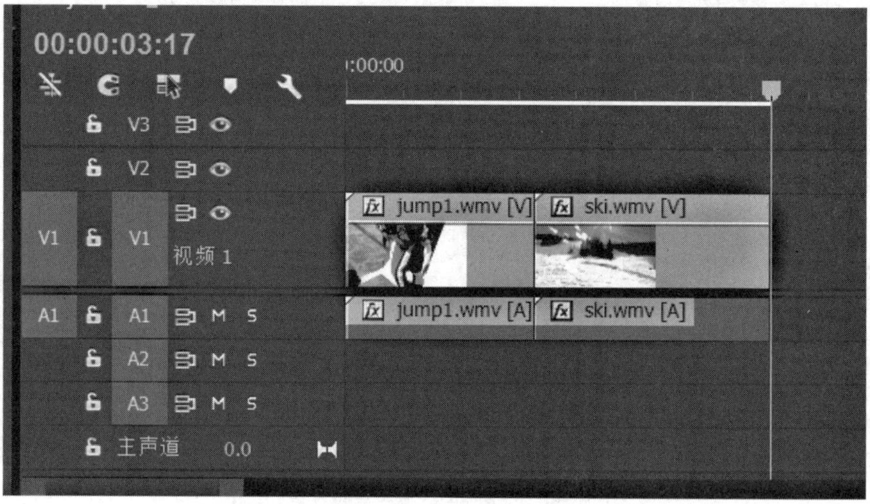

图3-2-8　三点编辑

第三节　声画对位

对于声音文件，我们可以在时间线内或素材监视器窗口内查看其音频轨道的波形提示和监听其声音的内容，并可以在适当的位置为其添加标记。这些依据声音内容划分的标记可以使声音文件可视化。在标记位置处放置相应的视频素材，就能实现声画对位，能够使编辑工作方便快捷。

在时间线中，拉高音频轨道图标可以展开音频波纹图示。将鼠标放置到左侧音频1轨道和音频2轨道交界的位置，可以将音频1的下部向下拖拽，使轨道的高度增加，此时显示音频的波纹图示会更加清晰，如图3-3-1。

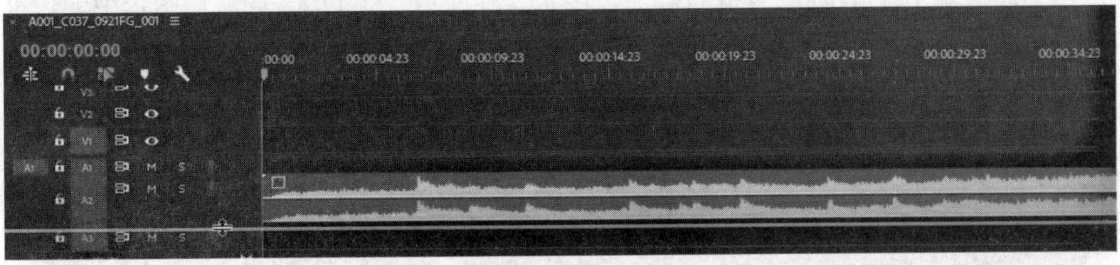

图3-3-1　拉高音频轨道

在轨道的音频波纹图示中大致可以看出，有声音的时间点，波形会更高更密。播放音频的同时可以按右侧小键盘的“*”键在音频的时间线标尺上添加标记。添加标记后，当前的音频需要添加什么样的画面、这些画面添加到什么地方、时间的长度等就非常清晰了。

将素材拖至时间线时，为了方便准确地定位素材放置的位置，可以打开时间线窗口的“吸附”功能。当“吸附”功能处于激活状态时，素材在时间线内拖动时可以实现自动吸附，如图3-3-2。

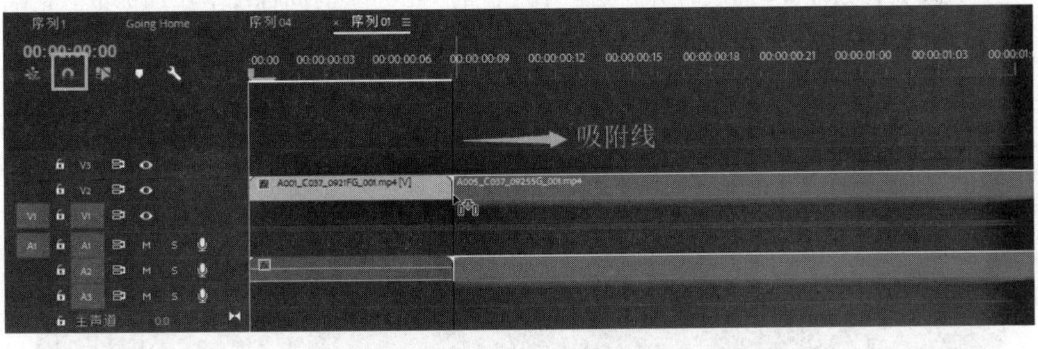

图3-3-2　“吸附”功能

下面以一个实例说明通过素材对齐标记点的方法和实现声画对位的过程。

(1) 新建一个名为“声画对位”的项目文件，选择国内电视制式通用的DV-PAL下的标准 48kHz。

(2) 双击“案例\素材\第三章 时间线操作基础\声画对位”文件夹，导入素材“天堂sc10.mp4”“天堂sc03.mp4”“天堂sc11.mp4”“天堂sc12.mp4”“天堂sc13.mp4”“天堂sc20.mp4”“天堂片段.wav”。

(3) 在【项目】窗口中选中“天堂片段.wav”，将其拖至时间线中，按空格键播放，监听音频的内容。音频内容为歌曲《天堂》的片段，演唱的内容有4句，第1句为“蓝蓝的天空”，第2句为“清清的湖水”。

(4) 将音频1轨道拉高，展开音频波纹图示。在轨道音频1的音频波形图示中大致可以看出有4句唱词，有声音的时间处，波形会更高更密。将鼠标放置在音频1与音频2轨道的交界处，可以将音频1的下部向下拖拽，使得轨道的高度更高，波形也会更清晰，如图3-3-3。

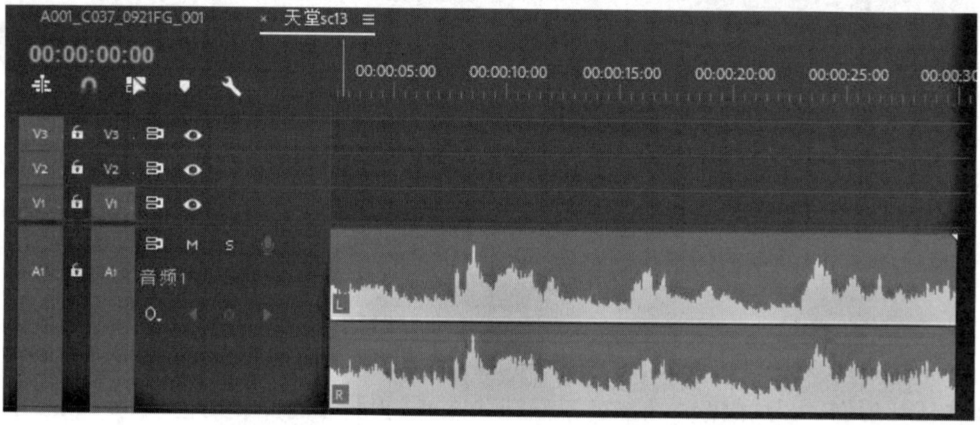

图3-3-3 音频波形

(5) 播放音频片段，播放时可以配合小键盘的“*”键在时间标尺上添加标记。在唱到第2句、第3句、第4句歌词刚开始的位置时依次按“*”键，此时就在时间标尺上添加了3个标记，如图3-3-4。

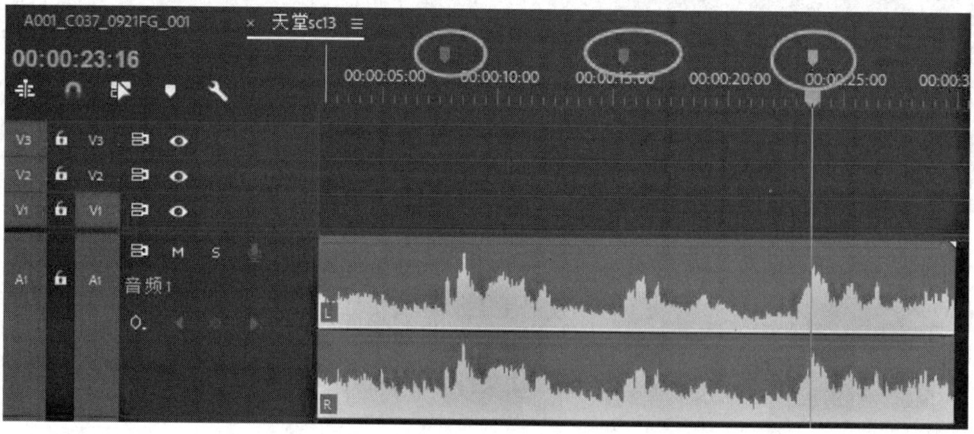

图3-3-4 添加标记

(6) 在时间标尺添加了标记点后，需要添加什么样的画面、画面添加到什么地方、持续的时间长度是多少就非常清晰了。接着，要在有标记点的部分分别添加对应的画面。在【项目】窗口中找到“天堂sc10.mp4”，将其拖至时间线视频1轨道(图3–3–5)，播放，可以看到天空的画面。

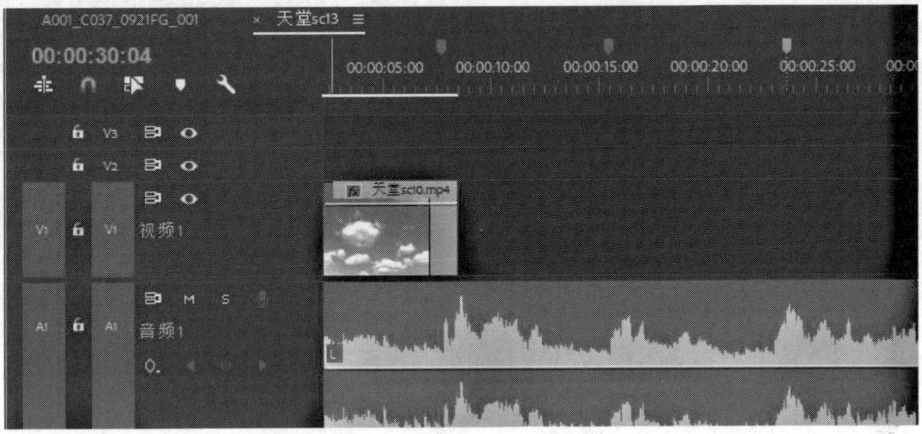

图3-3-5　添加第一段画面

(7) 因为源素材大小与时间线序列的窗口大小不一致，画面没有全幅显示，在时间线上右击“天堂sc10.mp4”，选择“缩放为帧大小”，使素材充满监视器窗口，如图3–3–6。

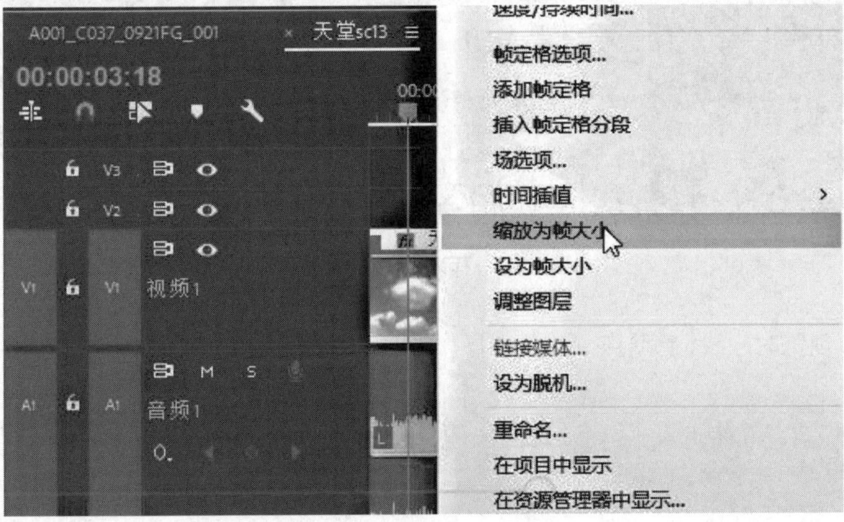

图3-3-6　“缩放为帧大小”命令

(8) 在【项目】窗口中找到与第二句歌词“静静的湖水”对应的画面“天堂sc11.mp4”，将其拖至时间线视频1轨道，当素材靠近剪辑点的时候，会出现一条细长的黑色的线，可以将素材的入点与当前的剪辑点进行对齐，如图3–3–7所示，播放，可以看到静静的湖水的画面。

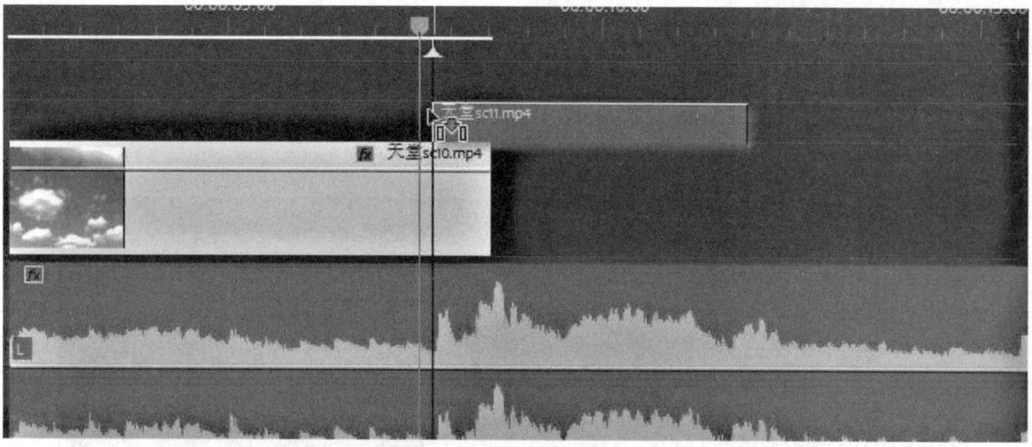

图3-3-7　标记点的对齐功能

(9) 利用上述方法将剩下的素材对齐标记点拖至时间线，在时间线上安排声音相对应的画面，根据标记点的位置操作，使声音和画面的内容相匹配，如图3-3-8。可以反复播放和监听声音的时间。

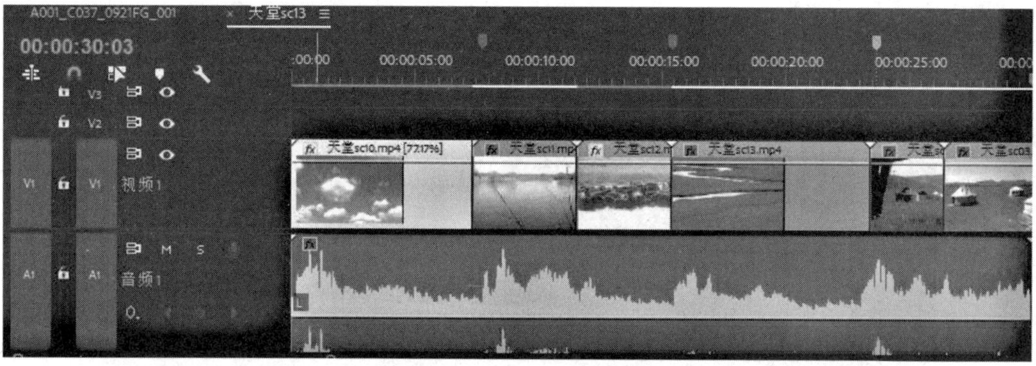

图3-3-8　标记点对齐其他素材

(10) 预览时间线，感受声画对位的操作方法与效果。

第四节　时间线嵌套

Adobe Premiere Pro 可以在一个项目文件中建立多个时间线，还可以将一个或多个时间线像素材一样放置到不同的时间线中，我们把这样的操作称为“嵌套”。也就是说，一个或者多个时间线可以嵌套在另一个时间线中，而且可以根据需要进行多层嵌套。节目的剪辑制作过程可以利用这种方法来方便地编辑制作相关效果。

新建一个时间线的方法：单击菜单栏【文件】/【新建】/【序列】，序列名称如果不被重

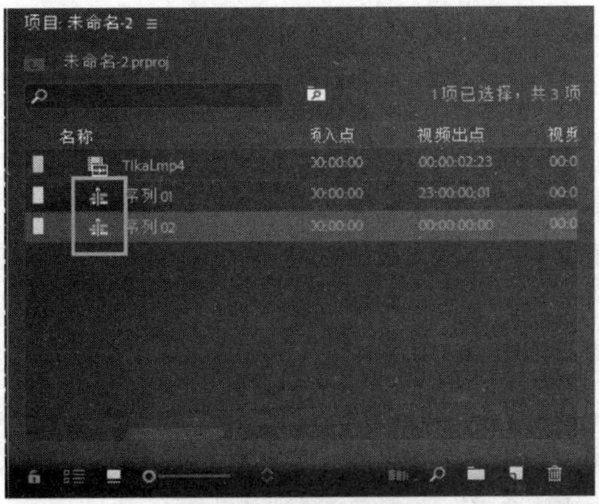

图3-4-1　序列图标

新命名，可以默认为按创建的顺序命名，如图3-4-1。同时还可以选择新建序列的视频轨道和音频轨道的数量及其属性等信息。设置好信息后，单击“确定”按钮。创建后，在时间线窗口中显示的当前序列即为新建的时间线序列，新建的时间线(序列)也会和导入的素材一样，自动放置在【项目】窗口中，双击序列名称，即可以在当前时间线打开当前序列。但是需要注意的是，任何一个空的序列都不可能作为素材嵌套到其他的时间线中。

下面以一个实例说明时间线嵌套的方法和过程。

(1)新建一个名为“时间线嵌套”的项目文件，选择国内电视制式通用的DV-PAL下的标准48kHz，如图3-4-2。

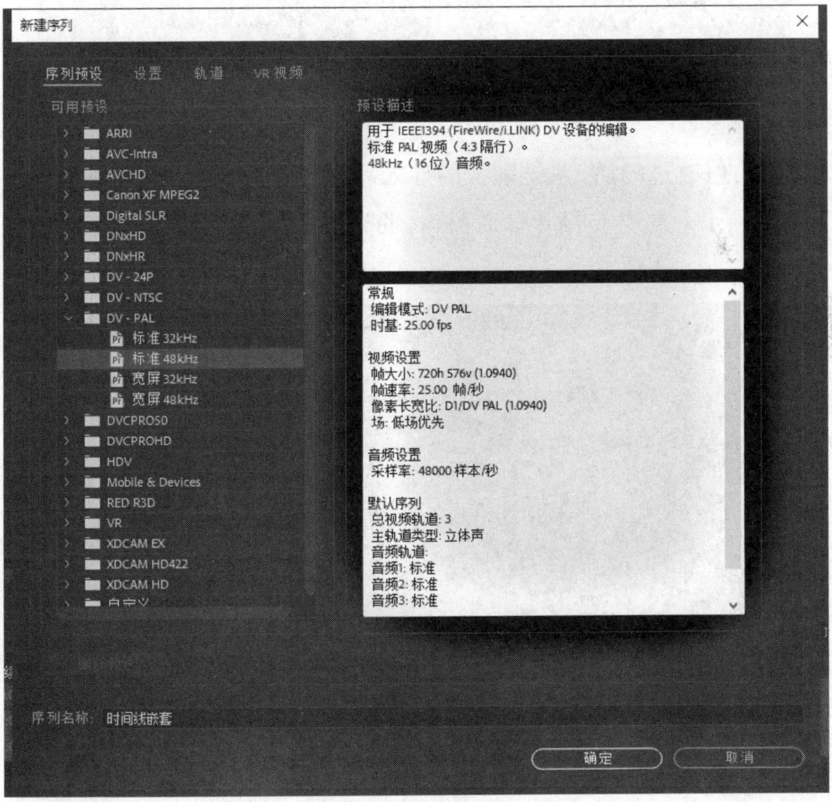

图3-4-2　新建序列

(2) 准备导入两批图片素材，第一批中的每个图片长度为10帧，第二批中的每个图片长度为1秒，可以在项目窗口中先建立两个文件夹，将导入的图片分类放置在文件夹中。单击项目窗口的新建素材箱■按钮，新建两个文件夹，分别命名为10帧图片和1秒图片，如图3-4-3。

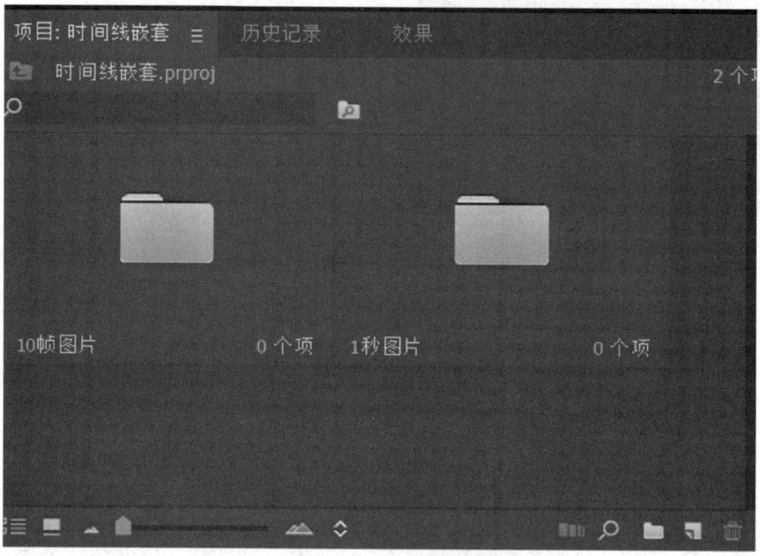

图3-4-3　新建素材箱

(3) 如果没有修改过的话，系统默认的导入静止素材的长度是150帧，选择菜单命令【编辑】/【首选项】/【常规】，打开参数窗口，将静止素材持续默认时间改为10帧，如图3-4-4。

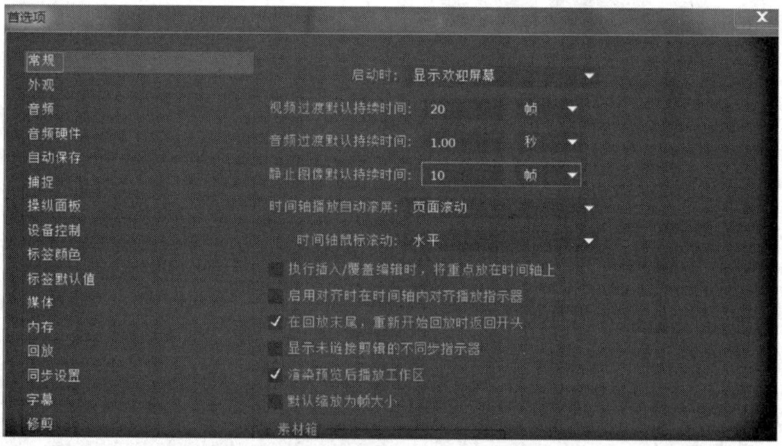

图3-4-4　【首选项】面板

(4) 双击“案例\素材\第三章时间线操作基础\嵌套序列”文件夹，导入素材“01.bmp”至“15.bmp”，放入“10帧图片”文件夹中，如图3-4-5。文件夹既能分类放置素材，又能展开或者折叠。

图3-4-5 导入时长为10帧的图片

(5) 选择菜单命令【编辑】/【首选项】/【常规】，打开参数窗口，将静止素材持续默认时间改为25帧。

(6) 导入素材“01.bmp”至“06.bmp”，放入“1秒图片”文件夹中，如图3-4-6。

图3-4-6 导入时长为1秒的图片

(7) 从项目窗口中选择“10帧图片”文件夹，拖至时间线，系统会自动建立一个名为“10帧图片”的序列，即将15个时长为10帧的图片放置在时间线中，如图3-4-7。

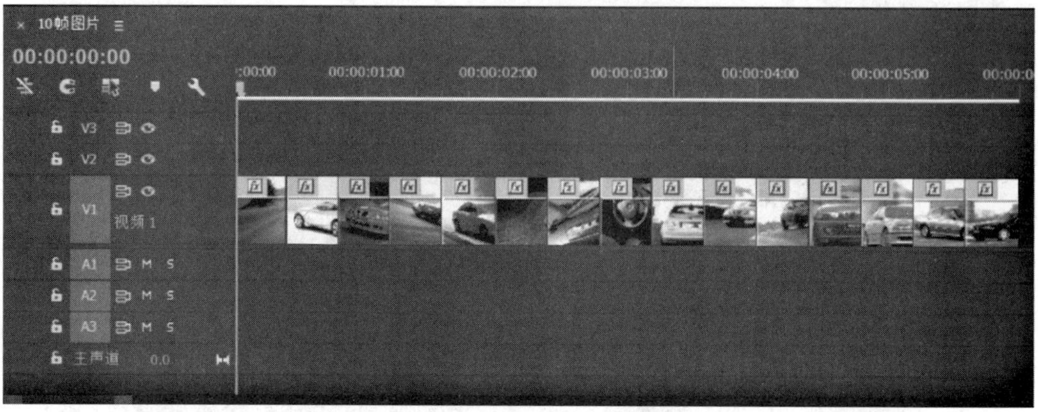

图3-4-7　自动创建序列

(8) 单击【项目】窗口下方的按钮，在弹出的菜单栏中选择【序列】，新建一个同样格式的序列，序列默认名称“1秒图片”，即将6个时长为1秒的图片放置在时间线中，再次单击【项目】窗口下方【新建】按钮，继续创建序列嵌套，如图3-4-8。

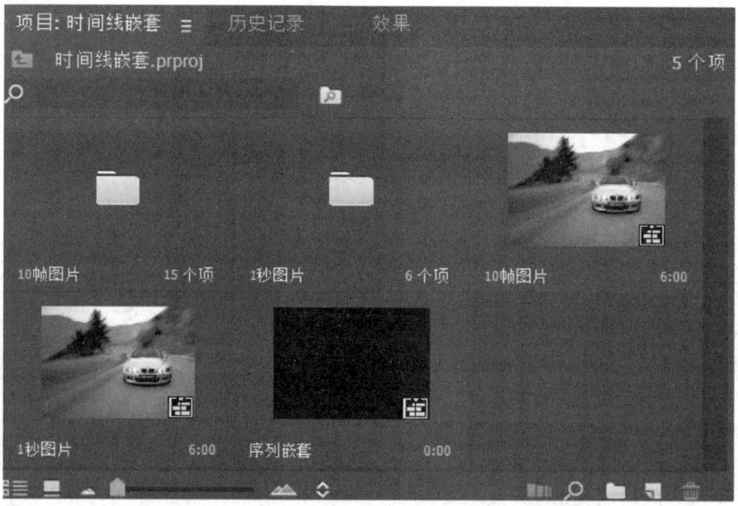

图3-4-8　新建“1秒图片”序列和“序列嵌套”

(9) 从【项目】窗口中选择“10帧图片”序列，拖至“序列嵌套”的时间线中的视频1轨道上，可以看到音频轨道上有附带的音频，在时间线中先选中序列“10帧图片”，右键单击素材，选择【取消链接】，将视频和音频分离，单独选择音频并删除，如图3-4-9和图3-4-10。

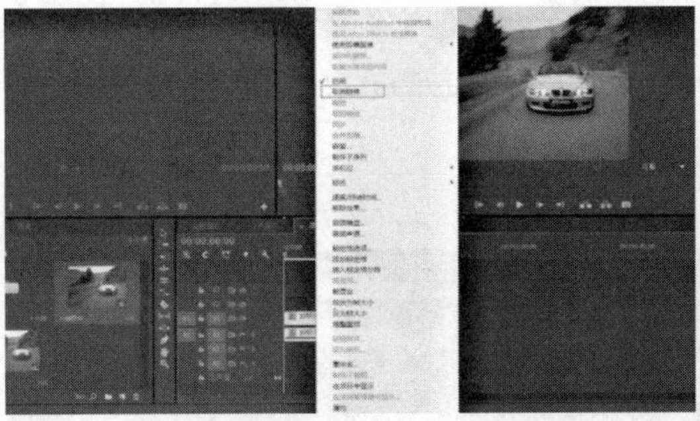

图3-4-9　取消视音频链接

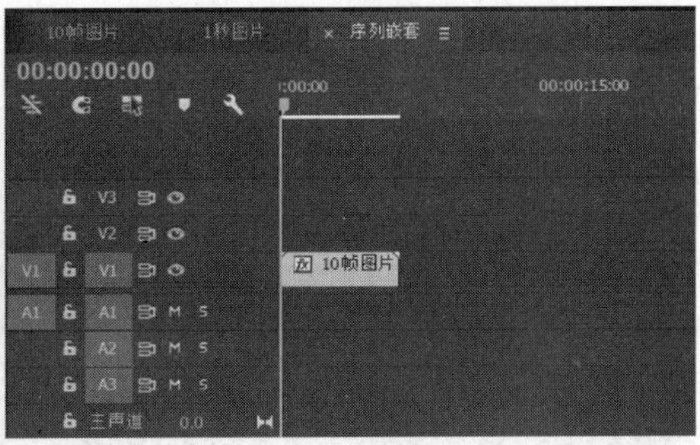

图3-4-10　删除音频

(10)选择序列"10帧图片",按Ctrl+C组合键复制,选中视频2轨道,使其处于高亮状态,按"Ctrl+V"组合键粘贴。以同样的方式在视频3轨道也复制一个序列"10帧图片",如图3-4-11。

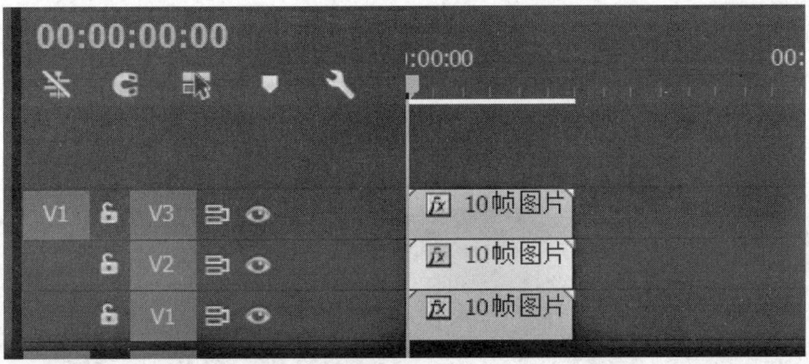

图3-4-11　复制素材至视频2轨道和视频3轨道

(11)从【项目】窗口中选择序列"1秒图片",拖至"序列嵌套"的时间线中的视频4轨道上,使其入点和出点与序列"10帧图片"对齐,将视频和音频分离,将音频轨道删除,如图3-4-12。

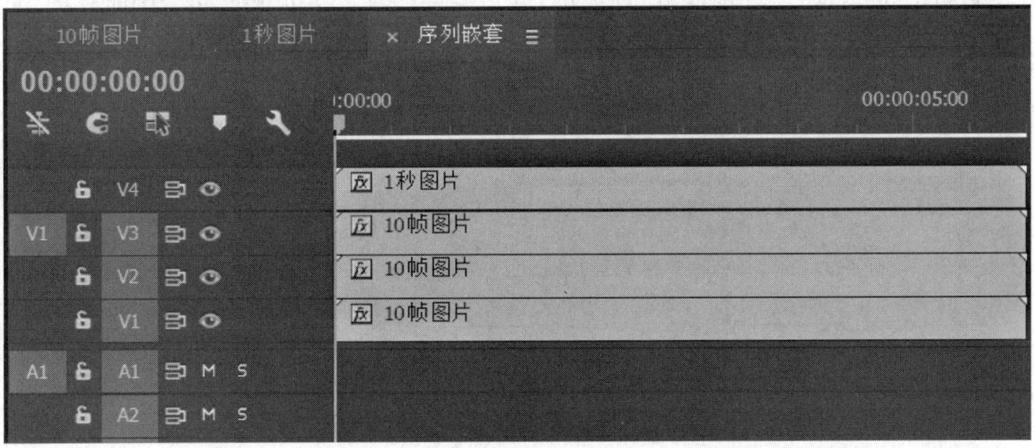

图3-4-12　多个轨道的素材入点和出点对齐

(12)分别对这4个轨道的画面的尺寸和位置进行修改,使它们能在屏幕中同时显示。选择序列“1秒图片”,在【效果控件】面板中,将“比例”设为60,“位置”设为220,270,如图3-4-13。

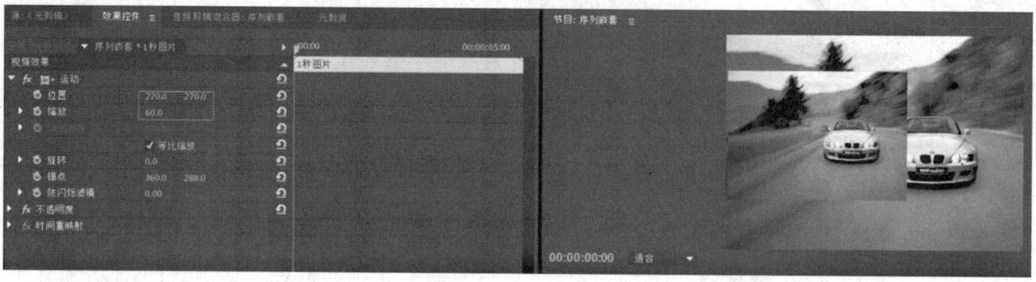

图3-4-13　设置【效果控件】面板中的参数

(13)选择视频3轨道的序列“10帧图片”素材,在【效果控件】中,取消“等比缩放”的勾选,这样可以分别修改“缩放高度”和“缩放宽度”的参数,将“缩放高度”设为25,“宽度”设为30,“位置”设为580,140,如图3-4-14。

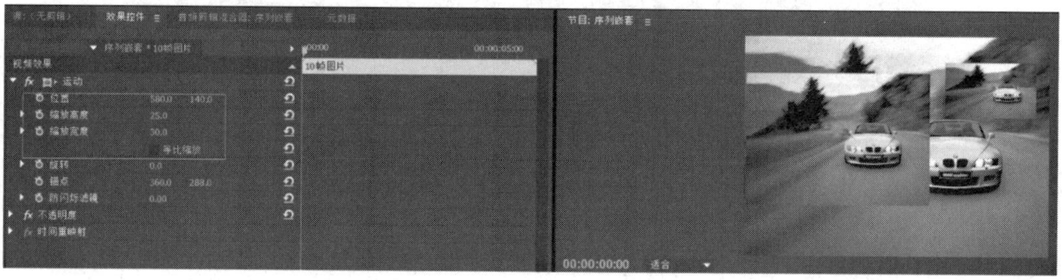

图3-4-14　取消“等比缩放”勾选

(14)用同样的方法处理视频2和视频1轨道的素材做缩放和位置,设置画面分布,如图3-4-15。

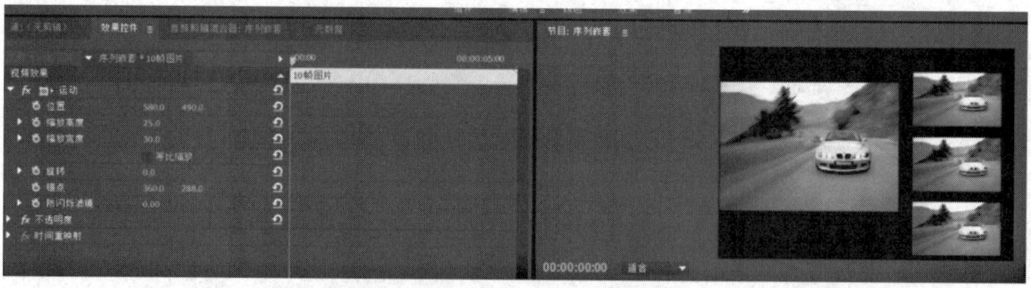

图3-4-15　通过设置参数设置画面分布

（15）播放预览。思考本实训的操作原理，第3个时间线嵌套前2个时间线时，可以整体调整设置所嵌套的时间线，包括比例、位置等参数，最终效果如图3-4-16。

图3-4-16　最终效果

第五节　打包素材

一个项目文件往往会调用大量的素材，而这些素材可能有些有用，有些没有用，另外这些素材文件往往会保存在不同的文件夹中，要想整理这些项目文件，或者备份某个项目文件，打包素材是个很好的选择。通过“打包”可以精简项目文件及其素材，而且打包后的文件都会存放在同一个文件夹中，可以避免文件夹名称或位置变动后找不到素材。

下面以一个实例说明打包素材的方法，并展示打包素材的过程。

（1）新建一个名为“打包素材”的项目文件，选择国内电视制式通用的DV-PAL下的标准 48kHz。

（2）双击“案例\素材\第三章时间线操作基础\打包素材”文件夹，导入素材“01.bmp”至“10.bmp”图像文件到【项目】窗口中(图3-5-1)。

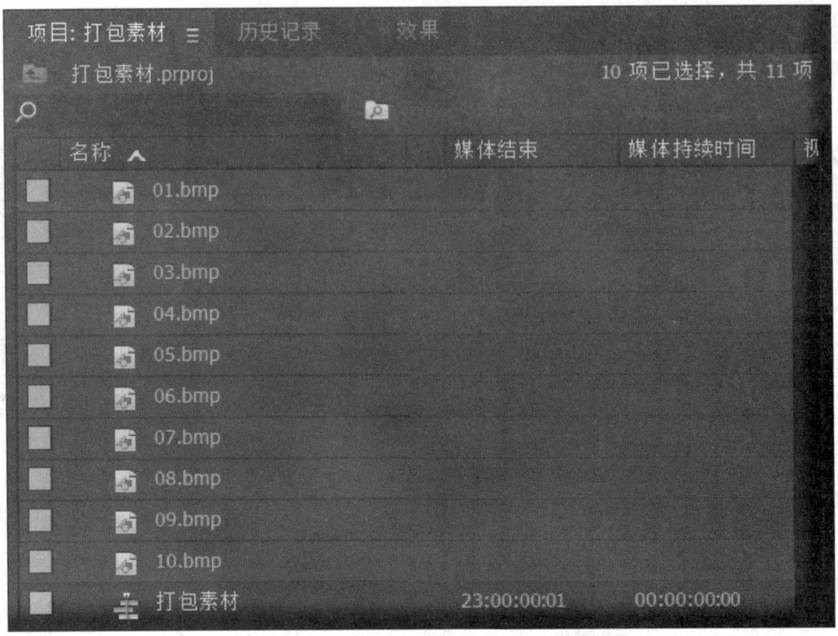

图3-5-1　导入素材至【项目】窗口

(3) 在【项目】窗口中将这几组图片拖至时间线中，使用其中的5个文件，如“01.bmp”至“05.bmp”。

(4) 选择菜单【编辑】/【移除未使用的资源】，这时可以看到项目窗口中只留下当前时间线中的“01.bmp”至“05.bmp”5个图像文件，如图3-5-2。

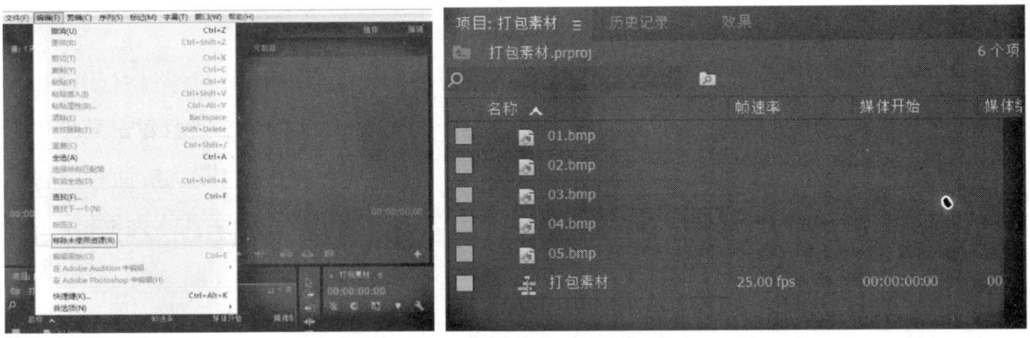

图3-5-2　移除未使用素材

(5) 选择【文件】/【项目管理】打包素材，打开项目管理窗口，在其中选择“收集文件并复制到新的位置”，并确定目标路径，单击确定按钮进行素材打包，如图3-5-3。

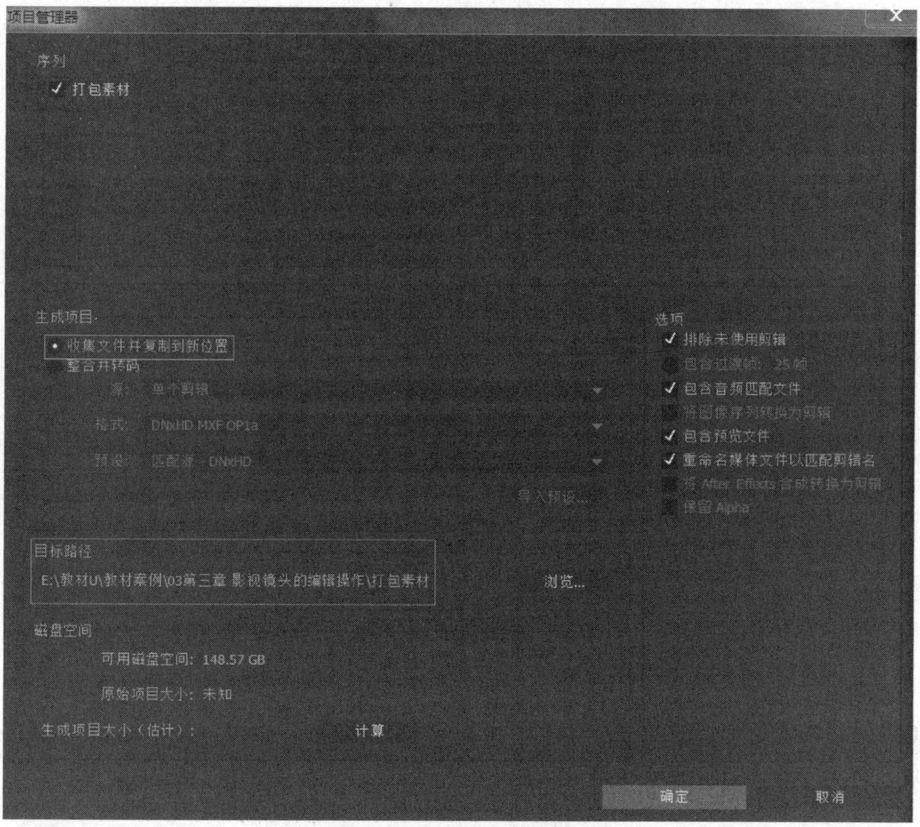

图3-5-3 “素材打包”对话框

(6)打包后的所有素材文件都将被存放在同一个文件夹内，文件夹是以“复制-原项目文件名”的命名方式命名的，例如这里的文件夹名称为“已复制-打包素材”(图3-5-4)。

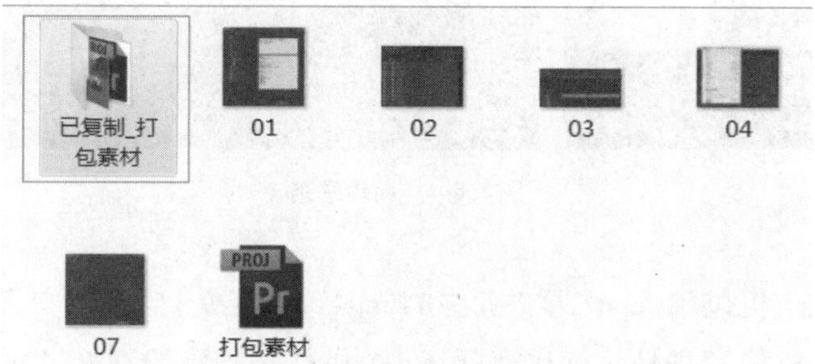

图3-5-4 打包后文件存放的名称

第六节 实训：多机位剪辑

在某些大型活动的节目现场，画面需要多角度进行切换，所以在活动现场一般有数台摄像机同时拍摄，这可以为后期编辑人员提供多机位素材。Adobe Premiere Pro提供了多机位剪辑的功能，可以使用多机位监视器窗口模拟节目多机拍摄时视频切换台的现场切换，下面以一个球赛片段的几组镜头的多机位切换来说明多机位剪辑的功能。

实践目标：利用Adobe Premiere Pro模拟节目多机拍摄时视频切换台的现场切换。

实践内容：在多机位窗口中，通过移动时间指针和鼠标选择不同机位的画面来实现多机位剪辑。

实践工作流程：

(1) 新建一个名为“多机位剪辑”的项目文件，选择国内电视制式通用的DV-PAL下的标准48kHz。

(2) 双击“案例\素材\第三章时间线操作基础\多机位剪辑”文件夹，导入素材“机位01.mp4”至“机位04.mp4”（图3-6-1）。

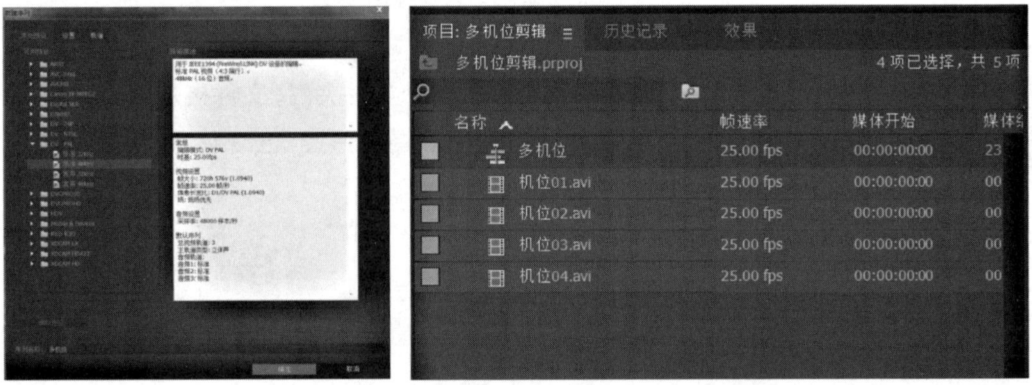

图3-6-1 新建序列

(3) 分别双击“机位01.mp4”至“机位04.mp4”，在【源】监视器中打开这些文件，查看内容。这几个机位素材是足球比赛现场4个机位拍摄到的素材，“机位01.mp4”是教练的反应镜头。“机位02.mp4”是足球传出的左侧全景拍摄，“机位03.mp4”是足球传出的右侧中景拍摄，“机位04.mp4”是大范围拍摄(图3-6-2)。

图3-6-2　4个机位镜头画面

(4)在【项目】窗口中，选中要编辑的多机位视频，选择菜单栏【剪辑】/【创建多机位源序列】，即可出现如图3-6-3所示的界面，随后点击“确定”。

图3-6-3　创建多机位

(5)在【项目】窗口会自动生成一个“序列”图标，如图3-6-4。

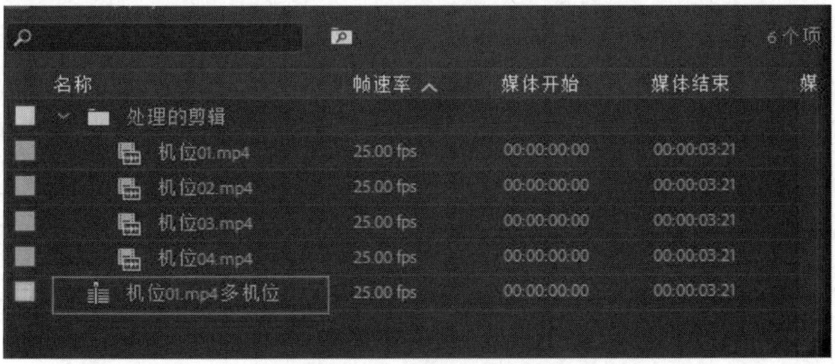

图3-6-4　多机位序列图标

(6)把【项目】窗口中的“多机位”序列拖到时间线上，如图3-6-5。

图3-6-5　将多机位序列拖至时间线

(7)点击【节目】窗口的“设置”按钮，在弹出的菜单中选择【多机位】，可以看到【节目】窗口切换为多屏显示影像，左侧的4个小画面为4个机位的镜头，右侧的一个大画面为最终的效果，如图3-6-6。

图3-6-6　多机位模式

(8)在多机位窗口中，显示的4路不同机位镜头的信号可以切换，切换的时候只需用鼠标单击需要切换的画面即可，当然要像专业导演一样进行合理的镜头切换。将时间指针移至0帧处，单击左下角的“机位03.mp4”，将其作为开始的画面，如图3-6-7。这样右侧的显示区域为最终输出的画面信号“机位03.mp4”，同时时间线视频轨道的素材名称前显示有“[MC3]”字样。在多机位窗口中将播放头移至12帧处，单击左上角即“机位01.mp4”画面，这样在右侧又显示为最终输出画面信号“机位01.mp4”。

图3-6-7　单击小画面选择开始机位镜头

(9) 在多机位窗口中将播放头移至12帧处，单击左上角即“机位01.mp4”的画面，这样右侧显示的最终输出画面信号为“机位01.mp4”，如图3-6-8。

图3-6-8　选择切换机位画面

(10) 以同样的方法分别在20帧处插入“机位02.mp4”，在1秒20帧处插入“机位04.mp4”，在3秒05帧处插入“机位01.mp4”，如图3-6-9。

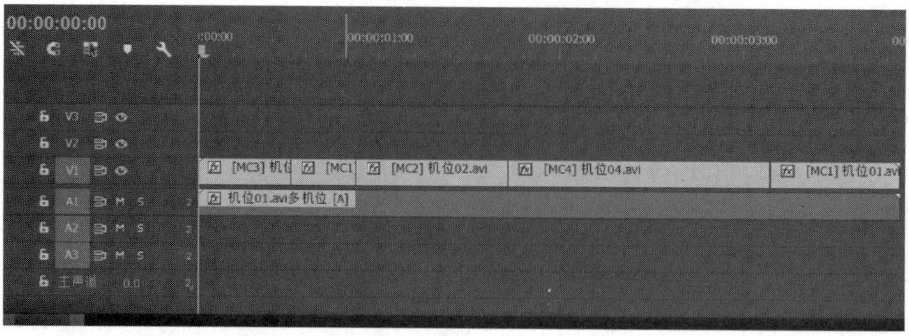

图3-6-9　在多个时间点插入不同机位镜头

(11)关闭【多机位】监视器窗口，播放预览时间线，时间线的素材按照刚刚的操作被分成了多个小片段，多机剪辑工作完成，如图3-6-10。

图3-6-10　序列被分切为多个机位的剪辑序列

第四章　Adobe Premiere Pro创建字幕

字幕是影视作品中图像和声音的补充，是视觉元素的一个重要组成部分。广义上的字幕包括纯粹的文字字幕和图形字幕。文字字幕主要有片头字幕、片中的标题字幕、同期声、注解(人物、时间、地点等)字幕、栏目题花、片尾演职员表字幕等。图形字幕则是点缀修饰画面的几何图形和电脑图像等。在数字技术飞速发展的今天，影视字幕除了表意、传达信息之外，还是一种美化屏幕的主要手段。制作字幕是非线性编辑制作影片的一个重要组成部分。影视作品几乎是离不开文字的，不同的字体体现不同的艺术风格。随着汉字字幕功能的不断完善，不仅字号、字体的种类日益增多，而且出字的表现手法也是“百花齐放”。字幕甚至还可以与三维动画、数字特技相结合，这些艺术表现手法，无疑能使字幕更加绚丽多彩，使观众在看节目的同时也享受画面的美。本章节主要介绍字幕设计器窗口和相关菜单命令和功能，介绍字幕制作的具体设计过程。

第一节　创建字幕的方法

随着Adobe公司创意云(Creative Cloud)功能的推出，Adobe所有系列产品功能也随之丰富完善，其中字幕工具变动较大，与旧版本稍有不同，Adobe Premiere CC 2017版本增加了新的功能，习惯用之前版本的用户可以从【文件】/【新建】/【旧版标题】找回以前字幕创建功能。

Adobe Premiere Pro中所有的文本都是在【字幕设计器】窗口创建的。【字幕设计器】是一种通用工具，用于创建和编辑标题、片头片尾字幕、动画合成字幕、静态字幕和动态字幕等。字幕效果的设置要新建一个字幕文件，再在字幕设计窗口输入文本内容，设置文字的各种属性，添加各种效果等。

选择菜单【文件】/【新建】/【旧版标题】命令，如图4-1-1。打开新建字幕窗口，如图4-1-2，视频设置中的宽和高、时基、像素纵横比要尽量和序列的宽高一致，为此字幕文件指定名称，然后单击“确定”，即可打开字幕设计器的窗口，如图4-1-3。

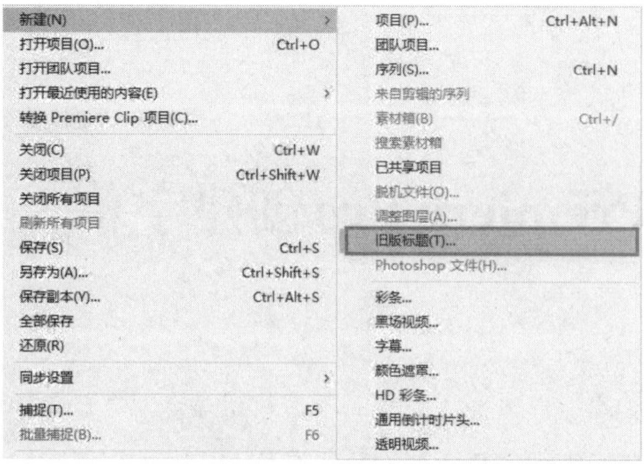

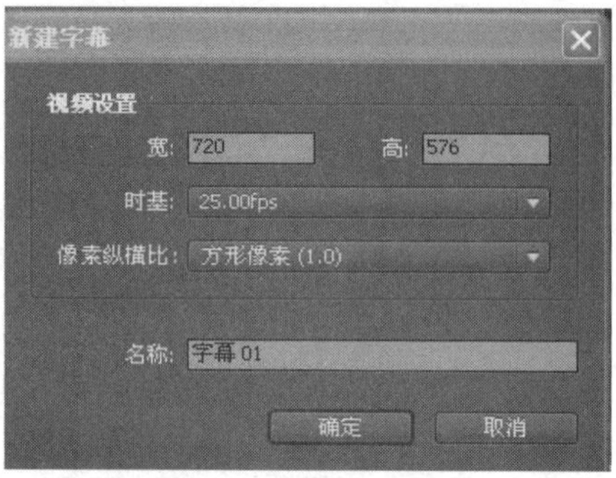

图4-1-1　新建字幕命令

图4-1-2　新建字幕窗口

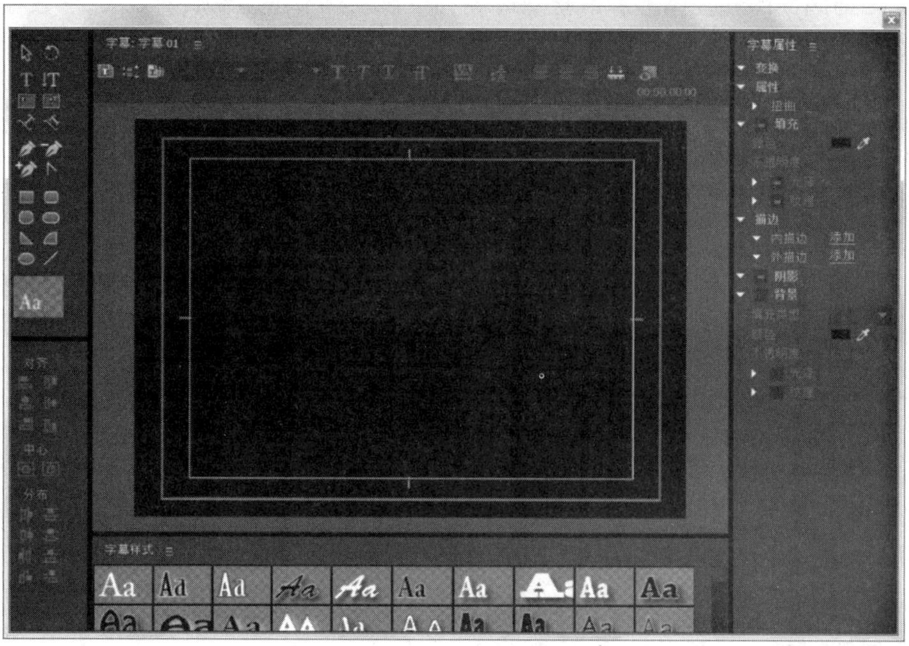

图4-1-3　字幕设计器

【字幕设计器】是制作字幕相关面板与字幕工作区的集合，包括主面板、字幕工具面板、字幕动作面板、字幕样式面板、字幕属性面板和字幕工作区。在Adobe Premiere CC中，所有的字幕都是在【字幕设计器】窗口创建的、编辑和修改的。下面简单介绍一下【字幕设计器】的各个面板的功能。

一、【字幕工作区】

【字幕工作区】是显示编辑字幕的场所，如图4-1-4。【字幕工作区】的内框是字幕安全框，字幕元素不能输入到内框的外面去，否则输入到内框外面的字幕可能在不同的输出设备中显示不出来。外框是动作安全框，设计的动画不要输入到外框的外面去。

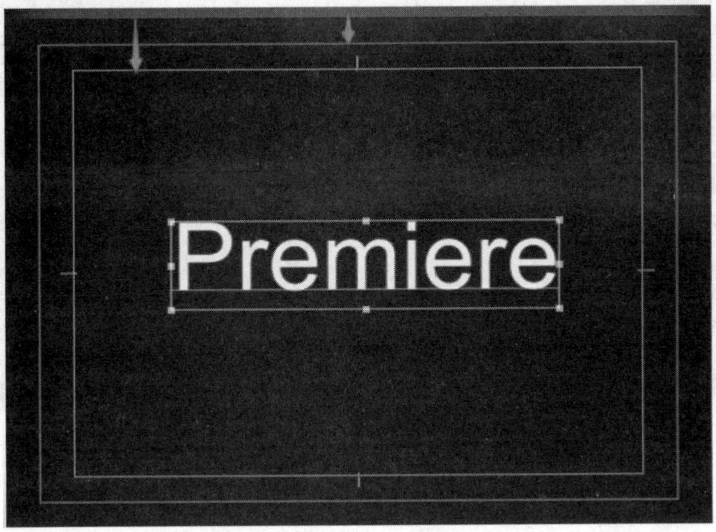

图4-1-4 【字幕工作区】的内框与外框

二、【字幕窗口】主面板

【字幕窗口】主面板集中了一些字幕命令与字幕设置命令，如图4-1-5。

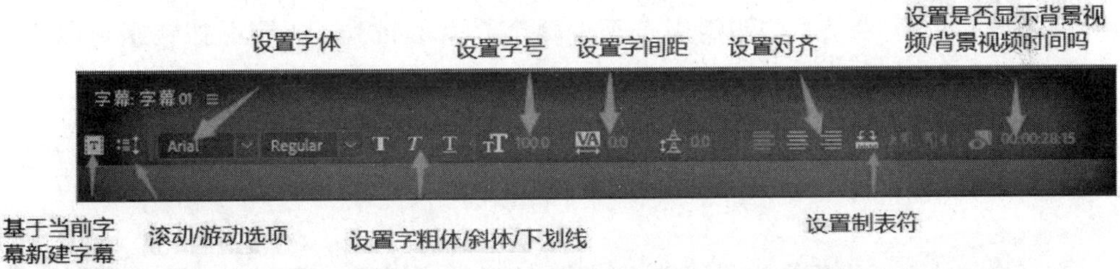

图4-1-5 【字幕窗口】主面板

三、【字幕工具】面板

【字幕工具】面板集中了创建字幕元素与编辑字幕元素的工具，利用这些工具可以在【字幕工作区】输入文字、插入文本框输入字符，创建路径文字，还可以绘制一些几何图形和线条用来制作图形字幕或者字幕条，如图4-1-6。

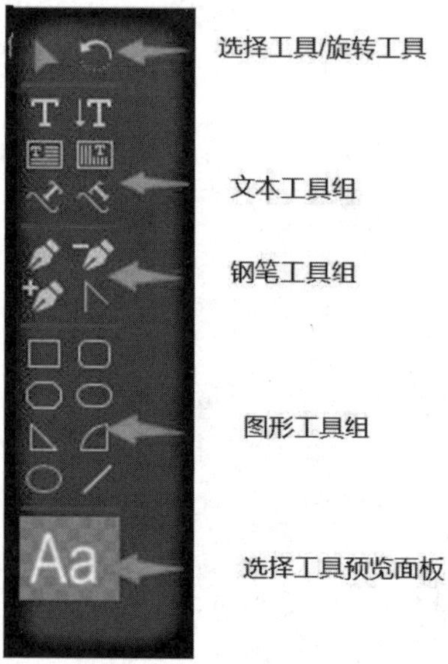

图4-1-6【字幕工具】面板

图4-1-7【字幕动作】面板

四、【字幕动作】面板

当字幕工作区有两个或多于两个元素时，排列画面的问题就会产生。排列画面的方式有两种：一是使用【字幕工具】面板中的“选择”工具拖拽对象来排列面面，二是使用【字幕动作】面板来进行画面排列。

【字幕动作】面板包含三组按钮，分别是“对齐”按钮组、“中心”按钮组、“分布”按钮组，如图4–1–7。“对齐”按钮组用于至少两个元素的排列；“中心”按钮组可以用于一个元素的排列；“分布”按钮组用于至少3个元素的排列。

五、【字幕样式】面板

【字幕样式】面板为用户提供了若干样式，已经定义好了字幕样式，例如字体、字号、填充等用户，可以直接应用已有的样式，也可以创建自己的样式和管理样式，如图4–1–8。

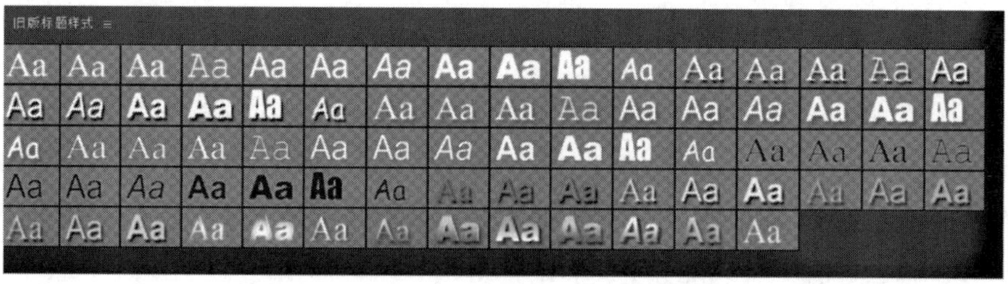

图4-1-8 【字幕样式】面板

六、【字幕属性】面板

【字幕设计器】窗口右侧是【字幕属性】面板。设置字幕属性的各类参数可以制作出精美漂亮的字幕，例如设置字幕的变换、属性、填充、描边、阴影、背景等，如图4–1–9。

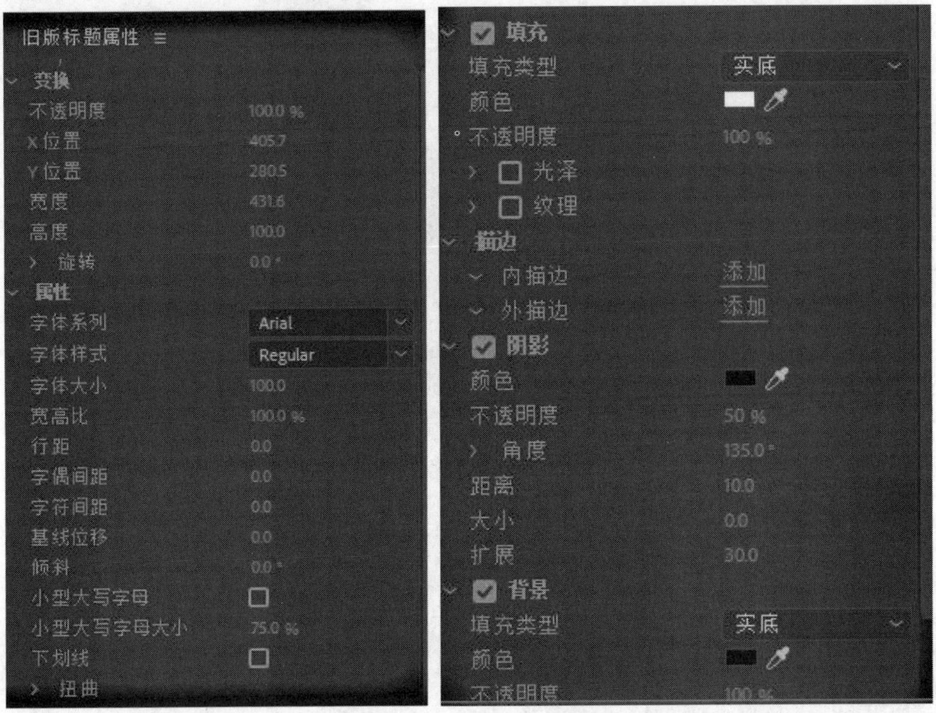

图 4-1-9 【字幕属性】面板

第二节　创建唱词字幕的方法

Adobe Premiere Pro CC新增加了一些字幕功能。选择菜单【文件】/【新建】/【字幕】命令，打开新建字幕的对话框，此时会出现4种类型可供选择：CEA–608、CEA–607、图文电视和开放式字幕，如图4–2–1。开放字幕即为旧版字幕，而其余三种为闭合字幕或隐藏字幕，是北美和欧洲地区电视类节目传输的标准字幕，需要控制播放设备才能显示出来，而且不支持中文字体。

在类型中选择“开放式字幕”，点击确定，在项目窗口中会产生一个新的字幕文件，如图4–2–2。

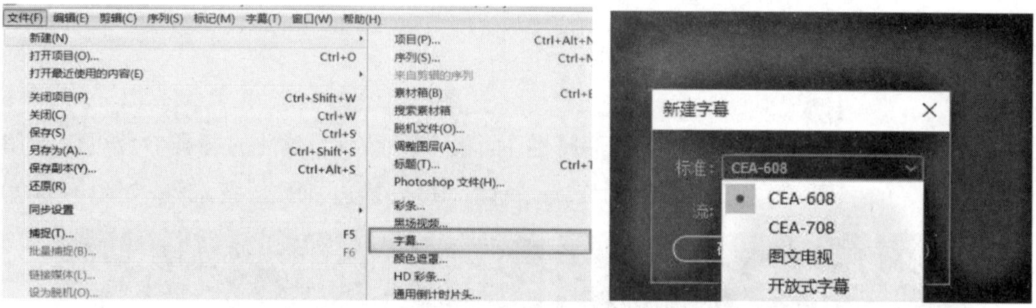

图4-2-1 新建字幕窗口

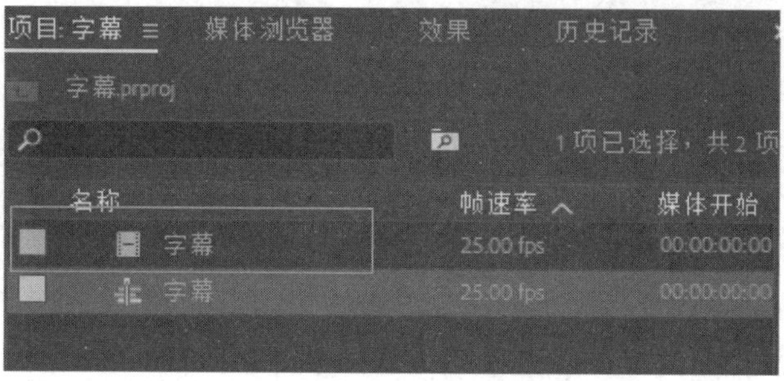

图4-2-2 项目窗口的“字幕”文件

将这个字幕文件拖动至时间线，预览时间线，可以看到一个黑底白字的字幕文件，如图4-2-3。

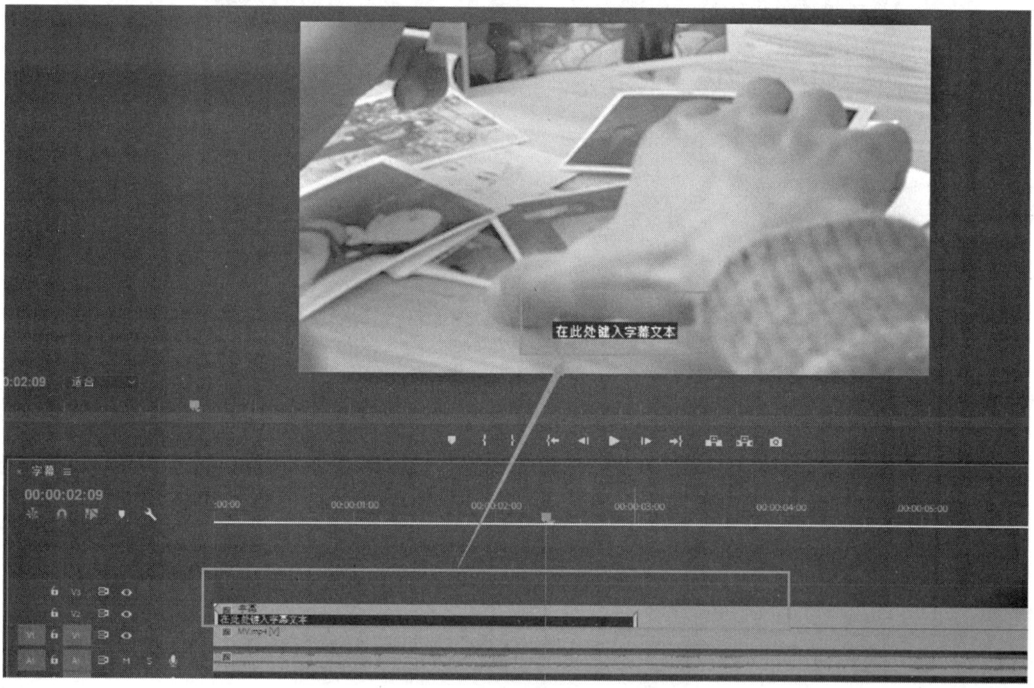

图4-2-3 将“字幕”文件拖至时间线

双击这个字幕文件可以打开【字幕】窗口，在这个窗口内可以修改字幕文件的内容以及属性。在白色框区域可以输入唱词文字，点击其上方的按钮可以修改文字的其他属性，如字体、字号、字色、位置、背景颜色等。点击下方的“+”按钮添加字幕，在时间线面板中的字幕轨道也会增加相应的字幕片段，如图4-2-4。

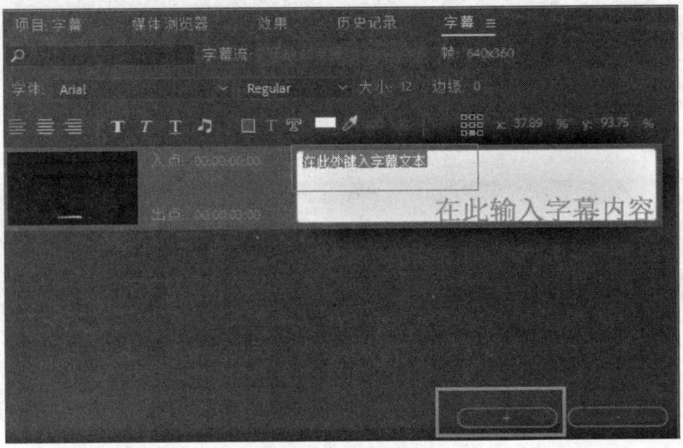

图4-2-4 【字幕】窗口修改字幕内容及属性

通过点击“+”按钮，可以创建更多的字幕文件用于唱词字幕。添加完所有的唱词文件后，可以通过在时间线上播放歌曲，来调整每一个字幕文件的入点和出点的位置，如图4-2-5。

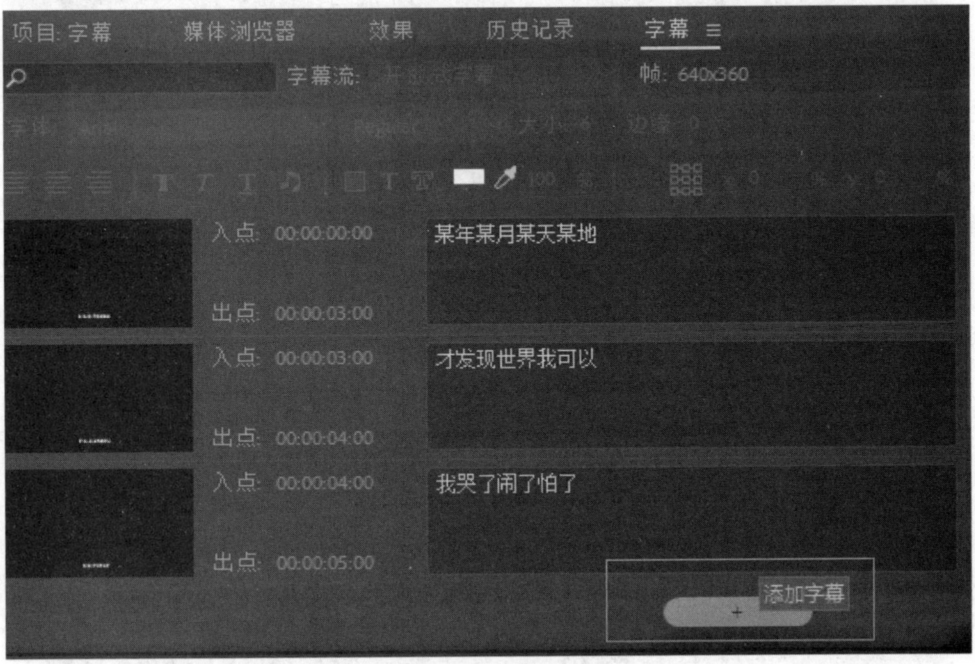

图4-2-5 【字幕】窗口添加字幕文件

在时间线面板中，黑色的区域就是一个一个的字幕文件，可以通过拖动每一个字幕片段的入点、出点的滑块来修改其在时间线上的位置，如图4-2-6和图4-2-7。

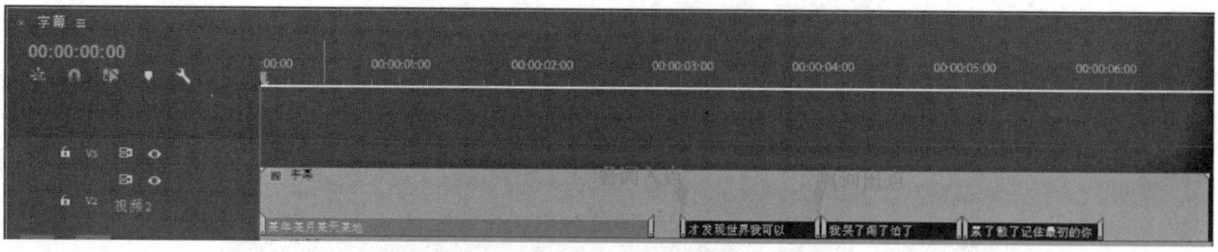

图4-2-6　时间线上字幕文件的入点/出点

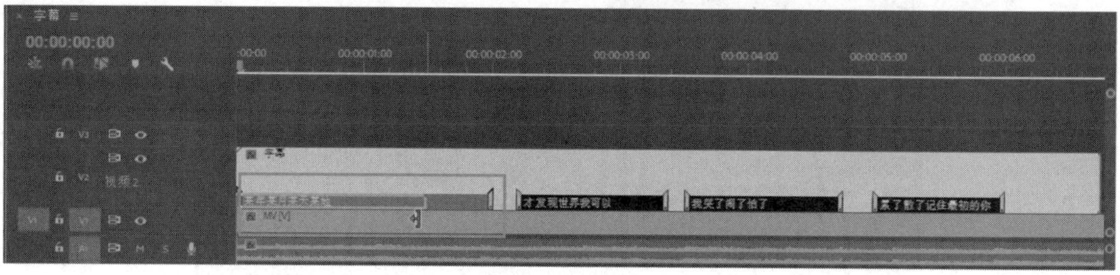

图4-2-7　时间线上的字幕文件的入点、出点调整

依据播放音乐片段来调整每一句字幕的入点和出点的位置，调整完毕后，播放时间线预览，确保音乐歌词与唱词字幕一一对应地出现在时间线上，如图4-2-8。

图4-2-8　时间线上的唱词字幕文件

第三节　创建图形字幕的方法

图形字幕可以在【字幕设计器】中通过绘制工具来创建，还可以直接通过工具栏中的“矩形工具”和“文字工具”来创建。

选择工具栏中的“文字工具”，直接把鼠标定位在监视器中输入文字或者绘制图形，如图4-3-1。在【窗口】菜单栏中选择【基本图形】，利用【基本图形】面板修改文字参数，如图4-3-2。

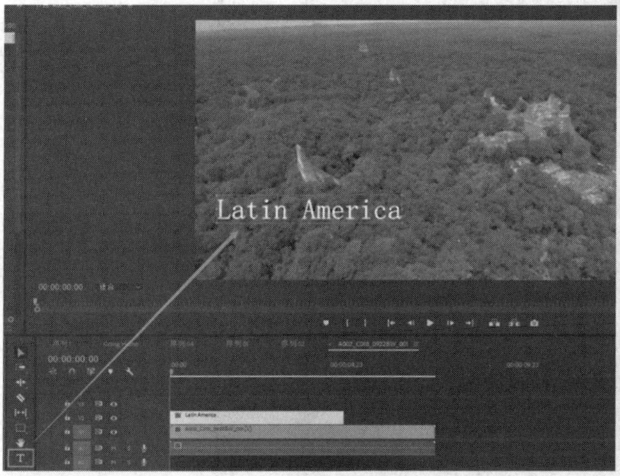

图4-3-1　直接在监视器中输入文字

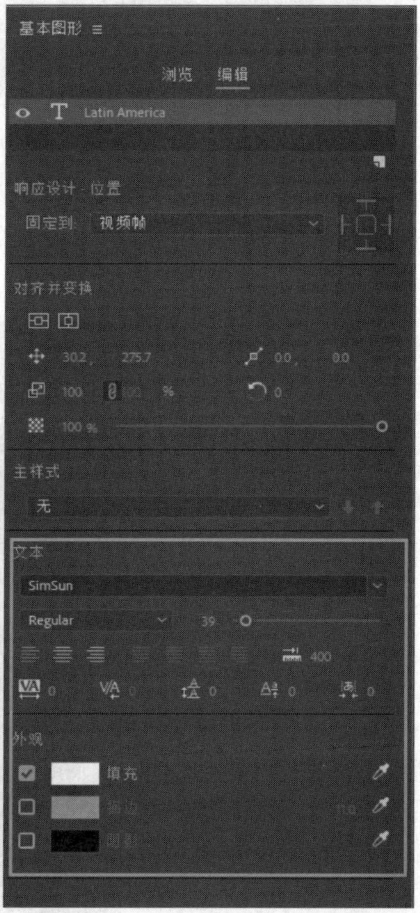

图4-3-2　在基本图形面板修改文字参数

选择工具栏中的“路径工具”中的“矩形工具”，可以在监视器中绘制图形，如图4-3-3。

图4-3-3　利用图形工具绘制图形

在【基本图形】面板中可以调整绘制图形的基本属性，例如绘制图形的填充颜色、是否描边、投影效果等。在【基本图形】面板中还可以调整图形元素的上下层关系，从而形成不同图形与文字之间的遮挡关系，如图4-3-4。

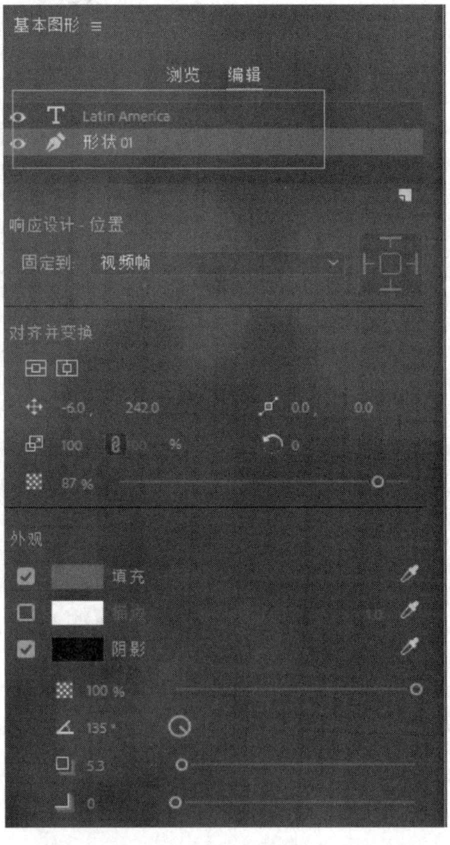

图4-3-4　基本图形面板调整图形元素的上下关系

当用工具栏中的工具在监视器面板中直接创建图形字幕时，时间线面板中会自动生成一个轨道文件并出现在最上层轨道中，如图4-3-5。这一轨道文件是刚刚创建的图形字幕文件，因为是字幕文件，所以该文件可以被任意拖动以调整其入点和出点的位置。

图4-3-5 自动生成的图形字幕文件

第四节 字幕的设计要求

影视节目中的字幕是一个十分重要的视觉元素，必须经过精心的设计。字幕的字体、字形、颜色、放置位置以及切入方式等，在影视节目中都是可变因素，最终选择的形式应根据影视节目本身的要求、长度、表现形式等多种因素综合考虑，以适应影视节目内容的需要。

在影视字幕运用过程中应注意以下几点：

(1) 字体的选择应符合节目内容和艺术风格的要求。在影视节目制作中，片头字幕常采用手写的创作性字体，其他情况下则多使用黑体、楷体等印刷字体。如新闻画面中的字幕一般使用楷体、黑体等，既大方、规范，又会给观众带来美的印象。

(2) 字幕的颜色应与画面协调统一，符合配色原则。

(3) 字幕的位置既要考虑其在画面中的地位和作用，还要考虑画面构图的均衡。字幕在画面中的位置灵活多变，其位置应视其与画面的关系及其作用而定。

(4) 字幕的切入方式应符合节目类型。片头动感强、辽阔宏远有气势的画面，多采用推出字幕，给观众较大的视觉冲击力；叙述、抒情片子的片头字幕多用叠印、线画或拉出字幕；用于表现对白、诗歌、歌词、唱词等内容的字幕，采用拉入拉出逐字显示的形式；说明性字幕采用逐字显示方式，切入切出字幕。

(5) 字幕停留的时间要适当。字幕停留的时间应符合观众的心理要求，以能阅读完文字内容为原则，需要记忆的总结性文字可适当延长其停留时间。

(6) 字幕应与声音、画面恰当搭配，既要相互协调，又要对比统一。

(7) 字幕用字要规范。

(8) 由图形和文本组成的标题字幕，放置于画面合适的位置，不能影响画面的整体构图。

总之，影视节目字幕的设计要合理，形式一定要为内容服务，生动的表现形式给观众带来的是“依附感”，字幕与画面、字幕与主体内容相互依托，相得益彰。

第五节　实训：创建字幕

一、变速滚动字幕

实践目标：(1) 掌握滚动字幕的制作方法。

(2) 掌握字幕滚动速度的变化。

实践内容：制作人物简介式的滚动字幕，为了更清晰地观察字幕的上滚速度，制作多行字幕，以便有更长距离的滚动过程。

实践工作流程：

(1) 新建一个名为“变速滚动字幕”的项目文件，选择主菜单【文件】/【新建】/【序列】命令，在弹出的对话框中展开“HDV”选择“HDV720p25”并设置序列名为“变速滚动字幕”，双击“案例\素材\第四节字幕的创建\变速滚动字幕”文件夹，导入“李清照.jpg”素材并将图片拖至时间线，如图 4–5–1 和图 4–5–2。

图 4-5-1　新建项目对话框

图 4-5-2　将素材拖至【时间线】面板

(2) 打开“李清照.txt”文本文件，选择全部文字，按“Ctrl+C”组合键复制文字，如图4–5–3。

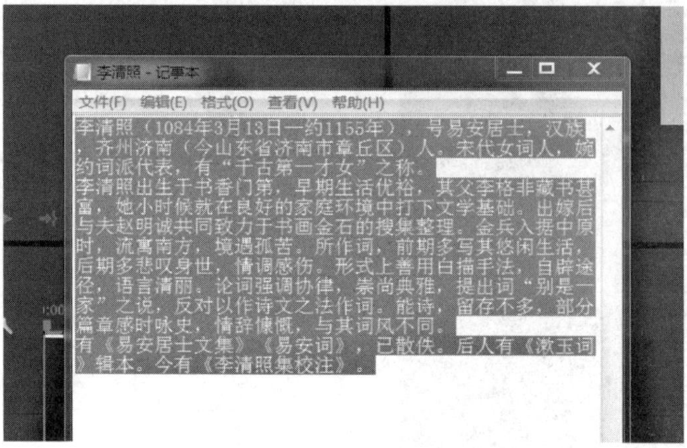
李清照 - 记事本
文件(F) 编辑(E) 格式(O) 查看(V) 帮助(H)
李清照（1084年3月13日—约1155年），号易安居士，汉族，齐州济南（今山东省济南市章丘区）人。宋代女词人，婉约词派代表，有“千古第一才女”之称。
李清照出生于书香门第，早期生活优裕，其父李格非藏书甚富，她小时候就在良好的家庭环境中打下文学基础。出嫁后与夫赵明诚共同致力于书画金石的搜集整理。金兵入据中原时，流寓南方，境遇孤苦。所作词，前期多写其悠闲生活，后期多悲叹身世，情调感伤。形式上善用白描手法，自辟途径，语言清丽。论词强调协律，崇尚典雅，提出词“别是一家”之说，反对以作诗文之法作词。能诗，留存不多，部分篇章感时咏史，情辞慷慨，与其词风不同。
有《易安居士文集》《易安词》，已散佚。后人有《漱玉词》辑本。今有《李清照集校注》。

图4–5–3　复制文本文件

(3) 选择菜单命令【字幕】/【新建字幕】/【默认滚动字幕】，输入“变速滚动字幕”名称，单击确定，打开新建字幕窗口，如图4–5–4和图4–5–5。

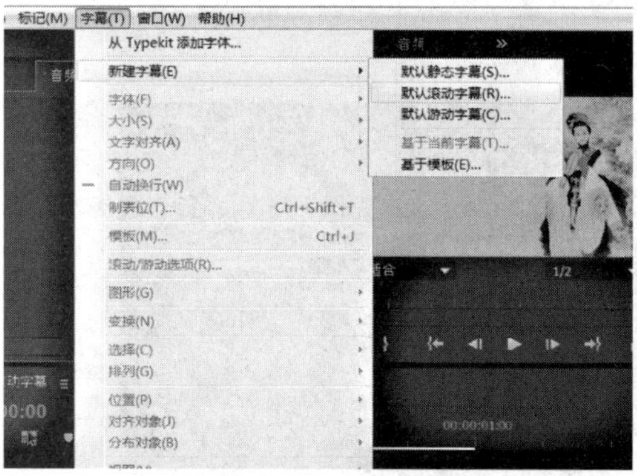
标记(M) 字幕(T) 窗口(W) 帮助(H)
从 Typekit 添加字体...
新建字幕(E)
字体(F)
大小(S)
文字对齐(A)
方向(O)
自动换行(W)
制表位(T)... Ctrl+Shift+T
模板(M)... Ctrl+J
滚动/游动选项(R)...
图形(G)
变换(N)
选择(C)
排列(G)
位置(P)
对齐对象(J)
分布对象(B)
默认静态字幕(S)...
默认滚动字幕(R)...
默认游动字幕(C)...
基于当前字幕(T)...
基于模板(E)...

图4–5–4　新建字幕命令

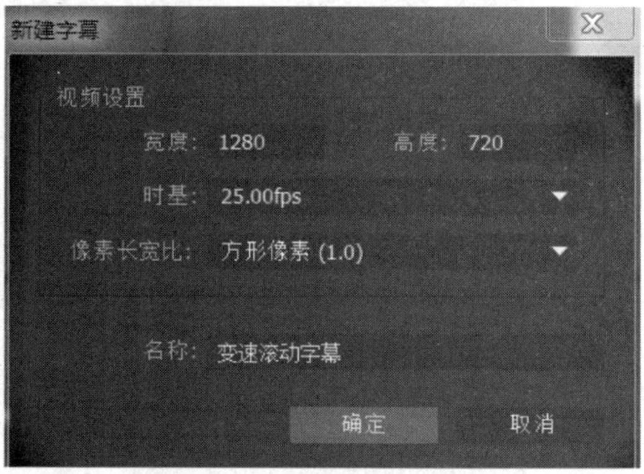
新建字幕
视频设置
宽度: 1280
高度: 720
时基: 25.00fps
像素长宽比: 方形像素 (1.0)
名称: 变速滚动字幕
确定
取消

图4–5–5　新建字幕窗口

(4) 在【字幕工具】中选择文本工具▣，在字幕窗口视频区域单击，按“Ctrl+V”组合键粘贴文字，设置适当的字体、尺寸和行间距，“字体”设置为黑体，“尺寸”为25，“行间距”为10，将其移至屏幕的合适位置，如图4–5–6。

图4-5-6　字幕设计器

(5) 单击【滚动/游动】按钮，勾选【定时帧】下的“开始于屏幕外”和“结束于屏幕外”，单击确定按钮。关闭【字幕设计器】，将其从【项目】窗口中拖至时间线视频2轨道，这样就可使字幕从屏幕下方滚入，并在屏幕上方滚出，如图4-5-7和图4-5-8。

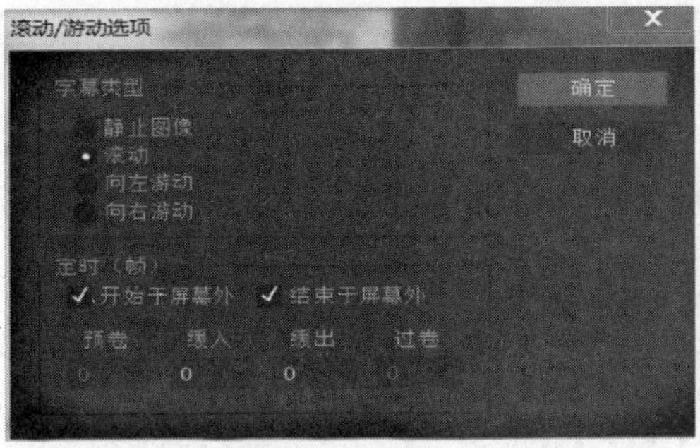

图4-5-7 字幕滚动/游动选项对话框

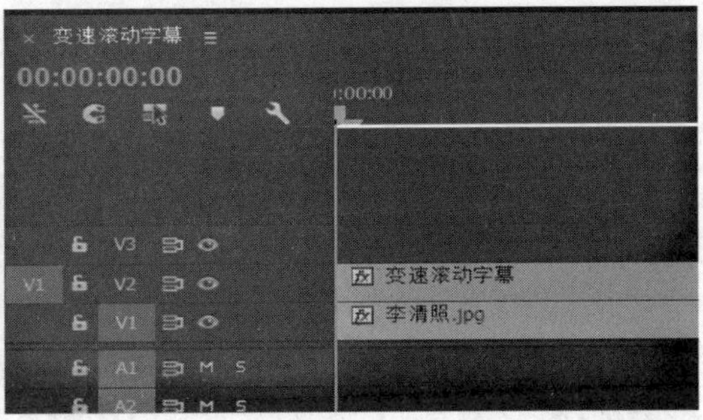

图4-5-8 将“字幕”文件拖至时间线

(6) 若字幕文件长度为1秒钟，字幕的滚动时间为1秒，将字幕文件拉长为12秒，字幕的滚动时间为12秒，则滚动的速度变为之前的1/12。所以，在时间线中，将字幕文件的长度拉长或者缩短，文字滚动的距离不变，而速度会有相应的变化，长度缩短时变快，拉长时变慢，如图4-5-9。

图4-5-9　预览字幕效果

(7) 将“变速滚动字幕”的时间长度确定为12秒，双击“变速滚动字幕”文件，打开字幕设计窗口，再次打开【滚动】/【游动】选项窗口，将【定时】下的“开始于屏幕外”和“结束于屏幕外”的勾选去掉，同时将“预卷”设为25(滚动前预停25帧)，将“缓入”设为50(在50帧的长度内加速)，将“缓出”设为50(在50帧的长度内减速)，将“过卷”设为75(滚动后停留75帧)，单击确定按钮，如图4-5-10。在时间线上播放，观看字幕的滚动效果。字幕静止1秒钟后开始上滚，并在第1秒至3秒之间由慢到快，在第3秒到5秒间保持均匀的快速滚动状态，在第5秒至7秒之间，由快到慢，并在第7秒后停止滚动，到第12秒时结束。

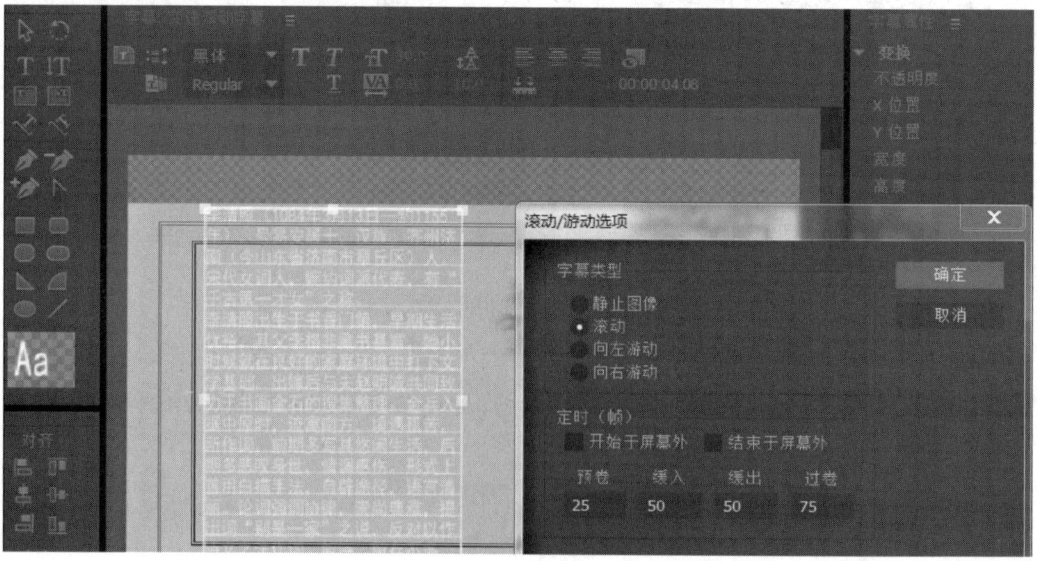

图4-5-10　“变速滚动字幕”设置对话框

二、游动字幕

实践目标：掌握游动字幕的制作方法。

实践内容：制作人物介绍的屏幕下方的游动字幕。

实践工作流程：

(1)新建一个名为“游动字幕”的项目文件，选择主菜单【文件】/【新建】/【序列】命令，在弹出的对话框中展开“HDV”选择“HDV720p25”，设置序列名为“游动字幕”，双击“案例\素材\第四节字幕的创建\游动字幕”文件夹，导入“李清照.jpg”素材并将图片拖至时间线，如图4-5-11和图4-5-12。

图4-5-11　新建项目对话框

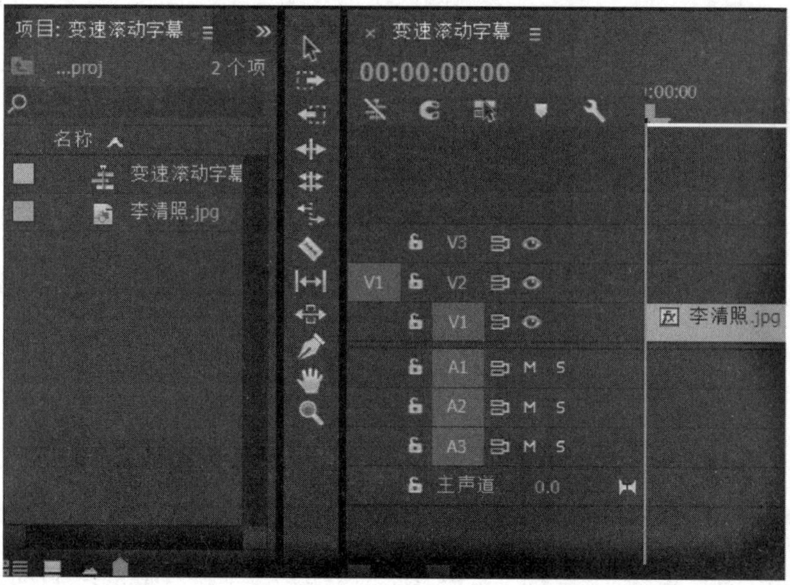
项目: 变速滚动字幕
...proj
2 个项
名称
变速滚动字幕
李清照.jpg
变速滚动字幕
00:00:00:00
:00:00
V3
V1
V2
V1
A1
M
S
A2
M
S
A3
M
S
主声道
0.0
李清照.jpg

图4-5-12　将素材拖至【时间线】面板面板

(2) 打开“李清照.txt”文本文件，选择全部文字，按“Ctrl+C”组合键复制文字，如图4-5-13。

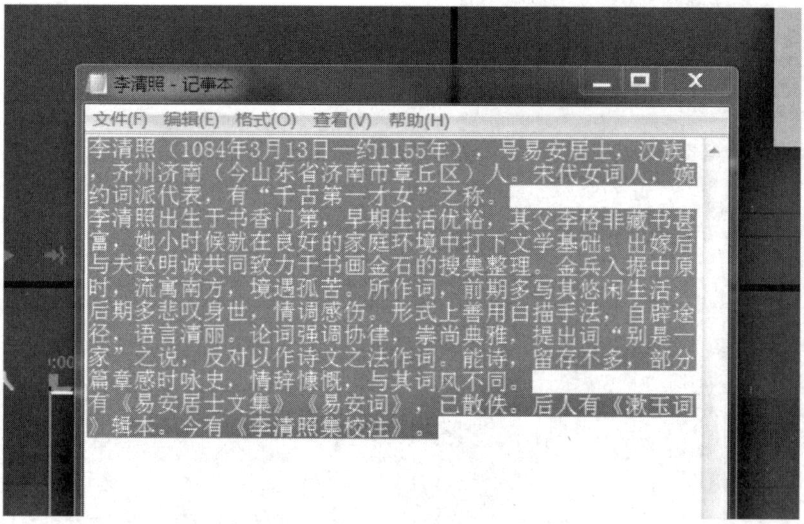
李清照 - 记事本
文件(F)　编辑(E)　格式(O)　查看(V)　帮助(H)
李清照（1084年3月13日—约1155年），号易安居士，汉族
，齐州济南（今山东省济南市章丘区）人。宋代女词人，婉
约词派代表，有“千古第一才女”之称。
李清照出生于书香门第，早期生活优裕，其父李格非藏书甚
富，她小时候就在良好的家庭环境中打下文学基础。出嫁后
与夫赵明诚共同致力于书画金石的搜集整理。金兵入据中原
时，流寓南方，境遇孤苦。所作词，前期多写其悠闲生活，
后期多悲叹身世，情调感伤。形式上善用白描手法，自辟途
径，语言清丽。论词强调协律，崇尚典雅，提出词“别是一
家”之说，反对以作诗文之法作词。能诗，留存不多，部分
篇章感时咏史，情辞慷慨，与其词风不同。
有《易安居士文集》《易安词》，已散佚。后人有《漱玉词
》辑本。今有《李清照集校注》。

图4-5-13　复制文本文件

(3) 选择菜单命令【字幕】/【新建字幕】/【默认游动字幕】，输入“游动字幕”名称，单击确定，打开【新建字幕】窗口，如图4-5-14和图4-5-15。

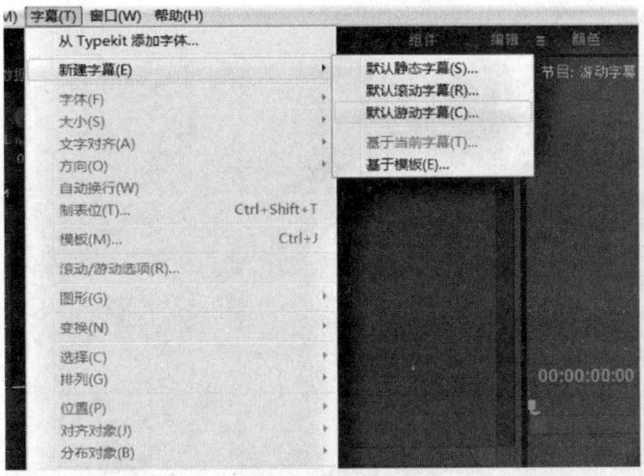

图4-5-14　新建字幕命令

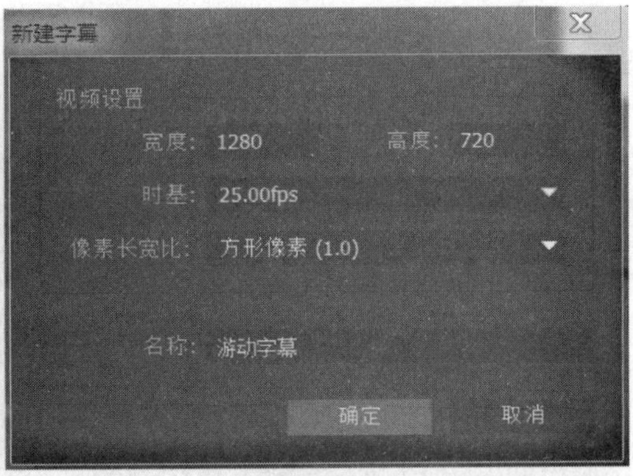

图4-5-15　新建字幕窗口

(4) 在【字幕工具】中选择文本工具，在字幕窗口视频区域单击，按Ctrl+V组合键粘贴文字，设置适当的字体、尺寸和行间距，“字体”设置为黑体，“尺寸”为25，“行间距”为5，将其移至屏幕的合适位置，如图4-5-16。

图4-5-16　字幕设计器

(5) 关闭字幕设计器，将其从项目窗口拖至时间线视频2轨道，如图4-5-17，因为文字过多，但字幕文件在时间线中的长度只有6秒，文字滚动速度过快，观众会看不清文字内容。

图4-5-17　项目窗口的“字幕”文件

(6)右键单击“游动字幕”文件，选择【剪辑速度/持续时间】，将文件长度确定为30秒，如图4-5-18和图4-5-19，也就是拉长字幕文件的长度，文字移动的距离不变，速度则会有所变化，字幕拉长，速度变慢，反之，字幕缩短，速度变快。

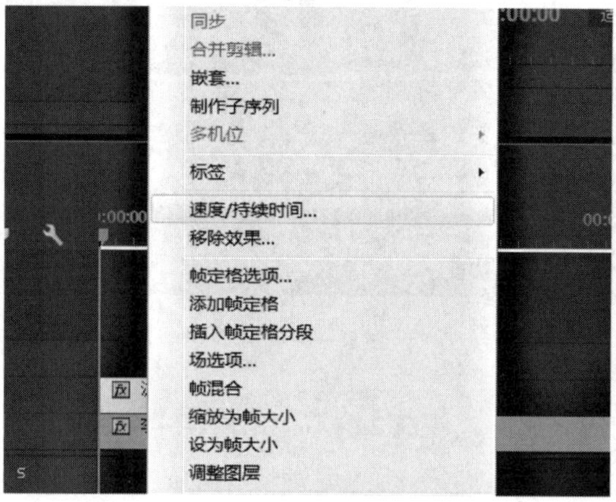

图4-5-18　更改字幕的持续时间

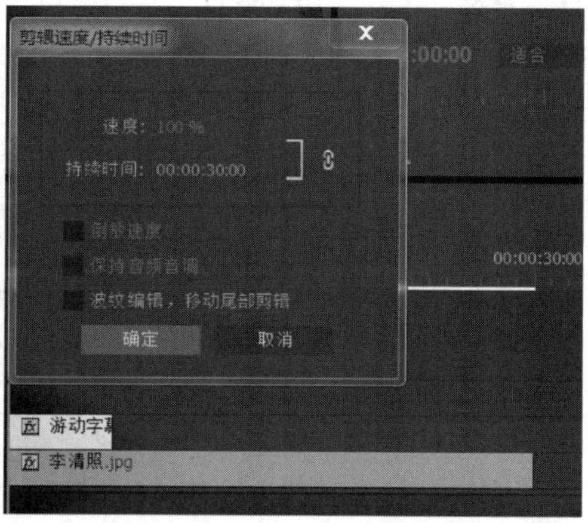

图4-5-19　【剪辑速度/持续时间】对话框

(7) 双击“游动字幕”文件，打开字幕设计窗口，再次打开【滚动】/【游动】选项窗口，将【定时】下的“开始于屏幕外”和“结束于屏幕外”的勾选去掉，同时将“缓入”设为75(在75帧的长度内加速)，将“缓出”设为75(在75帧的长度内减速)，如图4–5–20，单击确定按钮，退出字幕窗口。在时间线上播放，观看字幕的滚动效果。字幕从右向左游动，并在第0至3秒由慢到快，在第3到27秒保持均匀的快速游动状态，在第27至30秒由快到慢。

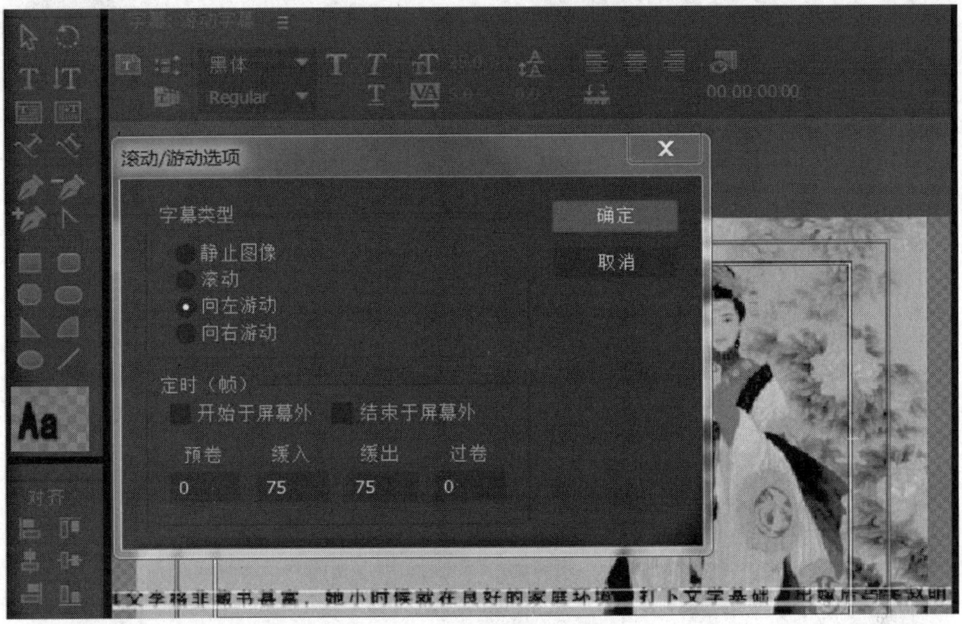

图4-5-20　设置游动字幕运动样式

三、字幕样式

实践目标：(1) 掌握字幕的制作方法。

(2) 了解多种字幕样式。

实践内容：通过调整文字样式，设计不同文字效果。

实践工作流程：

(1) 新建一个名为“字幕样式”的项目文件，在项目面板中，单击▣，新建一个字幕文件，命名为“字幕样式”，如图4–5–21和图4–5–22。

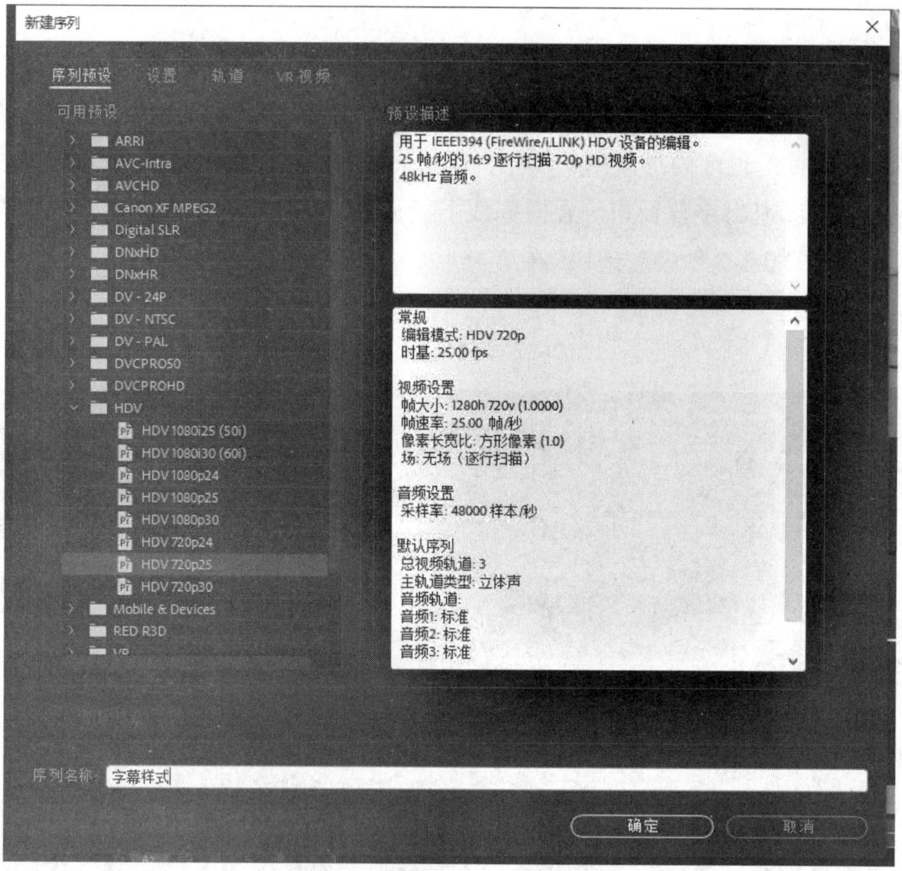

图 4-5-21　新建项目对话框

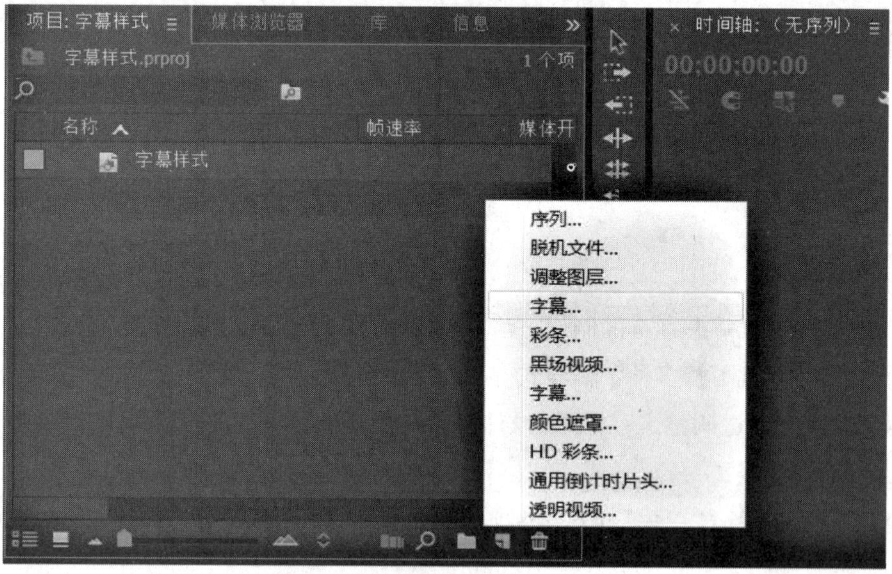

图 4-5-22　新建【字幕】命令

(2) 在【字幕工具】窗口中，选择文本工具，在字幕窗口视频区域输入文字“山东传媒职业学院”，并设置“字体”为黑体，“字号”为90，如图4-5-23。

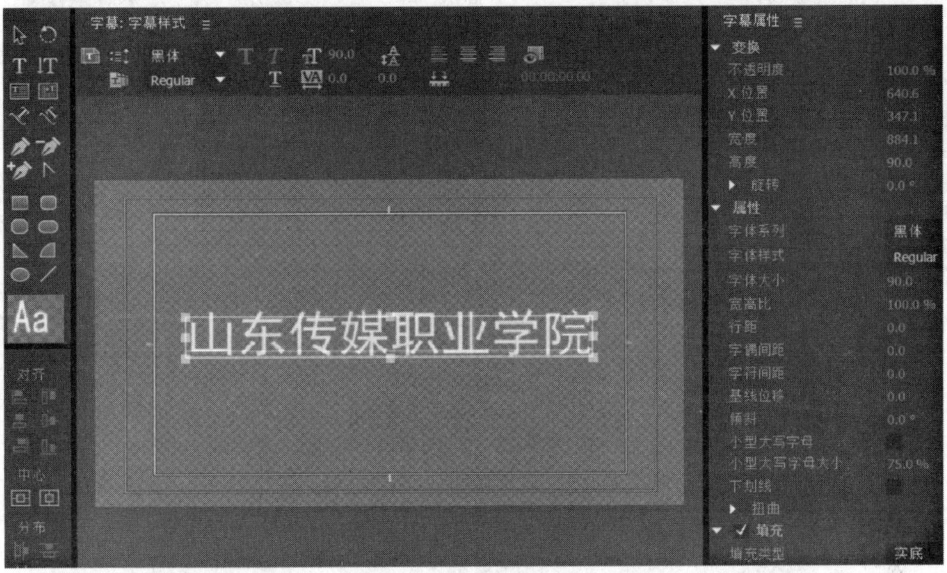

图4-5-23　字幕设计器

(3) 在属性窗口中，选择【填充】的颜色，【填充】类型默认为实色，单击色彩后的颜色取样图标，打开拾色器窗口，选择需要的颜色，如图4-5-24。

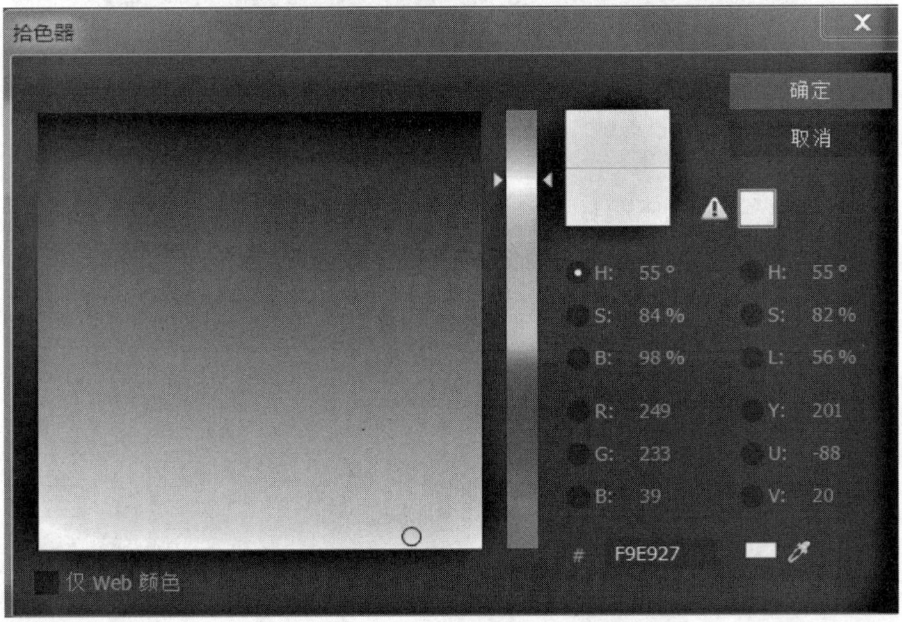

图4-5-24　字幕颜色拾色器

(4) 单击字幕窗口左上角的【基于当前字幕新建字幕】按钮，输入名称为“渐变填充”，在填充类型中，选择【线性渐变】，如图4-5-25和图4-5-26。

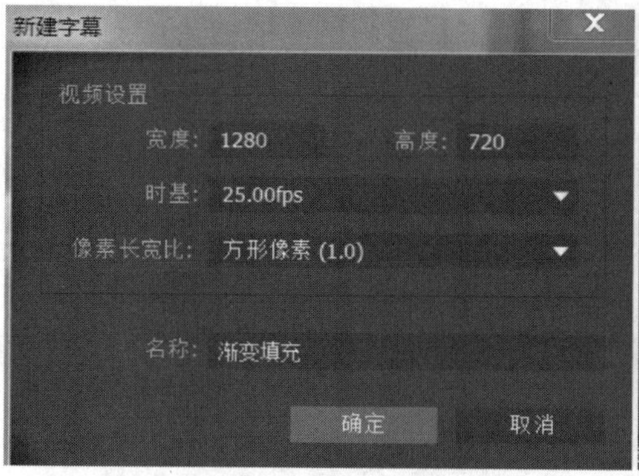

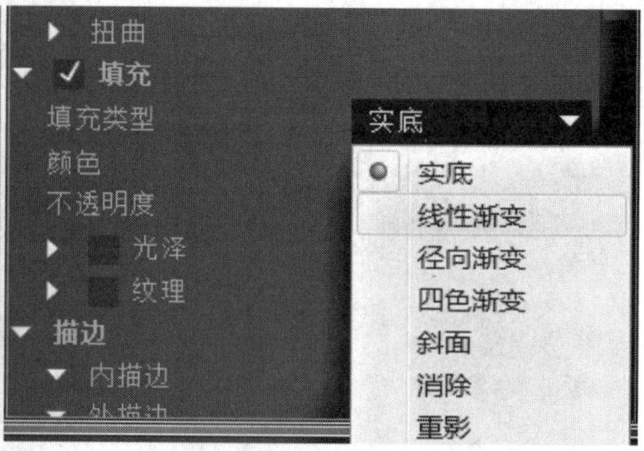

图4-5-25　新建字幕窗口　　　　图4-5-26　字幕填充类型

(5)双击“线性渐变”下色彩的第二个色块指示，打开拾色器，从中选择需要的颜色，如图4-5-27。

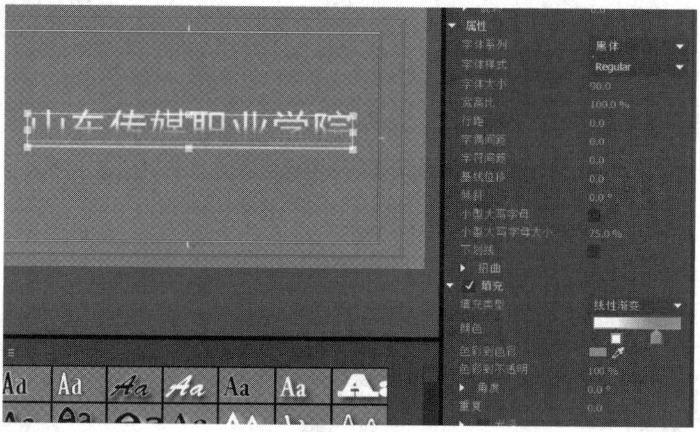

图4-5-27　字幕设计器

(6)通过调整“色彩到不透明”的“角度”参数来改变颜色渐变的角度及所选颜色的透明度。这里将“色彩到不透明”参数设为35%，“角度”设为135°，如图4-5-28。设置后的效果见图4-5-29。

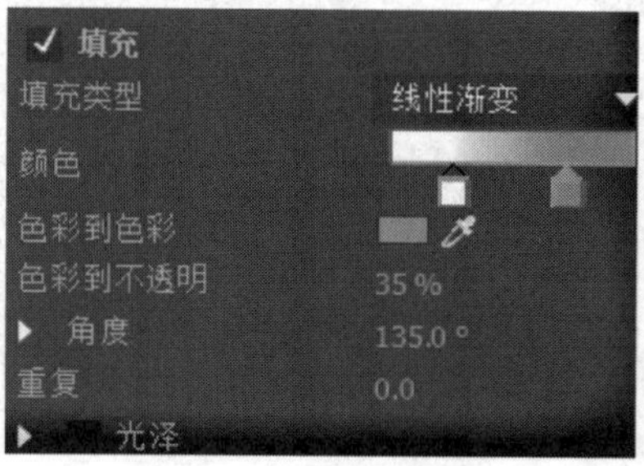

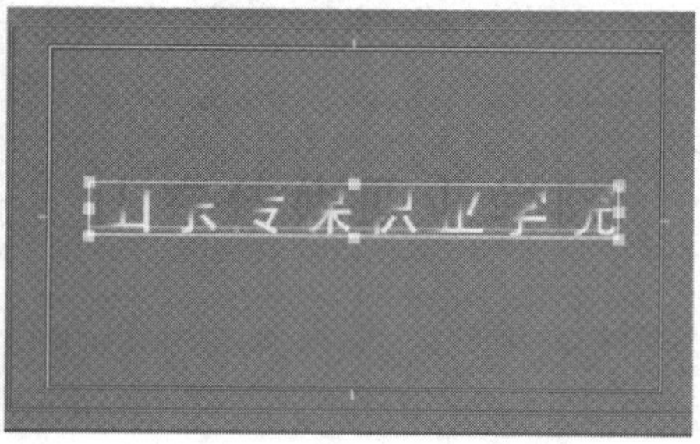

图4-5-28　更改字幕填充类型　　　　图4-5-29　更改字幕透明度

(7)单击字幕窗口左上角的“基于当前字幕新建字幕”按钮，输入名称为“划光文字”，单击勾选右侧属性栏中“填充”“光泽”选项，文字表面出现一道白色的划光。打开“光泽”的拓展按钮，将“大小”参数设置为100，“角度”设为300°，如图4-5-30。

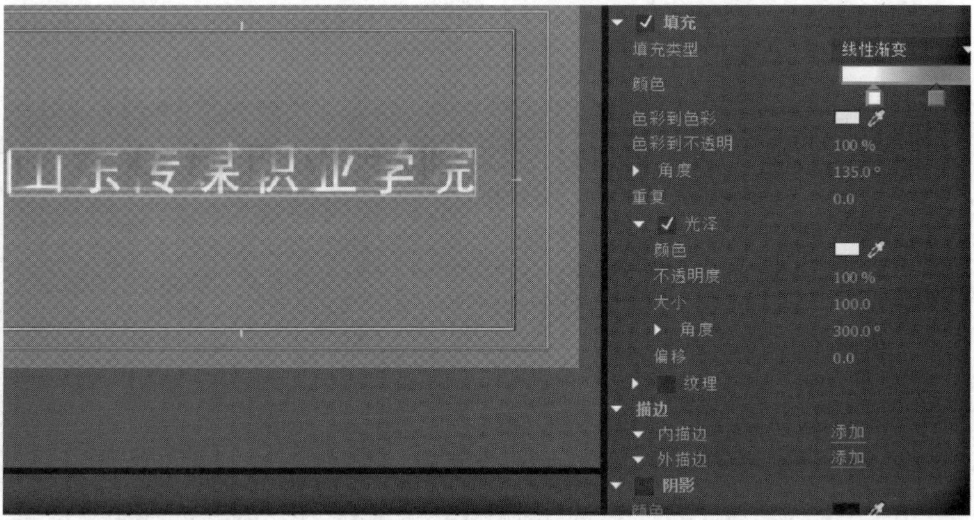

图4-5-30　设置划光文字样式

(8)继续单击字幕窗口左上角的“基于当前字幕新建字幕”按钮，输入名称为“纹理文字”，将文字的填充颜色修改为白色，去掉“光泽”的勾选，激活“纹理”选项，并在“纹理”右侧的选择纹理框中单击打开选择纹理图像窗口，从中选择一个图像文件，单击“打开”按钮。这样文字就被填充了文件图像的纹理，如图4-5-31。

图4-5-31　设置纹理文字样式

(9) 继续为文字添加描边效果。展开右侧属性栏中的描边选项下的外侧边参数，单击“添加”，展开外侧边的参数，将“色彩”设为白色，为其添加一个白色的描边，如图4-5-32。

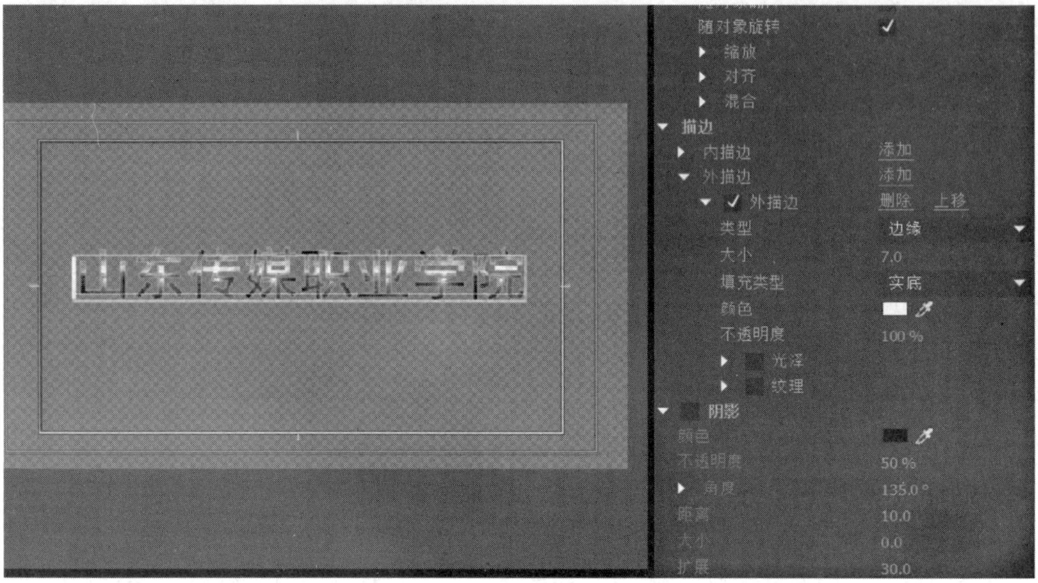

图4-5-32　为文字添加描边效果

四、结合PS批量输入字幕

实践目标：利用PS来弥补Adobe Premiere Pro批量输入字幕的缺陷。

实践内容：为MV片段制作唱词。

实践工作流程：

(1) 新建一个名为“批量输入字幕”的序列文件，双击“案例\素材\第四节字幕的创建\结合PS批量输入字幕”文件夹，导入视频素材“小幸运.mp4”，点击【信息】面板查看视频素材大小，如图4-5-33。

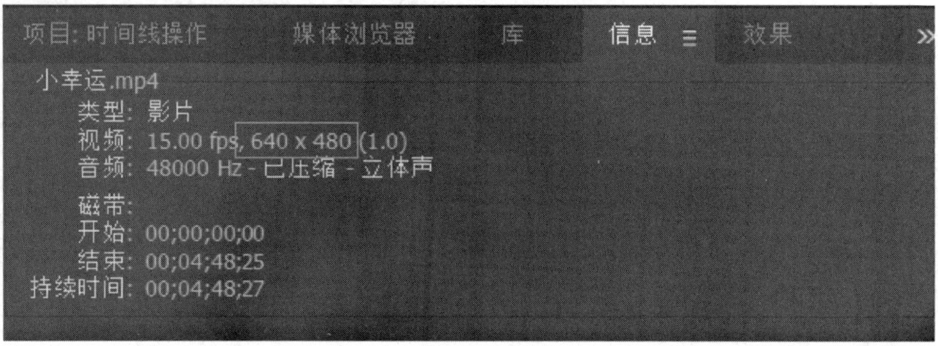

图4-5-33　查看视频素材信息

(2) 在Adobe Premiere Pro中设置好文字的位置、大小，调整好对白文字条的位置后导出单帧图片(在PS中做参考用)，再把图片导入到PS中，如图4-5-34。

图4-5-34　导出单帧图片

(3) 在PS中根据图片文字的位置，输入一段文字，调整好文字大小、字距、字体，作为批量字幕的范本，一定要调整好。关掉图片背景，只留下文字，如图4-5-35。

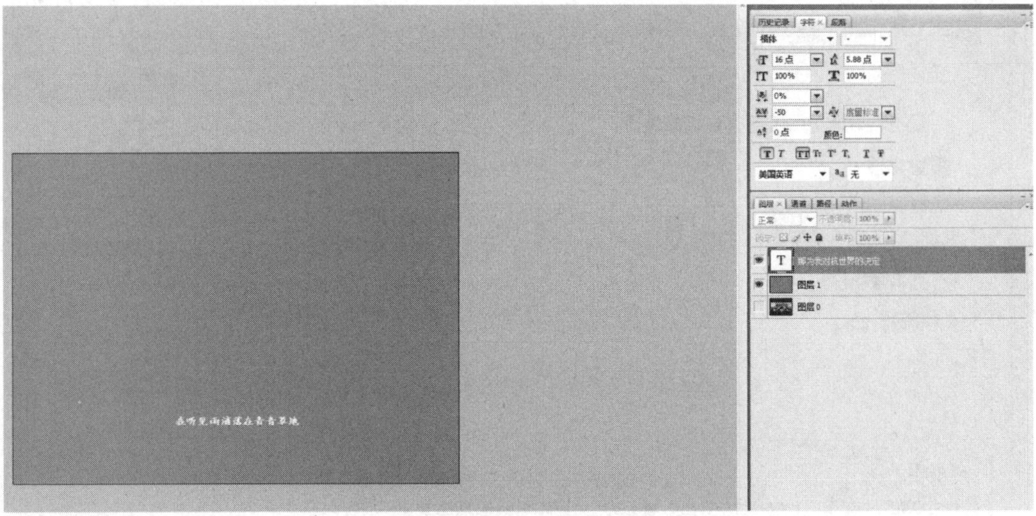

图4-5-35　在PS中设置的文字样式

(4) 新建一个txt文本，将台词对白一句一句地排列好，文字前不能留空格，也不能空行，此时需在文字最上方打上几个英文字母(注意：这是调用的变量，不输出为字幕)，如图4-5-36。

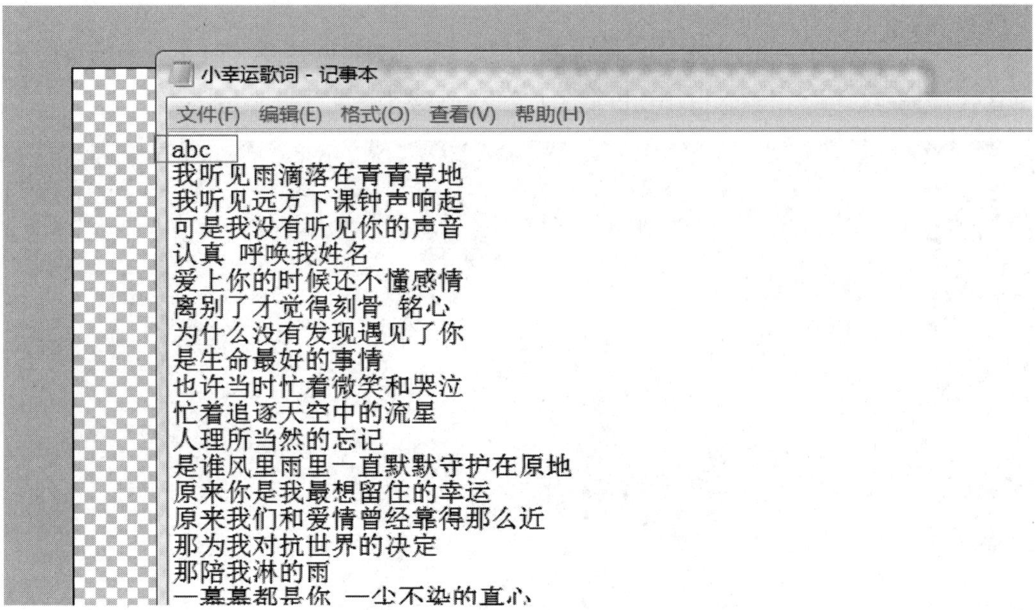
小幸运歌词 - 记事本
文件(F) 编辑(E) 格式(O) 查看(V) 帮助(H)
abc
我听见雨滴落在青青草地
我听见远方下课钟声响起
可是我没有听见你的声音
认真 呼唤我姓名
爱上你的时候还不懂感情
离别了才觉得刻骨 铭心
为什么没有发现遇见了你
是生命最好的事情
也许当时忙着微笑和哭泣
忙着追逐天空中的流星
人理所当然的忘记
是谁风里雨里一直默默守护在原地
原来你是我最想留住的幸运
原来我们和爱情曾经靠得那么近
那为我对抗世界的决定
那陪我淋的雨

图4-5-36 调整歌词格式

(5)在PS中依次点击【图像】/【变量】/【定义(D)】,勾选“文本替换”,在名称内输入在TXT文本上方的英文字母,点击确定,如图4-5-37。

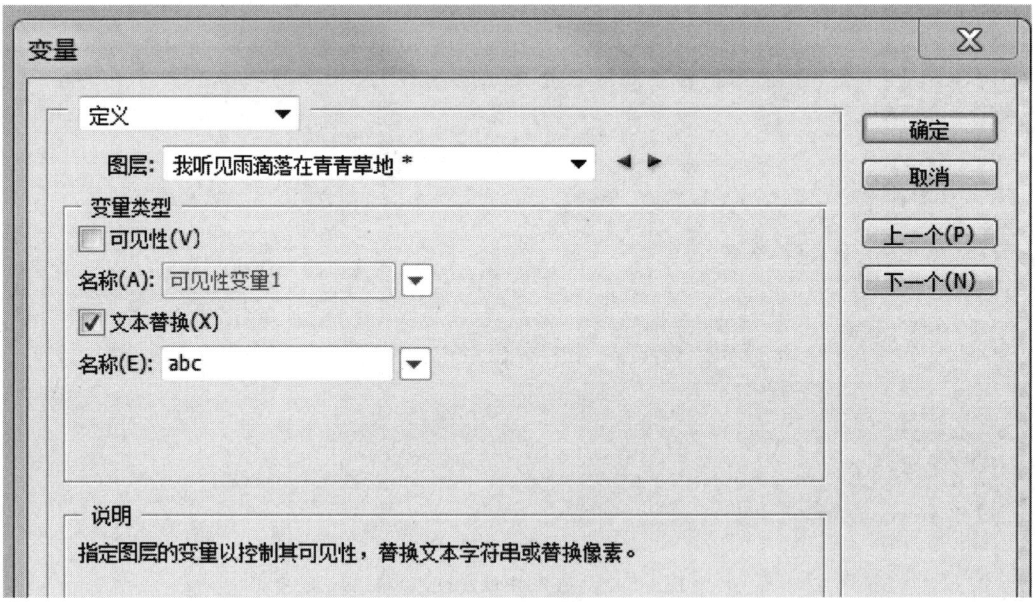
变量
定义
图层: 我听见雨滴落在青青草地 *
变量类型
可见性(V)
名称(A): 可见性变量1
文本替换(X)
名称(E): abc
说明
指定图层的变量以控制其可见性，替换文本字符串或替换像素。
确定
取消
上一个(P)
下一个(N)

图4-5-37 设置歌词文本替换

(6)选择【文件】/【导入】,导入刚才制作好的文本文件,勾选“将第一列用作数据组名称”,如图4-5-38。

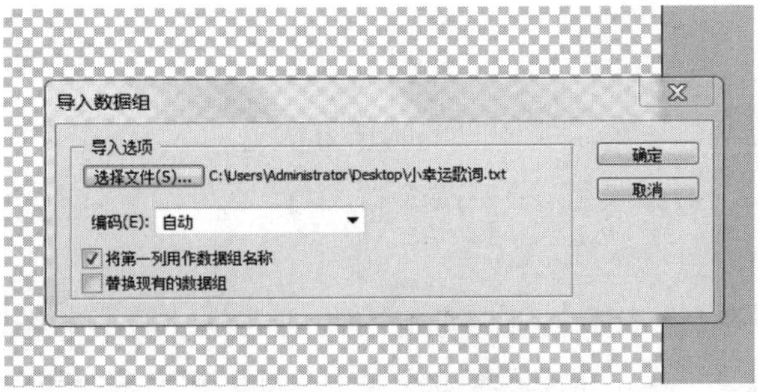

图4-5-38　导入歌词文本文件

(7)选择【文件】/【导出】/【数据组作为文件】，选择好要存放的文件夹，再选择数据组编号，这样字幕会有序地排列，点击确定，如图4-5-39和图4-5-40。

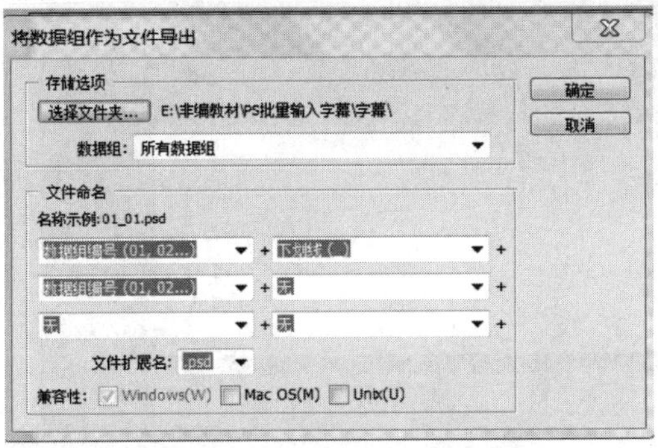

图4-5-39　选择文件导出格式

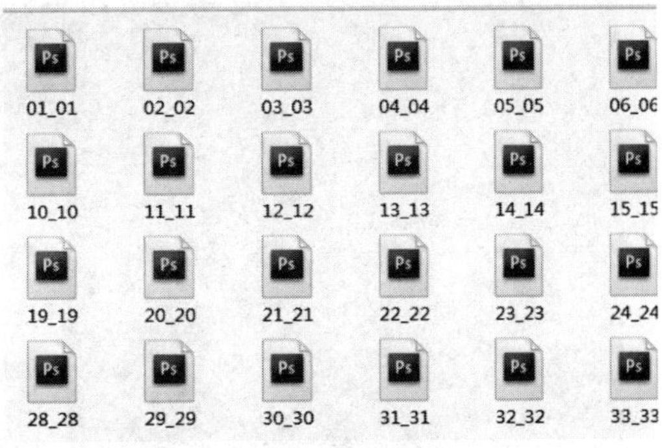

图4-5-40　PSD格式的歌词文件

(8)将导出的PSD文件以文件包的方式导入Adobe Premiere Pro，最后把字幕拉到轨道上，根据音乐节奏调整每个字幕文件在时间线上入点和出点的位置、持续时间，如图4-5-41。

图4-5-41　将歌词拖至【时间线】面板

五、图表绘制

实践目标：掌握利用字幕绘制图表的制作方法。

实践内容：通过图形工具组，绘制图表。

实践工作流程：

（1）新建一个名为“图表绘制”的项目文件，创建一个字幕文件，命名为“图表”，打开【字幕设计器】窗口。在字幕工具中选择直线工具，在字幕窗口中单击鼠标左键并横向拖动鼠标，这样可以绘制出一条横向直线，以同样的方法绘制一条竖线，并用钢笔工具在横线的右端和竖线的顶端各绘制一个箭头，并填充颜色，如图4-5-42和图4-5-43。

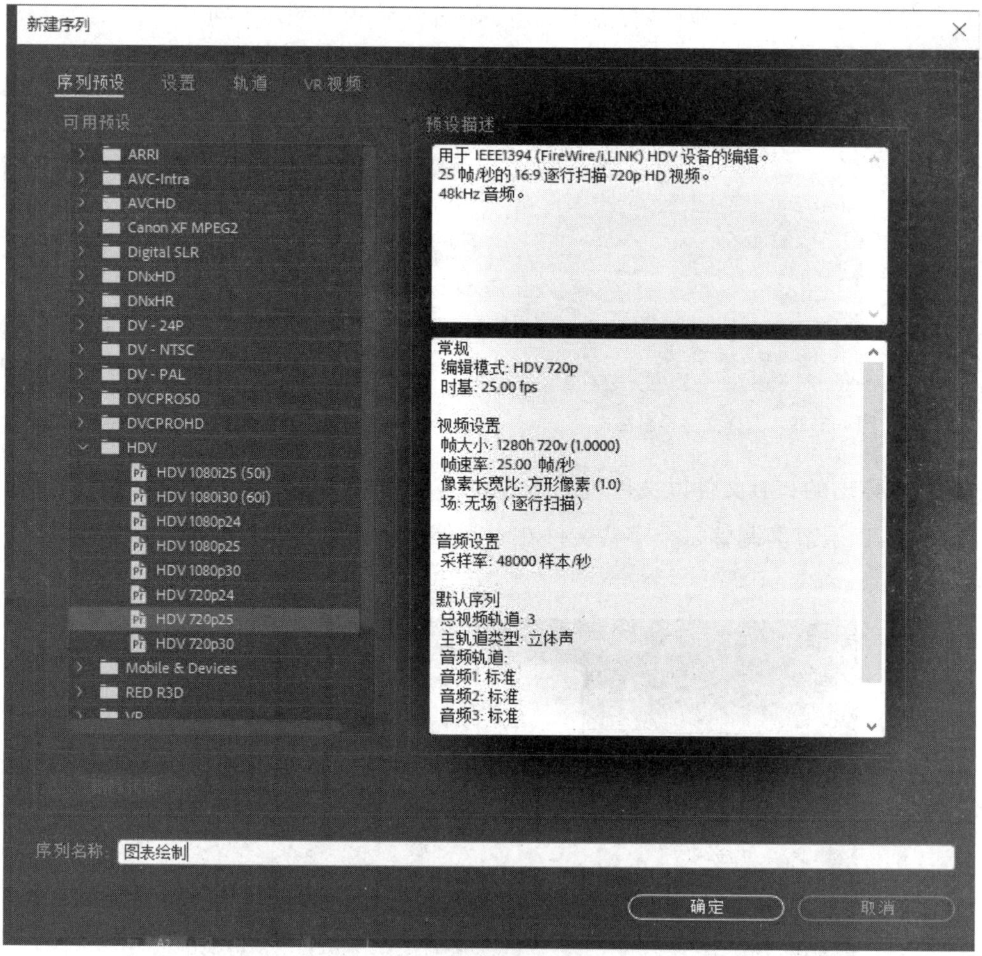

图4-5-42　新建序列对话框

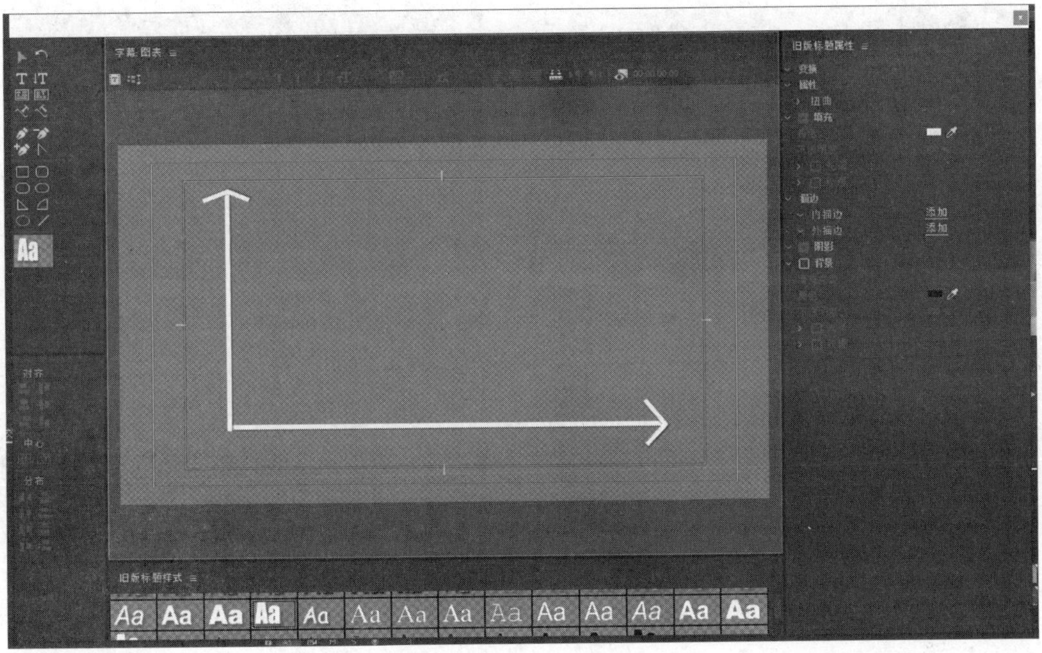

图 4-5-43　绘制直线和箭头

(2) 选择矩形工具，在字幕窗口视频区域点击并拖动，绘制一个矩形，设置填充颜色。选中矩形，按 “Ctrl+C” 组合键复制该矩形，再按 “Ctrl+V” 组合键粘贴该矩形，更改复制图形的位置，以及颜色。以同样方法制作两个新的矩形，如图 4-5-44 和图 4-5-45。

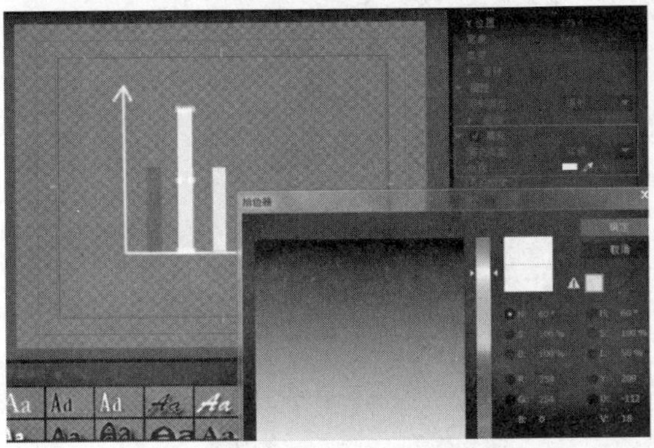

图 4-5-44　给图形填充颜色

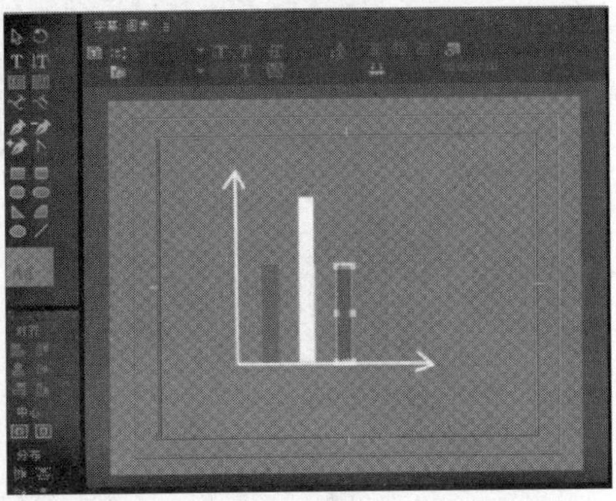

图 4-5-45　在字幕设计器中绘制图形

(3) 为矩形添加立体效果。选中第一个矩形，展开字幕属性中的【 描边 】选项，在其下的外侧边后单击 “添加” 按钮，为其添加一个【 外描边 】，将类型设置为 “深度”，“尺寸” 设为 10，“角度” 设置为 320°，“色彩” 设置为深红色，这样第一个矩形就会出现立体效果，如图 4-5-46。

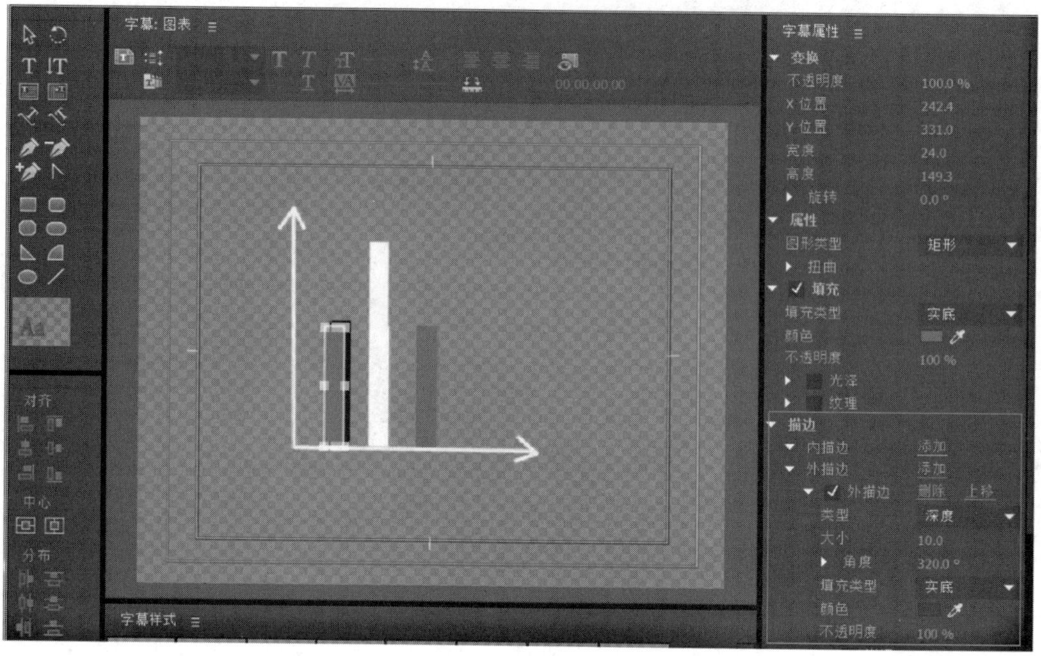

图 4-5-46　给图形添加描边

(4) 用同样的方法，为第二个矩形和第三个矩形分别添加一个深色外描边，制作立体的柱状图表，如图 4-5-47。

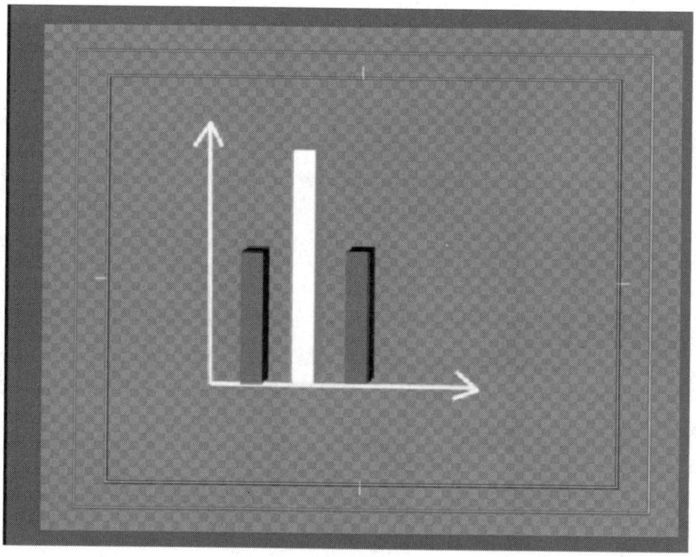

图 4-5-47　给图形添加描边

六、开放式字幕

实践目标：掌握Adobe Premiere Pro新版字幕的输入方法。

实践内容：制作视频的同期声字幕。

实践工作流程：

(1)新建一个名为“开放式字幕”的项目文件，选择主菜单【文件】/【新建】/【序列】命令，在弹出的对话框中展开“HDV”选择“HDV720p25”并设置序列名为“开放式字幕”，双击“案例\素材\第四节字幕的创建\开放式字幕”文件夹，导入“字幕输入.mp4”素材并将图片拖至【时间线】面板，如图4–5–48和图4–5–49。

图4–5–48　新建序列对话框

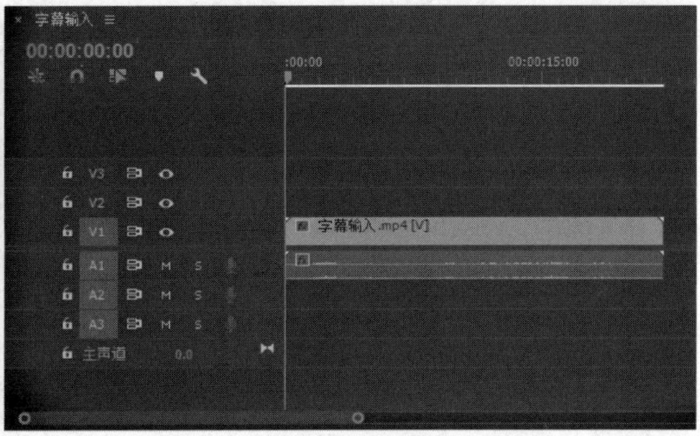

图4–5–49　将素材拖至【时间线】面板

(2)打开菜单栏【文件】/【字幕】，在弹出的【新建字幕】对话框中，在下拉菜单中选择“开放式字幕”，如图4–5–50和图4–5–51。

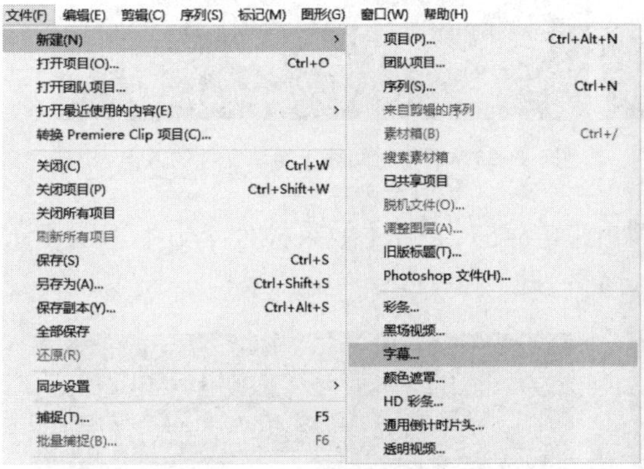

图4–5–50　新建字幕命令

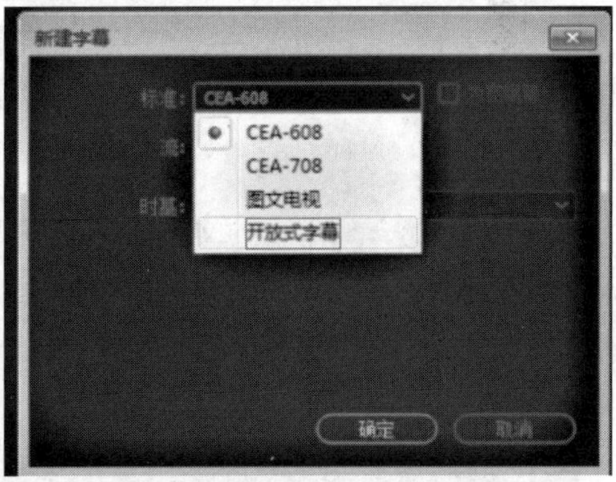

图4–5–51　新建“开放式字幕”对话框

(3)在【字幕】面板中，选择T，输入文字，“字体”设为Arial，“大小”设为25，其中使用 + - 按钮可以增加或减少断句数量，如图4–5–52和图4–5–53。

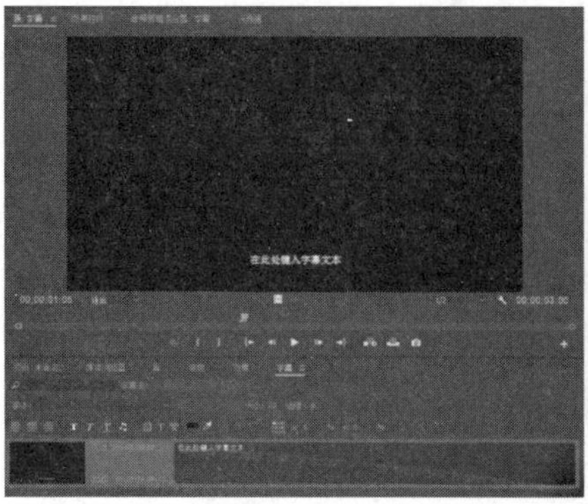

图4-5-52 【字幕】窗口添加字幕文件

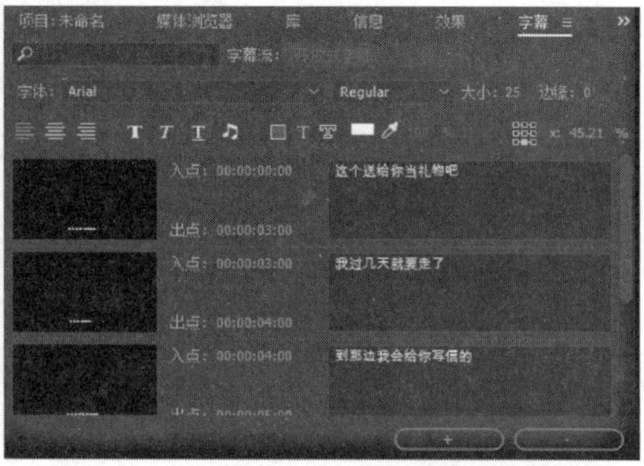

图4-5-53 【字幕】窗口修改字幕内容及属性

(4)在4句字幕输入完成后，切回【项目】面板，将【字幕】拖入V2轨道，如图4-5-54。

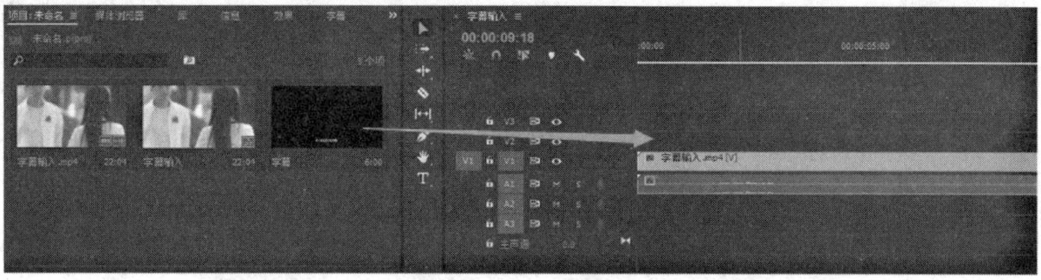

图4-5-54 将“字幕”文件拖至时间线

(5)拖动可以根据视频中人物的口型调整字幕持续时间，如图4-5-55和图4-5-56。

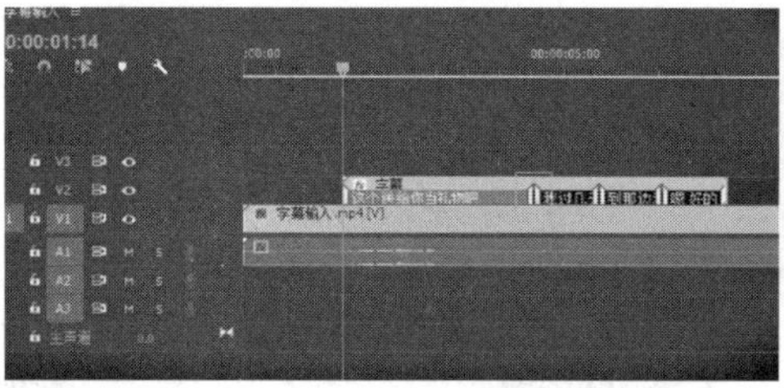

图4-5-55 时间线上字幕文件的入点、出点

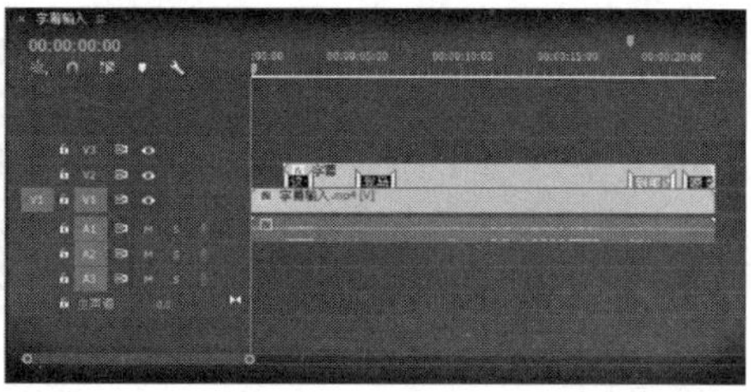

图4-5-56 调整时间线上字幕文件的入点、出点

(6)以上述方式输入的文字会有黑底，如图4-5-57，点击【效果控件】/【不透明度】，将【混合模式】改为【滤色】去除黑底，如图4-5-58。

图4-5-57 【节目】监视器上的字幕文件

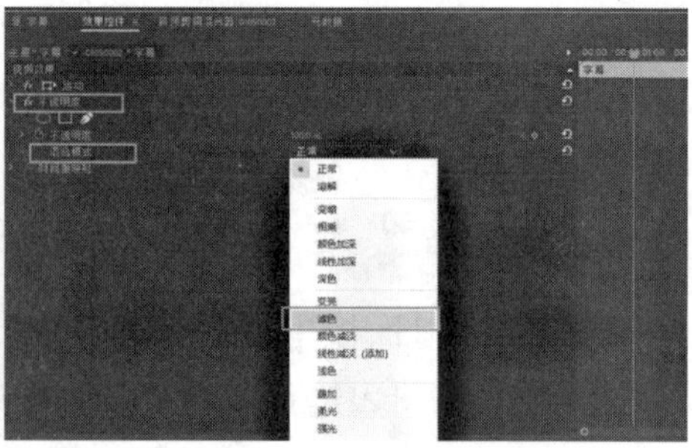

图4-5-58 更改字幕文件的混合模式

(7)字幕输入完成，预览效果，如图4-5-59。

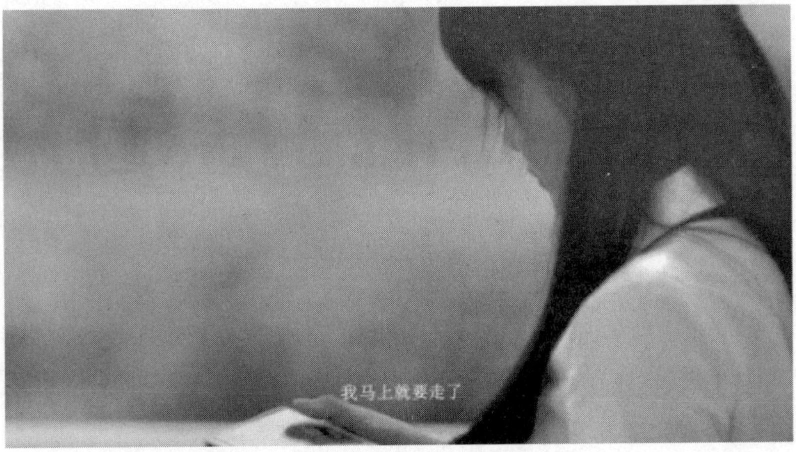

图4-5-59　预览字幕效果

第五章　Adobe Premiere Pro运动效果

运动效果能够让剪辑片段产生移动、旋转、缩放等动态效果。每段应用到 Adobe Premiere Pro 时间线轨道上的剪辑都会有默认的基本属性。视频的基本属性有三种：运动、不透明度和时间重置。每个参数都可以通过设置关键帧来产生运动。设置基本属性主要在【效果控件】面板中，运动效果也在此面板中设置。在Adobe Premiere Pro中，所有的动态效果都通过添加关键帧来控制参数的变化，实现运动效果。

第一节　关键帧的概念

关键帧技术是计算机动画中最基本并且运用最广泛的方法。在第一章的视频运动原理中已经提到过，我们看到的运动视频是由连续显示的多个静态图片构成的，当一系列略有差异的静态图片以一定的速度快速播放时，会让人感知到这些画面的动态影像效果，也就是说，连续的动态影像可以被理解成由一个个静止的图片构成，这其中的每一个静态的图片就是一帧。在PAL制的电视制式下，一般每秒连续播放25帧画面，就可以感知到连续流畅的动态影像效果。关键帧就是这些帧中让影像发生运动的特定的帧，是需要被指定的，而关键帧之间的中间帧叫作过渡帧。

关键帧的概念来源于传统的动画片制作。在早期的动画制作室，熟练的动画设计师设计动画片中的关键画面，即所谓的关键帧，然后由其他的动画师设计中间帧。在计算机制作动画和视频特效时，关键帧由动画师或者剪辑师手动设置关键的特效帧参数，中间帧的生成则由计算机自动完成，插值运算代替了设计中间帧的动画师。关键帧是Adobe Premiere Pro 运动效果控制最重要的部分，也是视频非线性编辑软件实现动画的基本方法。

第二节　调整剪辑片段的基本属性

在Adobe Premiere Pro中，设置剪辑运动的基本参数是在【效果控件】面板中进行的。

我们先看一下这个面板，初次打开它是空白的，因为这是用来调整时间线某个素材的基本属性的，如果时间线是空的，或者没有选择任何素材片段的话，这个窗口内什么都没有。把一段素材添加到时间线中，并选择该素材片段，然后单击【效果控件】面板标签，就可以激活特效控制面板，特效控制面板中也就有了控制该素材片段的各种基本属性参数，左右拖动数值即可改变当前数值，如图5-2-1。

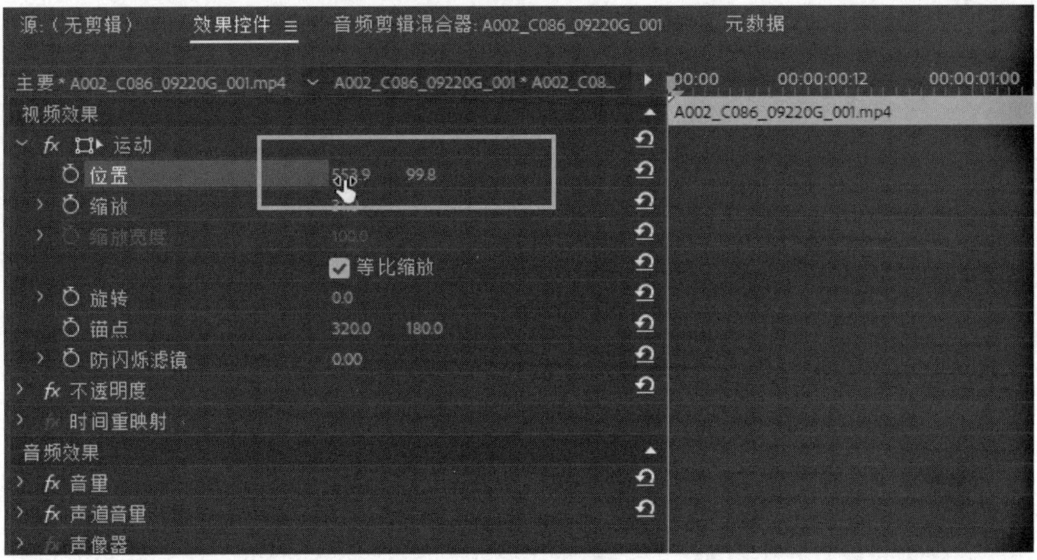

图5-2-1　效果控件面板

一、设置位置参数

位置参数显示素材在屏幕中的位置，由X轴坐标、Y轴坐标构成。X轴数值代表水平方向的坐标，Y轴数值代表垂直方向的坐标。此项参数可用于设置素材在屏幕上产生位移动画，如图5-2-2和图5-2-3。

图5-2-2　位置参数调整前

图5-2-3　位置参数调整后

二、设置缩放参数

缩放参数显示素材在屏幕中的大小比例。勾选“等比缩放”可以实现素材在长度和宽度的等比放大或者缩小；取消勾选“等比缩放”，可以实现素材长度和宽度的任意比例的放大或者缩小。此项参数可用于设置素材由大到小或者由小到大的缩放动画，如图5-2-4。

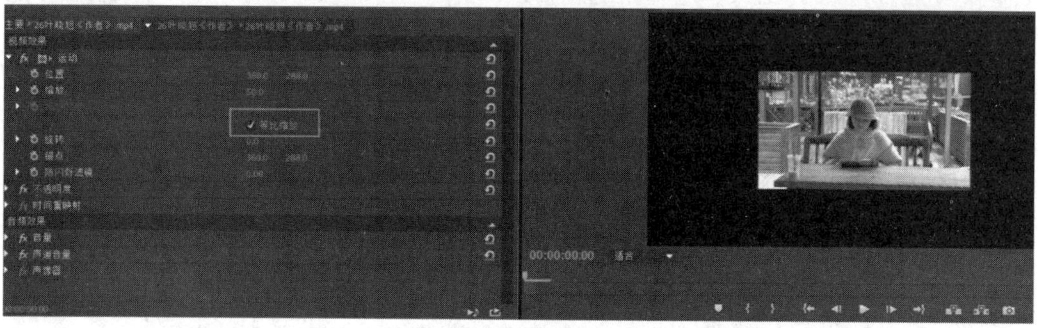

图5-2-4　缩放参数调整

三、设置旋转参数

旋转显示素材在屏幕中的旋转角度，旋转角度范围为0~360°。当旋转角度超过360°时，角度会用诸如1×120°来表示，其中前面的数字代表的是旋转的圈数，后面的数字代表的是旋转的角度。此项参数可用于设置素材随着时间的变化围绕指定的轴线转动的动画，如图5-2-5。

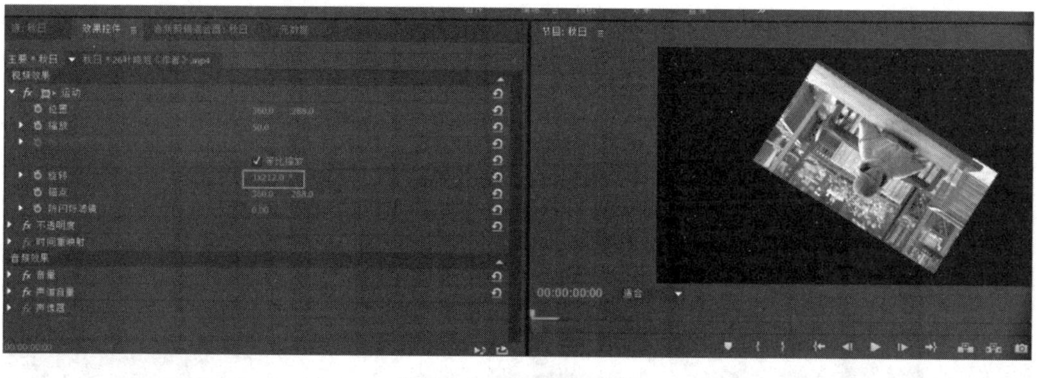

图5-2-5　旋转参数调整

四、设置锚点参数

锚点参数显示素材的中心点，在默认情况下，锚点的坐标和素材中心点是重合的。锚点坐标的改变意味着素材中心点的变化。

锚点一般是作为其他几个参数变化的时候的一个参考点来设置的，例如旋转，当锚点参数在素材中心点的时候，旋转参数是依据素材中心点来变化的，如图5-2-6；而当我们改变锚点的坐标，即也改变了素材在旋转时的参考点，如图5-2-7。

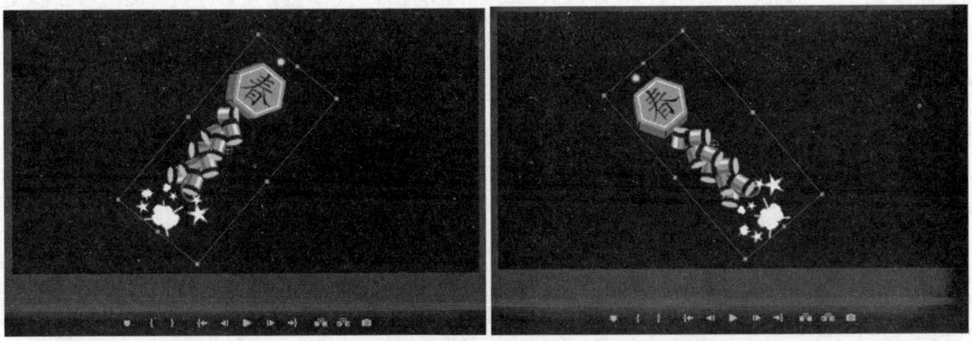

图5-2-6　锚点为素材中心点时“旋转”参数的参考点

图5-2-7　锚点改变后“旋转”参数的参考点随即发生变化

五、设置不透明度参数

不透明度参数显示的是素材在屏幕中的透明度。数值可从0到100变化，当不透明度数值是0的时候，素材完全不显示；当不透明度是100的时候，素材完全显示，如图5-2-8；当不透明度是50的时候，素材显示半透明状态，如图5-2-9。此项参数可用于做素材由透明到不透明的动画，常见用法有淡入效果和淡出效果。

图5-2-8　不透明度参数为100

图5-2-9　不透明度参数为50

六、时间重映射

Adobe 系列CS版本之后，Adobe Premiere Pro就引进了时间重映射参数，这可以更改整个剪辑片段的视频部分的速度，实现速率变化的快速运动、慢速运动、倒放镜头与静帧画面。和“速度/持续时间”设置调整整段素材的速度不同，时间重映射可以通过关键帧的设定实现一段素材中多种速度的变化，并且这些变化都不是突变，而是平滑过渡的。

1.改变素材的速率

Adobe Premiere Pro提供了多种方式来修改素材的速度和持续时间，可以使用“速度/持续时间”命令、“速率伸缩工具”或者“时间重映射”功能。

在【效果控件】面板，单击“时间重映射”参数栏，可以看到下方出现“速度”参数，“速度”的默认值是100%。用鼠标拖动【效果控件】的【时间轴】区域中“速度”参数对应的白色数值线可以调整“速度”，如图5-2-10。数值线控制速度，速度的值以百分比的形式表示，100%表示素材的原始速度；鼠标向上拖动数值线，速度值增大，大于100%时制作的就是快镜头；按住鼠标向下拖动，速度值减小，小于100%时制作的就是慢镜头。

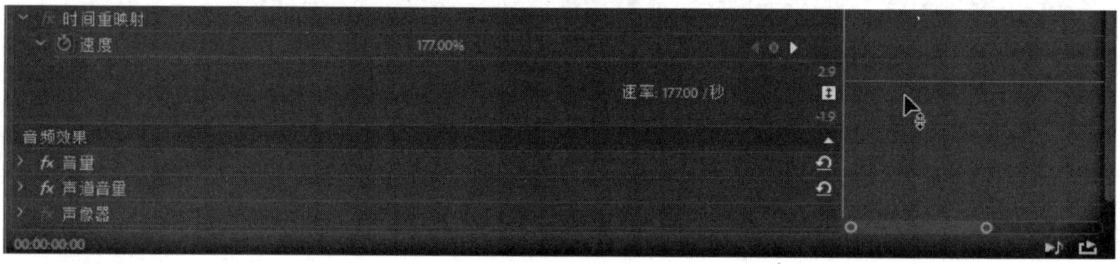

图5-2-10　拖动“速度”数值线改变速率

当制作前后播放速度不一致的画面时，在需要的地方点击速度前面的动画开关，即可产生速度关键帧，如图5-2-11。

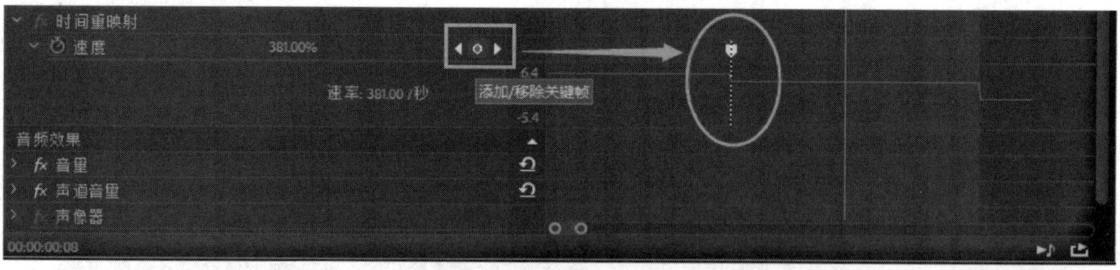

图5-2-11　添加“速度”关键帧

2.设置倒放镜头

制作倒放的镜头效果，可以按住Ctrl键，向右拖动速度关键帧，直至设置倒放效果的结束位置为止。释放鼠标后可以看到系统自动为剪辑片段增加了两个速度关键帧，在原有的速度关键帧与新增加的第一个速度关键帧之间有一段箭头标记，如图5-2-12，表示此段区间的内容为倒放内容，此时速度值显示为-100/秒，负数表示速度倒放。

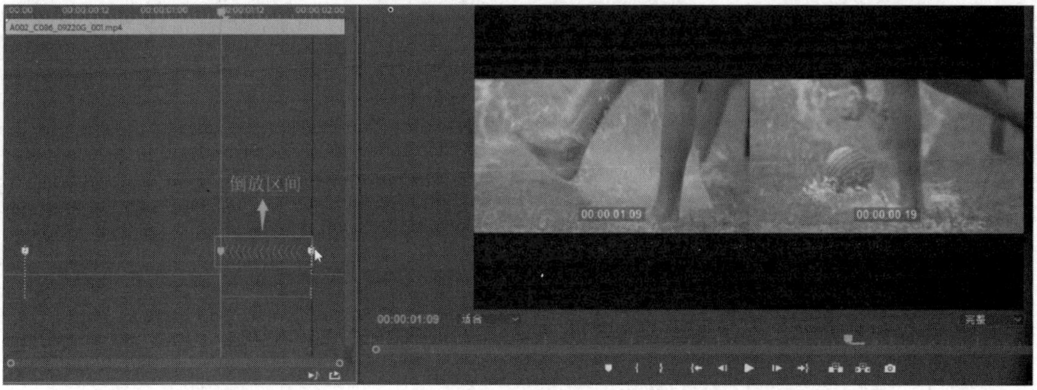

图5-2-12 设置倒放镜头

3.设置静帧画面

设置静帧画面也需要配合使用键盘上的辅助键，按住Ctrl键和Alt键的同时向右拖动速度关键帧，直至设置静帧的结束位置为止，释放鼠标后，系统将自动在结束位置添加一个新的速度关键帧。可以发现在两个速度关键帧之间有一段竖线标记，如图5-2-13，这表示此段区间的内容为静帧画面，此时的速度值为0.00帧/秒。

图5-2-13 设置静帧画面

提示：单击每个参数后面的“重置” 按钮，所有参数将恢复到默认参数设置。

第三节　设置运动效果

剪辑片段的基本属性包括比例、位置、旋转等，这些基本属性参数前面都有一个码表，每个参数前面的码表就是打开该参数关键帧动画的开关，表示可以在其属性中设置关键帧动画。同一个参数，通过在不同的时间点设置不同的数值，可以实现特定时间内数值的变化，使素材画面在播放时随参数的改变而形成动画，从而实现参数的动画过程。在开始和结束的位置设置的帧称为关键帧。比如，在【运动】选项下的“比例”参数中，可设置剪辑片段第一帧的比例数值为50，然后设置该剪辑片段最后一个关键帧的数值为100。当播放时间线的时候，画面会自动从剪辑的第一帧的50数值开始自动增加动态，直到最后一帧的比例值变为100，画面在有效时间内会完成由小变大的动画运动。

一、添加关键帧

所有关键帧的添加与调整的方法大同小异：

(1) 在序列中单击想添加关键帧的素材，单击【效果控件】，展开相应的属性参数控制。

(2) 打开参数前面的码表动画开关，系统就会在当前时间线位置增加一个关键帧，如图5-3-1。

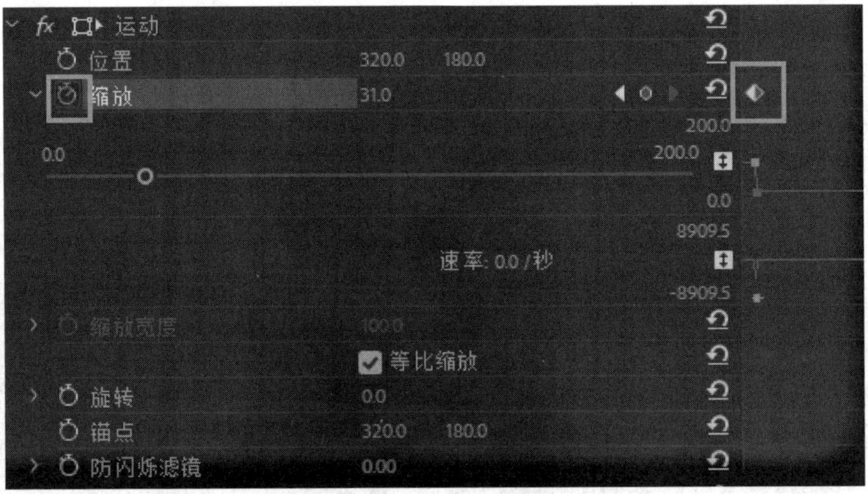

图5-3-1　打开参数的动画开关

改变时间指针至其他位置，单击添加关键帧按钮，在当前时间指针的位置也可以手动添加一个关键帧，如图5-3-2。通过设置与当前参数不同的数值，系统会自动添加一个关键帧。

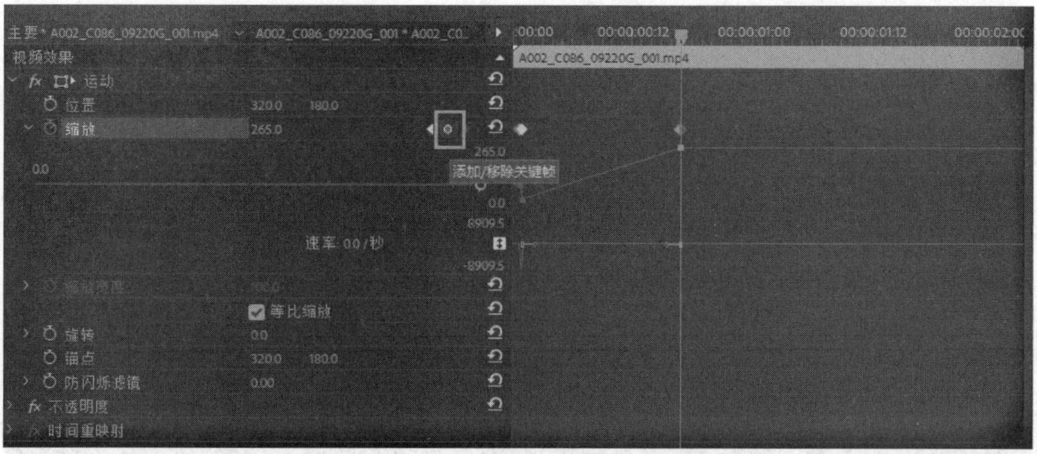

图5-3-2　单击“添加关键帧”按钮添加关键帧

二、移动关键帧

关键帧的位置是可以移动的，在【效果控件】的时间轴面板内，选择要移动的关键帧，按住鼠标左键将其拖动到合适的位置即可，如图5-3-3。

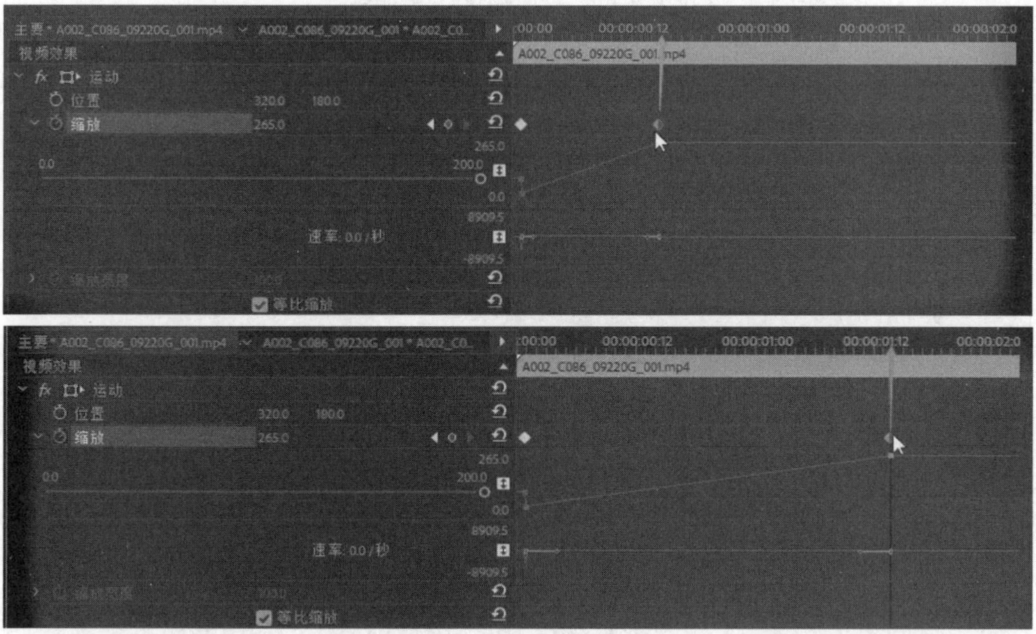

图5-3-3　移动关键帧

三、复制关键帧

关键帧还可以实现复制与粘贴。

（1）在【效果控件】的时间轴区域，选中要复制的关键帧，在空白处单击鼠标右键，选择“复制”命令，或者使用快捷键Ctrl+C，如图5-3-4。

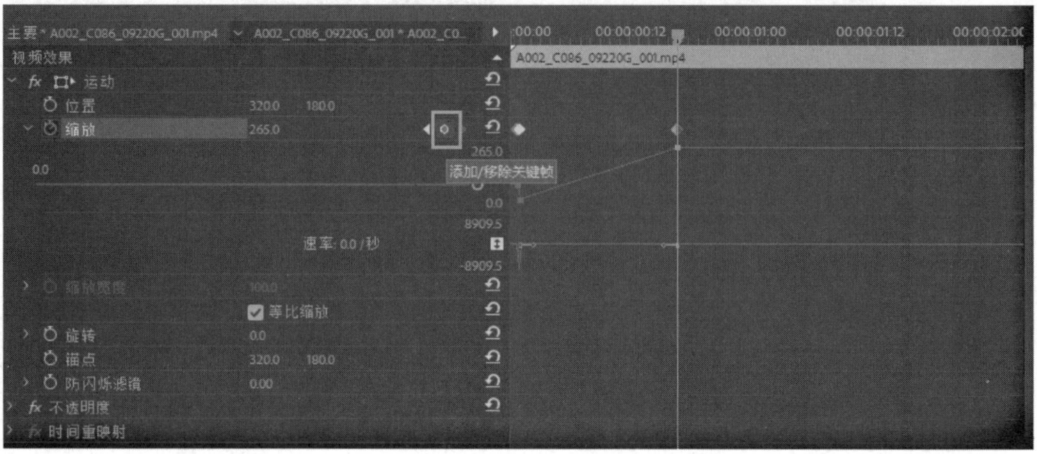

图5-3-4 选中复制关键帧

（2）移动播放头至要粘贴的位置，单击鼠标右键选择“粘贴”，或者使用快捷键“Ctrl+V”，如图5-3-5。粘贴后的效果如图5-3-6。

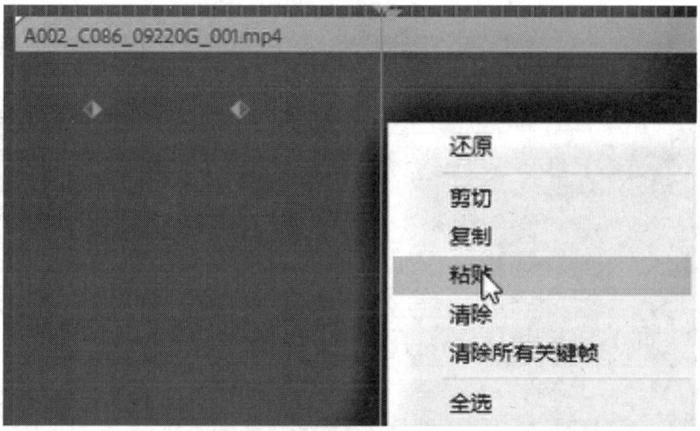

图5-3-5 选择“粘贴”命令

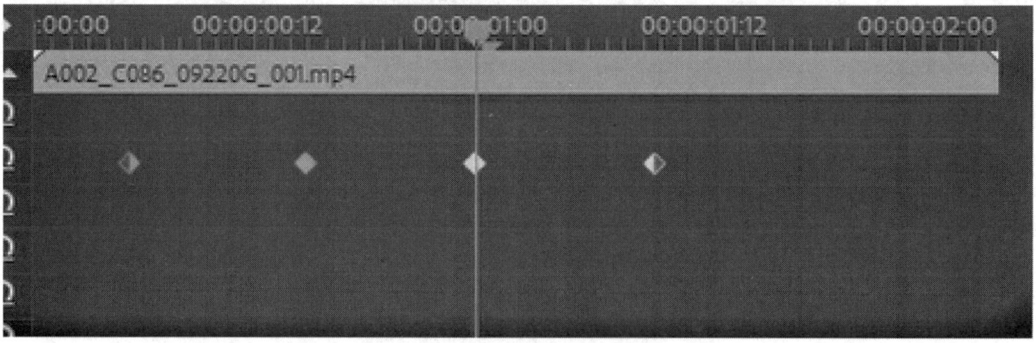

图5-3-6 在不同的时间位置粘贴复制的关键帧

四、删除关键帧

选中要删除的关键帧，单击鼠标右键，选择“清除”命令即可删除所选关键帧，或者直接使用键盘上的“Delete”键，如图5–3–7。

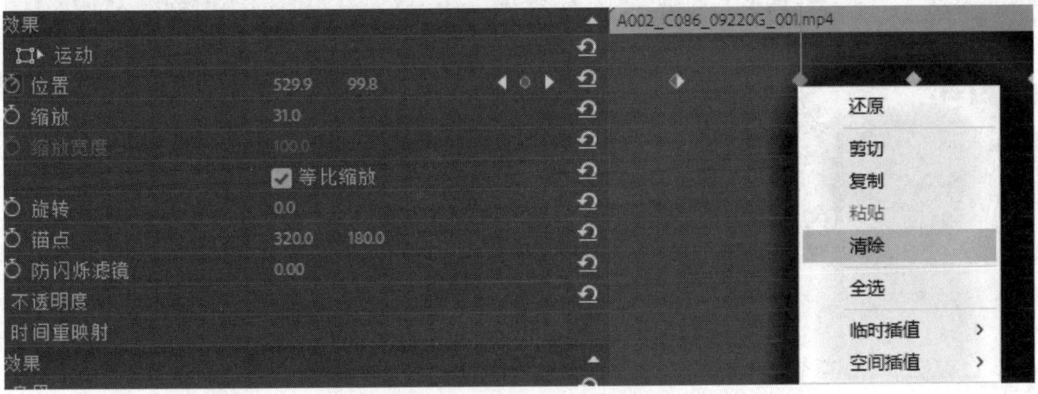

图5-3-7　关键帧“清除”命令

设置了关键帧之后，当前界面就会出现“关键帧导航器”，如图5–3–8。单击向左或者向右的小三角按钮，可以实现时间指针在上一个关键帧和下一个关键帧之间的跳转。当跳转到当前关键帧上时，单击中间的“添加/删除关键帧”按钮，可以删除当前关键帧。

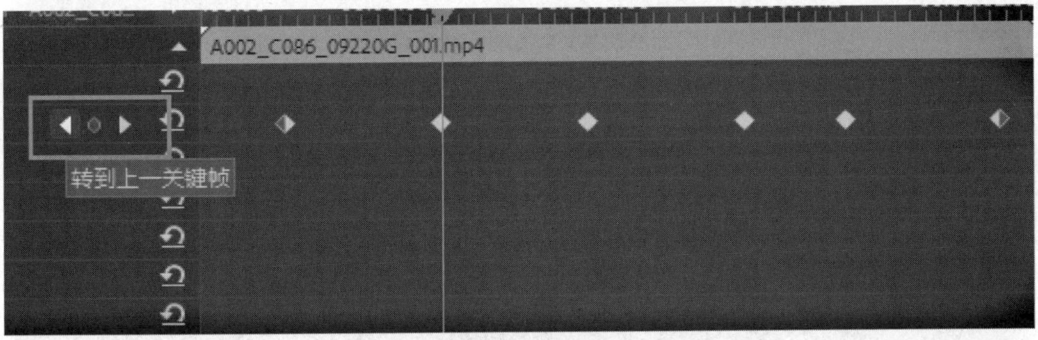

图5-3-8　关键帧导航器

⚠注意：当单击动画开关后，当前属性的动画开关即被激活，当前属性即处于动画打开状态，若再次单击动画开关按钮，将删除此属性的所有关键帧。

五、制作运动效果

【效果控件】面板中所有的参数都可以实现数值随着时间的变化产生动态变化的效果。当为某一个属性添加两个以上的关键帧，且相邻关键帧的参数值不同时，运动效果就会产生，否则画面将保持某个状态不变。也就是说，同一个参数，在不同的时间点设置不同的数值，即可产生动画。下面以位移动画为例说明制作过程。

(1) 打开【效果控件】面板，将播放头移至动画开始的第一帧位置，打开【运动】选项卡下的“位置”动画开关，产生第一个关键帧，设置数值，如图5–3–9。

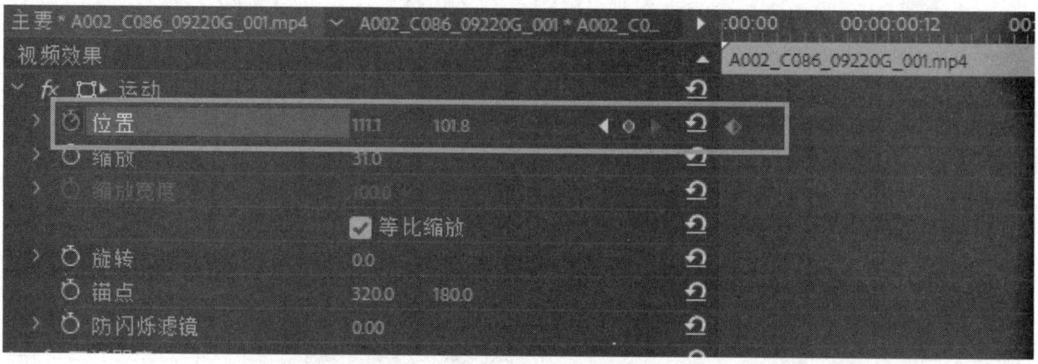

图5–3–9 关键帧导航器

(2) 移动播放头至不同的时间点，改变当前数值，自动产生第二个关键帧，如图5–3–10。

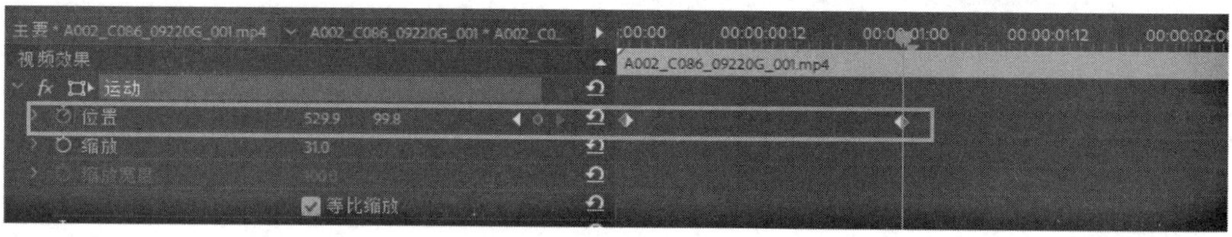

图5–3–10 关键帧导航器

(3) 播放时间线，观看数值随着时间的改变而发生变化的动画效果，如图5–3–11。

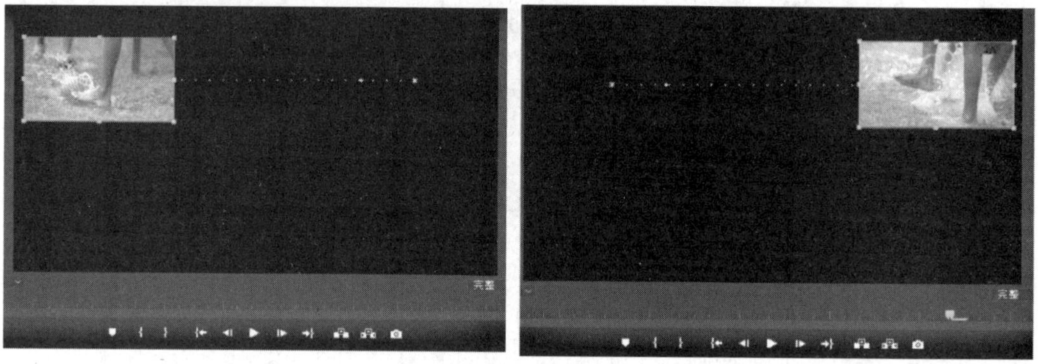

图5–3–11 两个关键帧实现画面的动态变化

⚠注意：要想产生运动效果，至少要增加两个以上的关键帧，而且这两个关键帧的数值不能完全相同。

我们可以在【效果控件】面板中显示关键帧编辑线，也可以在【时间线】面板中单击右键剪辑片段，查看关键帧，在预览窗口查看画面的运动轨迹，如图5–3–12。

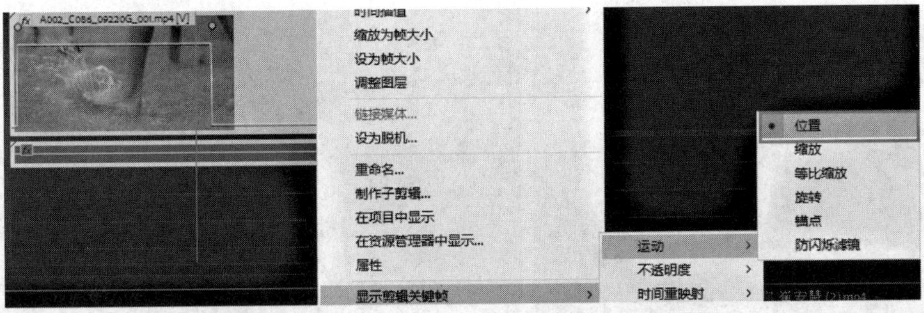

图5-3-12　关键帧导航器

第四节　实训：各种运动效果

一、画中画

实践目标：(1)掌握视频运动效果的调整方法。

(2)掌握画中画效果的制作方法。

实践内容：通过调整素材在运动中的位置、缩放等来实现画中画效果。

实践工作流程：

(1)新建一个名为“画中画”的项目文件，选择主菜单【文件】/【新建】/【序列】命令，在弹出的对话框中展开“DV-PAL”选择“标准48khz”并设置序列名为“画中画效果”，双击“案例\素材\第五章 运动效果\画中画”文件夹，导入“新闻.mp4”“扎克伯格.jpg”素材，分别将“新闻”“扎克伯格”拖至视频1、视频2轨道中，拉长“扎克伯格”的时间线与视频素材对齐，如图5-4-1和图5-4-2。

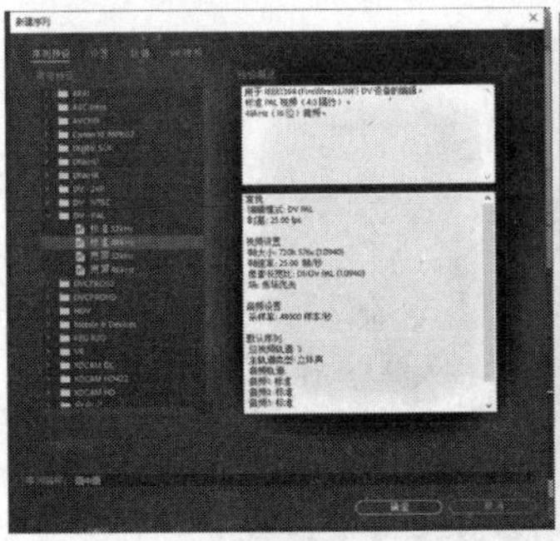

图5-4-1　新建序列对话框

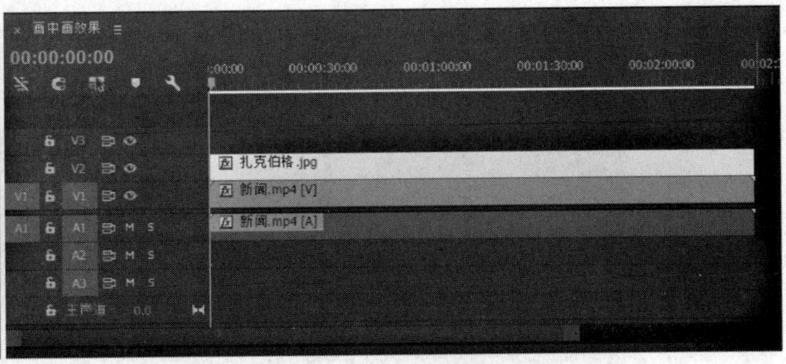

图5-4-2　将素材拖至【时间线】面板

(2)在【时间线】面板上选中“扎克伯格.jpg”素材，点击【效果控件】，点击【运动】的下拉菜单，将“位置”参数设置为“188、255”；将“缩放”参数设置为“75”，如图5-4-3和图5-4-4。

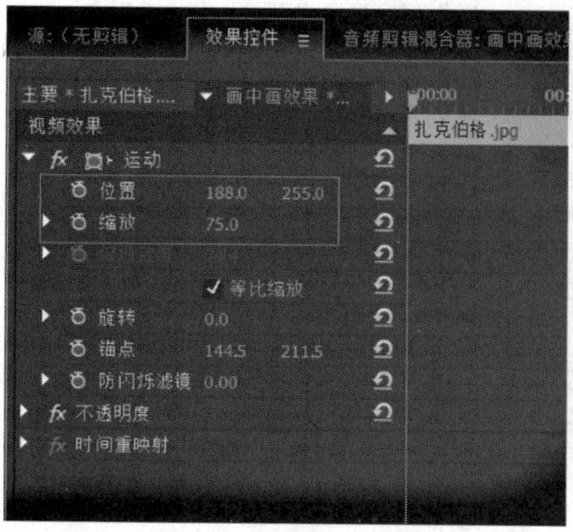

图5-4-3　调整素材运动属性

图5-4-4　预览调整效果

(3) 新建旧版标题，设置名称为“画框”，在“扎克伯格.jpg”图片上绘制矩形画框，添加“外描边”，“类型”设置为“边缘”，“大小”设置为“5”，“填充类型”设置为“四色渐变”，如图5-4-5。

图5-4-5　为素材绘制“画框”

(4) 将“画框”拖至时间线，并置于“扎克伯格.jpg”轨道之下，将“画框”时间长度与“新闻”素材对齐，如图5-4-6。播放预览视频效果，如图5-4-7。

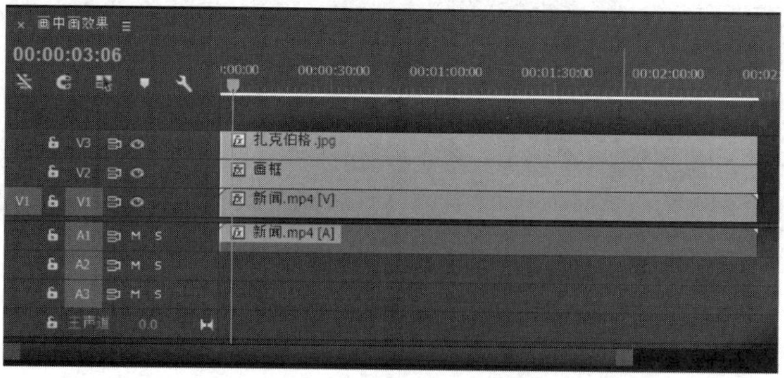

图5-4-6　将“画框”拖至时间线

图5-4-7　播放预览视频效果

二、静止帧画面

实践目标：掌握设置定格画面的方法。

实践内容：设置静止帧画面，以增强影像艺术感染力。

实践工作流程：

(1)新建一个名为“静止帧画面”的项目文件，选择主菜单【文件】/【新建】/【序列】命令，在弹出的对话框中展开“HDV”选择“HDV720p25”，并设置序列名为“静止帧画面”，双击“案例\素材\第五章 运动效果\静止帧画面”文件夹，导入素材“击球.mp3”“背景音乐.mp4”，并将“击球.mp4”拖至视频1轨道中，点击素材右键，选择【取消链接】以取消视音频链接，删除音频，如图5-4-8。

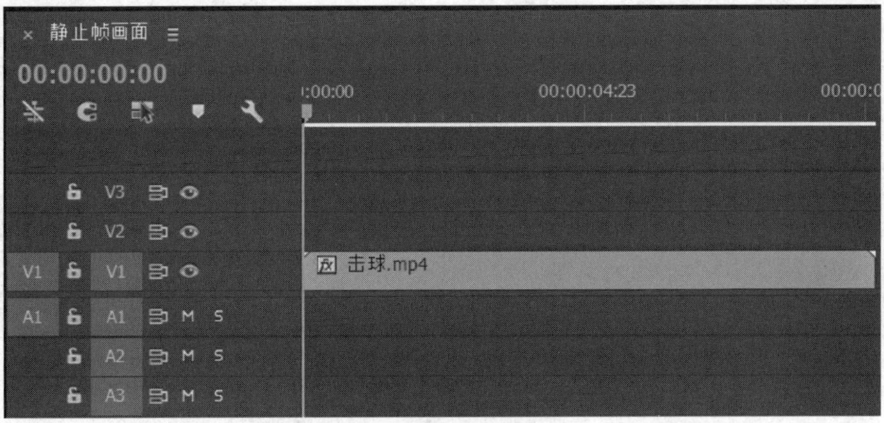

图5-4-8　删除素材的音频文件

(2) 在【时间线】面板上选中素材，将播放指示器拖至4秒的位置，即球棒击中球的那一瞬间，点击素材右键，选择【插入帧定格分段】，如图5-4-9。

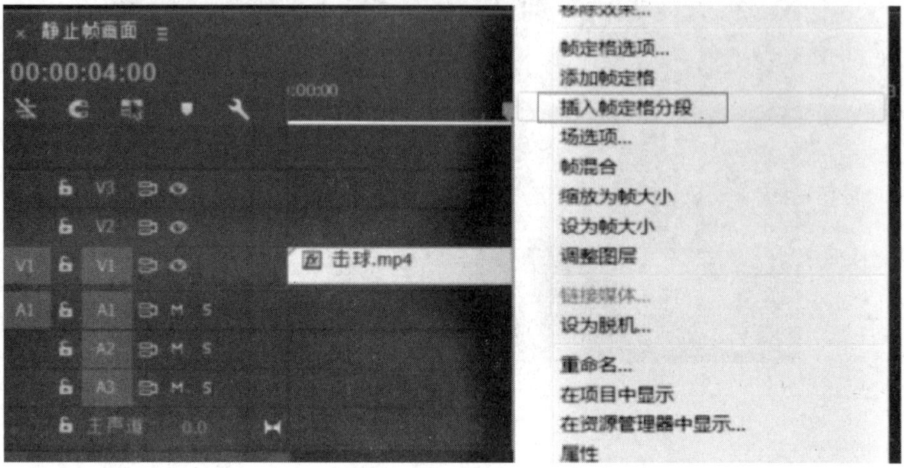

图5-4-9　选中插入帧定格分段命令

(3) 此时，素材被分为三段，中间素材即为定格素材，如图5-4-10。

图5-4-10　为素材插入帧定格分段

(4) 播放预览静止帧画面效果后会发现击球的静止帧画面定格时间过长，选择【波纹编辑】工具，缩短击球画面的时长，让其持续6帧，如图5-4-11。

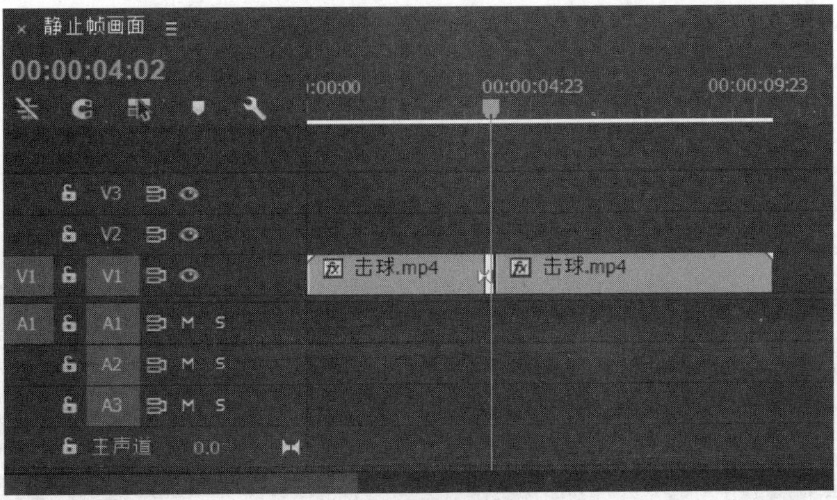

图5-4-11　调整帧定格时长

(5)将“背景音乐”拖至时间线,播放预览画面效果,如图5-4-12。

图5-4-12　播放预览画面效果

三、时间重映射

实践目标:(1)掌握速度关键帧的添加方法。

(2)掌握视频速度的调整方法。

实践内容:通过关键帧的设置精确调整素材播放速度,以增强影像视觉冲击力。

实践工作流程：

(1)新建一个名为“时间重映射”的项目文件，选择主菜单【文件】/【新建】/【序列】命令，在弹出的对话框中展开“HDV”选择“HDV720p25”并设置序列名为“时间重映射”，双击“案例\素材\第五章 运动效果\时间重映射”文件夹，导入素材“棒球.mp4”“背景音乐.mp3”，并将“棒球.mp4”拖至视频1轨道中，如图5-4-13和图5-4-14。

图5-4-13　新建序列对话框

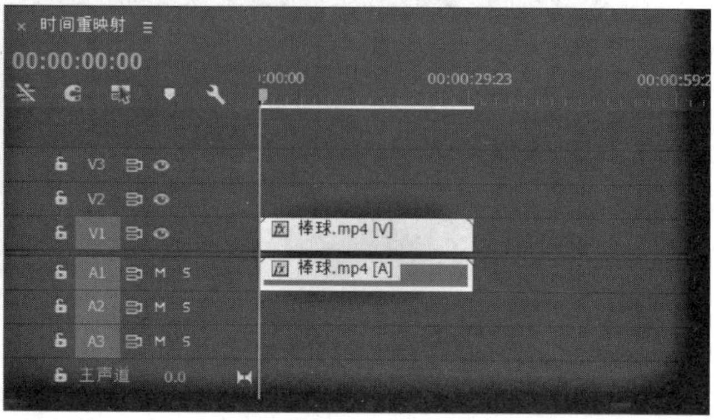

图5-4-14　将素材拖至【时间线】面板

(2)在【时间线】面板上选中素材，点击【效果控件】，展开【时间重映射】下的“速度”，并激活“速度”码表，如图5-4-15。

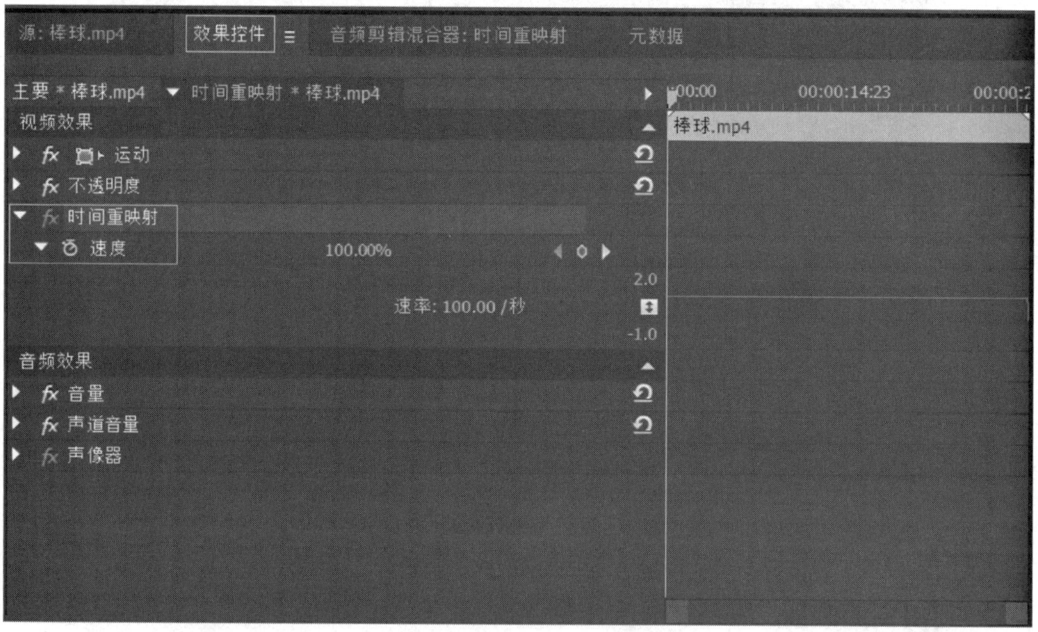

图5-4-15　激活“速度”码表

(3)在【效果控件】窗口中，分别将时间指针拖动至16秒6帧、20秒19帧、23秒10帧、25秒6帧的位置并逐个添加关键帧，如图5-4-16。

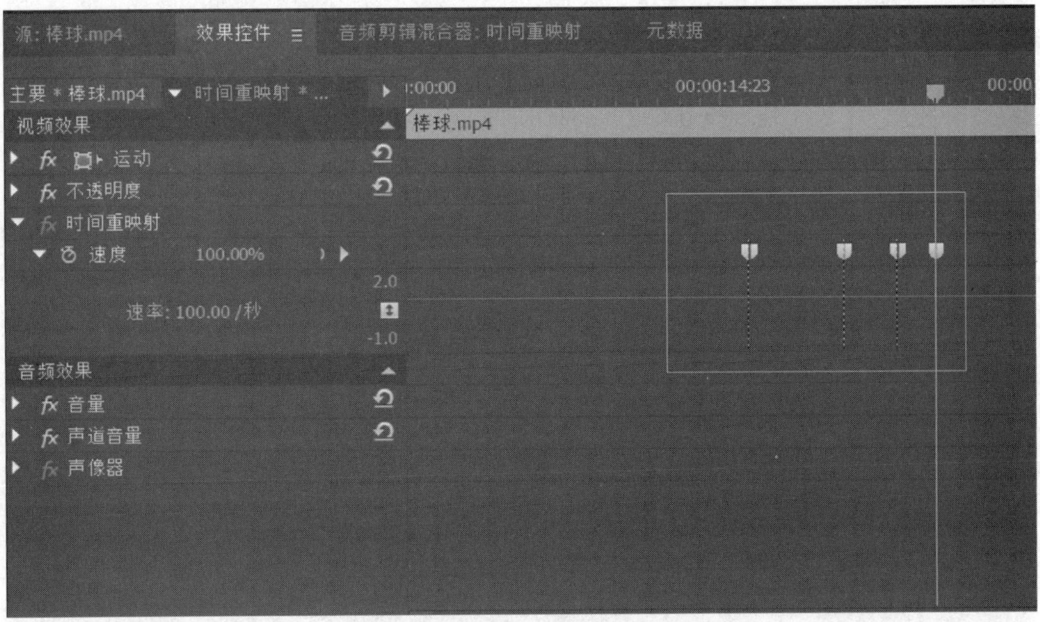

图5-4-16　添加“速度”关键帧

(4)分别将第一个关键帧之前的素材、第二与第三之间的素材、第四个关键帧之后素材的速率调至100%，以提高这三段素材的播放速度，如图5-4-17。

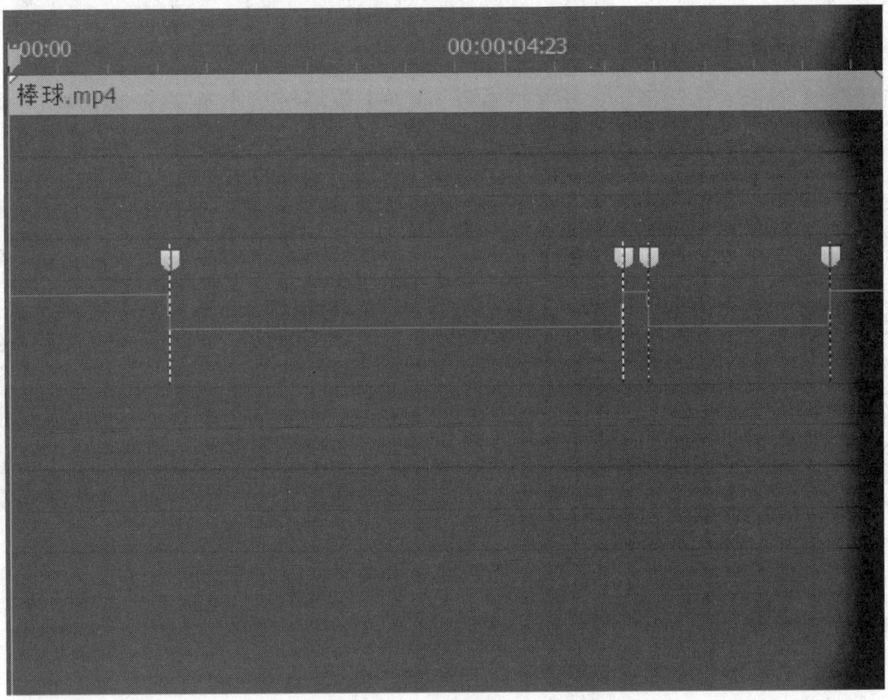

图5-4-17　拖动“速度”数值线改变速率

(5) 为了让这个快慢动作变化看起来更好，我们还需要设置素材速度从快到慢的平滑过渡。速度关键帧图标分为两半，可以用鼠标拖拽将他们分开。它们之间(颜色稍浅部分) 的距离，代表了速度变化的过渡时间的长短。点击中间灰色部分，会出现一个控制手柄，拖动手柄可以设置速度变化的曲线，实现平滑过渡。逐个展开速度关键帧，平滑影像速度变化，如图 5-4-18。

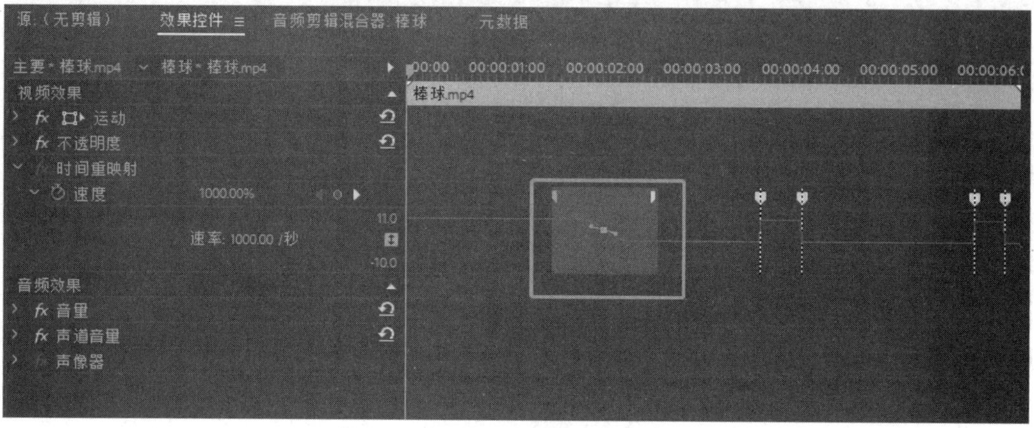

图5-4-18　平滑影像速度变化

(6) 播放预览视频效果。可以看到视频素材通过设置速度关键帧，实现了前半段快放后半段慢放的效果，画面更具戏剧性。

(7) 回到【时间线】面板，单击素材右键，点击【取消链接】，删除音频素材，并将“背景音乐”拖至时间线，播放预览视频效果，如图 5-4-19 和图 5-4-20。

图5-4-19　取消视音频链接

图5-4-20　播放预览视频效果

四、飘落效果

实践目标：掌握运动效果的特殊用法。

实践内容：通过设置运动效果与使用视频滤镜，增加运动效果的艺术感染力。

实践工作流程：

(1)新建一个名为“运动镜头”的项目文件，选择国内电视制式通用的DV-PAL下的标准 48kHz，双击“案例\素材\第五章 运动效果\飘落效果”文件夹，导入素材“星空.mov”“辉光效果01.psd”至“辉光效果04.psd”。

(2)将“星空.mov”拖至时间线视频1轨道，将“辉光效果01.psd”至“辉光效果04.psd”分别置于视频2至视频5轨道。且使视频1轨道的素材与其他轨道的素材的出点位置对齐，如图5-4-21。

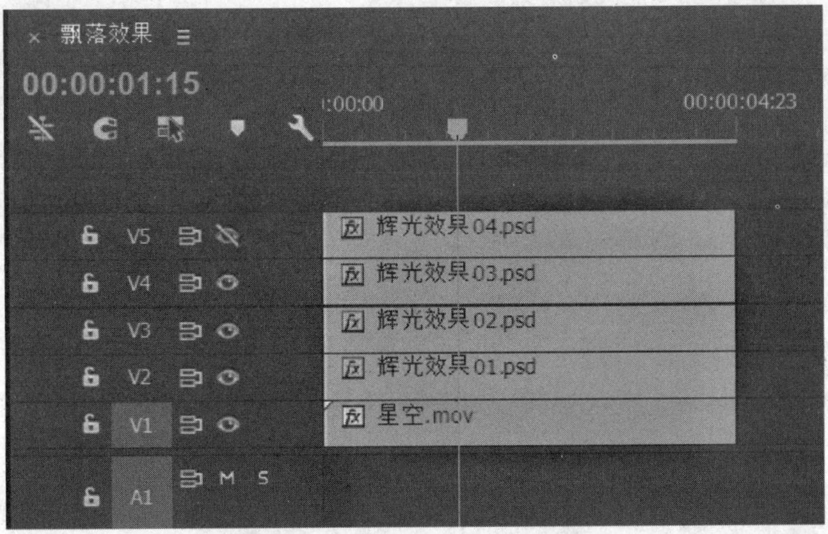

图5-4-21 将素材拖至【时间线】面板

(3)在时间线上可以看到“辉光效果01.psd”文件过大，在【效果控件】中的【运动】下，选择“缩放”参数，将其设为25。将时间指针置于0秒位置，单击位置前面的码表，打开动画开关，设置该素材“位置”参数为“-30，70”；将时间指针置于最后一帧位置，“位置”参数设为“770，230”，如图5-4-22。

图5-4-22 为素材添加运动效果

(4)设置好关键帧后，播放预览，发现对象只是沿直线进行机械运动。在【效果控件】中的时间轴区域，选中第一个位置关键帧，右键打开对关键帧的控制，选择【空间差值】中的【连续贝塞尔曲线】，如图5-4-23。

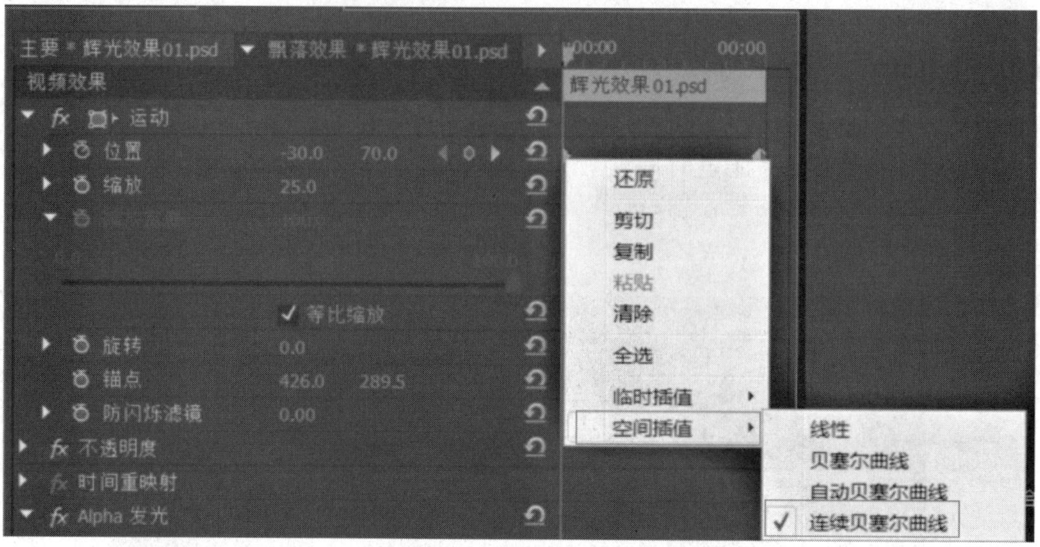

图5-4-23 更改关键帧属性

(5) 这时候，监视器中的第一个关键帧出现了一个控制手柄，用鼠标拖动手柄可以改变关键帧的插值方式，产生曲线的运动路径，用同样的方法改变第二个关键帧的插值方式，也改为【连续贝塞尔曲线】，并在监视器中用手柄改变对象的运动路径，如图5-4-24。

图5-4-24 更改素材运动路径

(6) 打开【效果】窗口，找到【视频特效】下的【风格化】文件夹，将【Alpha发光】特效拖至视频2轨道的素材上，纸飞机的周边就有了光晕的效果，如图5-4-25。

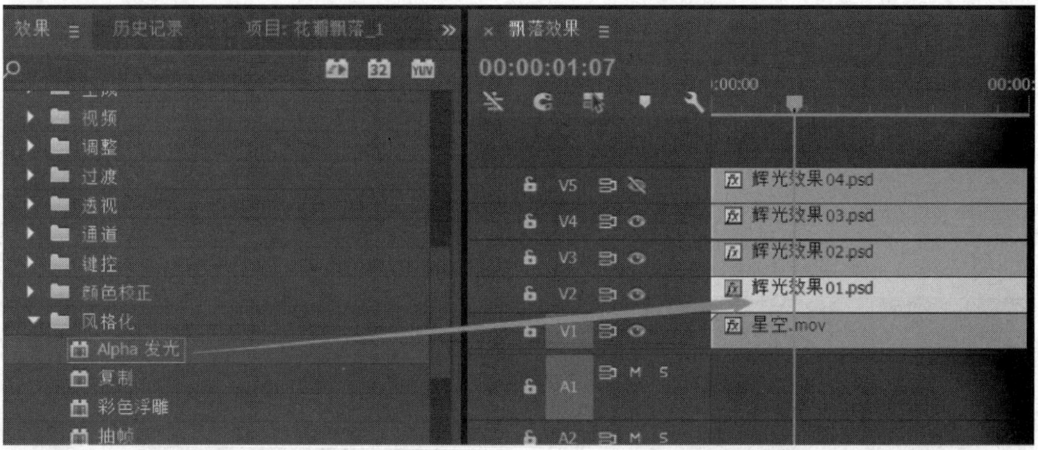

图5-4-25　为素材添加【Alpha发光】效果

提示：因为纸飞机是带有Alpha通道的对象，所以如果想让其周边产生辉光效果，就可以用Alpha发光特效。视频特效文件夹中所有带有Alpha的特效只对有透明通道的素材有用。

(7) 为了让辉光效果更明显，在【效果控件】中，我们将【Alpha发光】中的"发光"设为70，"起始颜色"设置为白色，这样辉光的效果更明显了，如图5-4-26。

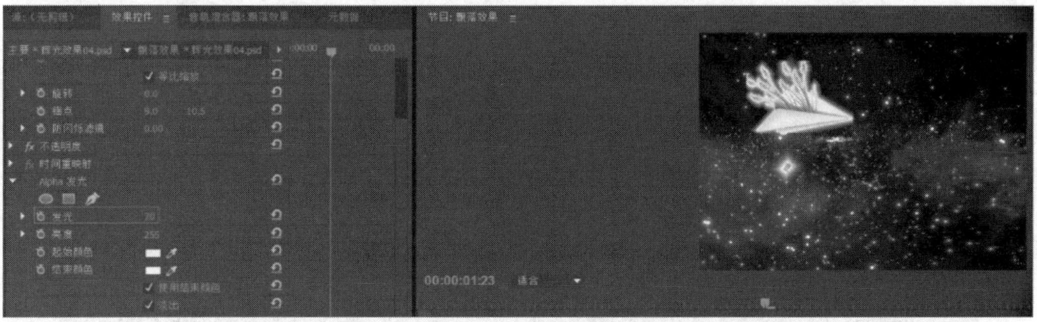

图5-4-26　更改【Alpha发光】参数

(8) 选中"辉光效果01.psd"，在【效果控件】中，选择特效【Alpha发光】，用Ctrl+C组合键复制，如图5-4-27，选择"辉光效果02.psd"，打开其【效果控件】，用Ctrl+V组合键粘贴。将特效粘贴给视频3轨道的素材。

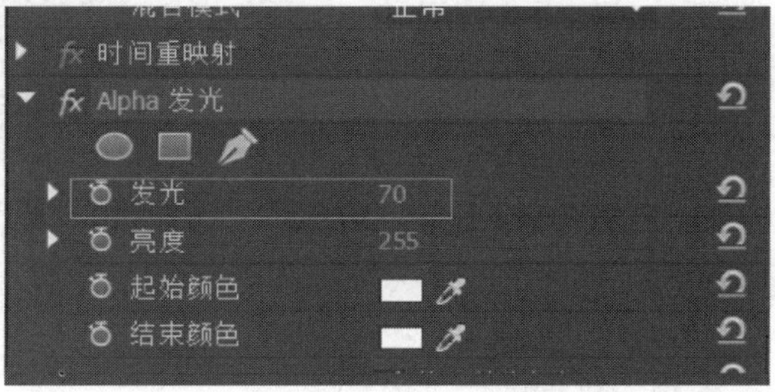

图5-4-27　复制【Alpha发光】属性

(9)选中“辉光效果02.psd”，在【效果控件】中的【运动】下，将时间指针置于0秒位置，单击“位置”前面的码表，打开动画开关，设置该素材“位置”参数为“10, 160”；将时间指针置于3秒13帧，将“位置”参数设置为“265,400”;时间指针置于最后一帧位置，“位置”参数设为“85, 660”。将时间指针置于0秒，单击“不透明度”前面的码表，打开动画开关，设置“不透明度”参数值为0；时间指针置于2秒13帧，设置“不透明度”参数为100，如图5-4-28。

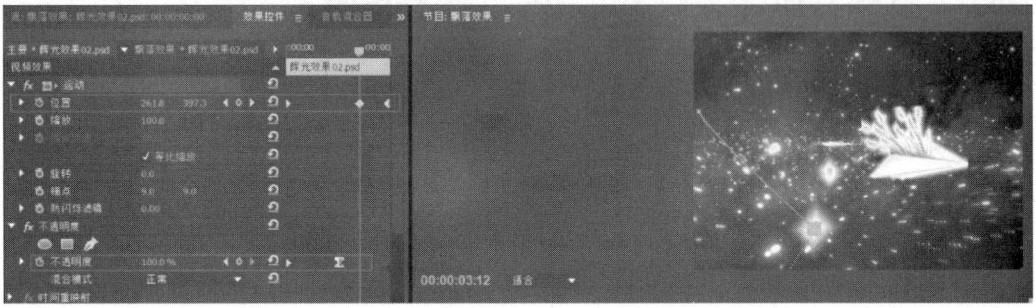

图5-4-28　为素材添加运动效果

(10)用同样的方法给“辉光效果03.psd”和“辉光效果04.psd”添加特效和运动路径，做出飘落的花瓣的效果，如图5-4-29。

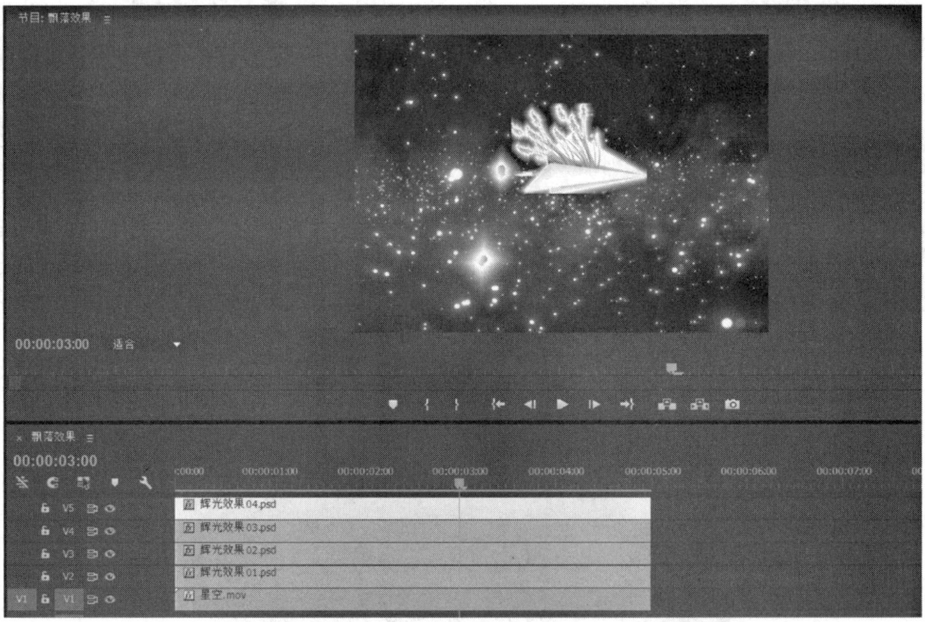

图5-4-29　播放预览视频效果

五、视频综合运动效果

实践目标：(1)掌握视频关键帧的添加方法。

(2)掌握视频综合运动效果的添加方法。

实践内容：通过关键帧的设置及嵌套序列，调整视频的运动效果，以增强影像艺术感染力。

实践工作流程：

(1)新建一个名为“运动效果”的项目文件，选择主菜单【文件】/【新建】/【序列】命令，在弹出的对话框中展开“HDV”选择“HDV720p25”并设置序列名为“运动效果”，双击“案例\素材\第五章 运动效果\视频综合运动效果”文件夹，导入素材“棒球1.mp4”“背景音乐.mp3”，并将“棒球1.mp4”拖至视频1轨道中，点击素材右键【取消链接】，删除音频，如图5-4-30和图5-4-31。

图5-4-30　新建序列对话框

图5-4-31　删除素材的音频文件

(2)在【时间线】面板上选中素材，点击【效果控件】，展开【时间重映射】下的“速度”，并激活“速度”码表，在13秒17帧、19秒20帧处设置关键帧，将第一个关键帧之前的素材、第二个关键帧之后素材的速率调至100%，如图5-4-32。

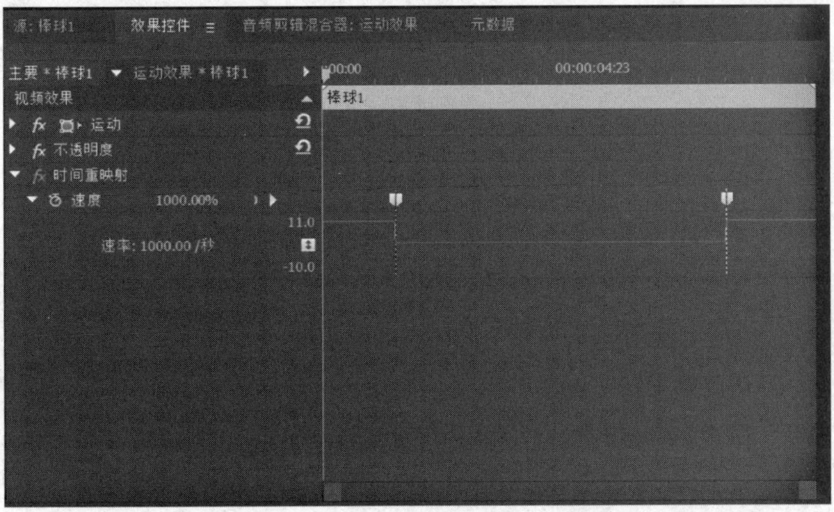

图5-4-32　拖动“速度”数值线改变速率

(3) 点击“棒球1.mp4”素材右键，选择【嵌套】，将更改的【时间重映射】特效与“棒球1.mp4”素材嵌套为一个全新的序列——“嵌套序列”，如图5-4-33和图5-4-34。

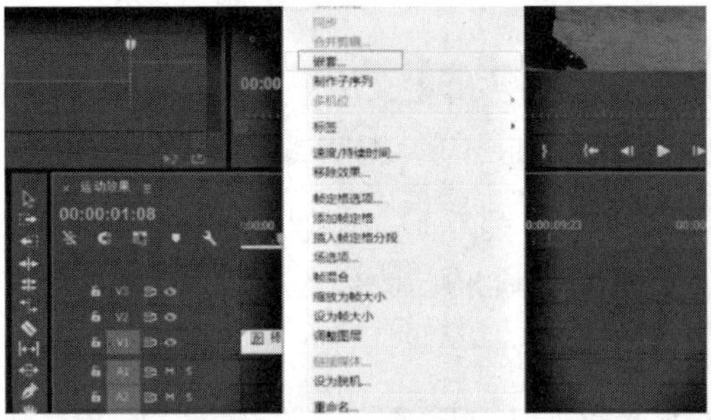

图5-4-33　嵌套序列命令

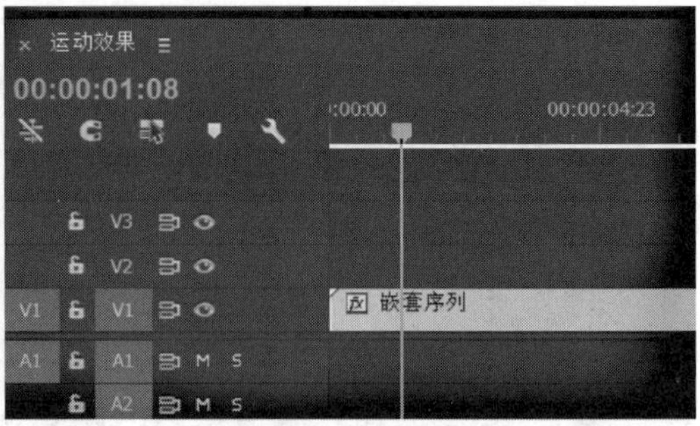

图5-4-34　嵌套序列的显示形式

提示：给素材添加完【时间重映射】特效之后，原来的时间线被重新定义，在旧的时间线上添加特效，会出现“新”的时间与原素材的时间不对位的情况，因此，应将【时间重映射】特效与原素材进行【嵌套】，再添加其他特效。

(4) 选中“嵌套序列”，激活【效果控件】面板，点击【运动】窗口的下拉菜单，打开“缩放”前的时间码表，在第4秒9帧、6秒12帧处设置关键帧，将视频放大为155%，如图5-4-35。

图5-4-35　为素材添加缩放动画效果

(5) 打开“旋转”前的时间码表，同样在第4秒9帧、6秒12帧处设置关键帧，将“旋转”参数设置为20°，如图5-4-36。

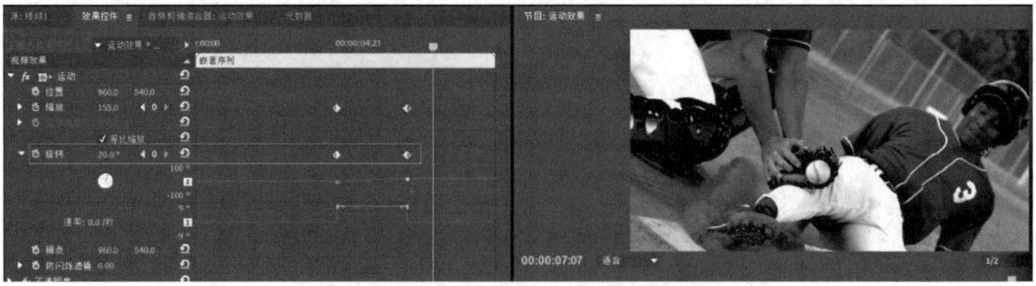

图5-4-36　为素材添加旋转动画效果

(6) 回到【时间线】面板，并将“背景音乐”拖至时间线，播放预览视频效果，如图5-4-37和5-4-38。

图5-4-37　播放预览视频效果

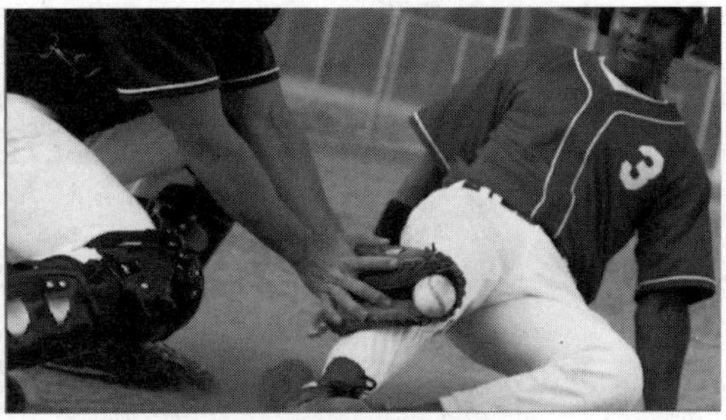

图5-4-38　播放预览视频效果

第六章　Adobe Premiere Pro视频过渡效果

在影视作品中，两个以上连续镜头就构成了镜头的切换，也就是转场。转场分为硬切和软切。镜头之间直接的衔接切换称为硬切。硬切直接将两个素材的首尾相连。在两个素材片段之间的剪辑点上应用特殊效果的技巧性转场称为软切。软切可以让衔接更自然，或者增强影视作品的艺术感染力。本章讲解的视频过渡指的就是后者。视觉表现为在前一个素材逐渐消失的过程中，后一个素材逐渐出现、随时间渐变的过程，比如淡入淡出、叠画、卷页等。转场过渡的效果插入到两段素材中间，通过前一个素材的出点附近及下一个素材的入点附近的内容交接完成画面的过渡，所以，两段素材必然有交叠的部分，专业名词叫额外帧。额外帧可以作为转场的过渡帧。所以，转场效果也可以叫做过渡效果。添加过渡效果起到了用简单的技术手段丰富视频制作的作用。

第一节　添加视频过渡效果

视频过渡一般是画面的混合效果，这种混合效果需要使用一个或者两个片段，构成视频过渡的部分是前后两个片段的余量部分，如图6-1-1。

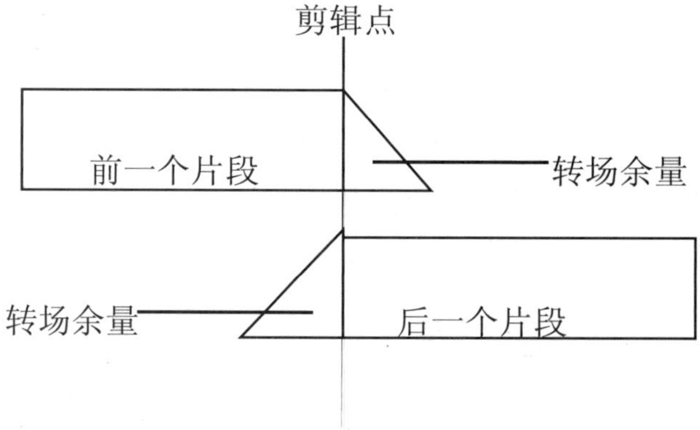

图6-1-1　添加转场的工作原理

在Adobe Premiere Pro中，所有的转场过渡效果用【视频过渡】效果来添加。单击菜单栏【窗口】/【效果】，调出【效果】面板，在【效果】面板中，可以看到详细分类的文件夹，过渡转场效果存放在【视频过渡】和【音频过渡】两个文件夹中，单击每一个扩展标志，就可以展开一组过渡效果。Adobe Premiere Pro提供了几十种典型的过渡效果，并对它们进行了分类，如图6-1-2。

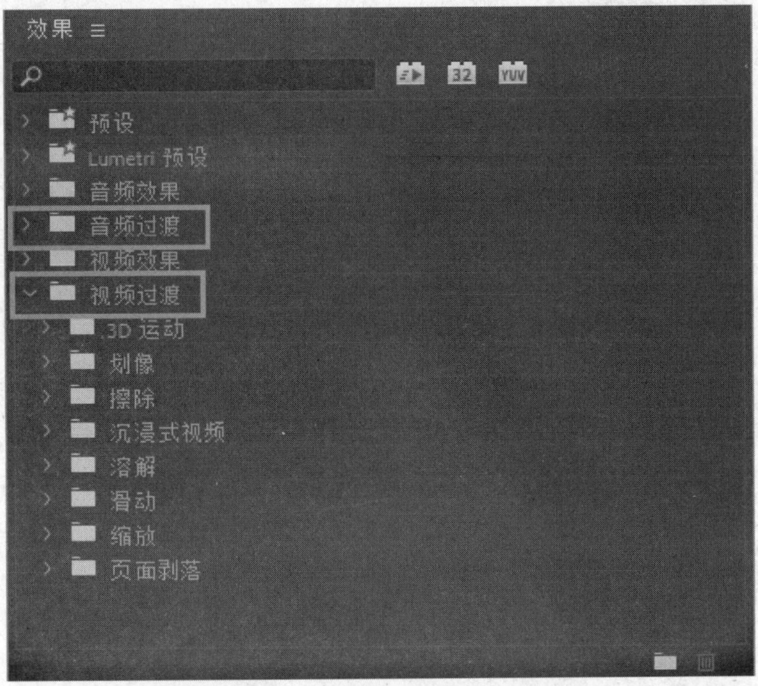

图6-1-2 【效果面板】中的过渡效果

应用过渡效果时，在时间线中，先把两段视频素材放置在同一个轨道中，然后在效果面板中，将选定的效果拖到时间线中两段素材的交界处，当鼠标变成如图6-1-3的形状时，松开鼠标，过渡效果就应用到了该轨道中。应用过渡效果以后，可以在监视器窗口中预览应用效果，如图6-1-4。

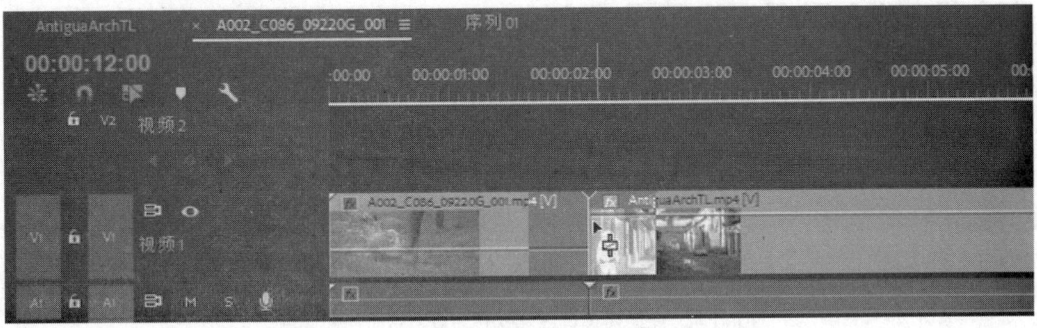

图6-1-3 添加过渡效果

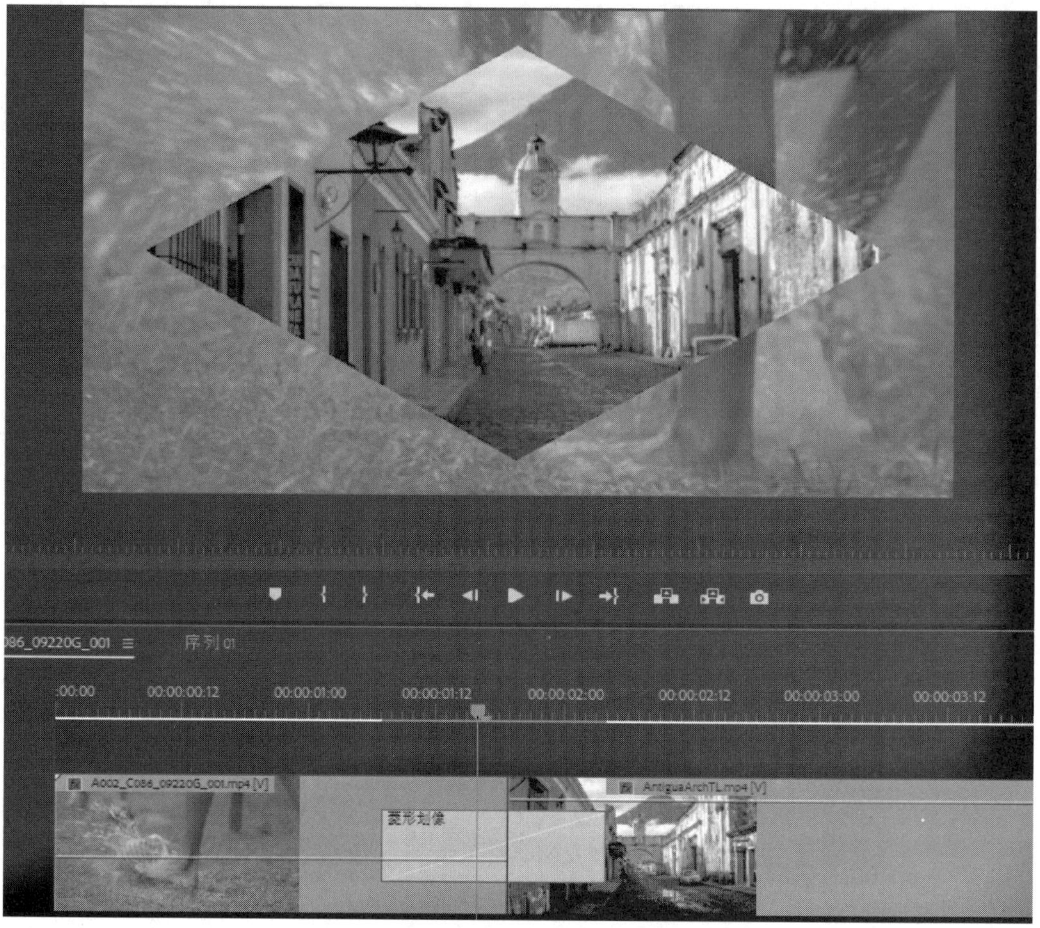

图6-1-4　应用过渡效果后的画面转场效果

在时间线面板中，两个剪辑片段相接的位置出现的灰色片段即是添加的视频过渡效果，直接拖动转场片段的边缘可以调整转场的持续时间，如图6-1-5，还可以选中转场片段，在【效果控件】面板中打开，进一步调整过渡效果的其他参数，如图6-1-6。

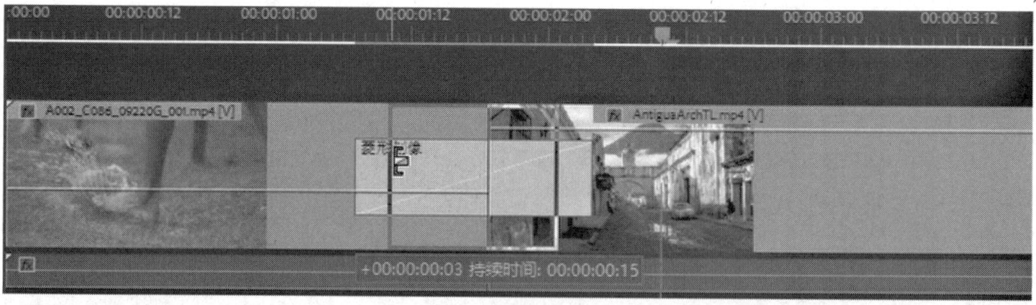

图6-1-5　时间线内拖动转场片段修改持续时间长度

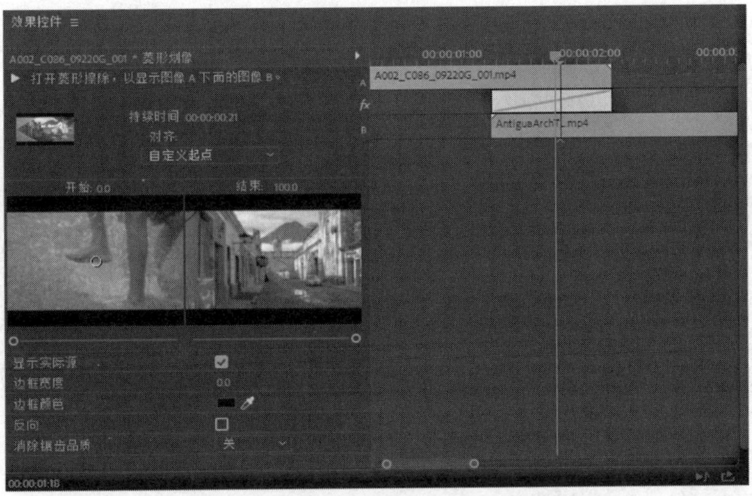

图6-1-6 【效果控件】面板里调整过渡效果的参数

⚠注意：视频过渡效果可以放置在任何一个剪辑点。也就是说，既可以放置在两个剪辑片段相接的位置，也可以放置在任何一个剪辑片段的入点或者出点的位置。

第二节 常用的视频过渡特技

根据节目的内容和题材的不同，合理巧妙地应用转场手法，可以使整个影视作品风格一致，浑然一体。下面我们介绍几种常用的过渡转场效果。

一、淡出、淡入

淡出、淡入常用来表示时间的流逝、时代的变迁，多用在片头、片尾或段落之间。可单独应用，也可成对使用，呈“V”字形。淡出、淡入也有快慢、长短之分，淡出、淡入画面长度的时值，不宜过长也不宜过短，要根据影视作品的整体风格、情绪和节奏的要求确定一个合适的淡入、淡出效果的长度。

淡入、淡出效果可以用【视频过渡】文件夹下的【渐隐为黑色】来实现。淡入、淡出效果是分别往一个片段的入点和出点位置拖拽过渡效果，如图6–2–1。

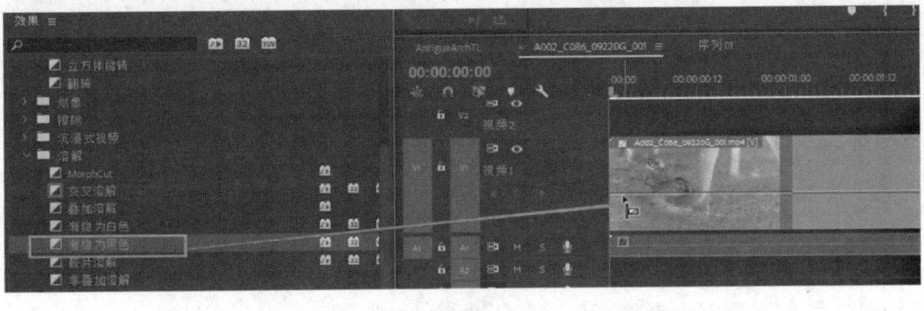

图6-2-1 添加“渐隐为黑色”至剪辑点

在片段入点和出点位置分别应用【渐隐为黑色】效果后，画面会呈现逐渐显现到逐渐隐黑的转场效果，如图6–2–2。

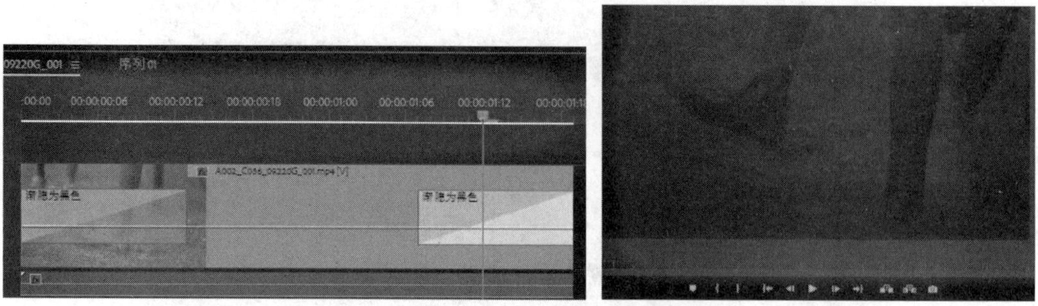

图6–2–2　淡入、淡出效果

二、交叉溶解

交叉溶解可以表现动作、情节、过程的省略，使画面过渡、融合自然，常用于综艺节目、电视专题片等影视节目中。交叉溶解的作用有:(1)用来表示时空的转换，既简化了时空转换过程，又避免了切换的跳跃感。(2)用于表示梦幻、想象、回忆等插叙、回叙场合，俗称“化出”与“化入”；也可以表示景物变幻莫测、琳琅满目、目不暇接。(3)用一组镜头的连续叠化来营造节目的氛围、深化情绪。(4)在特殊情况下，如果两个画面之间的组接跳跃的情况，“叠化”可以保证镜头转场的顺畅、光滑，如图6–2–3。

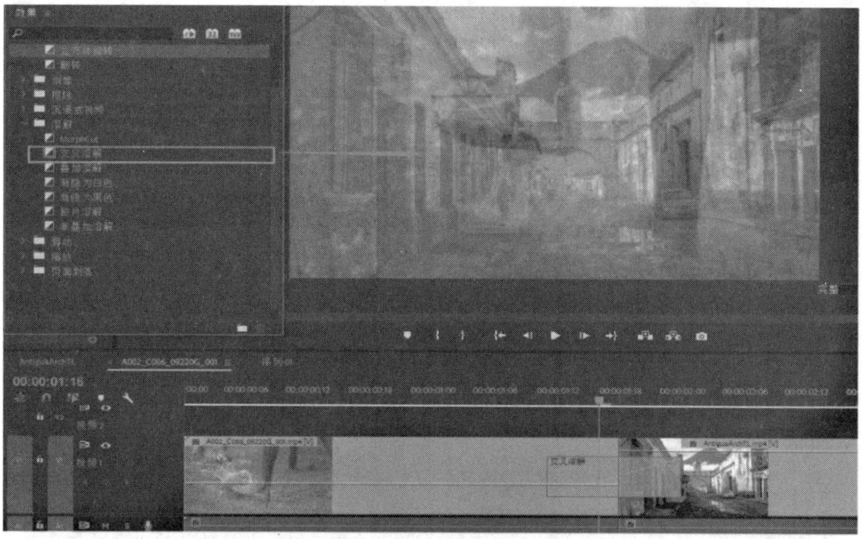

图6–2–3　“叠化”效果

一般，交叉溶解的时间取决于节目的内容、形式以及节奏等。

三、划像、滑动

“划”可以用来制造地点、空间、场合改变的效果。前后两段在内容上属于同时异地或者平行发展的事件，我们常采用“划”来转场。划像一般用于两个内容意义差别较大的段落的转换，特别是在影视剧中，为了表现同一时间发生在不同空间的事件时，往往会用到划入、划出的技巧(图6–2–4)；电视新闻节目片尾有时也用“划”的技巧来分割字幕与影像，以加快节奏还不损失信息量；专题片中人物介绍有时也用“划”的技巧来分割画面，例如，画面一侧是画面的主体人物，另一侧则是对主体的文字介绍。

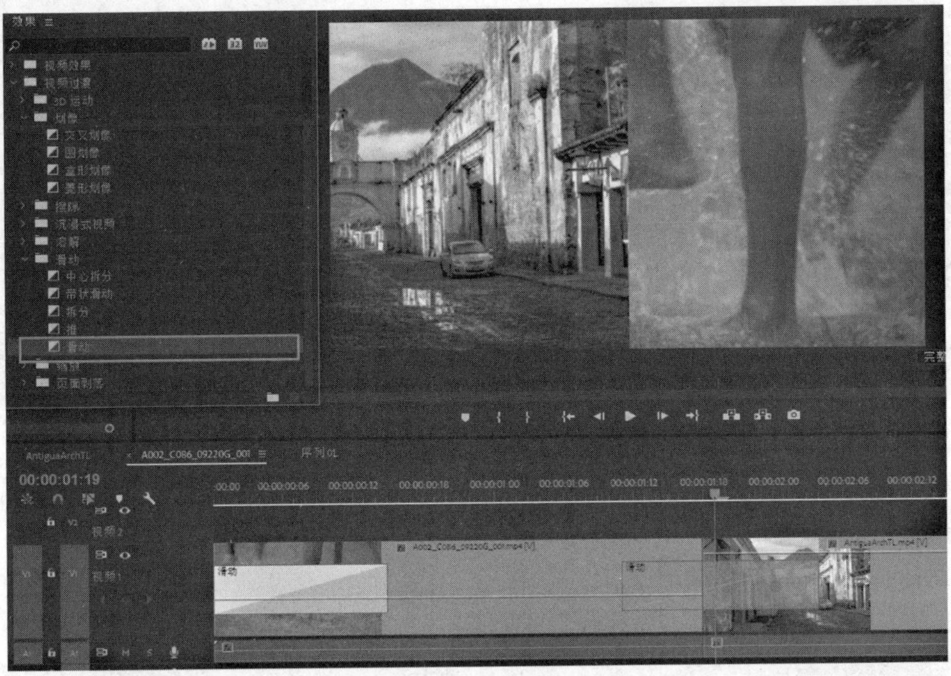

图6-2-4　“滑动”效果

除此之外，Adobe Premiere Pro还提供了其他特技转换效果，我们可以根据节目创作的实际需求适当地选用相应的过渡特技，以丰富画面的视觉效果，但绝不可无目的地滥用以至哗众取宠。

第三节　实训：视频过渡的具体应用

一、交叉溶解

实践目标：(1)掌握视频过渡效果的使用方法。

(2)掌握交叉叠化的视频效果。

实践内容：制作“交叉溶解”的过渡效果。

实践工作流程：

(1)新建一个名为“交叉溶解”的项目文件，选择主菜单【文件】/【新建】/【序列】命令，在弹出的对话框中展开“HDV”选择“HDV720p25”并设置序列名为“交叉溶解”，双击“案例\素材\第六章 视频过渡效果\交叉叠化”文件夹，导入“沙滩01.mp4”“沙滩02.mp4”“沙滩03.mp4”视频素材，如图6-3-1和图6-3-2。

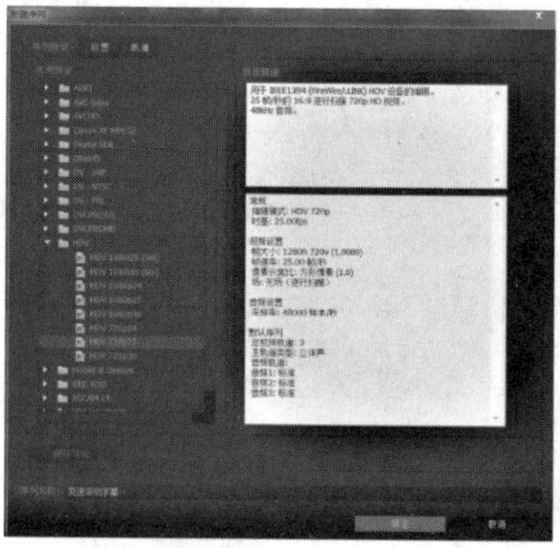

图6-3-1 新建序列对话框

图6-3-2 将素材导入【项目】面板

(2)双击【项目】窗口中的素材“沙滩01.mp4”，在【源】监视器中打开，播放预览源素材，在距离素材结束前10帧处停止播放，单击控制按钮区中的【设置出点】(快捷键O)，拖至时间线视频1轨道，如图6-3-3。

图6-3-3 为素材设置出点

(3) 双击【 项目窗口 】中“沙滩02.mp4”，在【 源 】监视器中打开，播放预览源素材，在素材开始播放后15帧处停止播放，单击控制按钮区中的【 设置入点 】(快捷键I)，在距离素材结束前10帧处停止播放，单击控制按钮区中的【 设置出点 】，拖至时间线视频1轨道，且入点与前一个片段的出点对齐，以同样的方式设置素材“沙滩03.mp4”的入点，拖至视频1轨道，如图6-3-4。

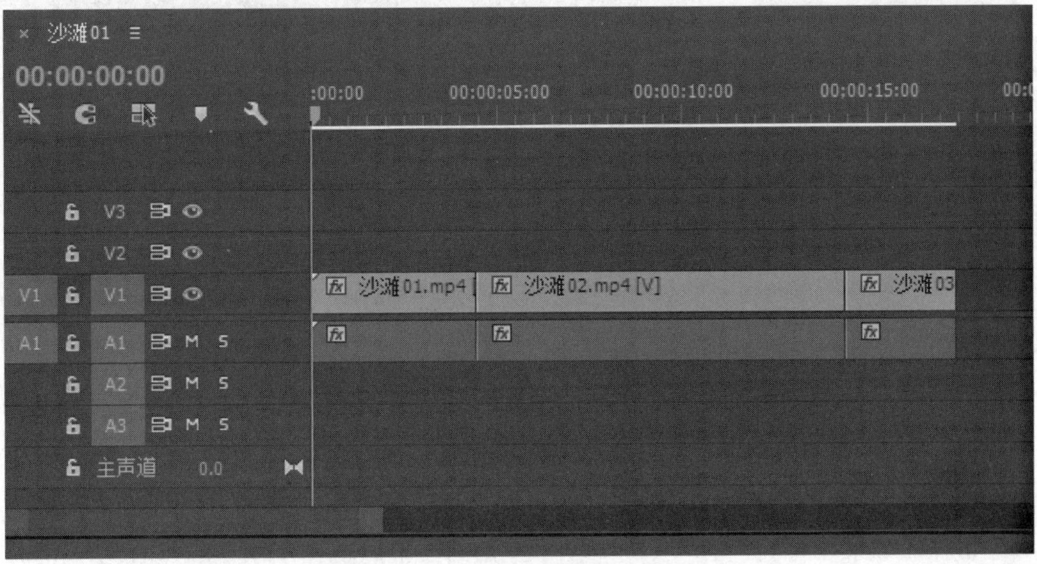

图6-3-4　将剪辑好的素材拖至时间线

提示：之所以分别对素材进行了画面的截取，是因为如果在素材中间添加转场，必须要求两段素材之间有素材余量，否则没有足够的额外帧去完成过渡效果。

(4) 在【 效果 】面板中，找到【 视频过渡 】，打开其拓展按钮，找到【 溶解 】文件夹，找到【 交叉溶解 】转场效果，用鼠标左键拖至时间指针停放的位置，可以看到在第一段和第二段素材之间添加了一个切换效果，预览切换效果，两段素材在第二段素材逐渐叠加后完成过渡，如图6-3-5和图6-3-6。

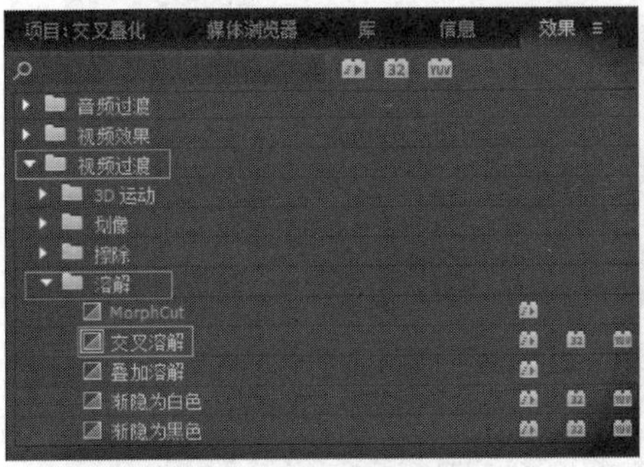

图6-3-5　【效果】面板

图6-3-6　交叉溶解效果

(5) 双击【交叉溶解】切换名称，打开【效果控件】窗口，可以看到这个切换的相关信息。勾选“显示实际来源”后面的复选框，可以显示当前素材的实际图像，如图6-3-7。

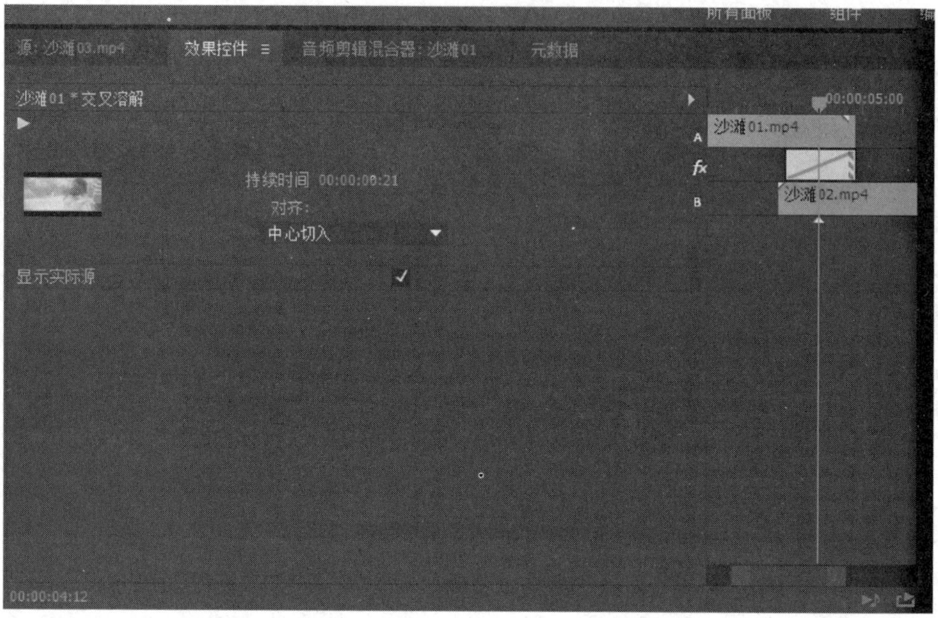

图6-3-7 【效果控件】面板对于交叉溶解的参数调整

(6) 在【效果控制】面板中，可以单击右上角的按钮来显示这两段素材和其切换的时间线轴。在“持续时间”后面的文本框中，可以更改切换的时长，在【对齐】后面的下拉菜单中可以选择切换过渡效果的对齐方式，如图6-3-8。

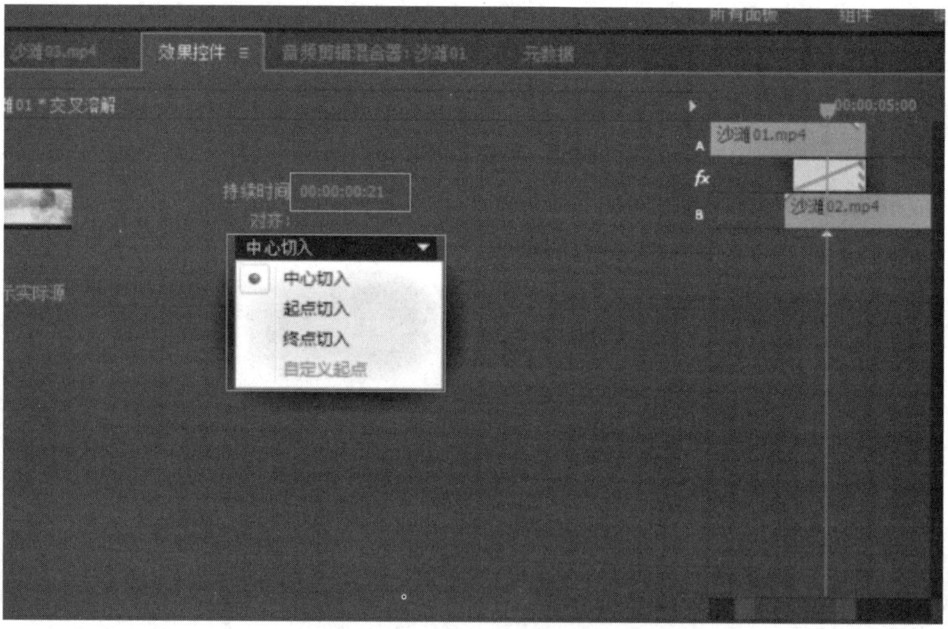

图6-3-8 调整交叉溶解的参数

(7)将时间指针置于素材“沙滩02.mp4”和“沙滩03.mp4”的连接处，或者按键盘上的“Page Down”跳转到下一个编辑点，同样添加【交叉叠化】，播放预览，如图6-3-9。

图6-3-9 播放预览视频效果

二、卷轴画效果

实践目标：(1)掌握视频过渡效果的使用方法。

(2)掌握颜色遮罩的使用方法。

实践内容：本实例使用切换效果来展示一幅画，使用切换效果使画面有慢慢展开的效果，可以使用切换的持续时间来控制画幅展开的速度，并且使用【颜色遮罩】来制作卷轴动画的效果。

实践工作流程：

(1)新建一个名为“卷轴画”的项目文件，选择国内电视制式通用的DV-PAL下的标准 48KHz。双击“案例\素材\第六章 视频过渡效果\卷轴画”文件夹，导入素材“清明上河图.jpg”，并拖至时间线，拖动素材的出点至第5秒，如图6-3-10和图6-3-11。

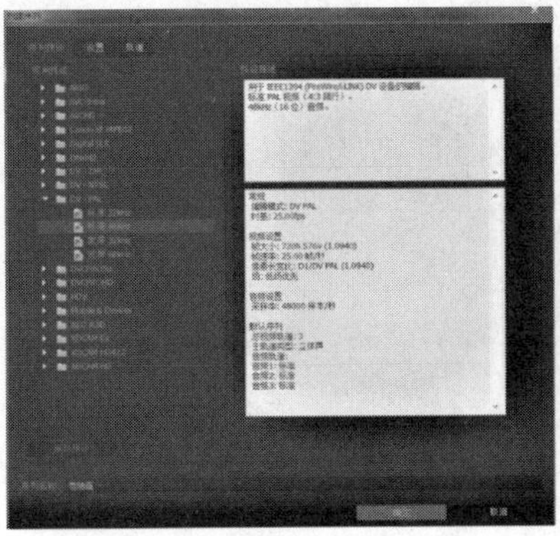

图6-3-10 新建序列对话框

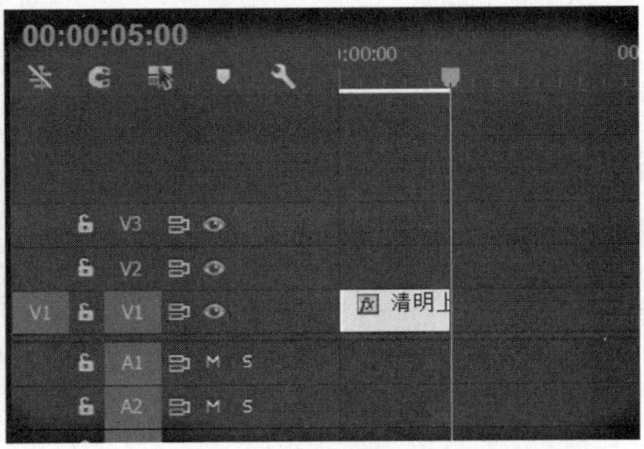

图6-3-11 将素材拖至【时间线】面板

(2) 因为素材的画幅比例与序列设置不一样，所以在节目监视器中只显示了部分，在时间线中"清明上河图.jpg"上点击右键，选择【适配为当前画面大小】，如图6–3–12。

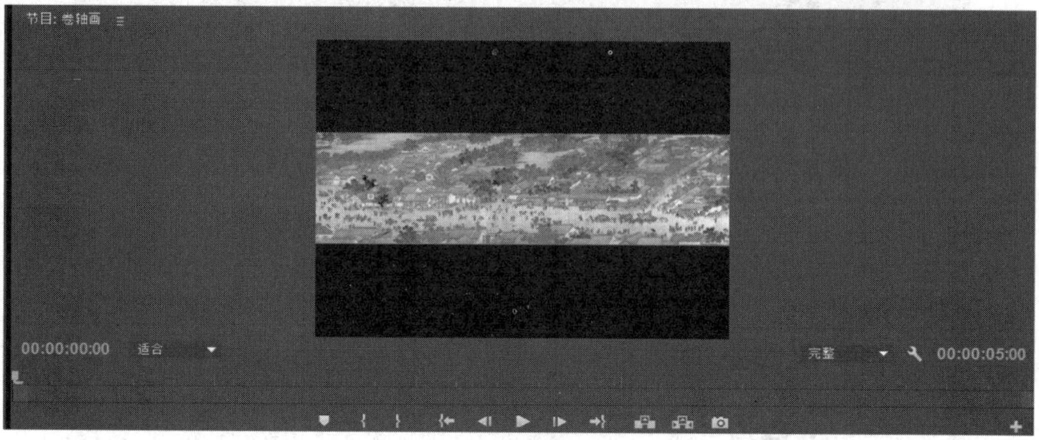

图6–3–12　调整素材大小

(3) 在【效果】窗口中，选择【视频过渡】效果下的【擦除】/【划出】，并将其拖至素材入点的位置，可以看到在素材的入点位置创建了一个"划出"的过渡效果，如图6–3–13和图6–3–14。

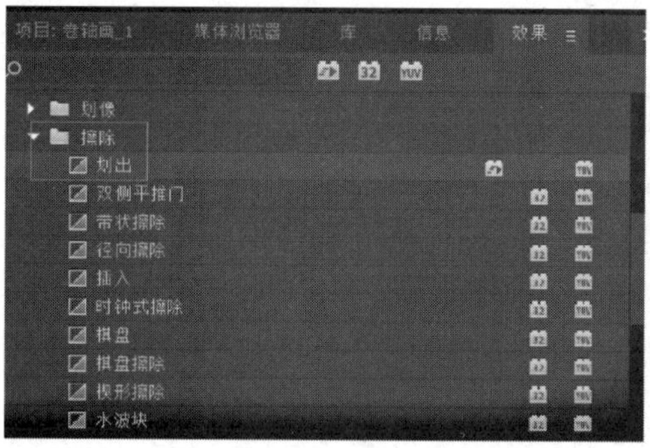

图6–3–13　【效果面板】

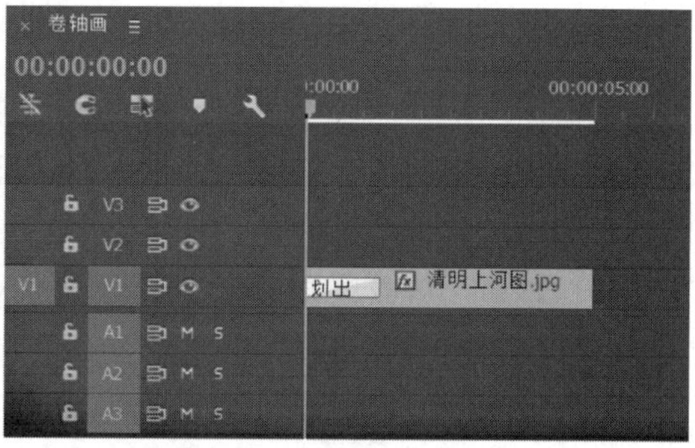

图6–3–14　添加划出效果

(4) 双击效果，打开【效果控件】，将过渡的"持续时间"改为5秒钟，预览效果，可以看到图片像画卷一样慢慢展开，如图6–3–15。

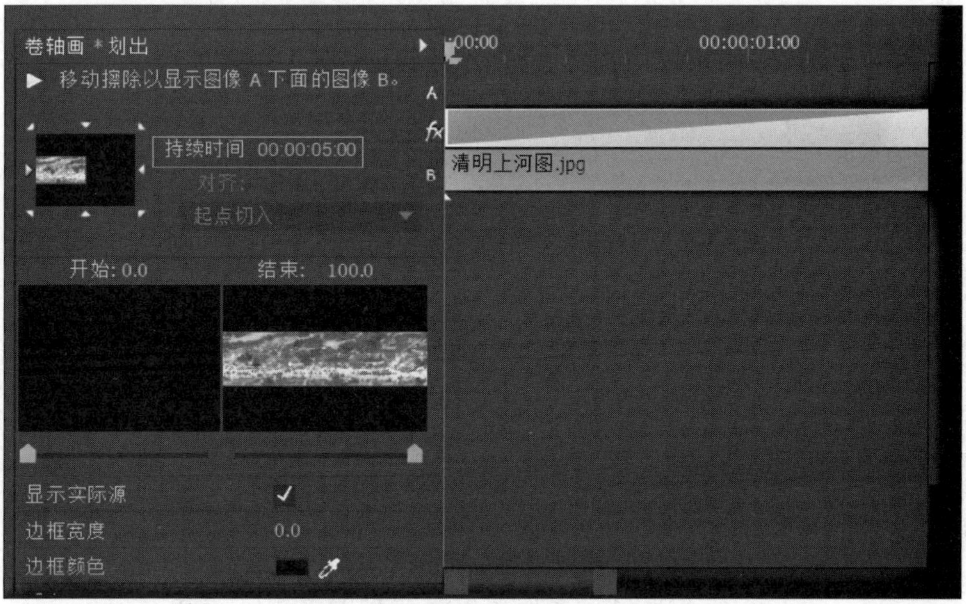

图6-3-15 【效果控件】面板调整过渡效果的参数

(5) 在项目窗口中，单击【新建项】按钮，选择【颜色遮罩】，在弹出的对话框中设置颜色为棕色，RGB值分别为“77, 60, 2”，并将其命名为“棕色遮罩”，如图6-3-16和图6-3-17。

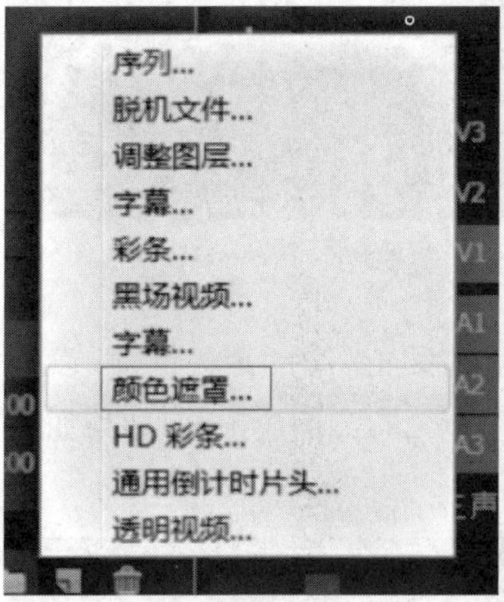

图6-3-16 新建【颜色遮罩】命令

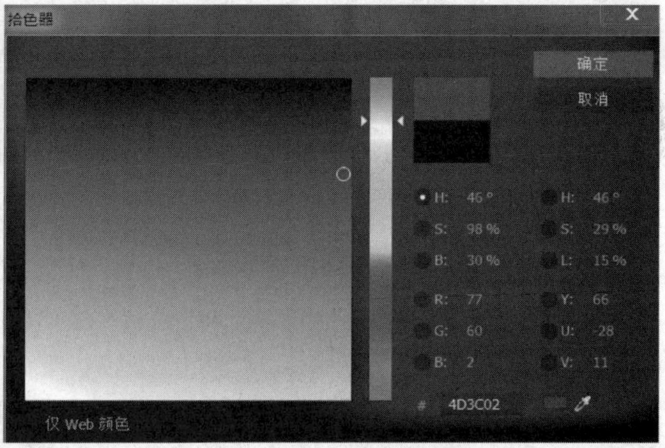

图6-3-17 颜色拾色器

(6) 将“棕色遮罩”从项目窗口拖至时间线轨道2，并且设置二者长度保持一致，如图6-3-18。

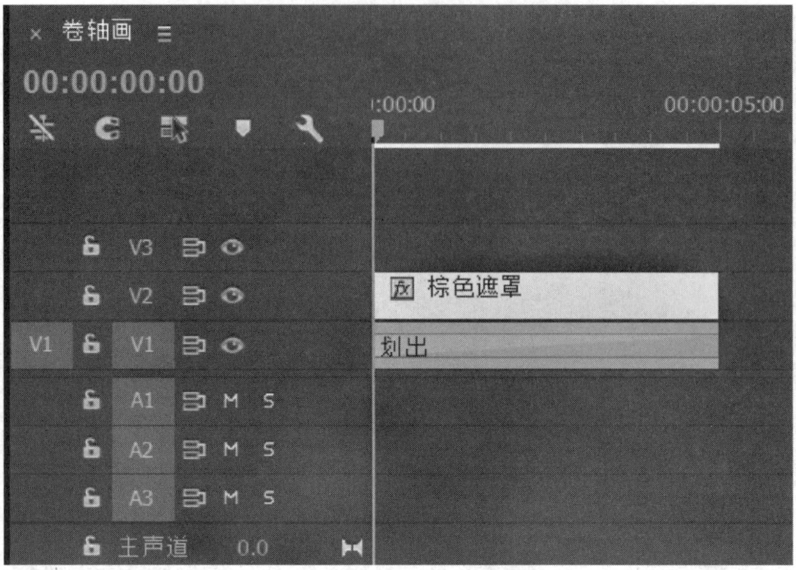

图6-3-18　将“棕色遮罩”拖至时间线

(7)在时间线中选中“棕色遮罩”,打开【效果控件】面板,将“运动”选项下的“等比”前的小方框的勾选去掉,设置高度比例与图片一致,“宽度”比例为3,如图6-3-19。

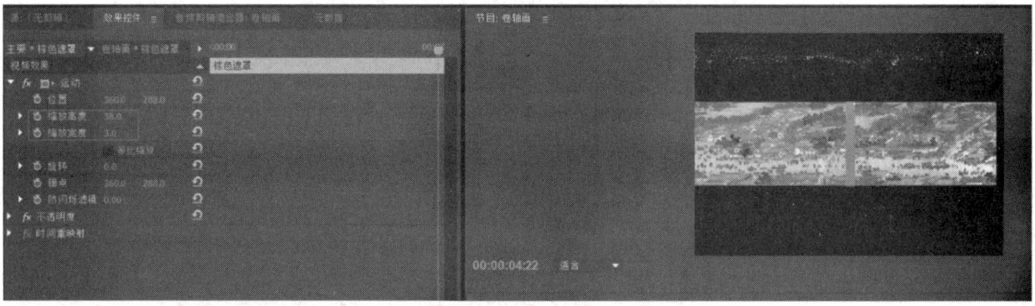

图6-3-19　【效果控件】面板调整“棕色遮罩”运动参数

(8)将时间指针移至0秒位置,打开“位置”前的码表,添加一个动画关键帧,设置为“0, 288”,将时间指针移至5秒处,将“位置”设置为“720, 288”,播放预览,效果如图6-3-20。

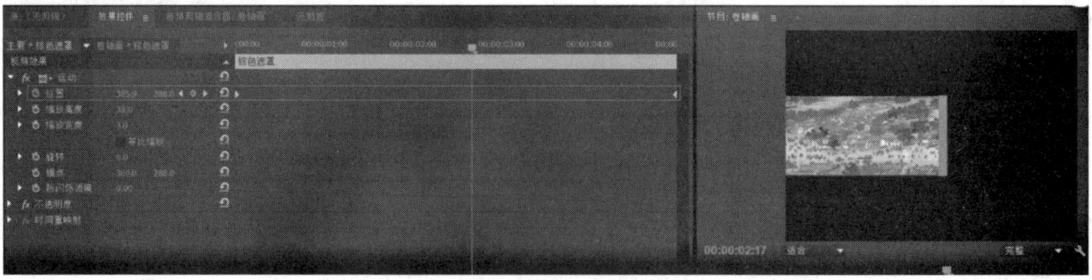

图6-3-20　播放预览视频效果

三、过渡的移动条

实践目标：(1)掌握视频过渡效果的使用方法。

(2)掌握单色遮罩的使用方法。

实践内容：常规的切换是从前一个素材的画面按某一种切换方式进入后一个素材的画面，本实例要用单色遮罩的设置一个切换效果，从而产生一种在素材画面上来回晃动的移动条动画效果。

实践工作流程：

(1)新建一个名为“移动条的切换效果”的项目文件，选择国内电视制式通用的DV-PAL下的标准 48KHz，双击“案例\素材\第六章 视频过渡效果\过渡的移动条”文件夹，导入素材“风景.jpg”，并将其拖至视频1轨道，长度设为5秒，如图6-3-21。

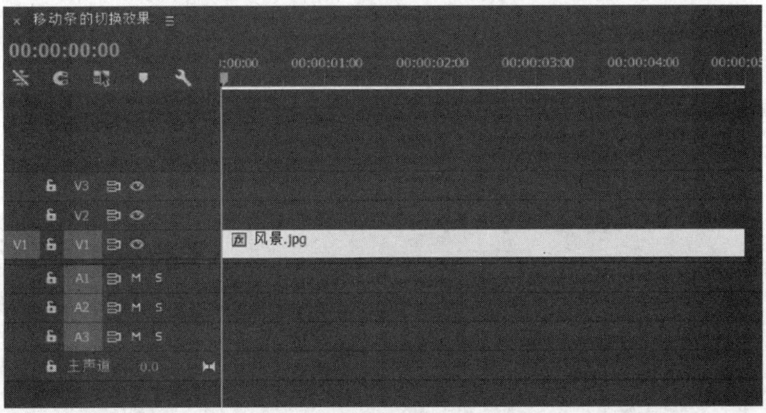

图6-3-21　将素材拖至【时间线】面板

(2)在项目窗口的右下角单击【新建分类】按钮，新建一个【彩色蒙版】，在弹出的【拾色器】中，选择白色，在项目窗口中建立一个“白色遮罩”，如图6-3-22和图6-3-23。

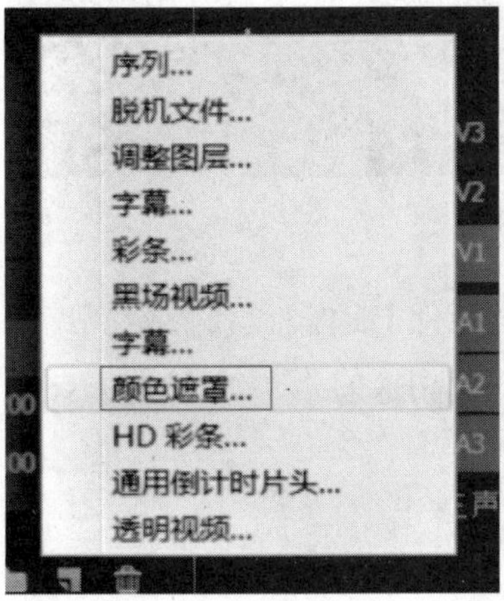

图6-3-22　新建【颜色遮罩】命令

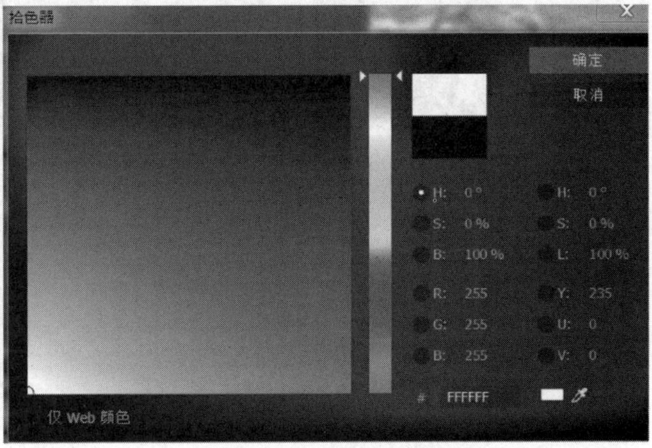

图6-3-23　颜色拾色器

(3)将“白色遮罩”拖至视频2轨道，将其长度设为和图片一致。打开【效果】窗口，选择【视频过渡】效果下的【滑动】/【滑动带】，将其拖至时间线上的“白色遮罩”的入点位置，如图6–3–24。

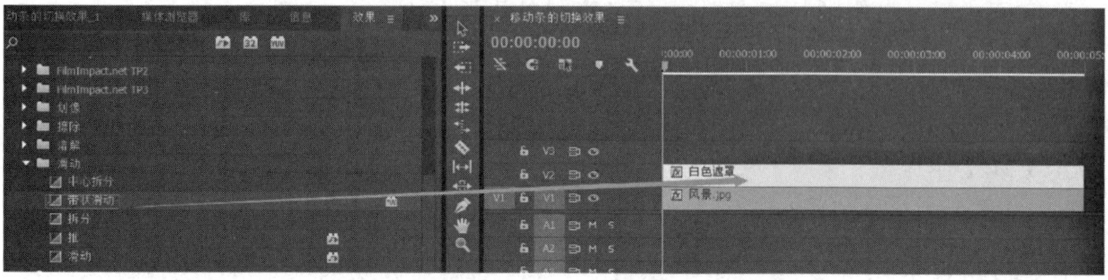

图6-3-24 添加过渡效果

(4)在“白色遮罩”的出点位置，也添加一个相同的切换效果。将两段切换效果的长度拖长，连接在一起，即两段切换在2秒12帧的位置连接在一起，如图6–3–25。

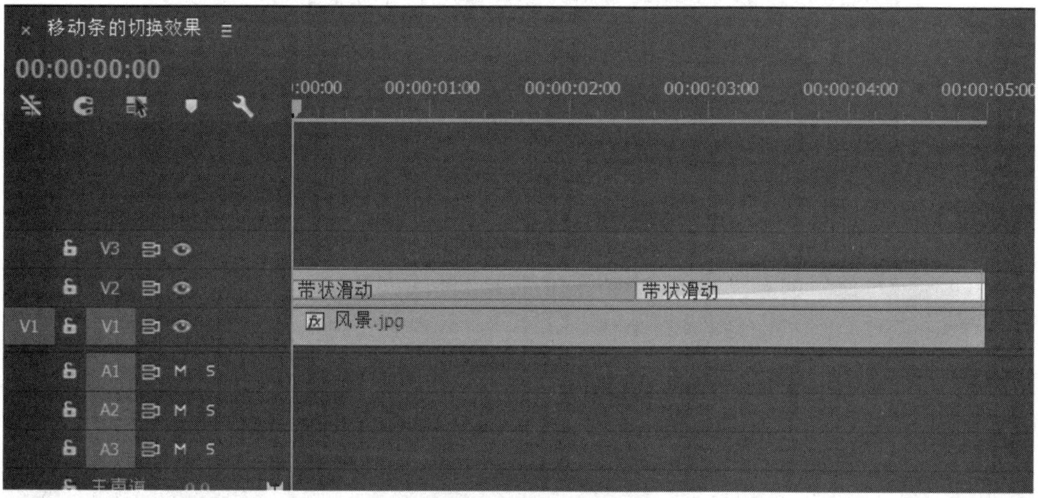

图6-3-25 添加过渡效果

(5)选中前面的切换效果，双击切换效果，打开【特效控件】面板，设置“带状滑动”的参数，将“结束”参数值设为50。以同样的方式将后一个切换的“开始”参数值设为50，并勾选“反向”，反向设置切换动画，如图6–3–26。

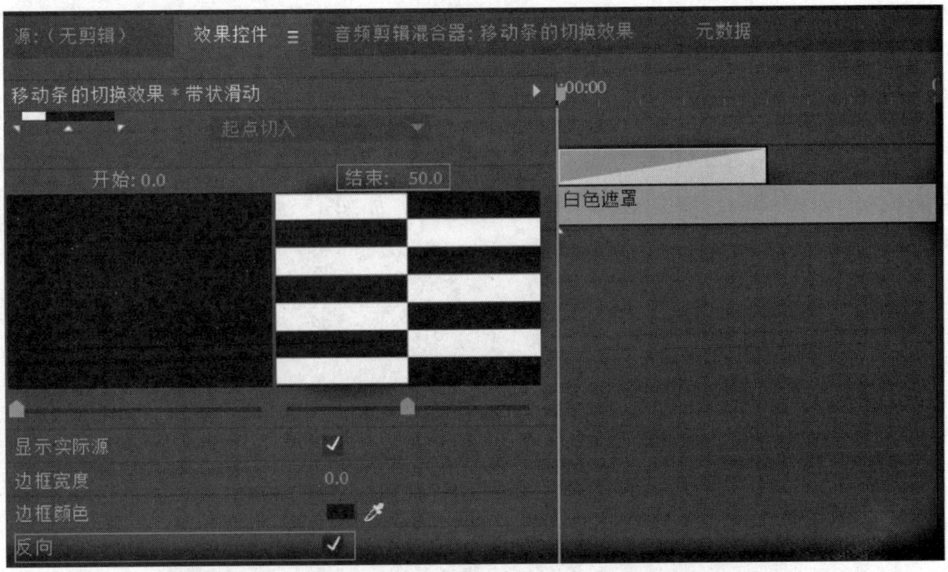

图6-3-26 【效果控件】面板调整过渡效果的参数

(6)选中前面的切换效果，双击添加的过渡效果，在【特效控件】面板中，单击【带状滑动】的“自定义”会弹出【带状滑动设置】窗口，将“带数量”设置为20；以同样的方式为后一个过渡效果设置同样的参数。播放预览效果，如图6-3-27。

图6-3-27 播放预览视频效果

四、闪白效果

实践目标：(1)掌握视频过渡效果的使用方法。

(2)掌握闪白效果的使用方法。

实践内容：本实例通过给画面剪辑点添加转场效果制作“闪白效果”，实现不同画面的动感切换。

实践工作流程：

(1)新建一个名为“闪白效果”的项目文件，选择国内电视制式通用的DV-PAL下的标准 48KHz。通过菜单栏【编辑】/【首选项】/【常规】设置视频切换默认持续时间为25帧，将静帧图像默认持续时间修改为75帧(即3秒)，如图6-3-28。

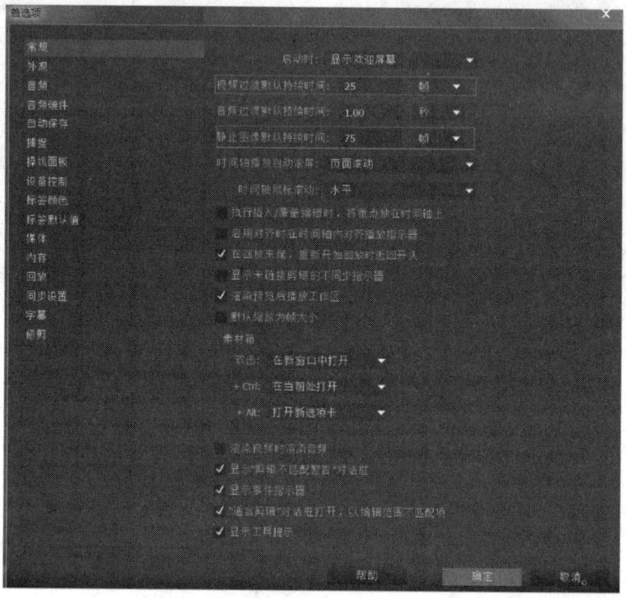

图6-3-28　更改“常规”参数对话框

(2)双击“案例\素材\第六章 视频过渡效果\闪白效果”文件夹，导入素材“jump1.mov”“jump2.mov”“jump4.mov”以及“转场音效.wav”。在项目窗口中将素材“jump1.mov”“jump2.mov”“jump4.mov”全部选中并拖至时间线，如图6-3-29。

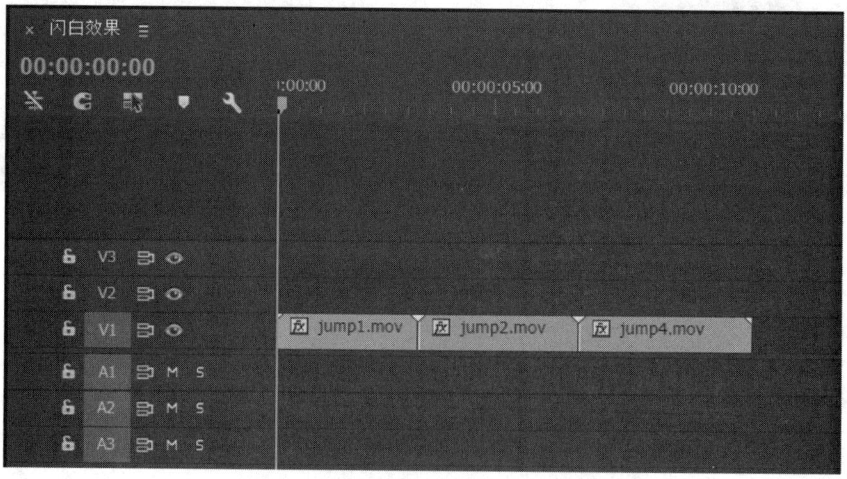

图6-3-29　将素材拖至【时间线】面板

(3) 将这3个视频素材自动匹配到序列时间线中，并适度在各个素材的入点和出点进行部分裁剪，使其有可用于转场的额外帧。在【效果】窗口中，将【视频过渡】下的【溶解】文件夹展开，按住鼠标左键将其中的【渐隐为白色】拖至时间线中的第一段素材和第二段素材之间，然后释放鼠标左键，这样就在两段素材之间就添加了白场过渡切换效果，播放预览效果，就可以看到这两段素材之间有一个白闪的切换效果，如图6-3-30。

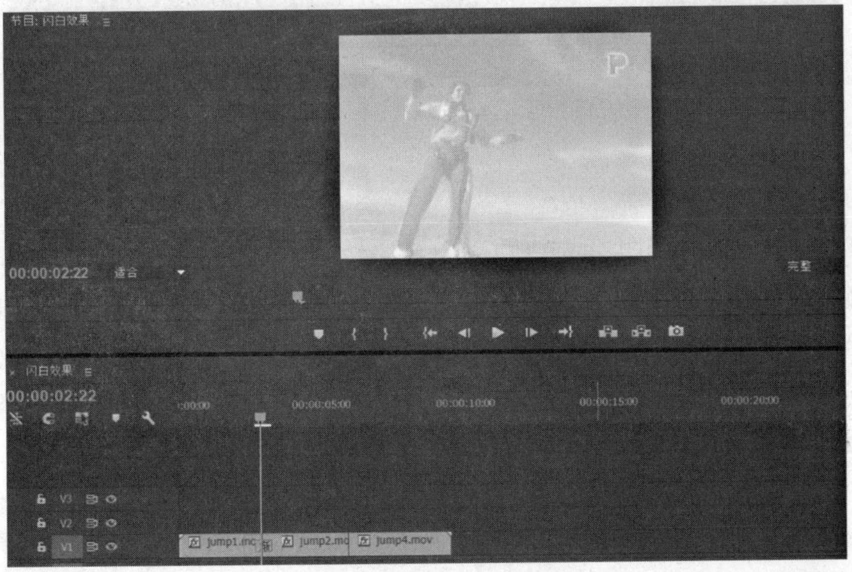

图6-3-30　添加过渡效果

(4) 用同样的方式将【渐隐为白色】切换效果拖至后两段素材之间，为相邻的素材片段添加白闪效果，如图6-3-31。

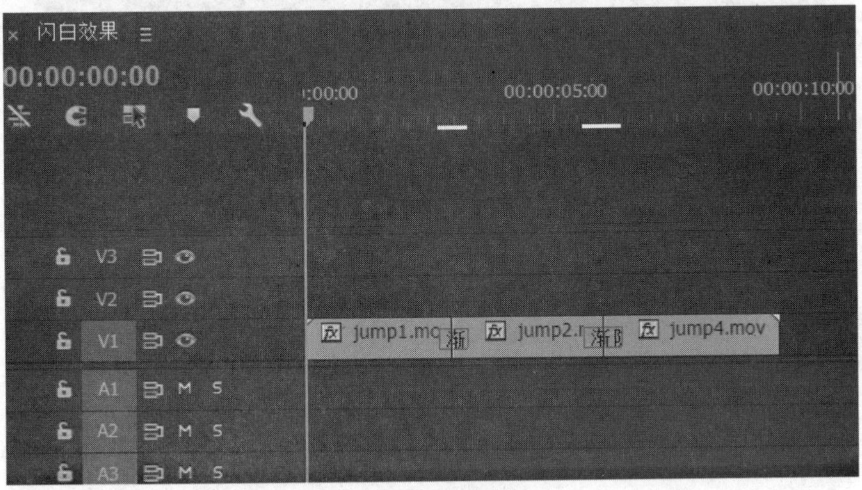

图6-3-31　添加过渡效果

(5) 将“转场音效.wav”拖至时间线音频1轨道，在白闪的位置添加声效，并进行适度的裁切，使声效与转场画面相匹配，实现声画统一的效果，如图6-3-32。

图6-3-32　为素材添加转出音效

五、自定义转场

实践目标：掌握使用图片或其他方式自定义转场方式。

实践内容：渐变擦除转场是一种动态的蒙版，使用一张图片作为辅助，通过计算图片的色阶，自动生成渐变擦除的动态转场效果。本案例通过添加渐变擦除转场设置辅助图片，实现自定义转场效果。

实践工作流程：

(1)新建一个名为“自定义转场”的项目文件，选择国内电视制式通用的DV-PAL下的标准 48KHz。双击“案例\素材\第六章 视频过渡效果\自定义转场”文件夹，导入4个图片素材。在项目窗口选中这4个图片素材，将其一并拖至时间线视频1轨道，如图6-3-33。

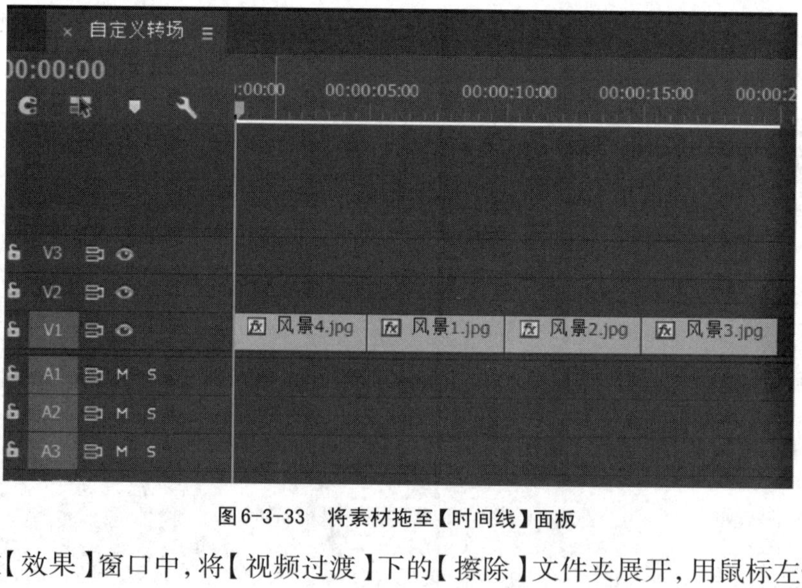

图6-3-33　将素材拖至【时间线】面板

(2)在【效果】窗口中，将【视频过渡】下的【擦除】文件夹展开，用鼠标左键将其中的【渐变擦除】拖至时间线中第一段素材和第二段素材之间，然后释放鼠标左键，这时会弹出渐变擦除设置对话框，单击“选择图像”按钮，可以在素材内选择一个灰度图片作为渐变转场蒙版。选择“灰度图A”，单击确定按钮，如图6-3-34。

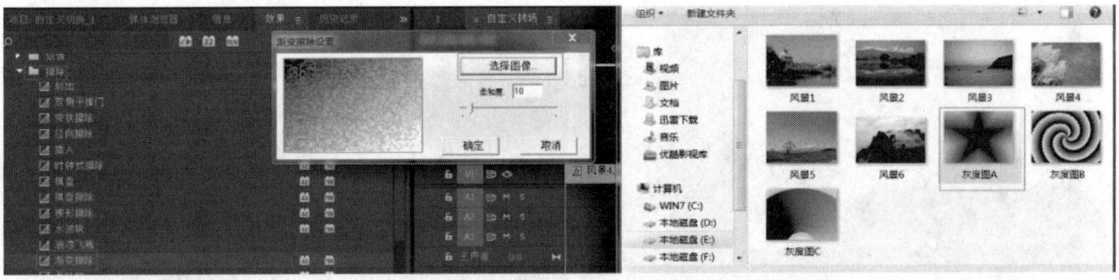

图6-3-34 【效果控件】面板调整过渡效果的参数

(3)播放预览。两个图片按照选择的图片样式实现擦除切换效果，如图6-3-35和图6-3-36。

图6-3-35 播放预览视频效果

图6-3-36 播放预览视频效果

(4)在时间线中双击【渐变擦除】切换，在效果控制面板中单击自定义按钮，在打开的【渐变擦除】/【自定义】窗口中，将默认的“柔和度”改为0。在预览效果中可以看到切换图形的边缘随着柔化值的减小由模糊变清晰，如图6-3-37和图6-3-38。

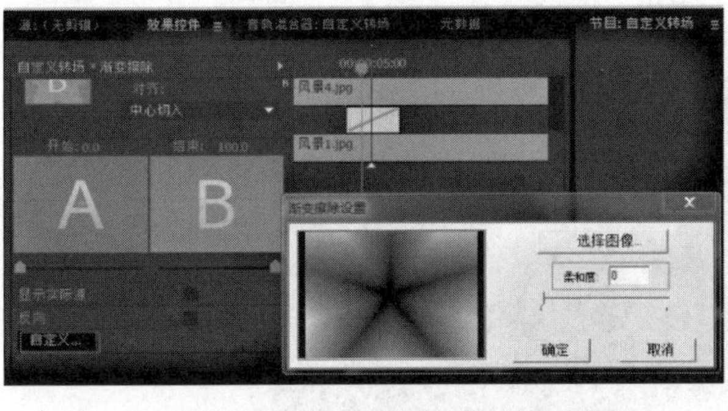

图6-3-37 【效果控件】面板调整过渡效果的参数

图6-3-38 播放预览视频效果

(5)以同样的方式在其他两个素材之间添加【渐变擦除】切换效果，选择灰度图B和灰度图C来变换不同的切换图形，如图6-3-39和图6-3-40。

提示：使用渐变擦除自定义切换时，需要准备好适合的切换参照图片。另外，对于相同的参照图片，不同的参数设置也会带来不一样的切换效果。

图 6-3-39　播放预览视频效果

图 6-3-40　播放预览视频效果

六、多层转场效果

实践目标：实现在一个画面中添加多种转场方式。

实践内容：前面的切换效果均是两段素材或单独一段素材之间的切换或划像效果，如果多个切换同时出现在一个画面上，会有更绚丽的效果，本案例通过添加转场效果制作多层转场画面。

实践工作流程：

(1) 新建一个名为“多层转场效果”的项目文件，选择国内电视制式通用的DV-PAL下的标准 48KHz。

(2) 选择菜单【编辑】/【首选项】/【常规】，打开参数设置对话框，修改视频切换默认持续时间为25帧(1秒)，将静帧图像默认持续时间为50帧(2秒)，单击确定按钮，如图6-3-41。

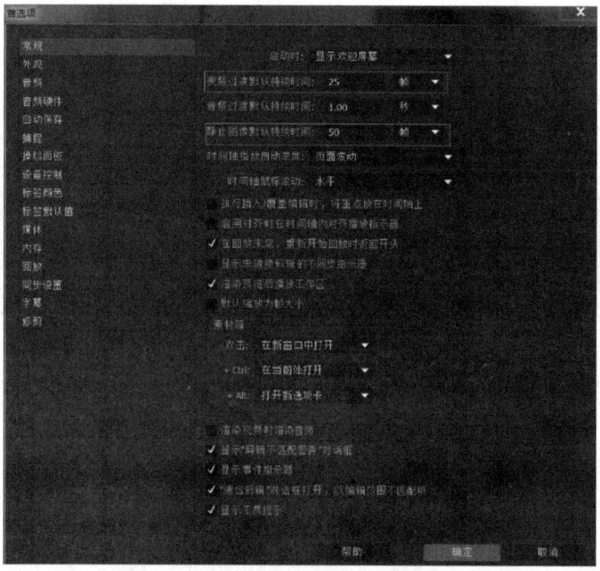

图 6-3-41　更改“常规”参数对话框

(3) 双击 “案例\素材\第六章 视频过渡效果\多层转场效果” 文件夹，导入素材 “01.bmp” 至 “10.bmp”，可以看到这些素材的长度为2秒，如图6-3-42。

图6-3-42　将素材导入【项目】面板

(4) 在项目窗口中按顺序依次选择 “01.bmp” 至 “03.bmp” 3张图片，将其拖至时间线中的视频1轨道；再将 “04.bmp” 至 “06.bmp” 3张图片，拖至时间线中的视频2轨道；将 “07.bmp” 至 “09.bmp” 3张图片，拖至时间线中的视频3轨道，如图6-3-43。

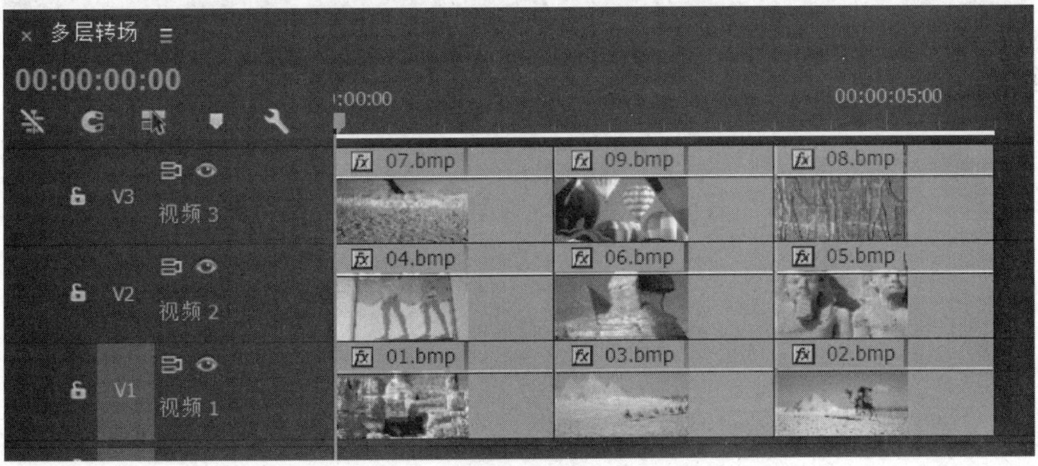

图6-3-43　将素材拖至【时间线】面板

(5) 选择视频3轨道的 “07.bmp” 素材，在【效果控件】窗口中将 “比例” 设为30，“位置” 设为120，280，如图6-3-44和图6-3-45。

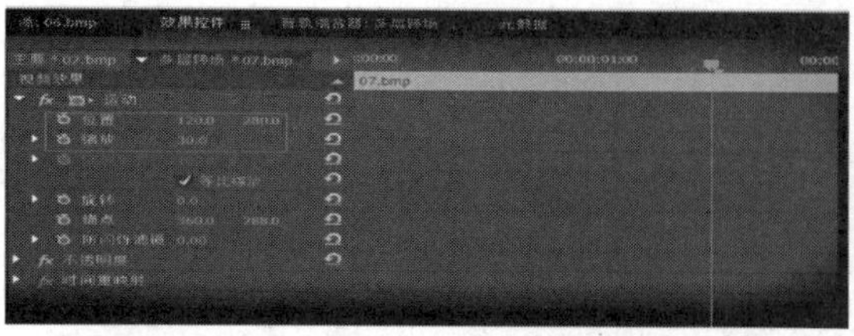

图6-3-44 【效果控件】面板调整运动效果的参数

图6-3-45 预览调整效果

(6) 选择“07.bmp”素材，在【效果控件】窗口中选择【运动】选项，按“Ctrl+C”组合键复制，选择“08.bmp”素材，选择【效果控件】面板，用Ctrl+V组合键粘贴。将“07.bmp”素材的属性全部复制给其他素材，如图6-3-46和图6-3-47。

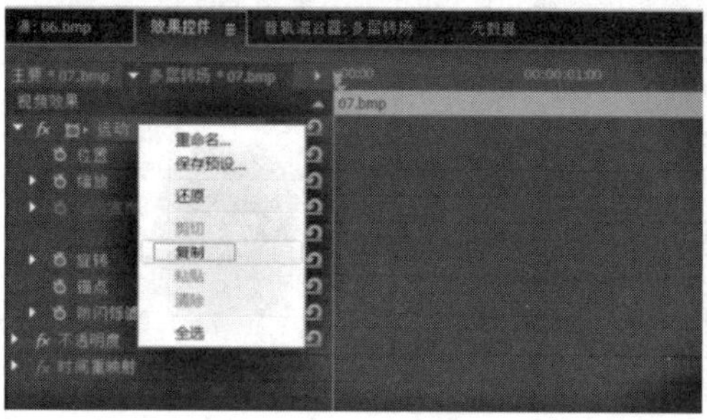

图6-3-46 复制运动效果参数

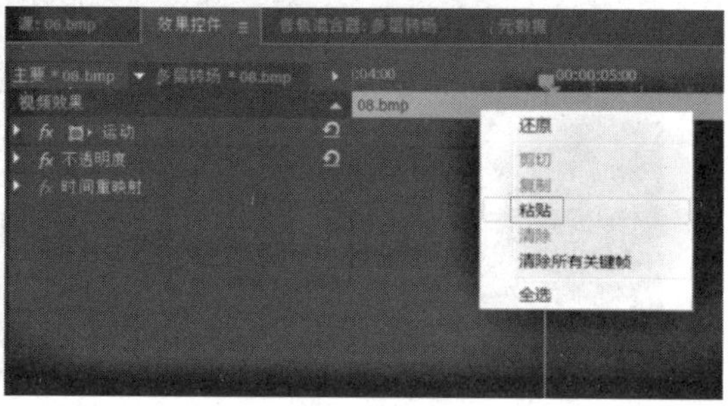

图6-3-47 粘贴运动效果参数

(7)选择视频2轨道的“04.bmp”素材，在【效果控件】窗口中将“比例”设为30，“位置”设为“360，280”，如图6-3-48。视频2轨道中的其他图片的尺寸和值也做相同的设置。

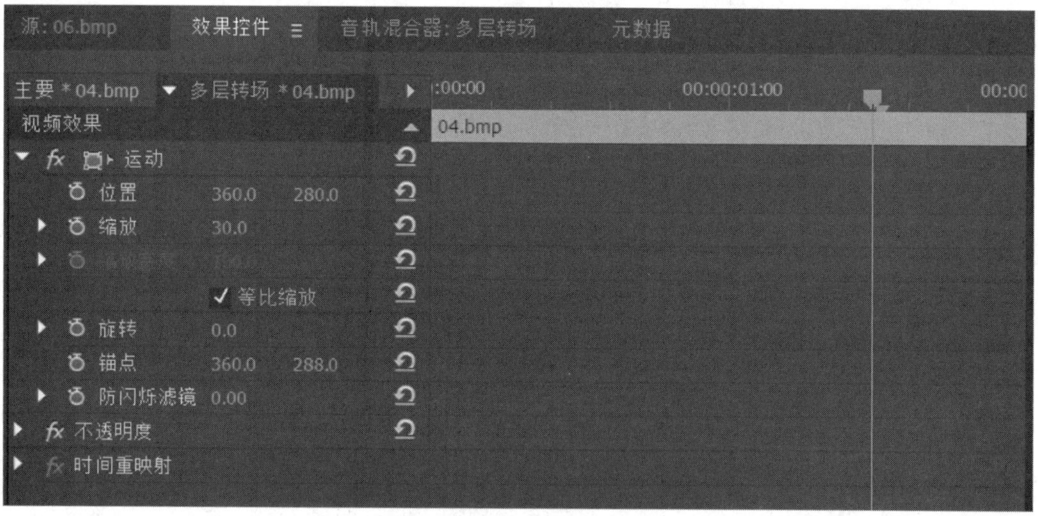

图6-3-48 【效果控件】面板调整运动效果的参数

(8) 选择视频1轨道的“01.bmp”素材，在【效果控件】窗口中将“比例”设为30，“位置”设为600，280。视频1轨道中的其他图片的尺寸和值也做相同的设置，如图6-3-49。

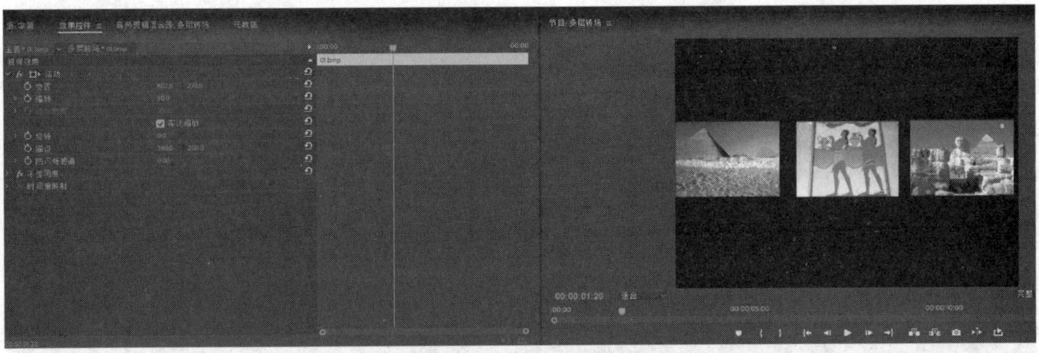

图6-3-49　【效果控件】面板调整运动效果的参数

(9) 打开【效果】面板，选择【视频过渡】文件夹，选择【擦除】下的【双侧平推门】，将其拖至视频3轨道的“07.bmp”素材的入点位置，为其添加一个划入转场。用同样的方式分别为“04.bmp”素材、“01.bmp”素材添加【擦除】下的【带状擦除】和【插入】的转场方式，如图6-3-50。

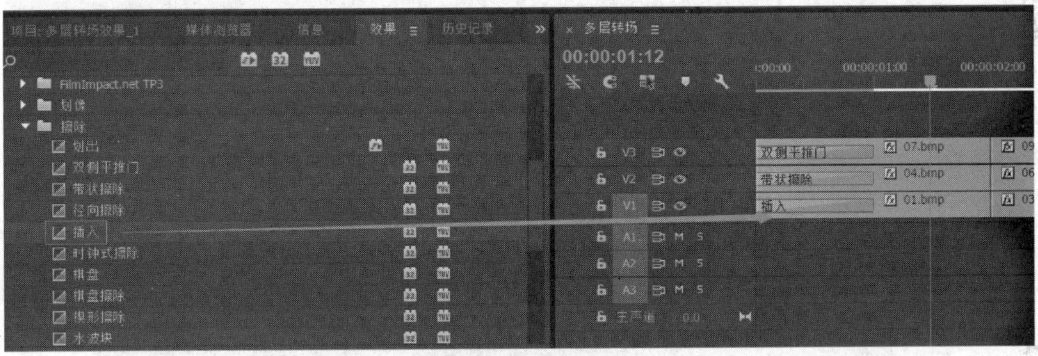

图6-3-50　添加过渡效果

(10) 查看第1秒的转场效果，如图6-3-51、图6-3-52和图6-3-53。

图6-3-51　预览转场效果 (1)

图6-3-52　预览转场效果 (2)

图6-3-53　预览转场效果 (3)

（11）以同样的方法分别给“09.bmp”“06.bmp”“03.bmp”素材添加【划像】文件夹下的3个合适的转场方式，如图6-3-54。

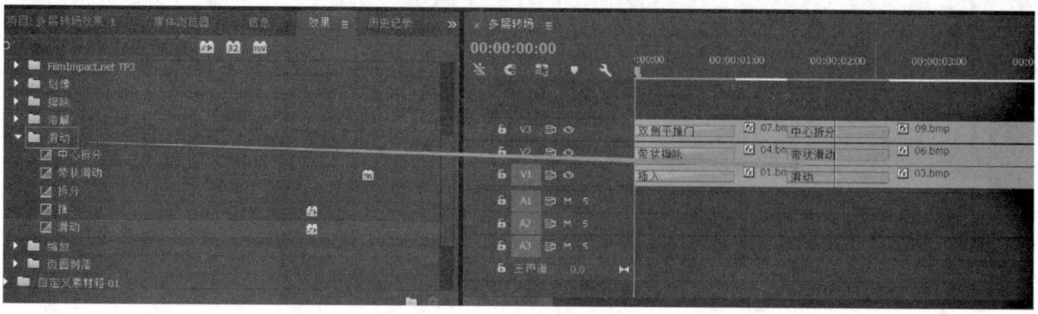

图6-3-54　添加过渡效果

（12）以同样的方法分别给“08.bmp”“05.bmp”“02.bmp”素材添加【滑动】文件夹下的3个合适的转场方式，如图6-3-55。

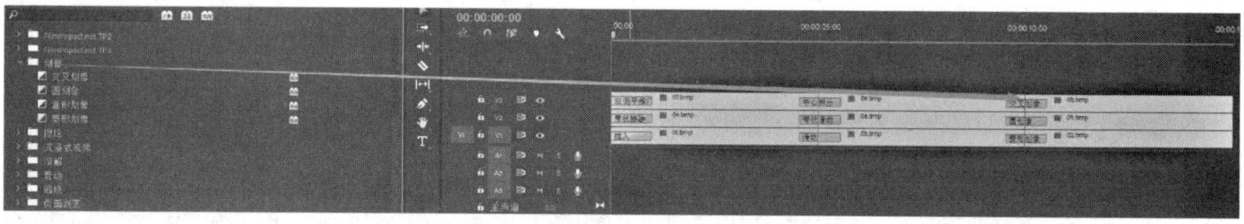

图6-3-55

（13）播放预览，查看效果，如图6-3-56。

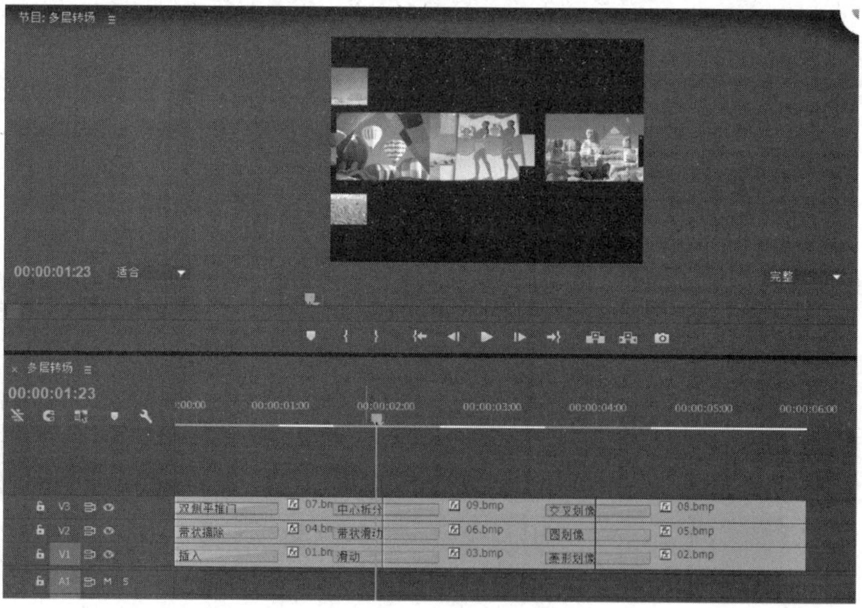

图6-3-56　播放预览视频效果

第七章 Adobe Premiere Pro视频特效

在影视后期制作中，有时要用到很多视频滤镜特技，为影像添加各种各样的特效，使影像产生动态的扭曲、模糊、风吹、变色等画面效果。滤镜的处理过程实际上是把原有的素材经软件中内置的数字运算和处理后的再次应用。这些效果的应用是为了增加影片艺术效果，增强影片的形式感和观赏性。有时候应用滤镜特技对影片做后期处理，是为了弥补前期拍摄中遗留下来的遗憾和不足，修补影像和声音素材中的缺陷，例如改变影像剪辑中的色彩平衡或从对话中除去噪音等。Adobe Premiere Pro提供了多种滤镜效果，可以加工视频素材、图片。本章将详细介绍视频滤镜的添加及效果的应用，并以实例演示添加视频滤镜的步骤方法。

第一节 视频特效的分类

Adobe Premiere Pro提供了变换、图像控制、扭曲、时间、模糊与锐化、生成、调整、过时、过渡、透视、通道、键控、颜色校正、风格化和实用程序等十多类视频效果，影视后期处理时可以根据影片制作或者创作的需要，灵活使用，制作出各式各样的艺术效果。

在Adobe Premiere Pro中，特效和转场在同一个面板中，都保存在【效果】面板中，因此我们应用特效时要在【效果】面板中打开它。一般【效果】面板和【项目】窗口同用一个窗口，如果界面没有出现，我们可以在【窗口】菜单栏中找到【效果】，打开面板，所有的滤镜特效都存放在【视频效果】文件夹中。展开【视频效果】可以看到每一种效果都分门别类地存放在相应的文件夹里，比如所有能产生模糊感觉的效果都放在【模糊】文件夹中，能产生变形的效果都放在【扭曲】文件夹中。单击特效文件夹左边的三角形按钮，展开文件夹中所有的子文件夹，可以看到所有效果滤镜，如图7-1-1。

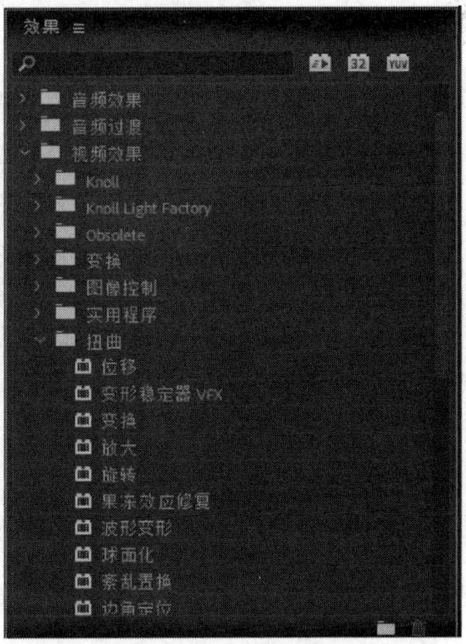

图7-1-1 视频效果面板

第二节　视频特效的基本操作

视频特效的添加与控制与视频过渡的添加与控制类似，可以为任意视频轨道内的剪辑片段添加任意视频效果。

一、视频特效的添加

1. 添加视频滤镜

导入素材至时间线轨道上，在【效果】面板相应的分类中找到需要的特效滤镜，直接将选择的特效拖至时间线面板中要应用滤镜的剪辑片段上，如图7–2–1。

图7–2–1　添加视频滤镜

2. 调整滤镜参数

应用视频效果后可以在【效果控件】面板中继续调整其参数，调整特效的不同滤镜效果，如图7–2–2。

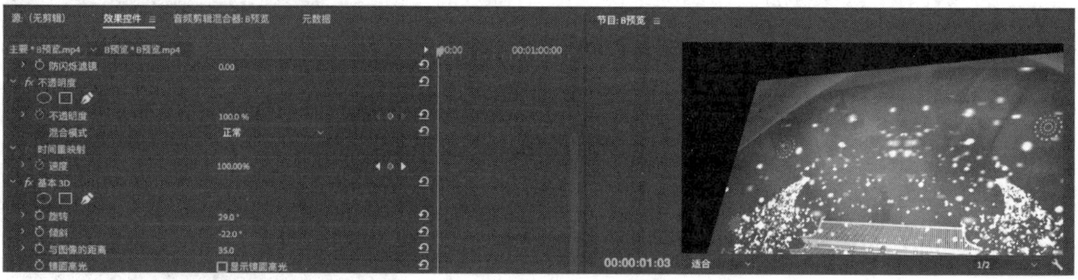

图7–2–2　【效果控件】面板调整滤镜参数

3. 同一段素材可以根据需要添加多个视频特效

提示：给同一个剪辑片段添加多个视频特效时，添加效果的顺序不一样，最终得到的画面效果也会不一样。

二、视频效果的控制

1.调节视频效果参数

在添加了特效之后，如果得不到想要的画面效果，还必须对视频效果的参数进行设置。与所有的数值调整方法一样，单击鼠标左键左右拖动数值或者直接在数值上键入数字，即可改变当前参数的设置。

2.删除视频效果

不需要的特效可以在【效果控件】面板中删除，或者关闭特效开关。如果要删除效果，可以按Delete键直接删除或者按右键单击要删除的视频效果，在弹出的命令菜单中选择【清除】即可，如图7-2-3。

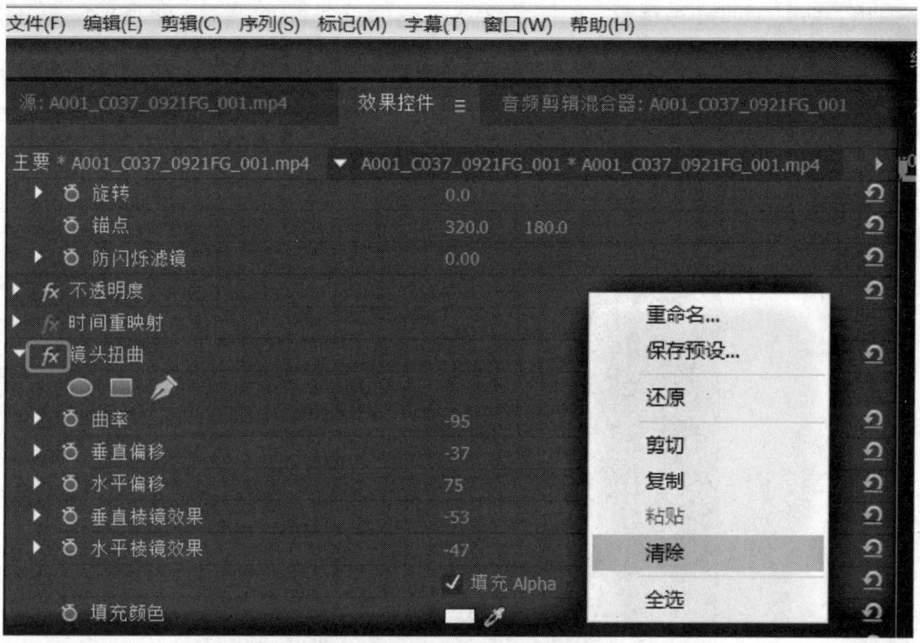

图7-2-3　删除或者关闭视频特效

提示：在【效果控件】面板中，每个视频特效前面都有特效开关，可以选择关闭或者开启当前特效。

3.复制视频效果

当多个剪辑片段需要应用相同的视频效果时，如果对每个素材重复操作完成将是非常麻烦的事情，所以Adobe Premiere Pro提供了一种简单的方法，任何一个视频效果都可以通过使用“粘贴属性”命令。被复制与粘贴到其他剪辑片段，选择一个应用视频效果的剪辑片段，点鼠标右键，选择“复制”，在另外一个想要应用该视频效果的剪辑片段上点右键，选择【粘贴属性】，如图7-2-4。

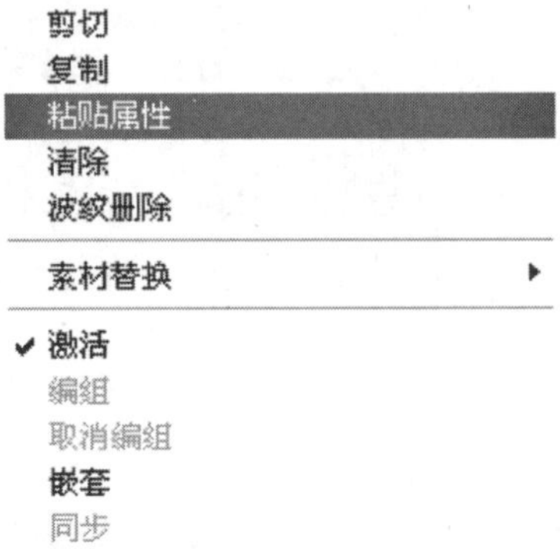

图7-2-4 “粘贴属性”命令

属性包括当前剪辑片段所有的基本属性及应用的视频特效。当选择【粘贴属性】时，会弹出【粘贴属性】对话框，如图7-2-5。选择要粘贴的属性，即在要粘贴的属性前面打钩，就会将选择片段的属性粘贴过来。

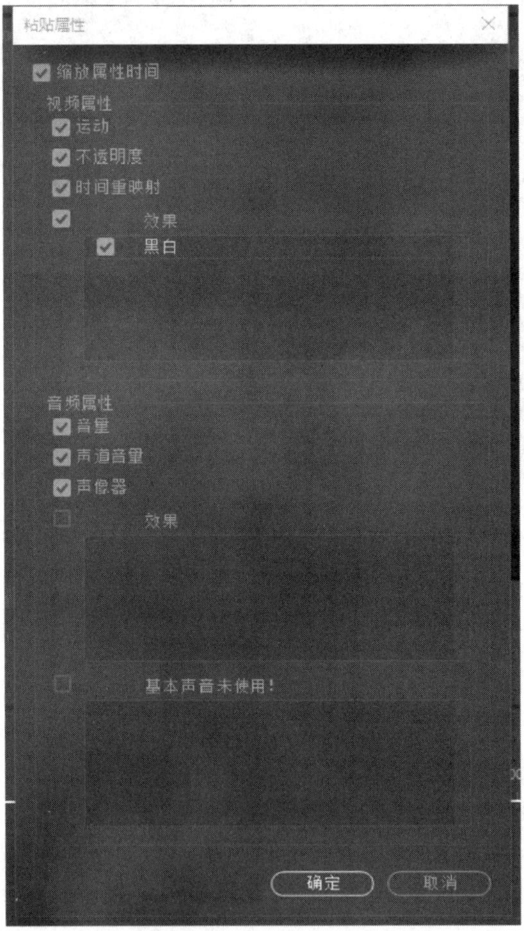

图7-2-5 “粘贴属性”对话框

提示："粘贴属性"命令不仅可以粘贴视频特效，也可以将片段的"运动"选项、"不透明度" 选项及其关键帧设置等其他参数一并粘贴过来。

4.配合关键帧使用滤镜参数调节

Adobe Premiere Pro中提供了100多种效果，有些效果是可以通过调整时间来改变或者做动态变化的。这些动态变化的过滤效果是使用关键帧来控制什么时候改变、什么时候不变的，使用关键帧可以使视频效果随时间而改变，和上个章节中讲的视频运动设置方法是一样的，每个关键帧都可以设置相应的滤镜效果，通过关键帧可设置效果变化的过程。

用关键帧做视频效果的动态变化效果：打开【效果控件】面板，在视频特效下会出现剪辑片段应用的效果滤镜，点击左边的三角按钮展开参数调节选项，可以看到每一个参数旁边都有一个动画开关按钮，表明这个选项可以使用关键帧进行设置，如图7-2-6。启动动画开关，配合时间指针到不同的位置，设置当前参数不同的数值，即可自动记录关键帧，通过两个以上关键帧自动创建的运动来实现随着时间变化的效果。

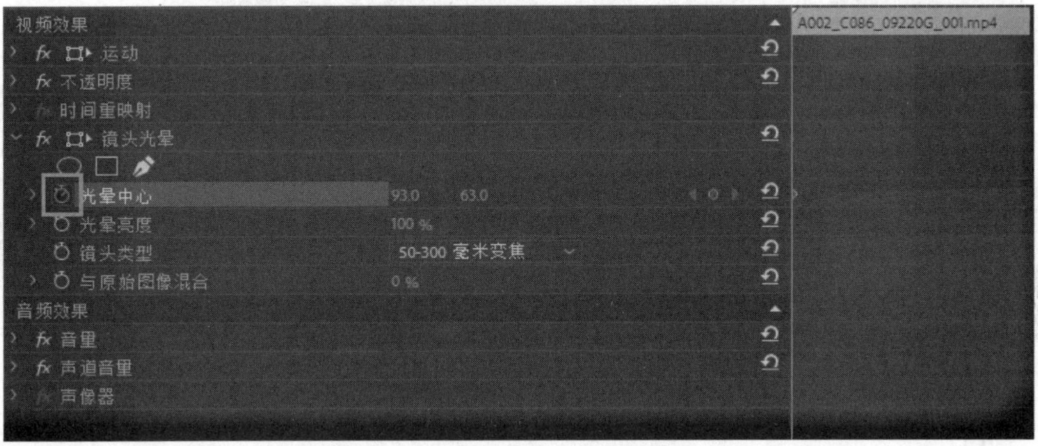

图7-2-6 效果参数的关键帧动画开关

5.配合选区蒙版工具设置视频特效区域

Adobe Premiere Pro CC版本之后，应用到剪辑片段的视频特效还增加了选区蒙版工具，如图7-2-7。通过蒙版工具可以在当前剪辑片段上创建一个选区，可以设置选区内或者选区外应用视频特效的效果，从而创建一个效果选区，如图7-2-8。

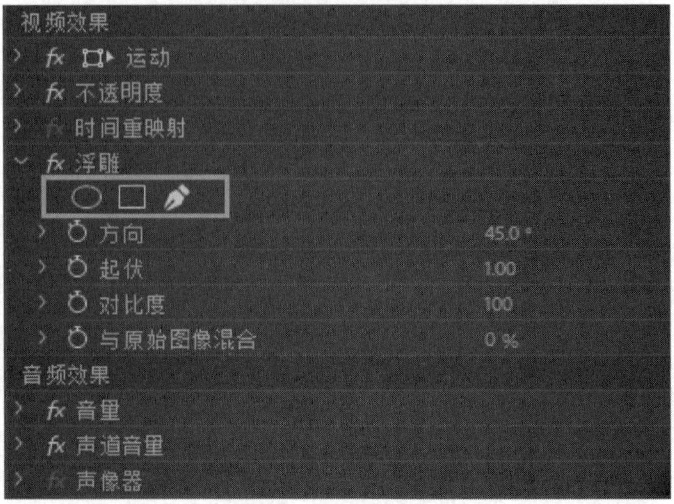

图 7-2-7　效果蒙版工具

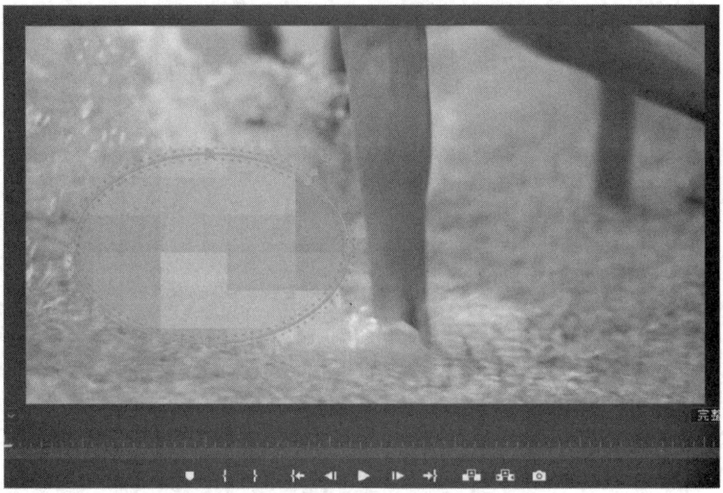

图 7-2-8　选区蒙版工具在画面上创建的效果选区

第三节　实训：制作丰富的视频特效

一、局部马赛克

实践目标：(1) 掌握马赛克特效的基本使用方法。

(2) 掌握跟踪裁剪的使用技巧。

实践内容：用马赛克效果来遮挡不宜清晰显示的人物面部、文字、标志等局部图像。

实践工作流程：

(1)选择主菜单【文件】/【新建】/【序列】命令，在弹出的对话框中设置文件名为“局部马赛克”，新建一个名为“局部马赛克”的序列文件，如图7–3–1和图7–3–2。

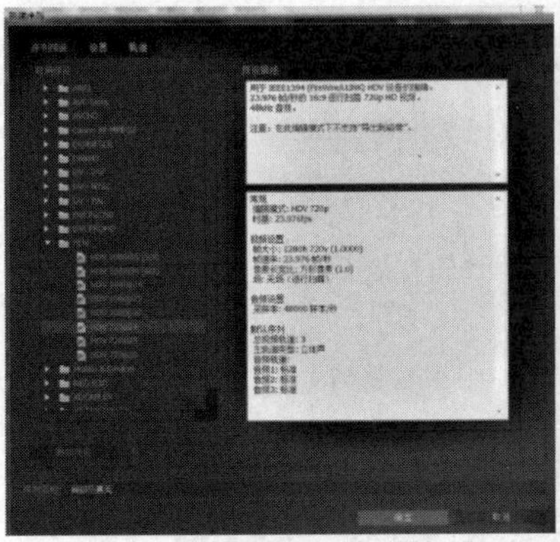

图7–3–1　新建序列对话框

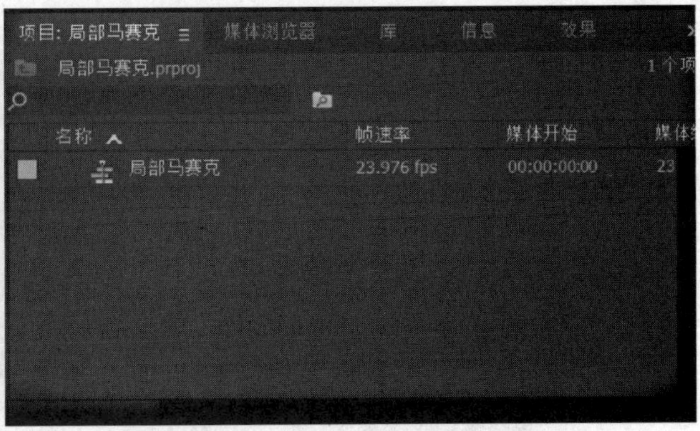

图7–3–2　【项目】面板

(2)在【项目】面板中双击鼠标左键，打开素材导入对话框，双击“案例\素材\第七章 视频特效\局部马赛克”文件夹，选择素材“局部马赛克案例素材”，将素材分别导入视频1和视频2轨道，使两段素材重叠在一起，如图7–3–3。

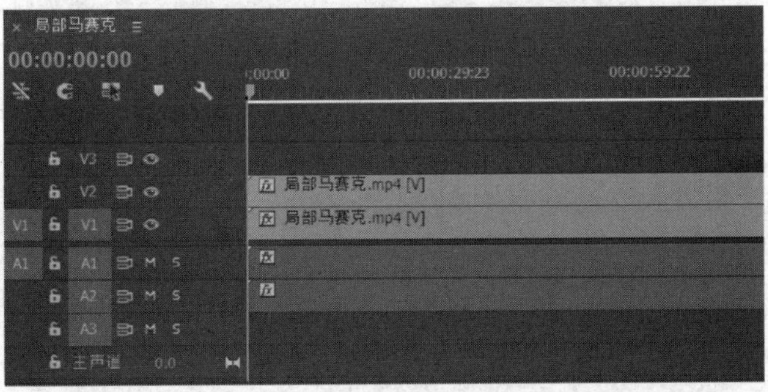

图7–3–3　将素材拖至【时间线】面板

(3)打开【效果】窗口，找到【变换】文件夹，将【裁剪】特效拖至视频2轨道素材上，如图7–3–4。

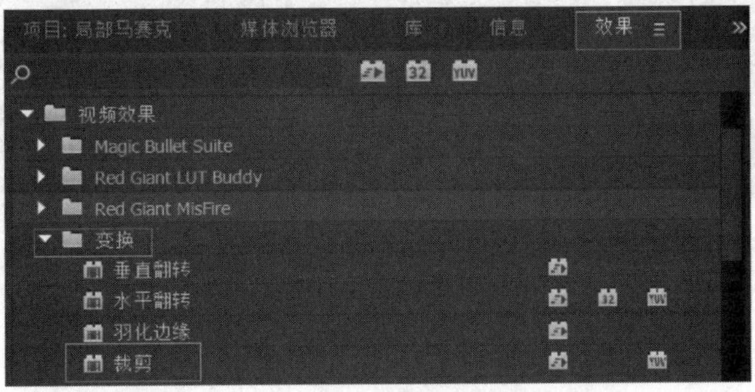

图7–3–4　在【效果】面板找到【裁剪】特效

(4) 暂时关闭视频1轨道显示，只显示视频2轨道，将时间指针置于0帧位置，选择视频2轨道素材，打开【效果控件】面板，调整【裁剪】滤镜参数。点击鼠标左键分别打开【裁剪】下"左、顶、右、底"前面的码表，设置当前时间的参数值为"左侧69，顶部13，右侧21，底部59"，设置关键帧动画，如图7-3-5。

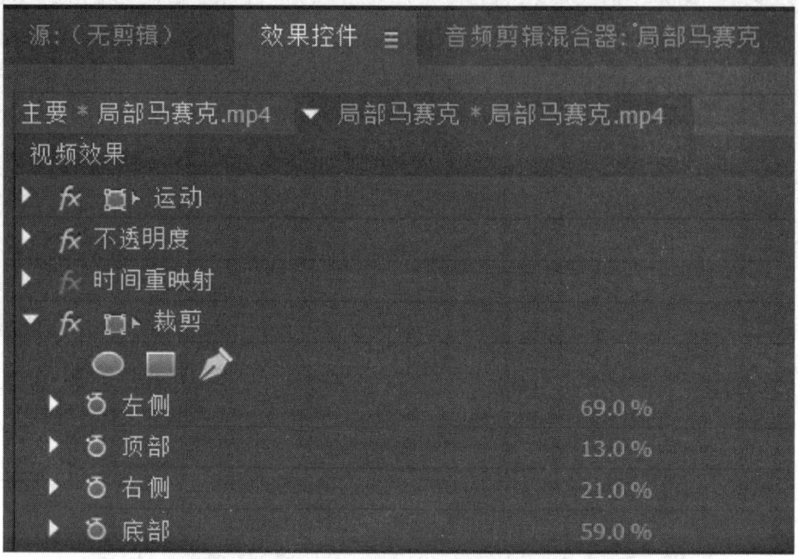

图7-3-5 【效果控件】面板调整裁剪效果的参数

(5) 在【效果控件】面板中，确认选中【裁剪】，这样裁剪范围的线框将在预览窗口中显示，如图7-3-6。

图7-3-6 预览滤镜效果

(6) 播放时间指针，当指针走到17帧的位置时，人物面部与裁剪范围线框会有些偏离，用鼠标在【节目】监视器中直接移动范围线框，使人物面部处于线框内，如图7-3-7和图7-3-8。

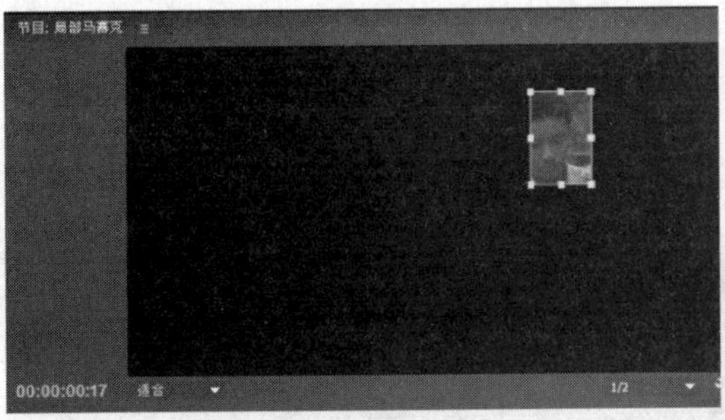

图7-3-7　调整裁剪范围（1）

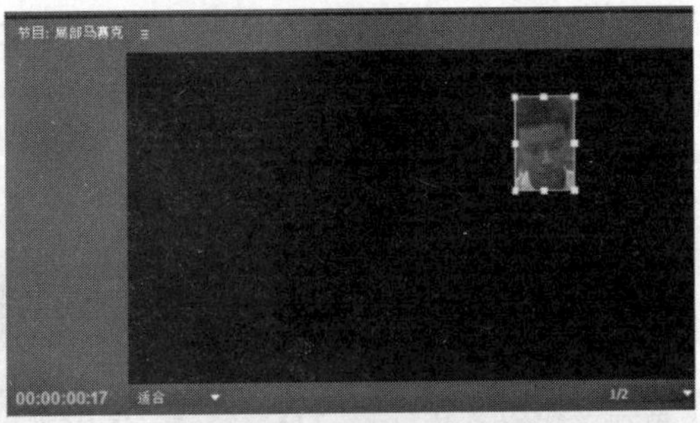

图7-3-8　调整裁剪范围（2）

(7)用同样的方法，每当人物面部与移动裁剪范围线框发生偏离时，用鼠标移动裁剪范围线框，确保人物面部一直处于线框中，在移动时，【裁剪】的参数自动记录变化的关键帧，如图7-3-9。

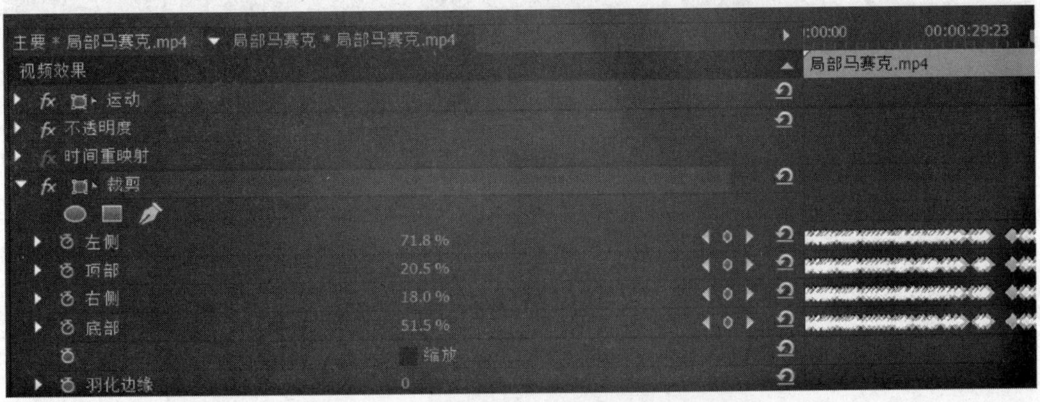

图7-3-9　在不同的时间位置调整滤镜关键帧

(8)打开【效果】/【视频效果】/【风格化】，将【马赛克】拖至视频2轨道素材上。可以看到视频2轨道素材被应用了马赛克效果，打开【效果控件】面板，调整【马赛克】滤镜的参数，将“水平块”与“垂直块”都设为25，如图7-3-10。

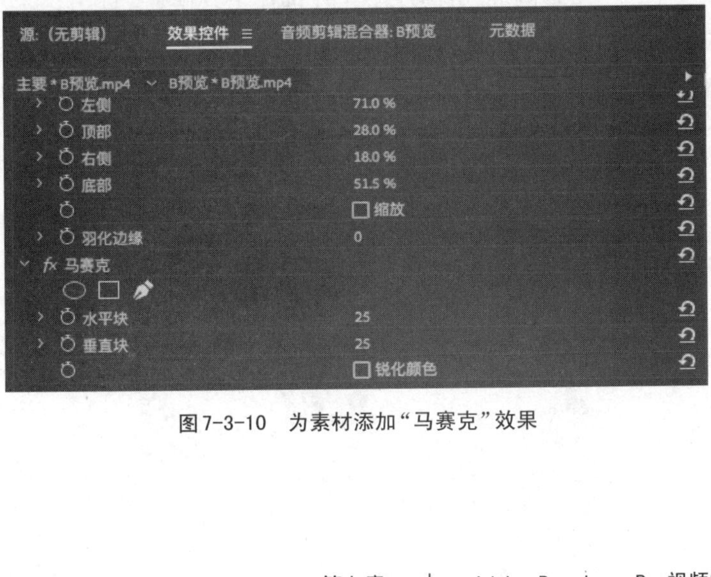

图7-3-10　为素材添加“马赛克”效果

（9）恢复视频1轨道的显示开关，播放预览局部马赛克效果。可以看到，虽然人物面部在移动，但是通过【裁剪】的参数记录关键动画帧，视频2轨道上的素材马赛克始终没有离开人物面部，如图7-3-11。

图7-3-11　播放预览视频效果

二、重复画面

实践目标：掌握重复、网格等特效的基本方法。

实践内容：在Adobe Premiere Pro中制作出重复画面的效果。

实践工作流程：

（1）新建一个名为"重复画面"的项目文件，选择主菜单【文件】/【新建】/【序列】命令，在弹出的对话框中展开"HDV"选择"HDV1080p25"并设置序列名为"重复画面"，在项目面板中双击鼠标左键，打开素材导入对话框，双击"案例\素材\第七章 视频特效\重复画面"文件夹，选择素材"重复画面"，如图7-3-12和图7-3-13。

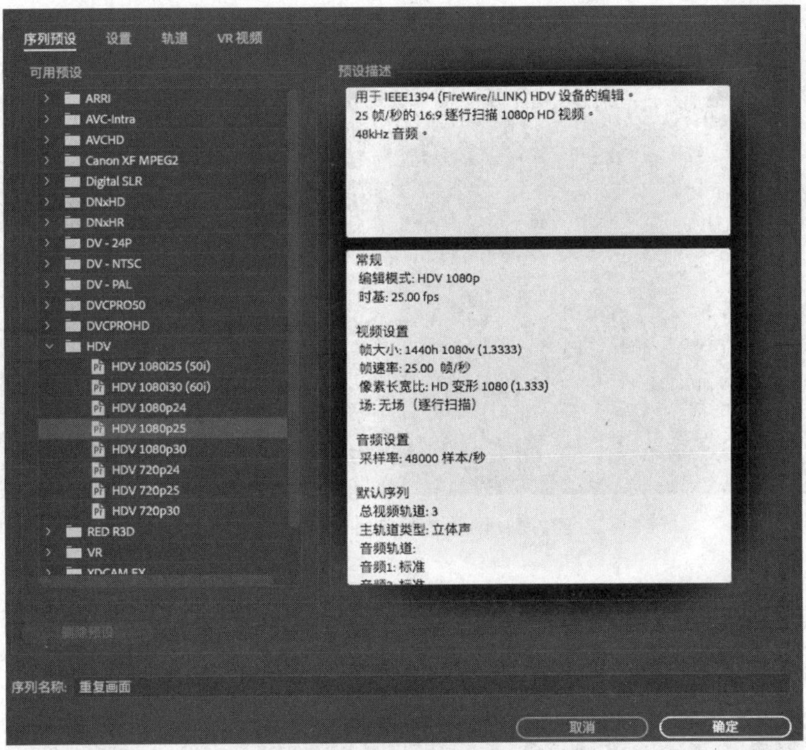

图 7-3-12　新建序列对话框

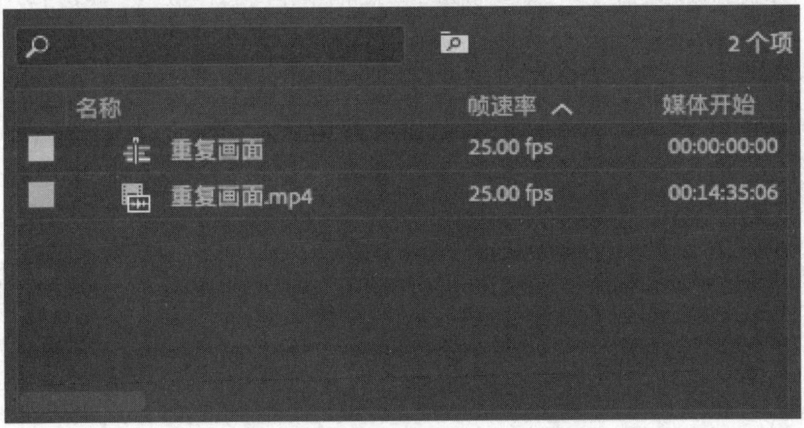

图 7-3-13　将素材拖至【时间线】面板

(2)在【效果】面板中，单击【视频效果】/【风格化】/【复制】特效，添加到“复制画面”素材上，可以看到画面被复制成4个，均匀排列在画面上，如图7-3-14。

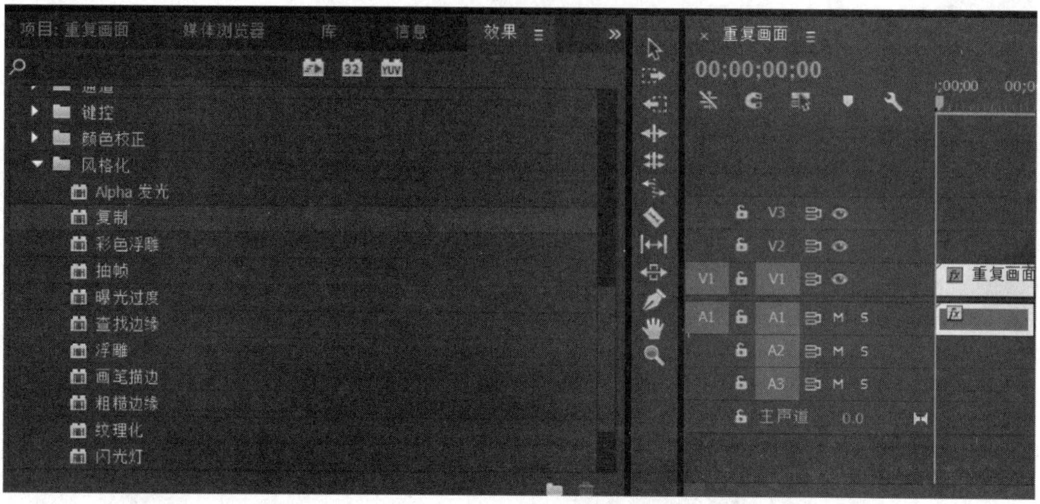

图7-3-14　为素材添加【复制】效果

(3) 打开【效果控制】面板，展开【复制】特效，将"计算值"参数设为3，可以看到画面被等分为9份，如图7-3-15。

图7-3-15　预览滤镜效果

(4) 打开【效果】窗口，找到【视频效果】下的【生成】文件夹，将【网格】特效拖至视频1轨道素材上，如图7-3-16。

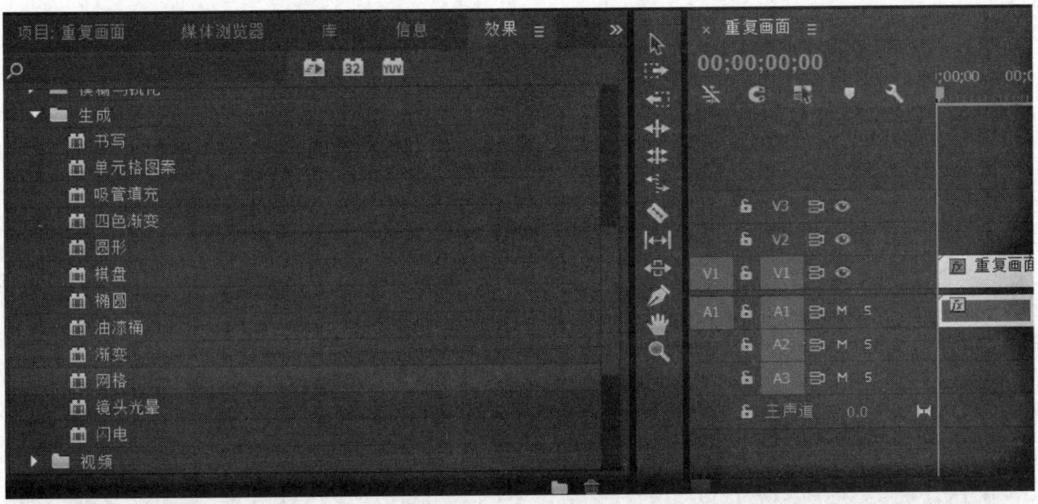

图7-3-16　为素材添加效果

(5)打开【效果控制】面板，展开【网格】特效，设置里面的参数值。将“锚点”设为“484，357”，“边角”设为“960，718”，“边框”设为“33”，“混合模式”改为“正常”，如图7-3-17。

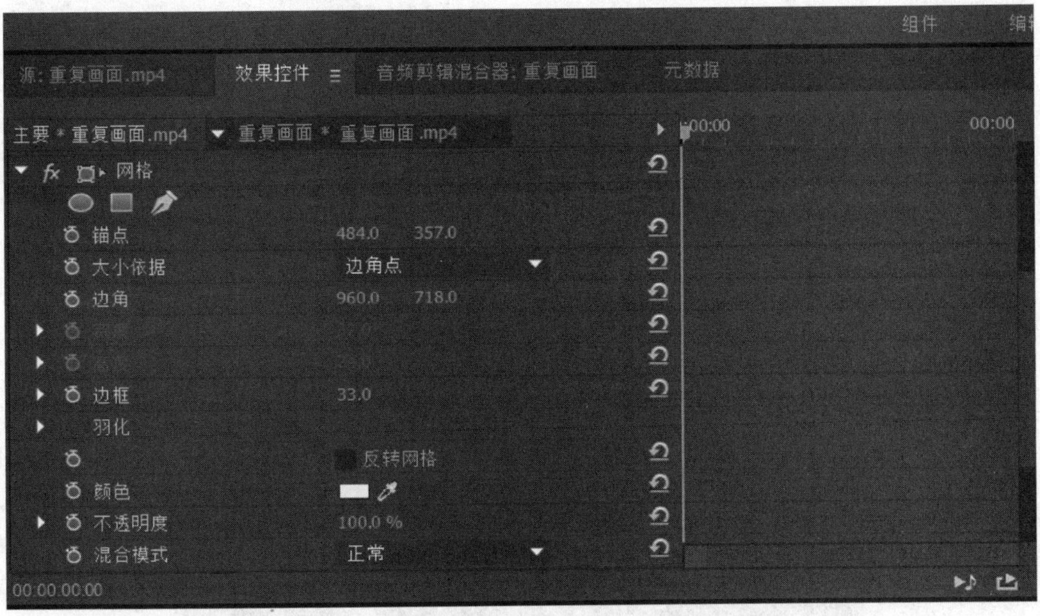

图7-3-17　【效果控件】面板调整过【网格】效果的参数

(6)预览画面最终效果，如图7-3-18。

图7-3-18　播放预览视频效果

三、摄像机调焦

实践目标：掌握模糊特效的基本方法。

实践内容：利用Adobe Premiere Pro的模糊特效来模仿摄像机的调焦效果。

实践工作流程：

(1)新建一个名为“摄像机调焦”的项目文件，选择主菜单【文件】/【新建】/【序列】命令，在弹出的对话框中展开“DV-PAL”，选择“标准48kHz”并设置序列名为“摄像机调焦”，双击“案例\素材\第七章 视频特效\摄像机调焦”文件夹，选择素材“摄像机调焦”，并将素材拖至【时间线】面板视频1轨道，如图7-3-19。

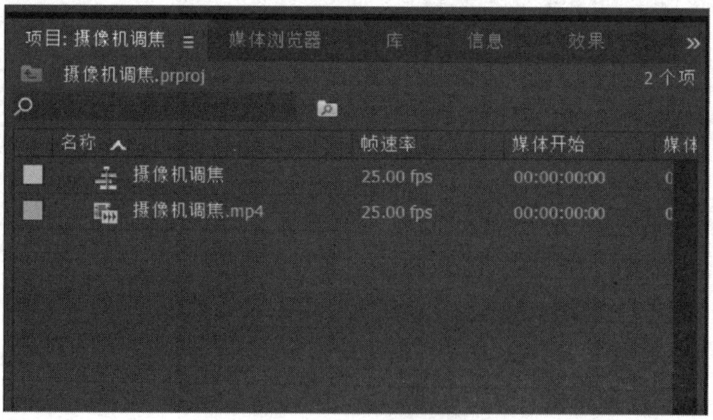

图7-3-19　将素材导入【项目】面板

(2) 素材分辨率与序列大小不一致时，在时间线素材上点击右键，选择【保持现有设置】，使画面大小与监视器窗口大小一致，如图7–3–20。

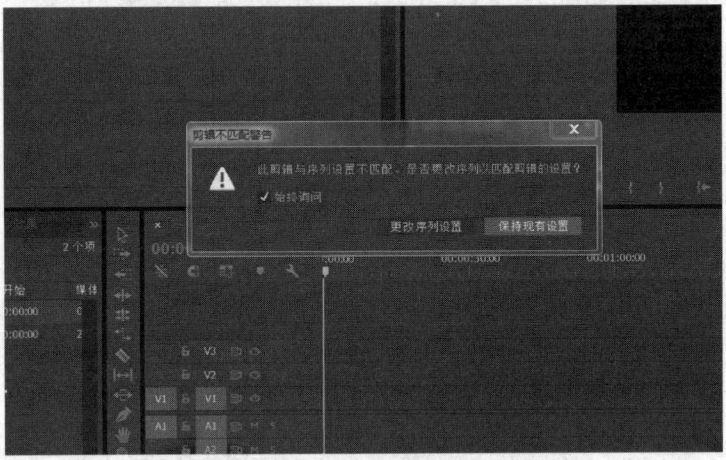

图7–3–20　剪辑不匹配警告对话框

(3) 打开【效果】窗口，找到【视频特效】下的【模糊与锐化】文件夹，将【高斯模糊】特效拖至视频1轨道素材上，这时影像并没有发生变化，如图7–3–21。

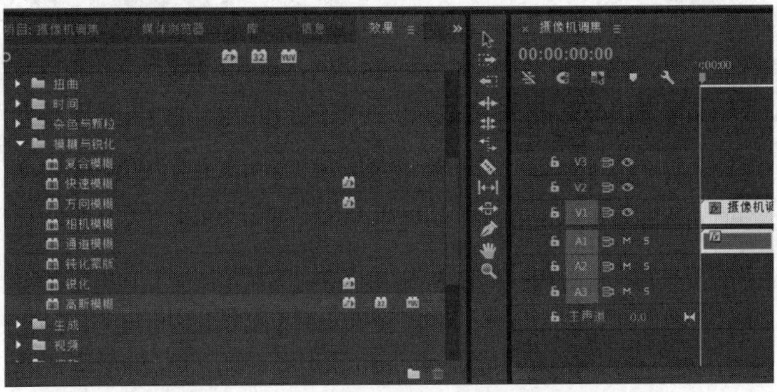

图7–3–21　为素材添加【高斯模糊】效果

(4) 打开【效果控制】面板，展开【高斯模糊】特效，设置里面的参数值。将时间指针移至0秒位置，单击“模糊度”前面的码表，将数值设为25，将时间跳转到2秒，设置“模糊百分比”为0，如图7–3–22。

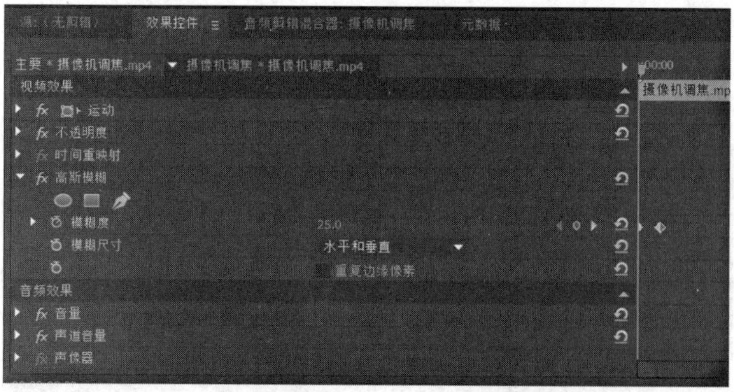

图7-3-22 【效果控件】面板调整“模糊度”参数

(5)播放预览效果，如图7-3-23。

图7-3-23 播放预览视频效果

四、打字机效果

实践目标：掌握视频效果参数的关键帧设置。

实践内容：利用视频特效模仿制作打字效果。打字效果在影视节目中经常出现，Adobe Premiere Pro也可以制作出这个效果。这里将制作一段文字视频，使文字以类似打字的效果呈现。

实践工作流程：

(1)新建一个名为“打字效果”的项目文件，选择国内电视制式通用的DV-PAL下的标准48kHz。双击"案例\素材\第七章 视频特效\打字机效果"文件夹，打开文本文件"打字效果.txt"，全选所有文字，按"Ctrl+C"组合键复制，然后关闭文件，如图7-3-24和图7-3-25。

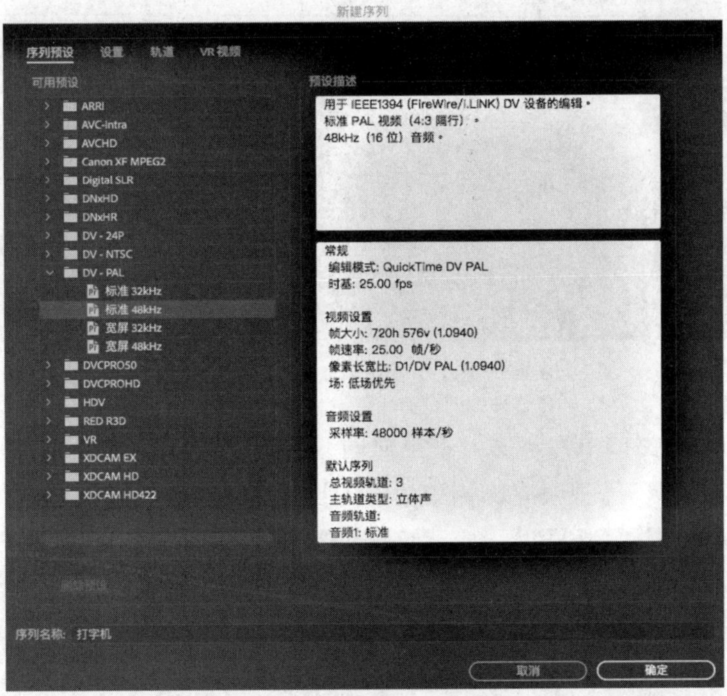

图7-3-24 新建序列对话框

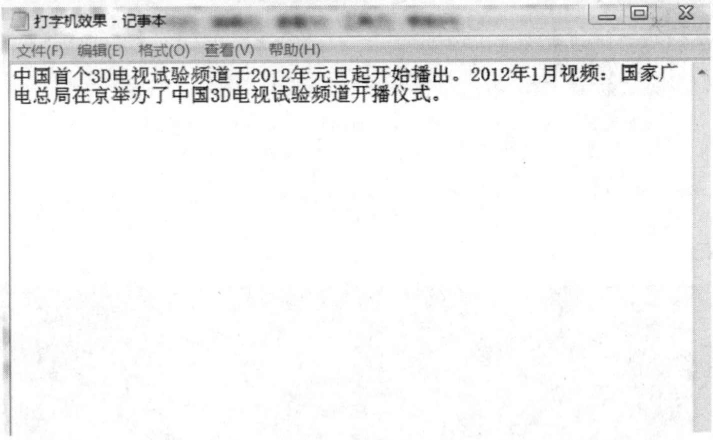

图7-3-25 复制文本文件

(2)选择菜单命令【文件】/【新建】/【标题】，打开新建字幕对话框，输入字幕名称，这里可以保持默认名称字幕01，单击确定按钮，打开字幕窗口，如图7-3-26。

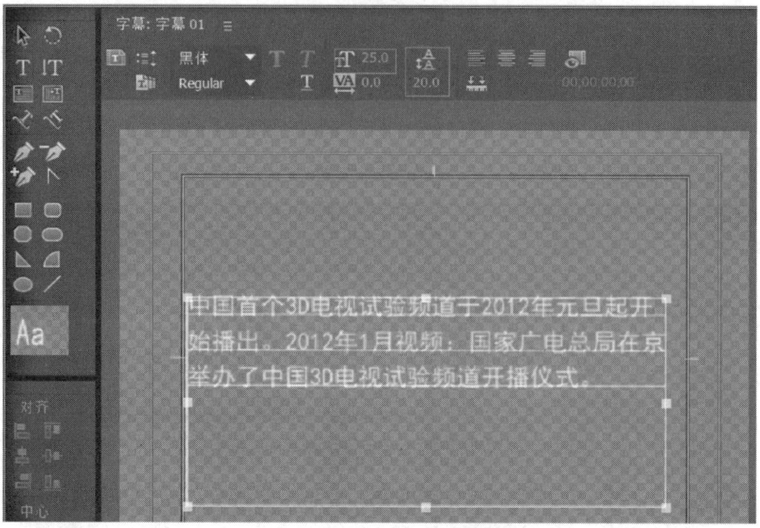

图7-3-26　字幕设计器

(3) 从【项目】窗口中将字幕01拖至时间线的视频1轨道中，设置其长度为12秒。打开【效果】窗口，展开【视频特效】下的【变换】，将【裁剪】拖至字幕01上，如图7-3-27。

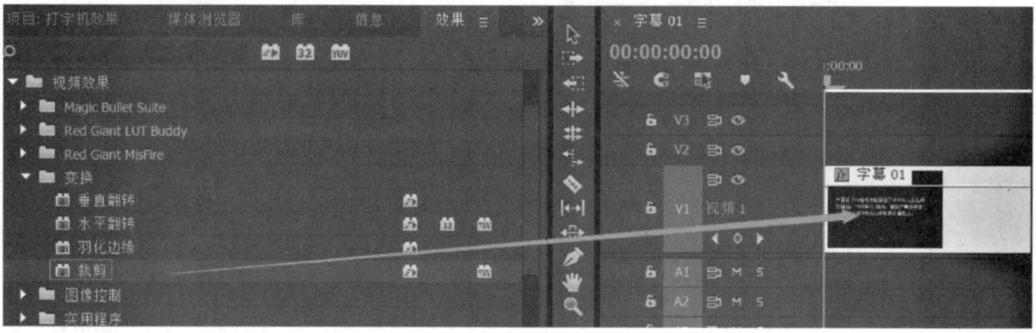

图7-3-27　为字幕添加【裁剪】效果

(4) 在【效果控制】窗口中设置【裁剪】效果中的"底部"参数为58%，使字幕只显示出第一行，如图7-3-28。

图7-3-28　【效果控件】面板调整"底部"参数

(5) 从【效果】窗口将【裁剪】效果拖至字幕01上，添加第二个【裁剪】。将时间移至第0帧处，在【效果控制】窗口中单击打开第二个【裁剪】前面的码表，记录动画关键帧，并将右侧参数设置为90%；将时间移至第3秒处，将右侧参数设为9%。预览动画效果，文字从左到右逐渐出现，如图7-3-29。

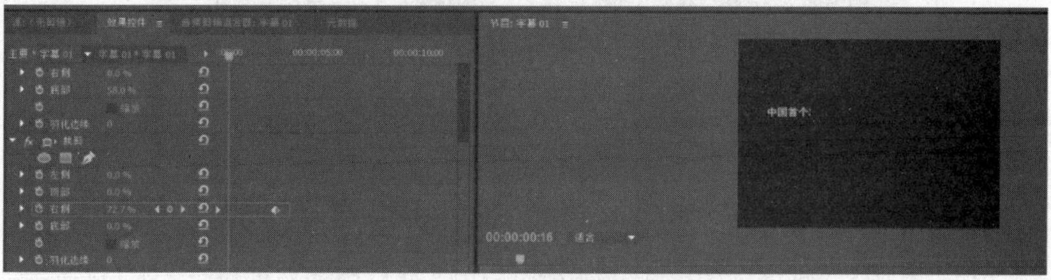

图7-3-29 【效果控件】面板调整滤镜参数

(6) 从【项目】窗口中将字幕01拖至时间线的视频2轨道中，设置其长度为9秒，入点为第3秒，出点与视频1轨道中的字幕对齐，如图7-3-30。

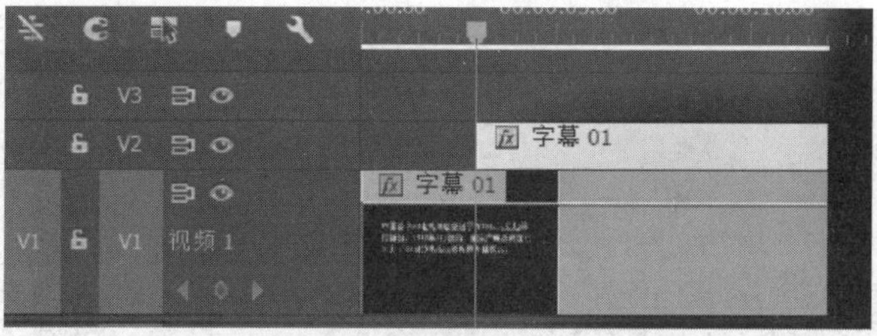

图7-3-30 将字幕拖至视频2轨道

(7) 选中视频1轨道中的字幕，在【效果控制】窗口中选择两个【裁剪】，按“Ctrl+C”组合键复制，再选择视频2轨道中的字幕，按“Ctrl+V”组合键粘贴。修改视频2轨道中字幕的第一个裁剪，将顶设为44%，将底设为49%，只显示第二行文字。这样，第二行文字也被制作成从左到右逐渐显示的效果，如图7-3-31。

图7-3-31 【效果控件】面板调整【裁剪】参数

(8) 从【项目】窗口中将字幕01拖至时间线的视频3轨道中，设置其长度为6秒，入点为第6秒，出点与视频1轨道中的字幕对齐，如图7-3-32。

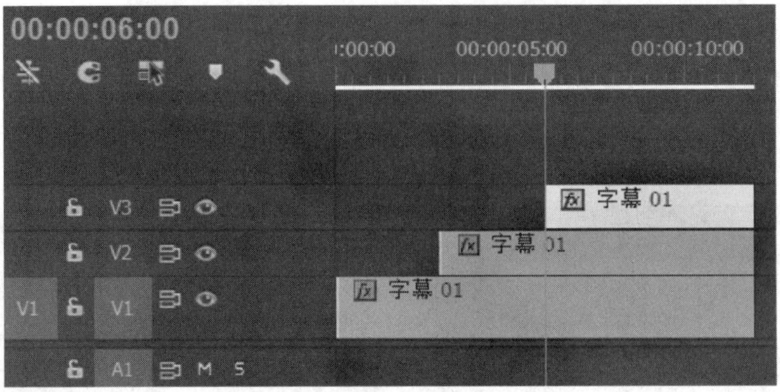

图 7-3-32　将字幕拖至视频 3 轨道

(9) 选中视频 1 轨道中的字幕，在【效果控制】窗口中选择两个【裁剪】特效，按“Ctrl+C”组合键复制，再选择视频 3 轨道中的字幕，按“Ctrl+V”组合键粘贴。修改视频 3 轨道中字幕的第一个裁剪，将顶部参数设为 51%，将底部参数设为 31%，只显示第三行文字。这样，第三行文字也被制作成从左到右逐渐显示效果，如图 7-3-33。

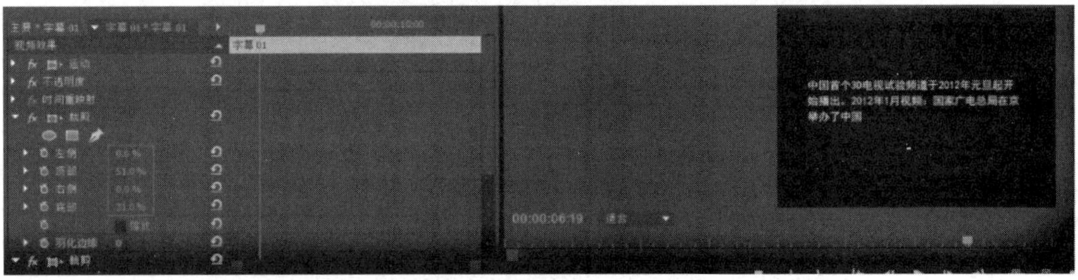

图 7-3-33　【效果控件】面板调整【裁剪】参数

(10) 播放预览，这样就完成了文字打字效果的制作。

五、稳定抖动画面

实践目标：掌握变形稳定器特效的基本使用方法。

实践内容：在实际的拍摄中，画面经常会由于人为因素或者附件不足等出现抖动，本实例将利用 Adobe Premiere Pro 的视频特效来达到稳定画面的效果。

实践工作流程：

(1) 新建一个名为“稳定抖动画面”的项目文件，选择主菜单【文件】/【新建】/【序列】命令，在弹出的对话框中展开“HDV”选择“HDV1080p25”并设置序列名为“稳定抖动画面”，双击“案例\素材\第七章 视频特效\稳定抖动画面”文件夹，导入“抖动画面”素材并将图片拖至时间线，如图 7-3-34 和图 7-3-35。

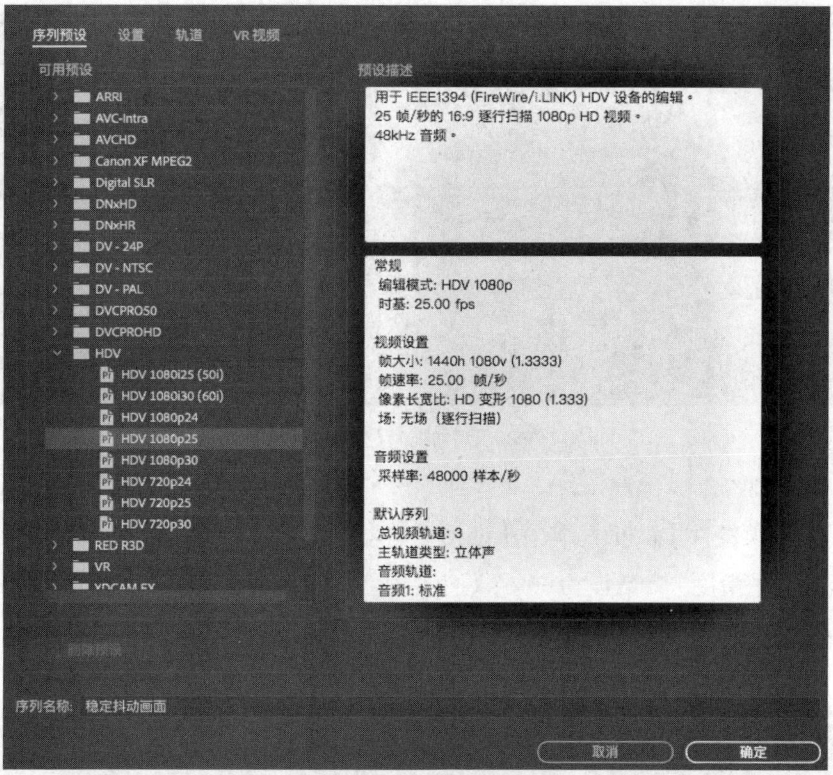

图 7-3-34　新建序列对话框

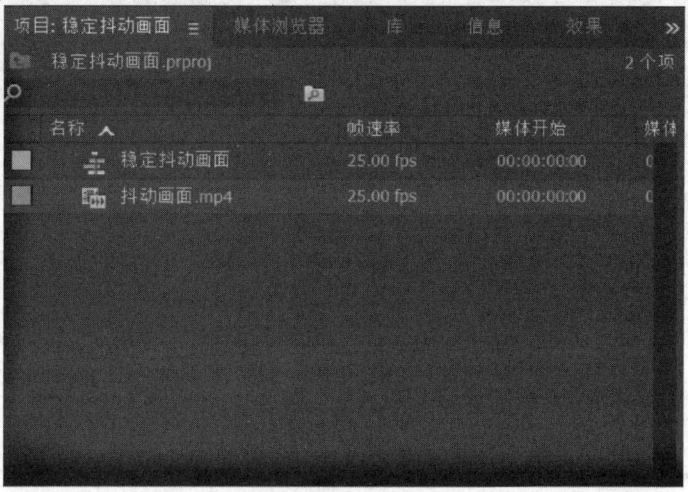

图 7-3-35　将素材导入【项目】面板

(2) 在【效果】面板中，单击【视频特效】/【扭曲】/【变形稳定器】特效，添加到“抖动画面”素材上，如图 7-3-36。

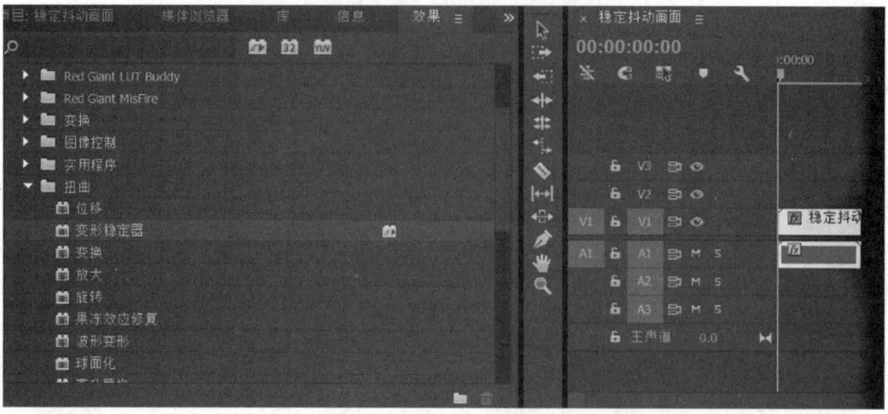

图7-3-36　添加视频【变形稳定器】

(3) 在【效果控件】面板中，点击【变形稳定器】的下拉菜单按钮，调整“结果”为“平滑运动”，将“平滑度”参数设为60%，调整“帧”为“稳定，裁切，自动缩放”如图7-3-37和图7-3-38。

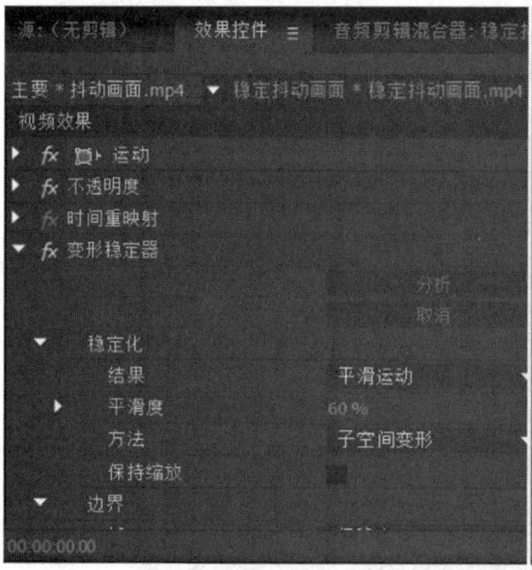

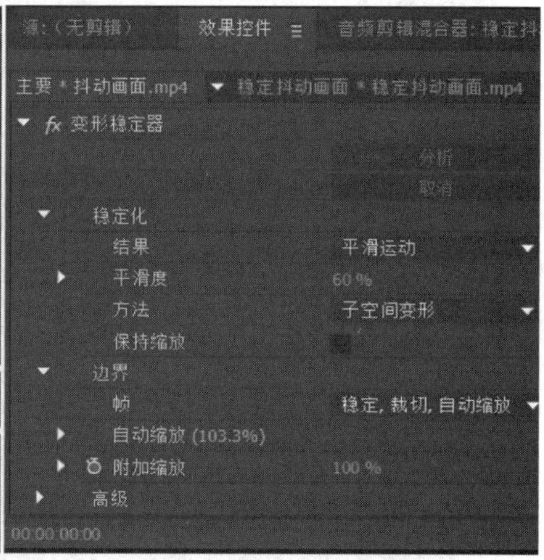

图7-3-37　【效果控件】面板调整滤镜参数 (1)　　图7-3-38　【效果控件】面板调整滤镜参数 (2)

(4) 在【效果控件】面板中，点击【变形稳定器】中“高级”的下拉菜单按钮，选中“详细分析”，设置“更少裁切<->更多平滑”的参数值为60%，如图7-3-39。

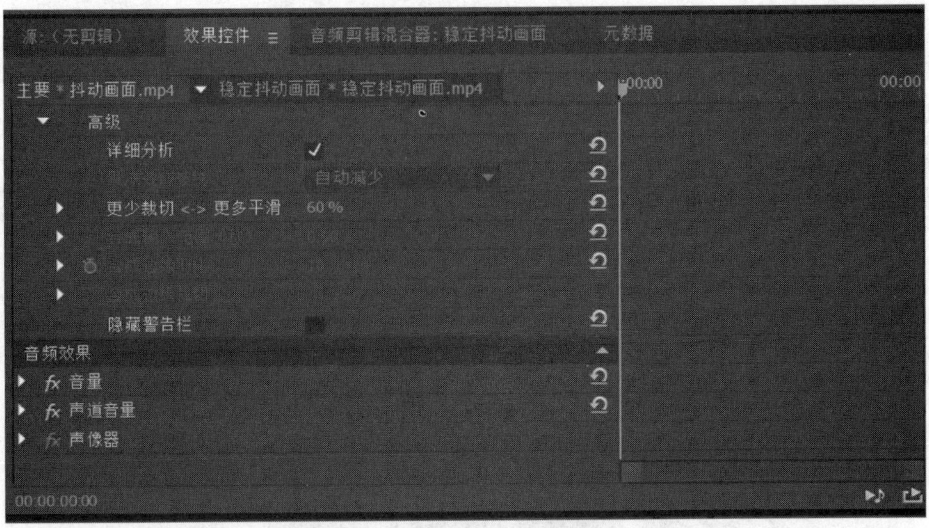

图7-3-39 【效果控件】面板调整滤镜参数

(5)预览【变形稳定器】效果的工作过程，如图7-3-40。

图7-3-40 播放预览视频效果

六、边角固定

实践目标：掌握边角定位特效的使用方法。

实践内容：利用Adobe Premiere Pro的边角固定效果来调整素材的大小及透视效果，以适应户外大屏幕的曲度。

实践工作流程：

(1)新建一个名为“边角定位”的项目文件，选择主菜单【文件】/【新建】/【序列】命令，在弹出的对话框中展开“DV-PAL”选择“标准48kHz”并设置文件名为“边角定位”。双击“案例\素材\第七章 视频特效\边角定位”文件夹，选择第一张图片，并勾选对话框下方的“图像序列”，单击“打开”按钮，如图7-3-41。

图7-3-41 导入“图像序列”对话框

(2)将“边角定位素材”拖至时间线视频2轨道。导入素材“大屏幕广告.jpg”，拖至时间线视频1轨道，并将其拉长至与视频2轨道素材长度一致，如图7-3-42。

图7-3-42 将素材拖至【时间线】面板

(3)打开【效果控件】下的运动，调整“边角定位素材”的大小，将素材“缩放”参数设置为41，将“位置”参数设为“582.6，253.8”，如图7-3-43。

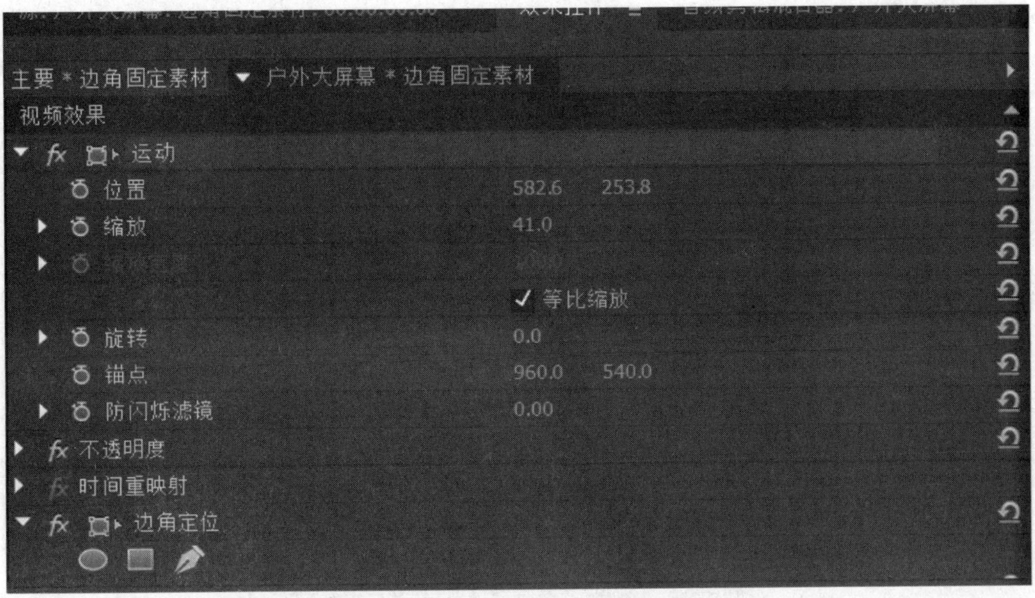

图 7-3-43 【效果控件】面板调整运动参数

(4) 打开【效果】窗口，找到【视频特效】下的【扭曲】文件夹，将【边角定位】特效拖至视频2轨道素材上，这时看不到素材有任何的变化，如图 7-3-44。

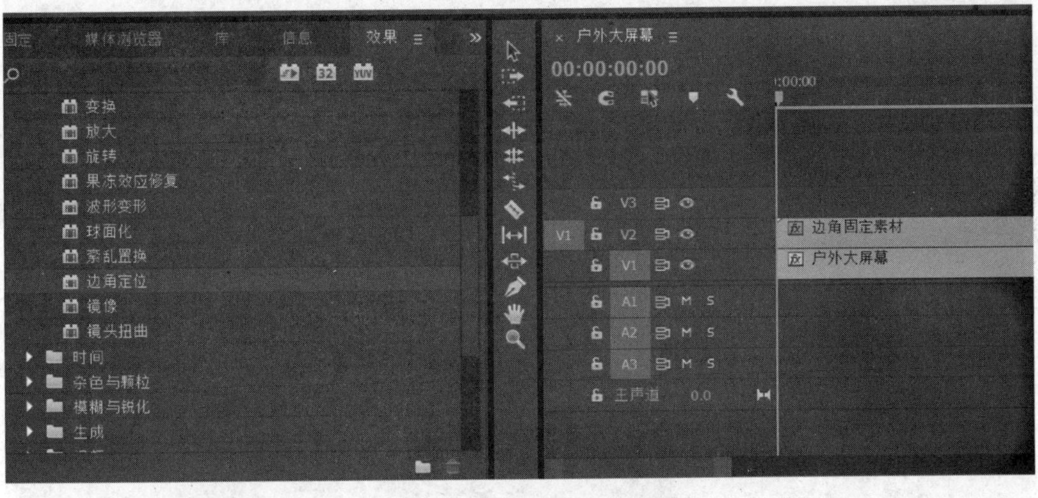

图 7-3-44 添加【边角定位】滤镜

(5) 打开【效果控制】面板，展开【边角定位】特效，设置里面的参数值。将“左上”参数设置为“-10, 0”；“右上”参数设置为“1330, 382”；“左下”设为“-51, 1080”；“右下”设为“1348, 1259”，如图 7-3-45。

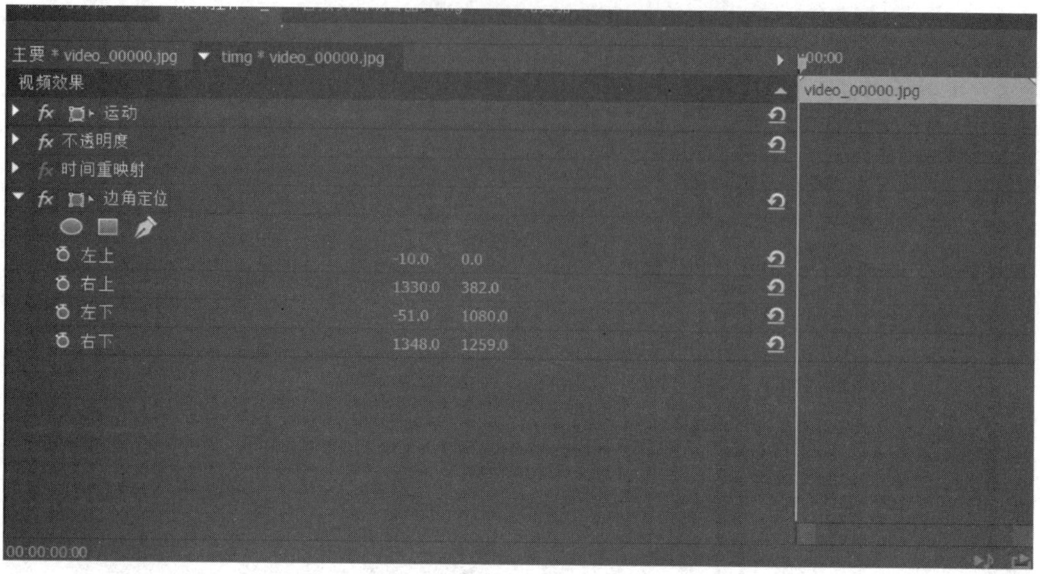

图7-3-45 【效果控件】面板调整【边角定位】参数

(6)预览效果，可以看到视频2轨道上的素材完全嵌到视频1轨道的屏幕素材中了，如图7-3-46。

图7-3-46 播放预览视频效果

第八章　Adobe Premiere Pro色彩校正

色彩校正是非线性编辑中的一项重要功能，也是我们在制作影视节目时的一项必做的工序。在影视作品中，我们经常碰到色彩变换，影像画面色彩的鲜艳程度直接影响着作品的视觉感官。调色在整个后期是非常重要的技术工作，可以改善画面中有缺陷的颜色，还可以将画面调整为其他的颜色。它既可以弥补素材本身由于光射条件不足引起的严重偏色，又可以丰富画面的表现力，创建独特的视觉样式，增强画面的艺术性。比如使用色彩校正把彩色图像变成黑白图像，使画面呈现老照片色调；又比如利用偏色对环境进行渲染，因为环境色彩直接影响整个片子的基调，使其变得阴森或者绚丽，为了让画面人物显示更细腻，有时需要用到局部调色，这些效果都可以通过Adobe Premiere Pro、EDIUS等后期软件来实现。

第一节　影视调色原理

一次校色和二次校色都是视频色彩处理的基本技术。一次校色是指对整个画面色彩的调整，二次校色是指对画面中某一区域色彩的局部调整。

三基色原理是颜色校正的调色原理。

一、三基色原理

在中学的物理课中，我们都做过棱镜的试验：白光通过棱镜后被分解成多种颜色逐渐过渡的色谱，颜色依次为红、橙、黄、绿、青、蓝、紫，这就是可见光谱。其中，人眼对红、绿、蓝三种颜色最为敏感，而且其他的颜色都可由这三种颜色按照不同的比例混合出来，而这三种颜色中的任意一色都不能由另外两种原色混合产生，色度学上将这三个独立的颜色称为三基色。

影视调色可以依据某些调色方法来进行，“加色法”是最常用的一种调色方法，三种原色两两相加可以得到：

红色+绿色=黄色

红色+蓝色=品红

绿色+蓝色=青色

红色+绿色+蓝色=白色

黄色、青色、品红都是由两种原色混合而成，所以它们又被称为相加二次色，如图8-1-1。

图8-1-1　三基色

红色+青色=白色

绿色+品红=白色

蓝色+黄色=白色

青色、品红、黄色分别又是红色、绿色、蓝色的补色。每个人的眼睛对于相同单色的感受不同，如果我们用相同强度的三基色混合时，得到白光的强度为100%，这时候人的主观感受是，绿光最亮，红光次之，蓝光最弱。这说明，绿色亮度最大。

除了相加混色法之外还有相减混色法。在白光照射下，青色颜料能吸收红色而反射青色，黄色颜料吸收蓝色而反射黄色，品红颜料吸收绿色而反射品红。也就是：

白色-红色=青色

白色-绿色=品红

白色-蓝色=黄色

另外，如果把青色和黄色两种颜料混合，在白光照射下，由于颜料吸收了红色和蓝色，而反射了绿色，对于颜料的混合方法我们表示如下：

颜料(黄色+青色)=白色-红色-蓝色=绿色

颜料(品红+青色)=白色-红色-绿色=蓝色

颜料(黄色+品红)=白色-绿色-蓝色=红色

以上都是相减混色，相减混色就是通过吸收不同比例的三基色而形成不同的颜色。所以青色、品红、黄色又称为颜料三基色。颜料三基色的混色在绘画、印刷中得到了广泛应用。在颜料三基色中，红、绿、蓝三色被称为相减二次色或颜料二次色。在相减二次色中有：

青色+黄色+品红=白色-红色-蓝色-绿色=黑色

二、RGB模式

用相加混色三基色表示的颜色模式称为RGB模式，RGB模式是绘图软件中最常用的一种颜色模式。在这种模式下，图像处理的比较方便，而且，RGB存储的图像小，可以节省内存和空间。例如，显示器采用RGB模式，即电子光束轰击荧光屏上的荧光材料发出亮光从而产生颜色。当没有光的时候为黑色，光线加到最大时为白色。

三、YUV模式

我们接触的视频文件有不同的颜色编码方式，RGB模式和YUV模式都属于色彩空间，都用于表示颜色，但两种模式保存亮度和色度的方式不一样。YUV模式是不同于RGB模式的一种颜色模式，其中，Y代表亮度，UV代表色度，根据颜色系统和格式的不同，色度信号经常被称作U和V、Pb和Pr或Cb和Cr。YUV模式通过一个亮度通道和两个颜色通道来存储和传输信息。YUV模式主要用于优化彩色视频信号的传输，是欧洲电视系统采用的一种颜色编码的方法，属于PAL制的电视制式下的颜色编码方式，其最大优点在于只需占用极少的带宽。RGB模式要求R、G、B三个独立的视频信号同时传输，需要占用更多的带宽。与常见的RGB颜色模式相比，YUV模式更适合广播电视，可以大大加快运行和处理效率。

调色工具的原理基于RGB或者YCbCr色彩模型工作，当然，两个模型之间也可以对应转换。

第二节　色彩要素

从人的视觉系统来看，色彩可以用HLS ——Hue(色相)、Luminance(亮度)、Saturation(饱和度)来描述。人们看到的任一彩色光都是这3个特性综合作用的效果，因此，这3个特性可以说是色彩的三要素。

一、色相

色相是颜色的一种属性，实质上是色彩的基本颜色，即我们经常讲的红、橙、黄、绿、青、蓝、紫七种颜色，每一种颜色代表一种色相。调整色相就是改变颜色。

二、亮度

亮度就是各种颜色的图形原色(如RGB图像的原色为R、G、B三种或各种的色相)的明暗度，亮度调整也就是明暗度的调整。亮度范围从 0 到255，共分为256个等级。我们通常讲的灰度图像，就是在纯白色和纯黑色之间划分了256个级别的亮度，也就是从白到灰，再转黑。同理，在RGB模式中，亮度则表示各原色的明暗度，即红绿蓝三原色的明暗度，从浅到深。

三、饱和度

饱和度是指图像颜色的彩度。每一种颜色都有一种人为规定的标准颜色，饱和度是描述颜色与标准颜色之间的相近程度的物理量。调整饱和度就是调整图像的彩度。将一个图像的饱和度调整为零时，图像则变成一个灰度图像。

四、对比度

对比度是指不同颜色之间的差异。对比度越大，两种颜色之间的差别越大，反之，就越接近。如提高一幅灰度图像的对比度，它会更加黑白分明，调到极限时，变成黑白图像，反之，我们可以得到一幅灰色的图像。

五、色温

所有的颜色都会受光线影响，不管光线是来自太阳、日常灯具还是电影灯具。光线用色温(光线颜色)来描述，色温会影响观众对颜色的感知。人眼能自动调节来适应不同色温，但是机器不行，如果没有校正白平衡，就会出现色偏。有时候色偏是人为制作的，比如日落场景，有的时候色偏则不受欢迎。

所有被摄影机记录下来的光线都有特定色温，色温以K为单位，下图是各种光线对应的色温。可以发现，色温越高，光线越冷调；色温越低，光线越暖调。从1600K到10000K，反映了日出/日落和正午之间的光线变化。

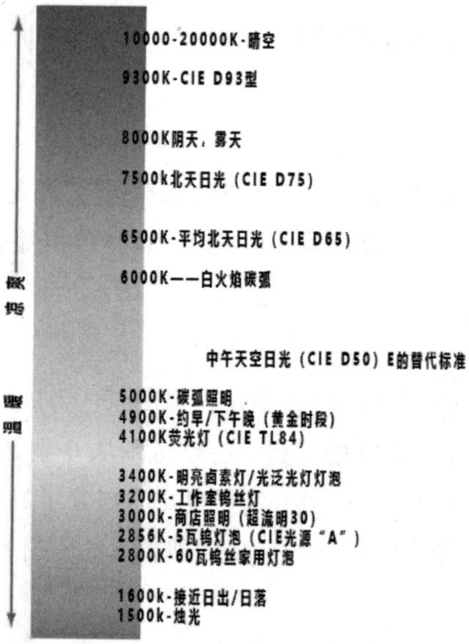

图8-2-1　各种光线对应的色温图

第三节　色彩校正的常用参数

一、图像亮度和色度范围

主体范围：整个图像所有亮度或色度区。

暗区：图像中亮度值或特定色彩通道色度值在0到85之间的像素对应的区域。

中间区：图像中亮度值或特定色彩通道色度值在86到170之间的像素对应的区域。

高亮区：图像中亮度值或特定色彩通道色度值在171到255之间的像素对应的区域。

二、直方图

在校色过程中，很多滤镜的参数调整通过亮度通道的直方图和色度通道的直方图来显示，如图8-3-1。灰度直方图显示图像中所有像素的灰度(亮度)的统计分布，横轴从左至右代表灰度值(亮度值)由小到大(数值从0到255)，纵轴代表统计得到的每一灰度值处像素的数量。色度通道直方图概念与此相似。可以通过在直方图的斜线上添加节点和调控节点来实现画面颜色或者亮度的调整。

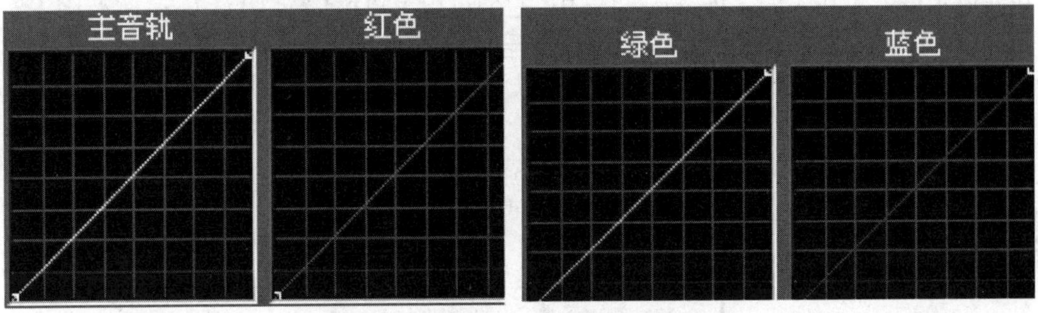

图8-3-1　直方图

三、伽马值

改变伽马(Gamma)值主要影响图像的中间区，从中间区到两端的暗区和高亮区，受到Gamma值变化的影响越来越小。比如改变亮度通道的Gamma值，则主要提升或降低的是画面中的中间区对应的像素的亮度。色彩通道的Gamma值的作用与此相似。

四、增益

改变增益(Gain)值主要影响的是图像的高亮区，从高亮区开始到中间区受到的影响逐渐变小，暗区受到的影响最小。例如改变亮度通道的Gain值，则主要提升或降低的是画面中的高亮区对应的像素的亮度。色彩通道的Gain值的作用与此相似。

第四节　色彩校正的常用视图

随着数字摄像机的普及和计算机硬件技术的飞速发展，视音频非线性编辑软件也逐步完善，增加了许多专业功能，为普通用户制作具有专业水准的影视作品提供了有力支持。比如常用的EDIUS、Adobe Premiere Pro等后期编辑软件的最新版本中都增加了示波器，替代了过去昂贵的硬件设备，使用户能够随时检查并控制视频信号。在视频制作过程中，由于电视系统能显示的亮度范围小于计算机显示器的显示范围，一些在电脑屏幕上鲜亮的画面在电视机屏幕上出现时，颜色相差较大，因此，要在后期制作过程中对画面进行校色和调色。正确使用软件提供的示波器，将使色彩调校的工作事半功倍。

一、示波器视图

视频信号由亮度信号和色差信号编码而成，因此，示波器按功能分为矢量示波器和波形示波器。在Adobe Premiere Pro中，它们可由菜单栏【窗口】/【Lumetri范围】命令开启，如图8-4-1，在Lumetri范围窗口中可以查看不同的视图。点击不同命令可以逐个地展示不同视图。

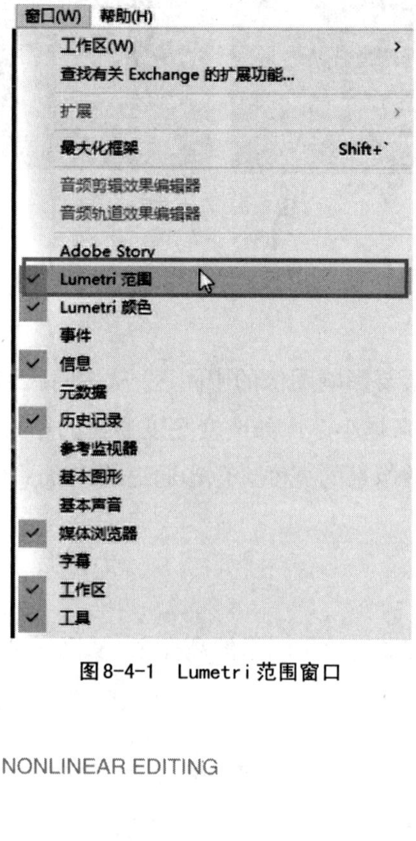

图8-4-1　Lumetri范围窗口

1.矢量示波器

矢量示波器是一种检测色相和饱和度的工具，显示的是影像的色相和饱和度信息。它以极坐标的方式显示视频的色度信息，从圆心向外放射的方向，即某一点和原点的连线与水平YL-B轴的夹角，代表某一色相，从圆心向外放射的距离，也就是某一点到坐标原点的距离，代表该色相的饱和度。通常软件自带的矢量示波器不像图8-4-2那么复杂，但至少都会有红绿蓝原色(R、G、B)和其补色(黄YL、青CY、品红MG)的标记。

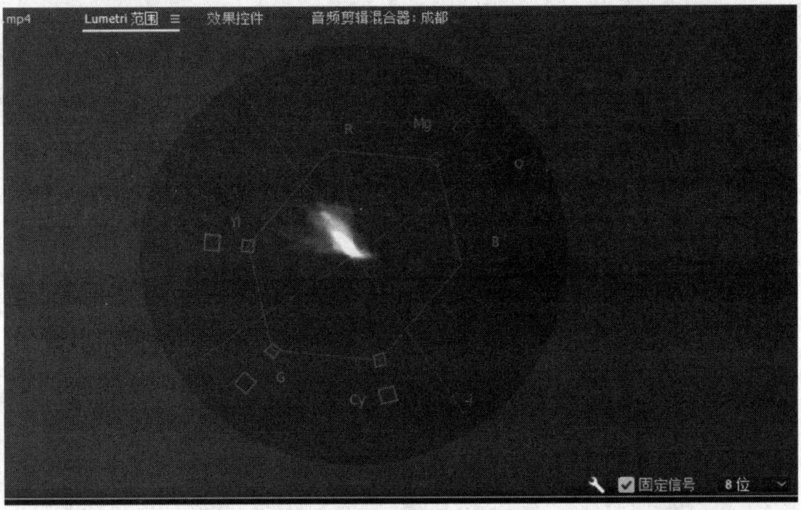

图8-4-2　矢量示波器

圆心位置代表饱和度为0，通过矢量示波器可以方便地判断饱和度。黑色、白色和灰色都会在圆心处，色相从圆心向外放射越远，饱和度越高。正常的颜色应该是从圆心向四周放射的线。如果一副图像的调性是中性(Neutural)，但是从示波器上看它偏离了圆心，那么说明它存在色偏。

2.YC波形图

YC波形图显示的是影像的亮度和色度，Y是亮度，通常被用来显示亮度的监视器，其色度并不是太好，一般只勾选亮度；勾选设置7.5IRE，这是美国NTSC色彩电视系统标准规定的把绝对的黑电平定位在7.5IRE的位置，也就是说，低于7.5IRE的信号都会被显示为黑色。YC波形横轴向，对应画面从左至右的位置；YC波形纵轴向，数值越高，代表亮度也就越高，如图8-4-3。

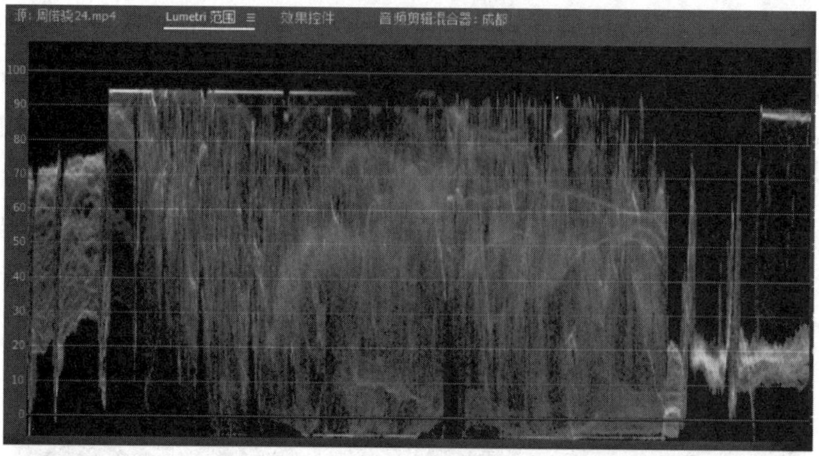

图 8-4-3　YC 波形图

3.RGB 分量图

RGB分量图是红绿蓝通道显示器，它将红绿蓝通道区分开，主要显示当前图像的红绿蓝的像素所占比例的多少，如图8-4-4。

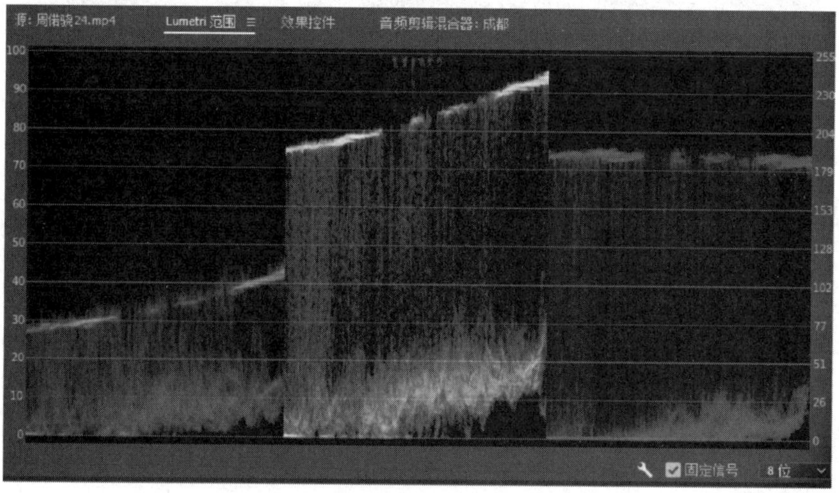

图 8-4-4　RGB 分量图

4.YUV 分量图

YUV分量图用来显示当前影像的亮度和色度信息，也叫YCBCR视图模式。蓝色部分显示的是亮度信息；黄色部分是CR，也就是红色减去亮度的信息；红色部分是CB，也就是蓝色减去亮度的信息。显示器中的颜色只是为了区分不同的通道，而并不代表这个通道的颜色就是黄色或者是红色，这只是一种描述方法，如图8-4-5。

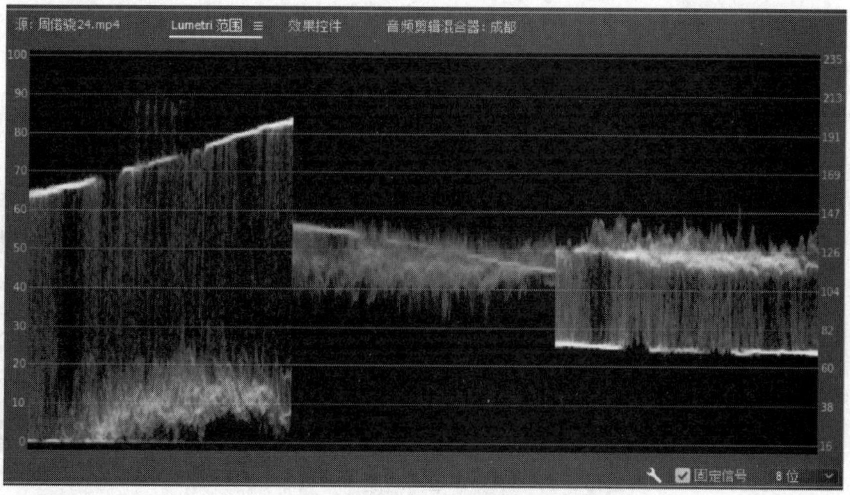

图8-4-5 YUV分量图

二、示波器的使用方法

在非线性编辑过程中，视频信号超标的原因主要有以下几点。

·在调色过程中，由于亮度和饱和度的提高往往会造成视频信号超标。

·摄像机参数设置不对，或者拍摄时没有进行适当的控制。

·使用了其他方式或软件制作的图像素材或动画素材。比如采用Photoshop处理的图像素材，如果其中采用了一些纯色，就会造成视频信号超标。

·字幕与背景使用了高饱和度的颜色，比如使用纯黑或纯白的颜色。

由此可以看出，在非线性编辑过程中，应该及时打开波形示波器或矢量示波器对视频信号进行实时监测。在制作过程中，我们可以将矢量图和示波器作为校色和调色的依据，观察整个画面的色彩饱和度、色彩偏向、亮度以及检查色彩是否超标。

在PAL制的电视制式下，从黑到白的范围在0–100 IRE，过高或者过低的IRE会使画面丢失细节，或者图像过曝。如果视频亮度信号幅度超过允许值的20%–30%，则将会造成白限幅，影响画面的层次感。黑电平过高会使画面的对比度不够、清晰度不高，整个画面因此灰蒙蒙一片；黑电平过低，在正常情况下虽突出图像的细节，但图像会因偏暗或缺少层次显得非常厚重，色彩不清晰自然。下面以亮度的检查与调整为例，说明示波器的具体使用方法。

1.检查亮度

(1)移动时间线指针到检测亮度的素材上。

(2)打开YC示波器如图8-4-6。通过示波图可以发现素材存在明显的曝光问题，所有像素都分布在顶部，而暗部(底部)没有“触底”，亮度像素分布失衡。

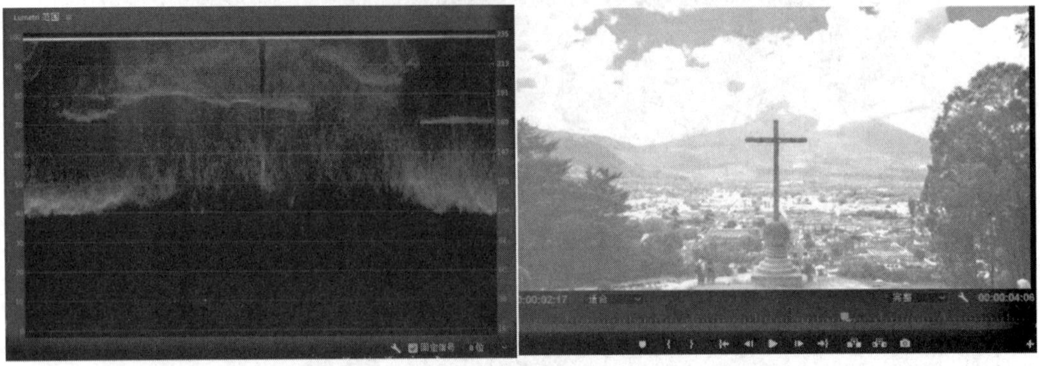

图8-4-6　调整前YC波形图显示曝光素材

2.调整亮度

如果亮度有问题，可以添加亮度特效进行调整。在Adobe Premiere Pro里，可以在素材上应用色彩校正的滤镜，从而简单地校正任何素材上的问题，如图8-4-7。

图8-4-7　调整后的YC波形图

第五节　实训：调色、校色、润色

一、视频色彩平衡校正

实践目标：(1)掌握视频效果的使用方法。

(2)掌握色彩平衡校正的方法。

实践内容：使用色彩平衡的调整方法，对影像中的偏色问题进行校正。

实践工作流程：

(1)新建一个名为“色彩平衡”的项目文件，选择主菜单【文件】/【新建】/【序列】命令，在弹出的对话框中展开“HDV”选择“HDV720p25”，双击“案例\素材\第八章色彩平衡\色彩平衡”文件夹导入“小朋友奔跑视频素材.mp4”，并将素材拖至视频1轨道中，如图8-5-1和图8-5-2。

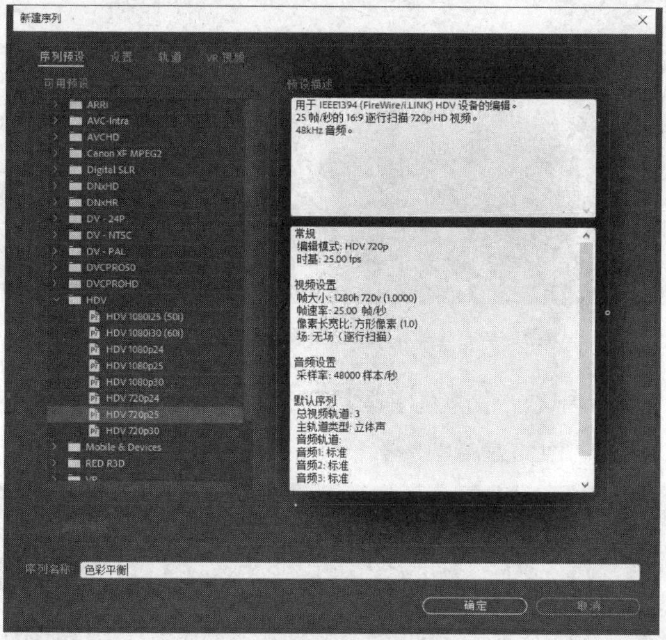

图8-5-1 新建序列对话框

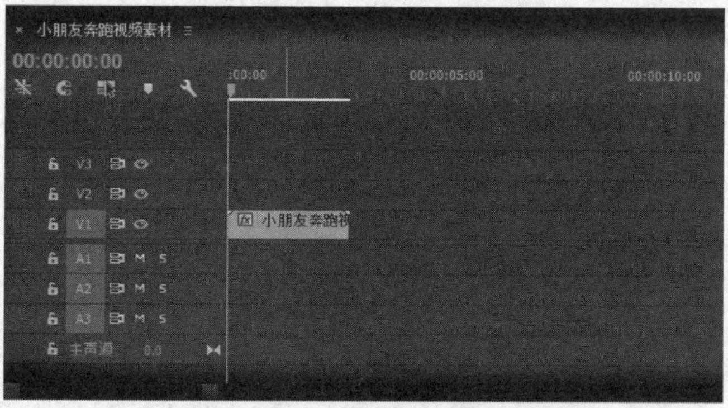

图8-5-2 将素材拖至【时间线】面板

(2)在【效果】面板中展开【视频效果】下的【颜色校正】,选择【亮度与对比度】特效，并将其拖至视频1轨道素材上，在【效果控制】窗口中调整滤镜特效参数，设置“亮度”值为-14，如图8-5-3。

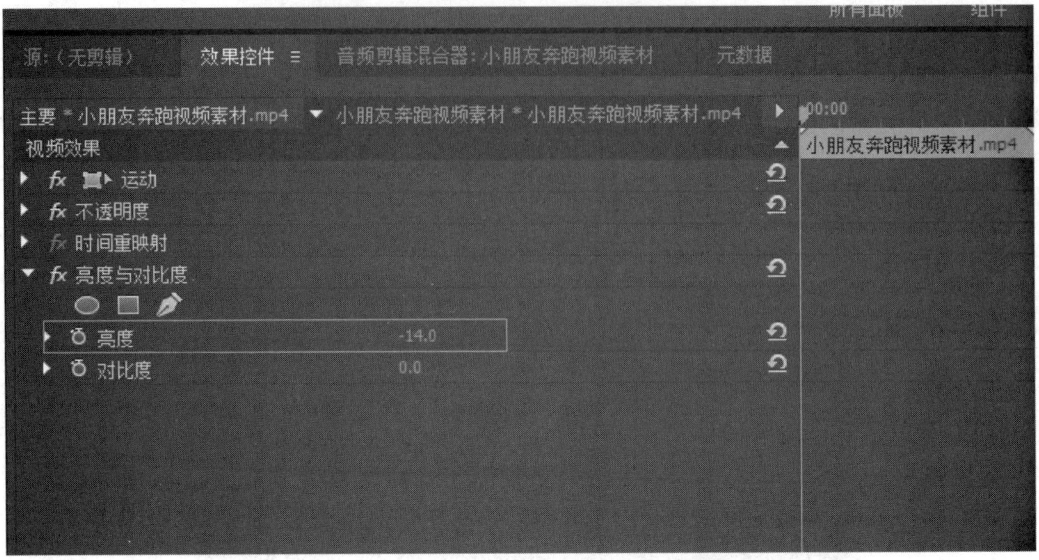

图8-5-3 【效果控件】面板调整“亮度”参数

(3) 在【效果】面板中展开【视频特效】下的【色彩校正】，选择【颜色平衡】特效，并将其拖至视频1轨道素材上，如图8-5-4。

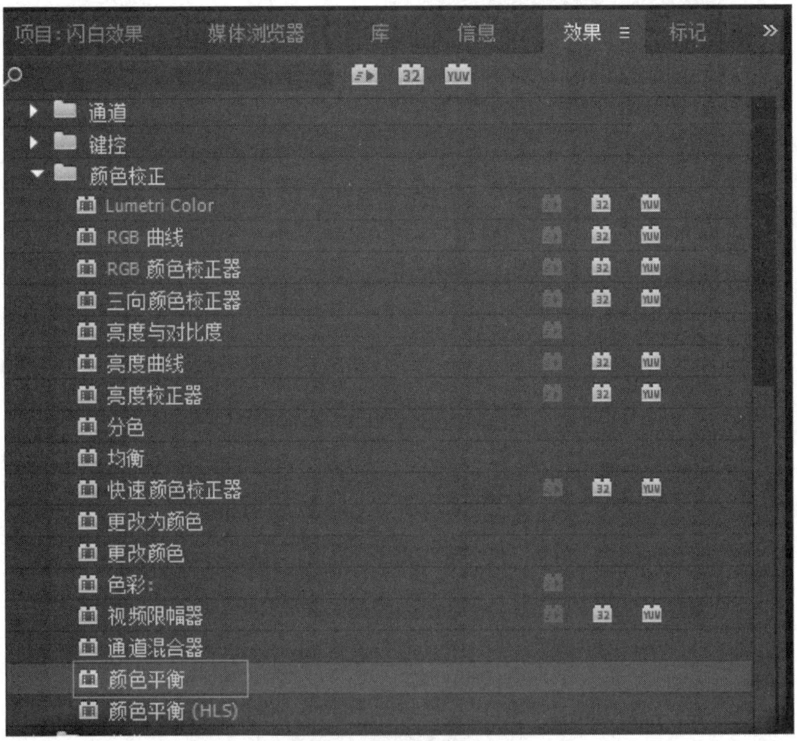

图8-5-4 添加视频“颜色平衡”特效

(4) 在【效果控件】窗口中调整滤镜特效参数，设置“阴影红色平衡”为5，设置“阴影绿色平衡”为5，“阴影蓝色平衡”为15，“中间调红色平衡”为22，“中间调绿色平衡”为25，“中间调蓝色平衡”为0，“高光红色平衡”为25，“高光绿色平衡”为25，“高光蓝色平衡”为0，并勾选下方的“保持发光度”，如图8-5-5。

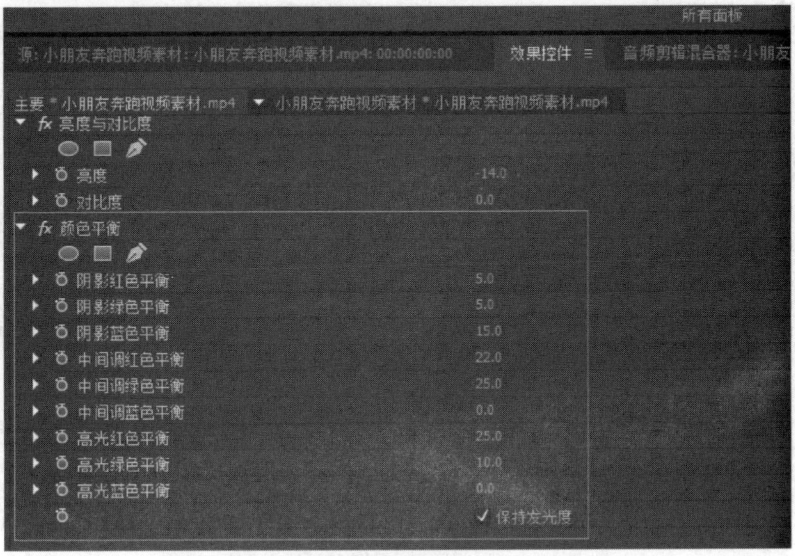

图8-5-5 【效果控件】面板调整【颜色平衡】参数

(5) 播放预览，对比校正前和校正后的图像区别，如图8-5-6和图8-5-7。

图8-5-6 校正前效果

图8-5-7 校正后效果

二、替换颜色

实践目标：(1) 掌握视频效果的使用方法。

(2) 掌握视频色彩替换的使用方法。

实践内容：利用【颜色替换】特效实现视频素材中色彩的替换。

实践工作流程：

(1) 新建一个名为“颜色替换”的项目文件，选择国内电视通用的制式DV-PAL下的标准 48KHz。双击“案例\素材\第八章色彩平衡\颜色替换”文件夹导入素材“水中的球.avi”，将其拖至时间线视频1轨道，如图8-5-8。

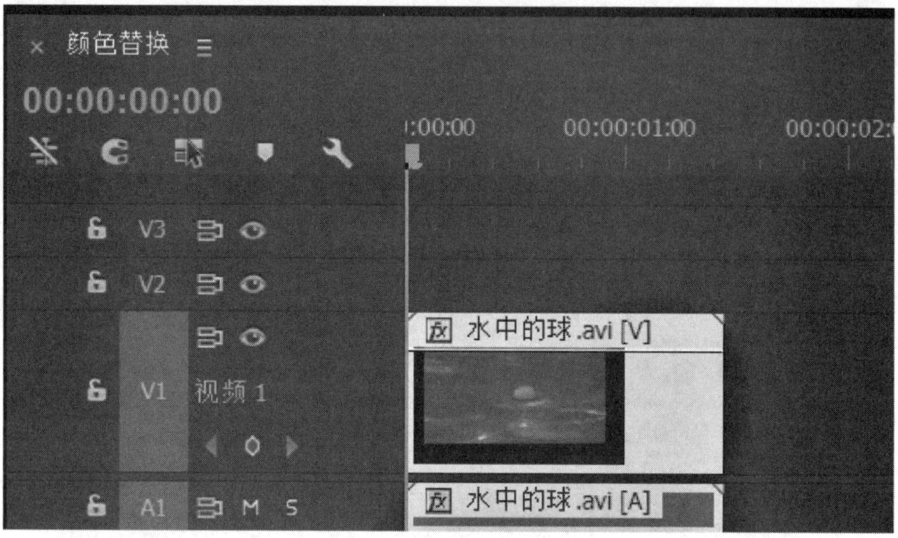

图8-5-8　将素材拖至【时间线】面板

(2) 在【效果】面板中展开【视频特效】下的【图像控制】，选择【颜色替换】特效，将其拖至素材上，如图8-5-9。

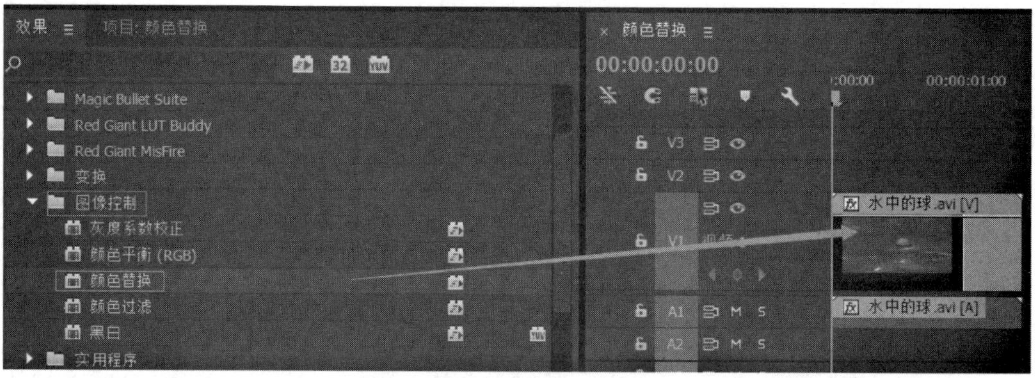

图8-5-9　为素材添加【颜色替换】滤镜

(3) 切换到【效果控件】面板，设置【颜色替换】特效参数。单击目标颜色右侧的吸棒工具，在监视器中的蓝色水区中单击，选取要替换的颜色；用吸棒工具吸取颜色之后，画面中与选取颜色相近的颜色会发生变化，如图8-5-10。

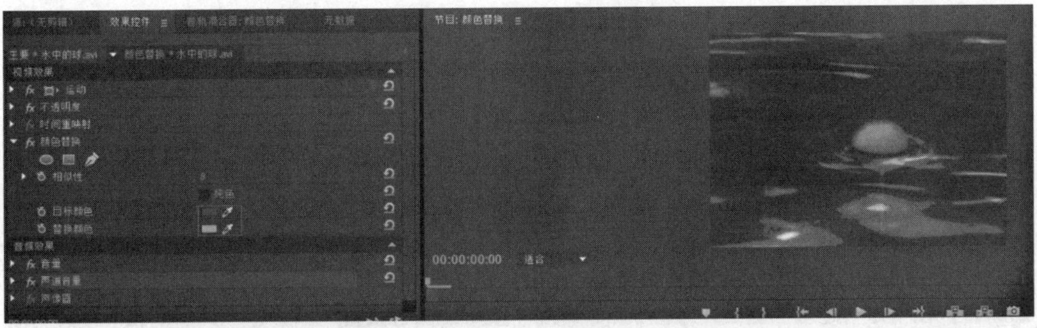

图 8-5-10　【效果控件】面板调整滤镜参数

(4) 单击“替换颜色”参数后面的色块，打开拾色器，在右侧的RGB值设置框中输入RGB的值分别为0,170,255，单击确定按钮，如图8-5-11。

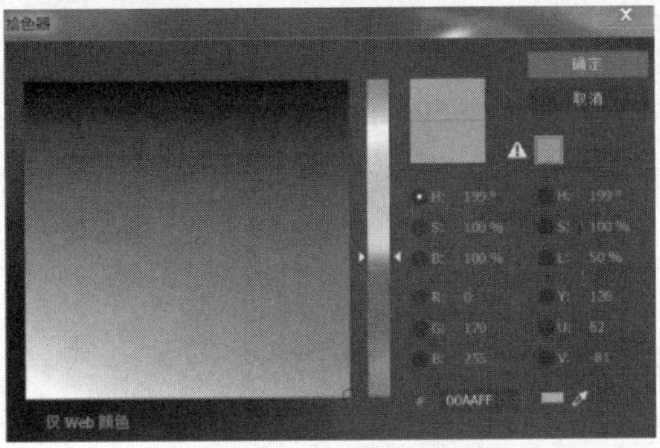

图 8-5-11　颜色拾色器

(5) 这时可以看到画面中被选择的区域变成了替换颜色，但是还有一些区域的颜色没有发生变化。继续修改“相似性”参数，将其设为30，同时扩大替换颜色范围，如图8-5-12。

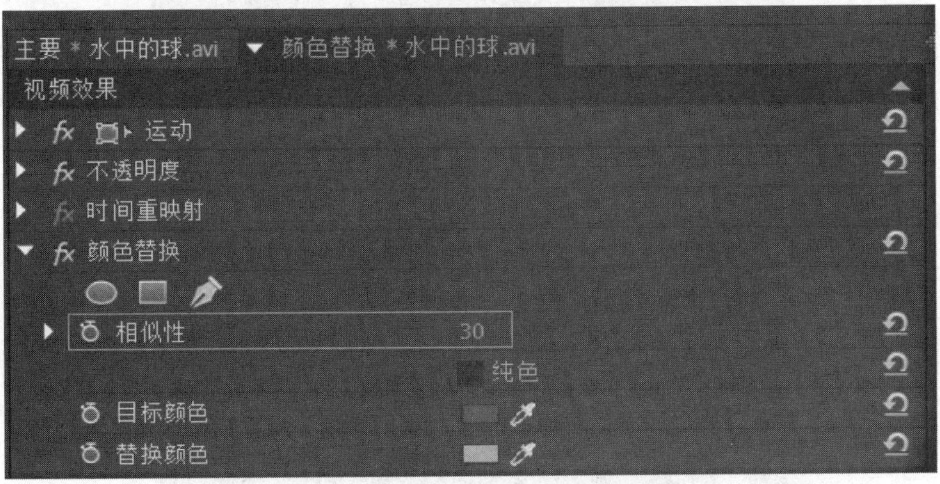

图 8-5-12　【效果控件】面板调整“相似性”参数

(6)播放预览，水域部分由原来的湖蓝色变为深蓝色，如图8-5-13和图8-5-14。

图8-5-13　颜色替换前

图8-5-14　颜色替换后

三、用特效制作闪白效果

实践目标：(1)掌握视频效果的使用方法。

(2)掌握闪白效果的制作方法。

实践内容：为了更清晰地观察字幕的上滚速度，新制作一个行数多的字幕，以便有更长距离的滚动过程。

实践工作流程：

(1)新建一个名为“闪白效果”的项目文件，选择主菜单【文件】/【新建】/【序列】命令，在弹出的对话框中展开“HDV”选择“HDV720p25”，并设置序列名为“交叉溶解”，双击“案例\素材\第八章色彩平衡\闪白效果”文件夹，导入视频素材“沙滩01.mp4”“沙滩02.mp4”，并将两个视频素材拖至视频1轨道中，使其连接在一起，如图8-5-15和图8-5-16。

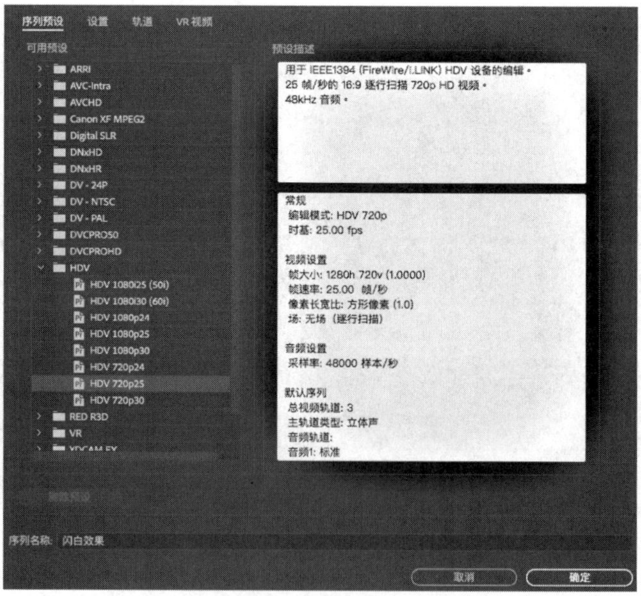

图8-5-15　新建序列对话框

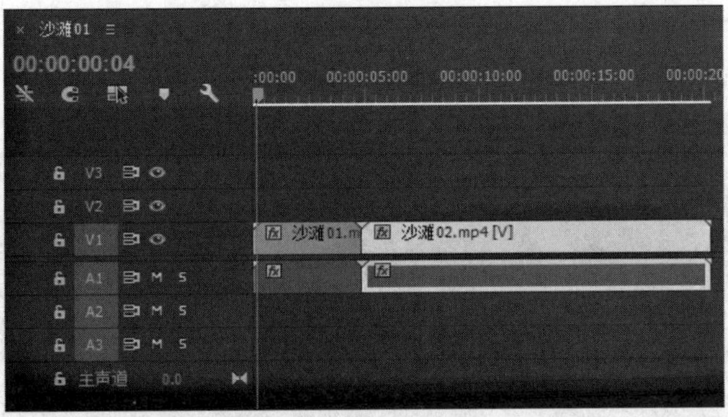

图8-5-16　将素材拖至【时间线】面板

(2) 在【效果】面板中展开【视频效果】下的【模糊与锐化】，选择【快速模糊】特效，将其拖至“沙滩01.mp4”素材上，如图8-5-17。

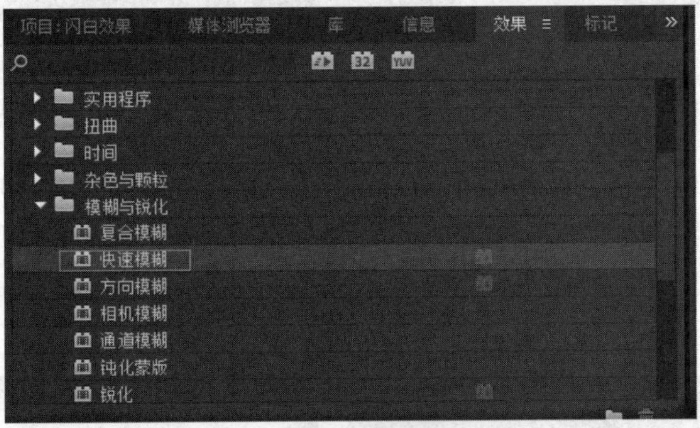

图8-5-17　添加【快速模糊】滤镜

(3) 在【效果控件】窗口中设置“快速模糊特效”参数，将时间指针移至3秒15帧的位置，单击模糊程度前面的码表，设置“模糊度”为0；将时间指针移至4秒20帧，即该素材的最后一帧处，设置“模糊度”参数为20，预览播放效果，如图8-5-18。

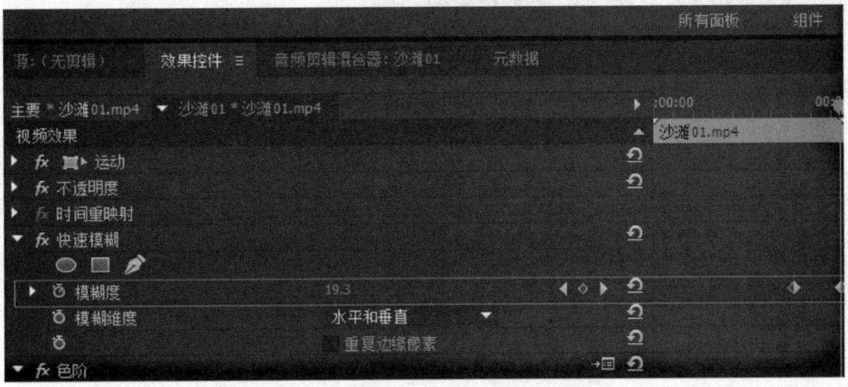

图8-5-18　【效果控件】面板调整“模糊度”参数

(4) 在【效果】面板中展开【视频效果】下的【调整】文件夹，找到【色阶】滤镜，拖至时间线中的素材“沙滩01.mp4”上，如图8-5-19。

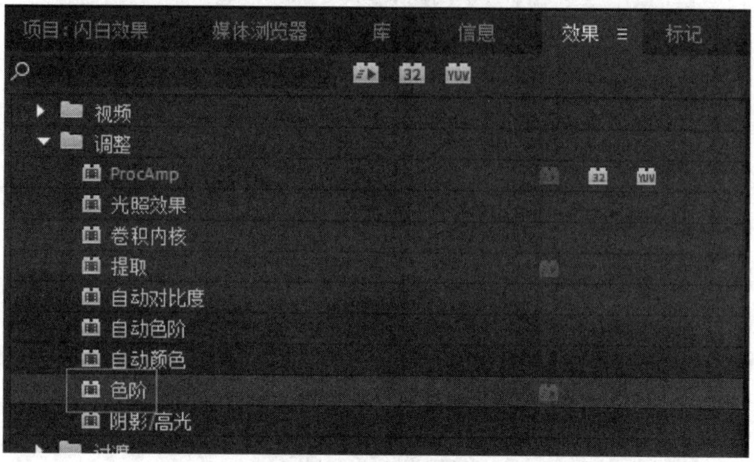

图8-5-19　添加【色阶】滤镜

(5) 选择文件“沙滩01.mp4”，在特效控制面板中打开，为【色阶】滤镜设置动画。展开【色阶】滤镜下的小三角，将时间指针移至3秒15帧的位置，单击“输入白色”前面的码表，打开动画开关，设置“输入白色阶”为255，将时间指针移至4秒20帧，即该素材的最后一帧处，设置白色输入值为0，预览播放效果。色阶动画产生白闪动画，如图8-5-20和图8-5-21。

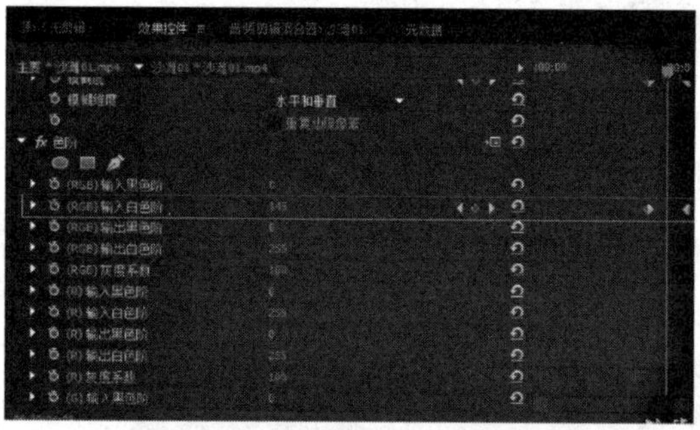

图8-5-20　为滤镜添加关键帧动画效果

图8-5-21　预览滤镜效果

(6) 在【效果】面板中展开【视频效果】下的【调整】文件夹，找到【色阶】滤镜，拖至时间线中的素材“沙滩02.mp4”上。选择文件“沙滩02.mp4”，在特效控制面板中打开，为【色阶】滤镜设置动画。展开色阶滤镜下的小三角，单击“输入白色阶”前面的码表，打开动画开关，将时间指针移至4秒21帧，该素材的第一帧处，设置“输入白色阶”为0，将时间指针移至5秒21帧位置，设置“输入白色阶”为255，如图8-5-22。

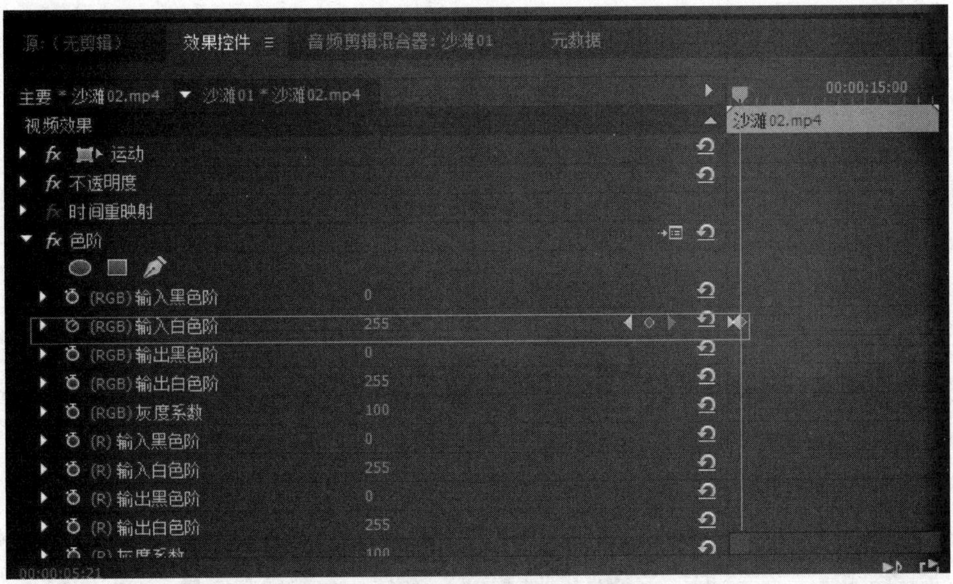

图8-5-22　为滤镜添加关键帧动画效果

(7) 这样，两段素材之间就设置好了闪白的衔接方式，播放预览最终效果，如图8-5-23。

图8-5-23　播放预览视频效果

提示：通过添加【白场过渡】和添加特效实现的闪白都可以作为转场方式来用，可是效果有明显的不同。通过添加过渡效果实现的是由原来的彩色图像直接变为瞬间的白色实现转场；添加滤镜实现的是由彩色图像的亮部区域逐渐变白变为瞬间全白，再由下一个图像的亮部变白逐渐变为彩色，这样一个闪白的衔接方式，二者的视觉效果是不一样的。

四、中国风水墨画

实践目标：(1)掌握风格化、色阶等滤镜的基本使用方法。

(2)掌握多种滤镜综合使用技巧。

实践内容：水墨画是具有民族文化特色的经典之作，有些影视作品需要制作成中国风，本案例介绍用色彩特效制作有中国风的水墨画效果。

实践工作流程：

(1)新建一个名为“中国水墨画”的项目文件，选择主菜单【文件】/【新建】/【序列】命令，在弹出的对话框中展开“DV-PAL”选择“标准48kHz”，并设置序列名为“中国水墨画”，双击“案例\素材\第八章色彩平衡\中国风水墨画”文件夹，导入图片素材“水墨画.jpg”，并将图片拖至时间线，如图8-5-24和图8-5-25。

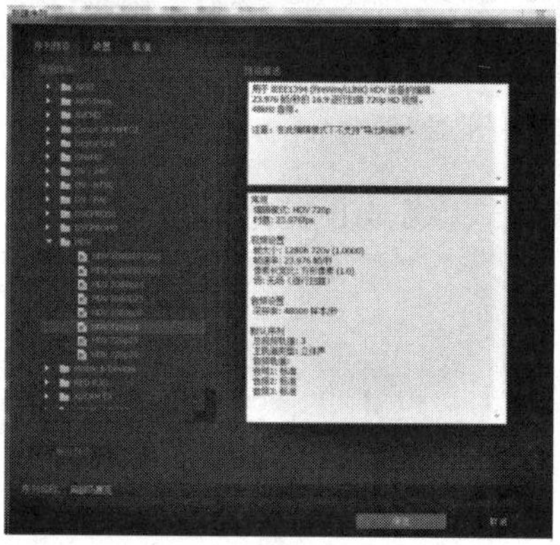

图8-5-24　新建序列对话框

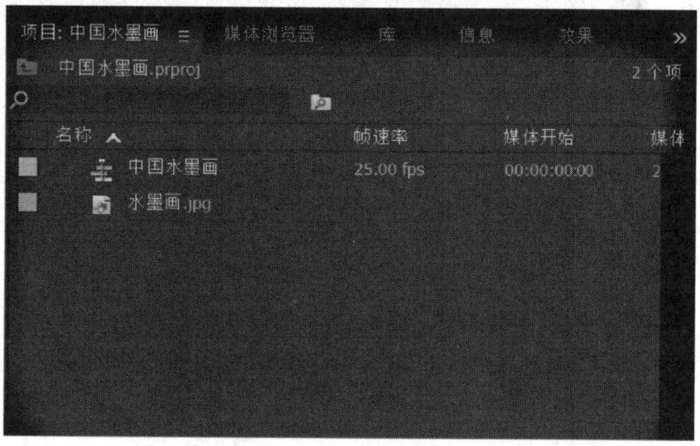

图8-5-25　将素材导入【项目】面板

(2)在【效果】面板中，单击【视频特效】/【图像控制】/【黑白】特效，将其添加到“水墨画.jpg”素材上，如图8-5-26。

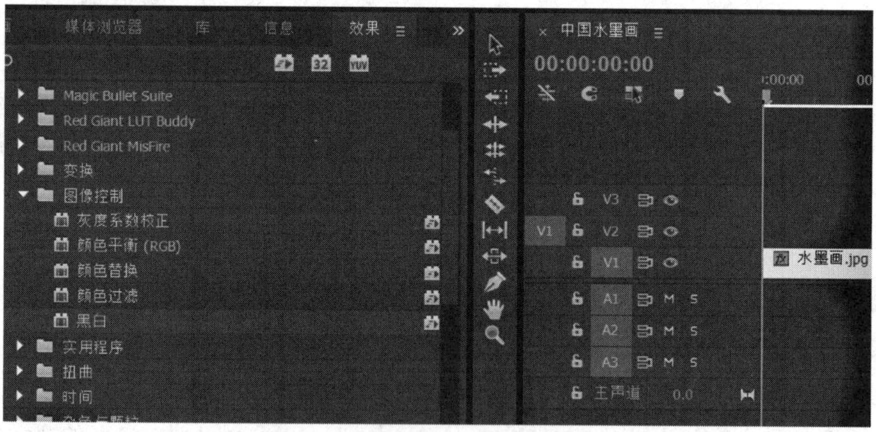

图8-5-26　为素材添加【黑白】滤镜

(3) 添加【风格化】/【查找边缘】特效到水墨画.jpg，设置“与原始图像混合”选项值为55%，如图8-5-27。

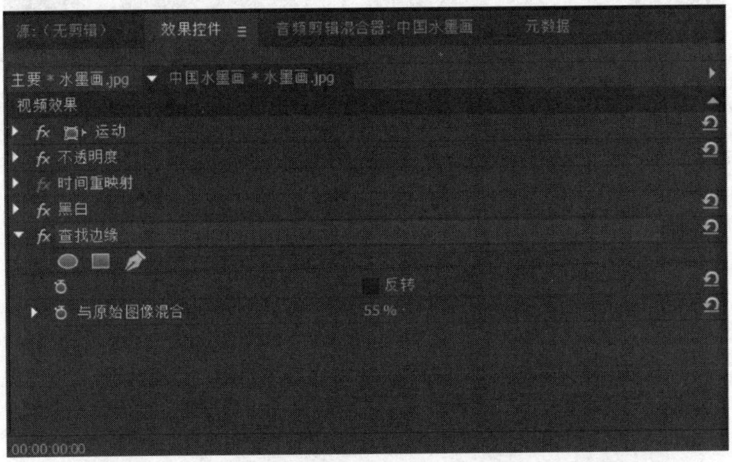

图8-5-27 【效果控件】面板调整“与原始图像混合”参数

(4) 添加【调整】/【色阶】特效到“水墨画.jpg”，在【效果控件】面板中单击设置按钮，在弹出的【色阶设置】对话框中将“输入色阶”参数分别设置为30、2.00、240，如图8-5-28。

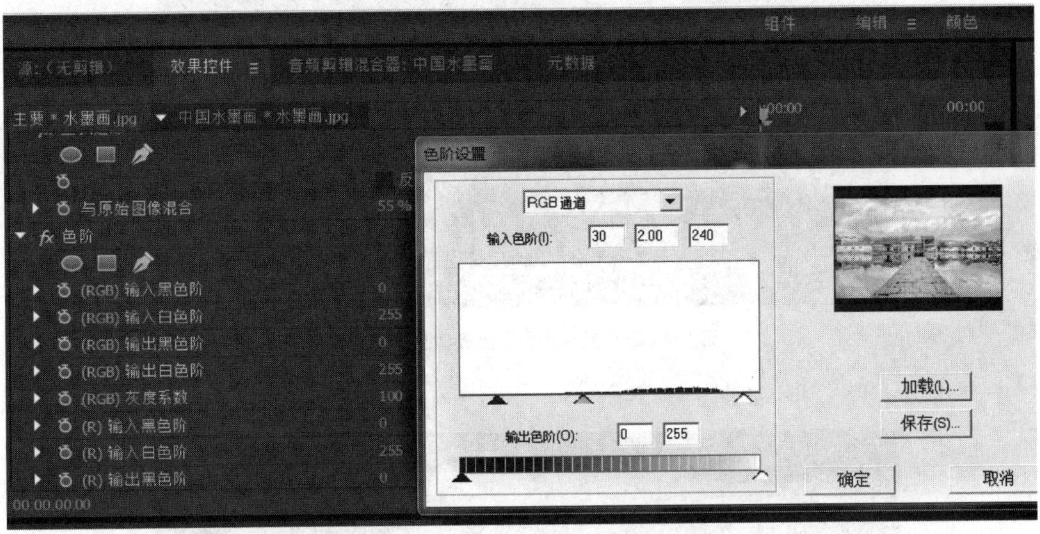

图8-5-28 【效果控件】面板调整滤镜参数

(5) 添加【颜色校正】/【均衡】特效到“水墨画.jpg”。在【效果控件】面板中设置“均衡量”参数为70%，如图8-5-29。

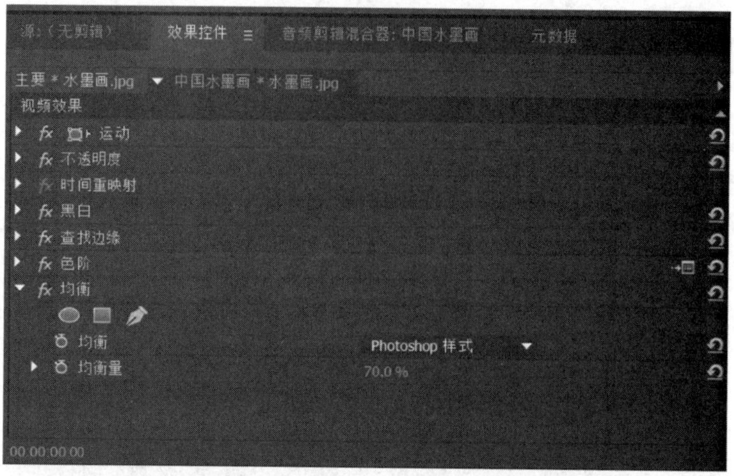

图8-5-29 【效果控件】面板调整“均衡量”参数

(6)为加强水墨画效果，添加【模糊与锐化】/【高斯模糊】特效到“水墨画.jpg”，设置“模糊度”为4.0，如图8-5-30。

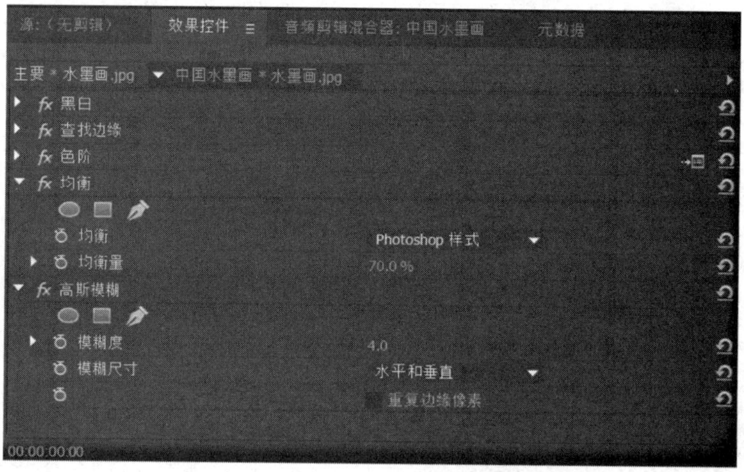

图8-5-30 【效果控件】面板调整滤镜参数

(7)预览最终效果，如图8-5-31。

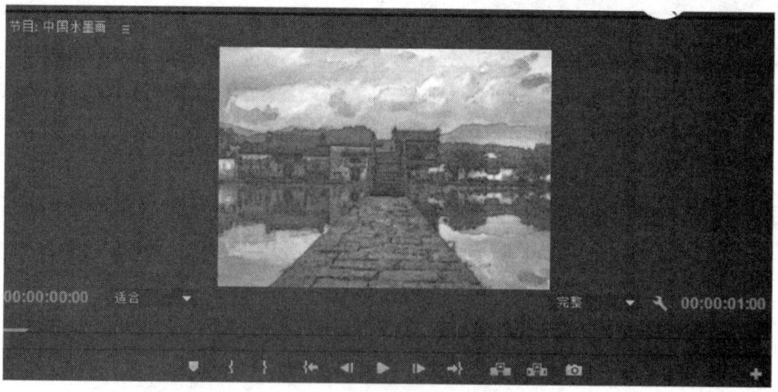

图8-5-31 播放预览视频效果

五、单色保留

实践目标：(1) 掌握视频效果的使用方法。

(2) 掌握保留单一色彩的方法。

实践内容：通过“颜色过滤”特效实现视频素材保留单一色彩。

实践工作流程：

(1) 新建一个名为“单色保留”的项目文件，选择国内电视制式通用的DV-PAL下的标准48KHz。双击“案例\素材\第八章色彩平衡\单色保留”文件夹，导入素材“city.avi”，并将素材拖至视频1轨道，播放素材，如图8-5-32和图8-5-33。

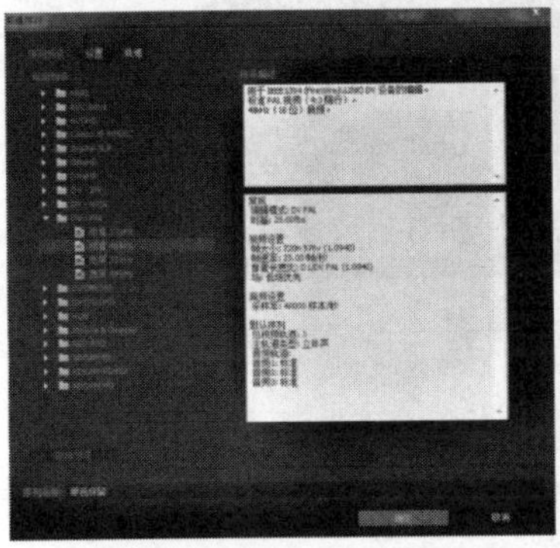

图8-5-32　新建序列对话框

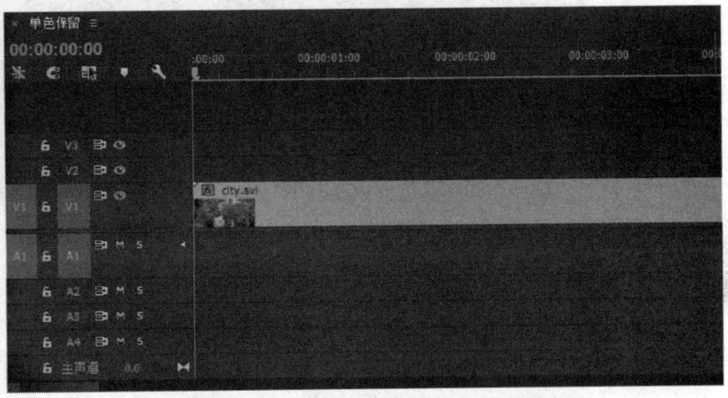

图8-5-33　将素材拖至【时间线】面板

(2) 在时间线中用右键点击该素材，选择【缩放为 大小】选项。在【效果】面板中展开【视频效果】下的【图像控制】，选择【颜色过滤】特效，将其拖至视频1轨道素材上，如图8-5-34。

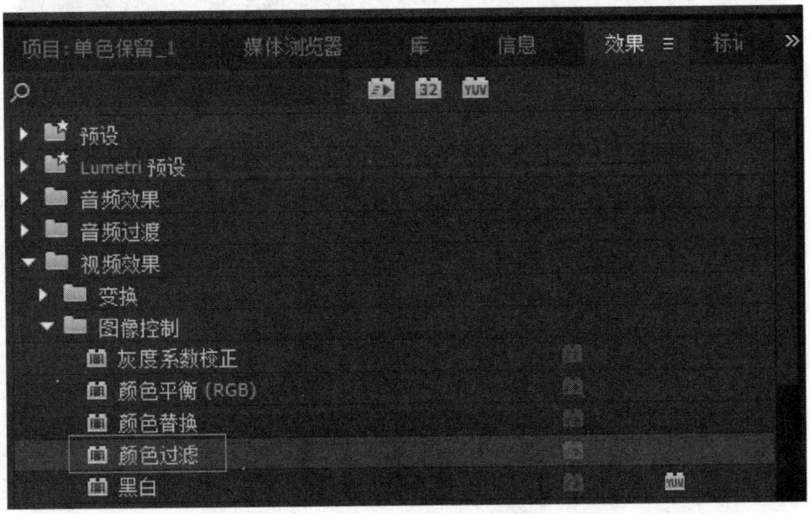

图8-5-34　为视频添加【颜色过滤】滤镜

(3) 在【效果控件】窗口中调整滤镜特效参数，用吸棒工具选择要保留的画面中的绿色衣服。将“相似性”参数设置为10，如图8-5-35。

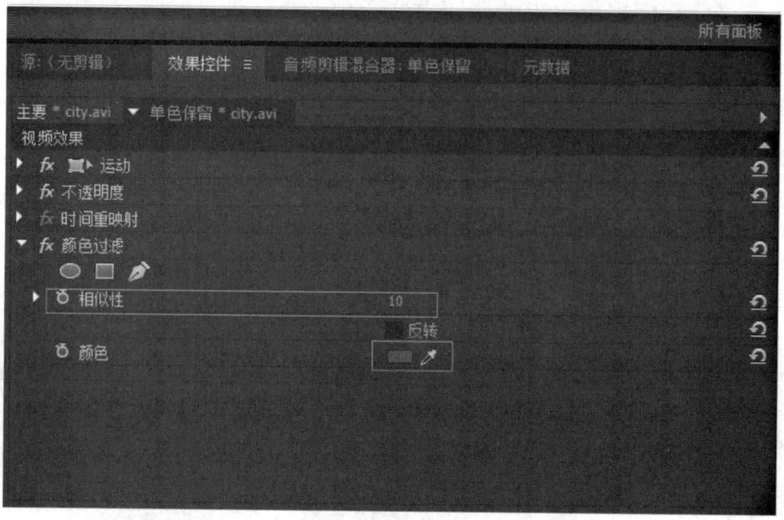

图8-5-35　【效果控件】面板调整“相似性”参数

(4) 预览视频效果可以看到，画面中除了绿色的衣服是彩色，其他颜色的全部变成了黑白色，如图8-5-36。根据画面中的颜色，继续对“相似性”参数进行微调。

图8-5-36　播放预览视频效果

提示：颜色过滤特效可以将画面中选择的颜色保留为彩色，其他颜色均变为黑白色，营造一种特殊的艺术效果。参数的调节要配合着选择的颜色和设置“相似性”参数，以得到最佳的效果。

第九章　Adobe Premiere Pro画面叠加

视频叠加是图像合成的一个重要处理过程。把不同的剪辑重叠，并把上层剪辑的某个片段或其中某一部分设置成透明，因为得到的上层剪辑是透明的，所以在下面的剪辑素材可以透过它来播放，从而合成为单一复合的混合画面，这样一些方法的组合，被称为视频的叠加处理。有时需要把一些片段合成起来，以便遮盖图像中不希望被看到的部分；有时则需要把一个片段当作前景图像，再把另一个片段作为背景图像，创建一种新的画面效果。Adobe Premiere Pro的多层轨道设置可以控制多层的合成图像，制作出合成效果。

第一节　Alpha通道

Alpha通道是保存图像透明信息的通道，为导入的素材提供一条途径把素材和其自带的透明信息存储在一个文件中而不干扰影像自身的色彩。该通道用256级灰度记录图像中的透明度信息，并定义图像的透明、不透明和半透明区域。一个图像是否包含透明区域，可以在Alpha通道查看，如图9-1-1，其中，黑色表示透明，白色表示不透明，灰色表示半透明，如图9-1-2和图9-1-3 。

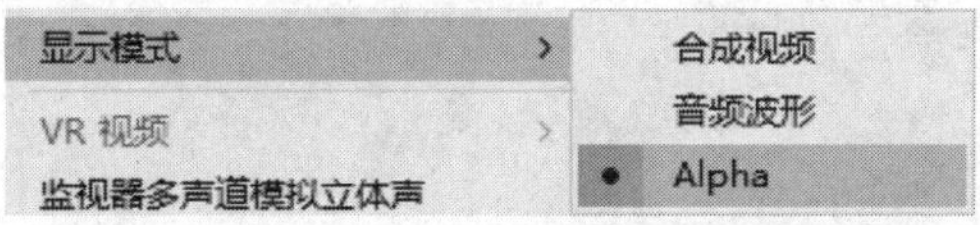

图9-1-1　查看Alpha通道

图9-1-2　合成视频下的老鹰

图9-1-3　Alpha通道下的老鹰

Alpha通道是实现画面合成的基础。但是，一般自身具有Alpha通道的图像都是由计算机生成的，实际拍摄的画面本身并不自动带有Alpha通道。素材的Alpha通道可以利用技术手段从画面中提取。

提示：很多格式的文件都包含Alpha通道，包括Photoshop、TGA、TIFF、ElectricImage等。

第二节　画面叠加的方法

Adobe Premiere Pro主要通过调节不透明度、使用混合模式、绘制蒙板、使用抠像技术来制作画面的叠加混合效果。

一、调节不透明度

更改透明度进行画面叠加的原理是每个片段都会有一定的不透明度，在不透明度为0%的时候，图像完全透明；不透明度为100%的时候，图像完全不透明。不透明度的参数控制在【效果控件】面板，如图9-2-1。

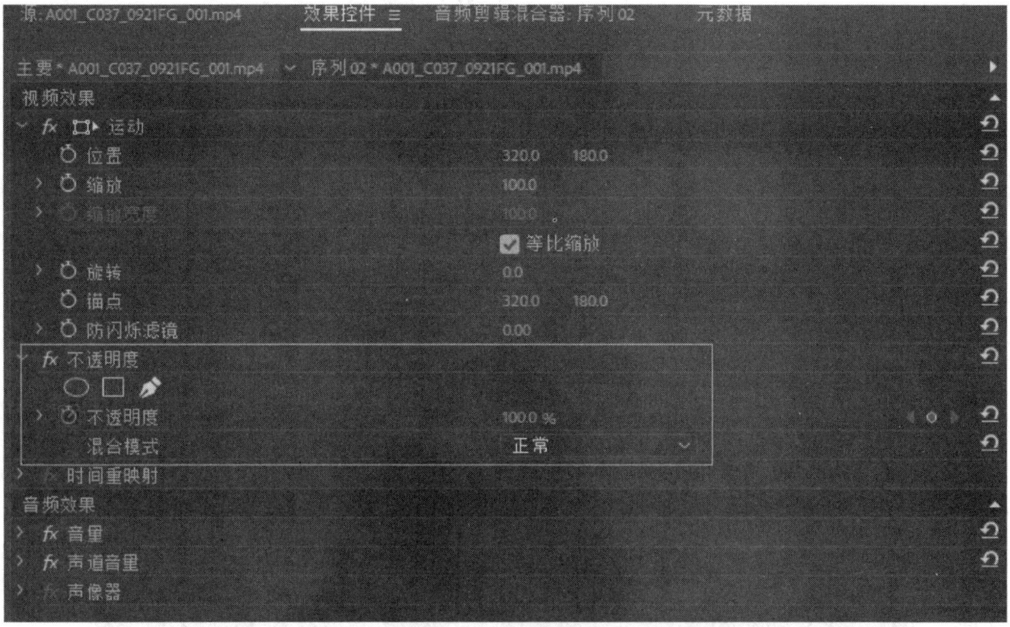

图9-2-1　不透明度参数控制

创建视频叠加合成图像的方式之一是把两个素材混合起来，即通过调节上一层素材的透明度，让它变暗以使背景素材逐渐显现出来。

(1) 在时间线面板中放置两段剪辑片段，如图9-2-2。

图9-2-2　不同轨道放置素材片段

(2) 选择视频2轨道的素材(即较上一层的视频素材)，在【效果控件】面板中打开不透明度的参数控制，将其数值设置为50%，也就是将素材设为半透明，如图9-2-3。

图9-2-3　设置不透明度

(3) 播放时间线，预览。监视器内可以同时看到上下轨道的素材内容，以半透明的方式显示出两个轨道的影像合成效果，如图9-2-4。

图9-2-4　上下两个轨道视频的叠加效果

二、使用混合模式

在时间线面板中，多个视频轨道之间是互相覆盖的关系，位于上层轨道的画面会覆盖下层轨道的画面，将上下两层轨道的画面重合起来会产生一种特殊的效果。在Adobe Premiere Pro中，不同轨道图像之间的叠加还可以通过设置“不透明度”下的“混合模式”来实现。

Adobe Premiere Pro为图像提供了多种“混合模式”，在【效果控件】面板中，单击“不透明度”左侧的折叠按钮，展开“不透明度”选项，单击“混合模式”的下拉菜单，弹出多种混合模式的菜单，如图9-2-5。

图9-2-5 “不透明度”下的“混合模式”

运用“混合模式”会得到不同于“不透明度”混合的独特画面效果，可用于强化图像细节、强化画面反差、瞬间曝光过度等。这些“混合模式”通过将上下两层轨道的影像颜色像素相加或者相减、亮度像素相加或者相减，使图像产生合成叠加的特殊画面效果，如图9-2-6。

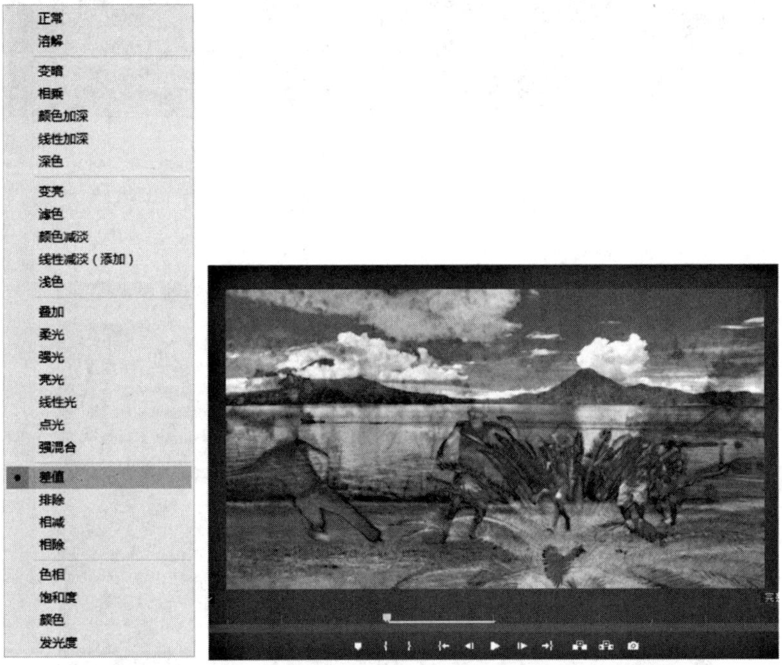

图9-2-6 “差值”混合模式下上下轨道叠加效果

三、绘制蒙版

CC版本之后，Adobe Premiere Pro增加了蒙版工具。蒙版是一个路径或轮廓图，在为对象定义一个蒙版后会建立一个透明区域，该区域将显示其下层的图像，如图9-2-7。轮廓之内或轮廓之外的区域就是提取影像的部分。在Adobe Premiere Pro中，蒙版用于创建复杂的合成效果。我们可以创建任意形状的蒙版，也可以修改蒙版、做蒙版动画。在创建复杂的合成效果时，我们还需要借助蒙版模式。

图9-2-7　蒙版区域

1.使用蒙版工具创建蒙版

在【效果控件】面板中，不透明度参数栏下方有3个蒙版工具，分别是矩形蒙版、圆形蒙版和多边形蒙版工具，可以用于创建任意大小的矩形蒙版、椭圆形蒙版和不规则蒙版，如图9–2–8。

图9-2-8　"不透明度"参数下的蒙版工具

提示：蒙版的产生必须基于某个剪辑片段，也就是说，在创建蒙版前要在某一个轨道上选择某一个剪辑片段。

在时间线上选中要创建蒙版的剪辑片段，打开【效果控件】面板，选择一个蒙版工具即可在剪辑片段上创建蒙版区域，如图9–2–9。

图9-2-9　创建蒙版

在一个剪辑片段上创建蒙版区域后，该片段上即产生一个透明区域和不透明区域，切换到Alpha通道查看显示模式，可以看到一个纯黑白的影像文件，如图9–2–10。

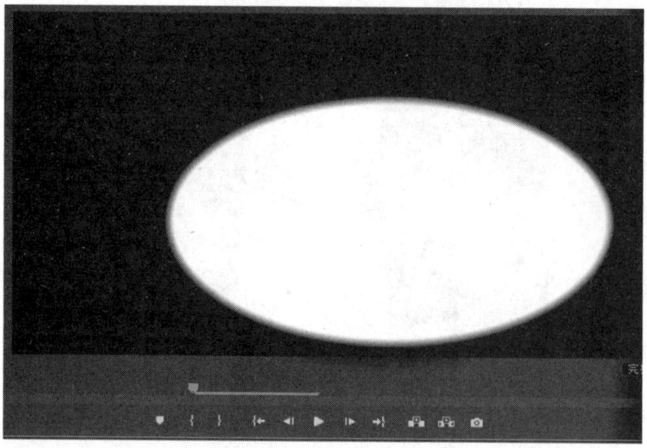

图9-2-10　创建蒙版后查看Alpha通道

提示：同一个剪辑片段可以绘制多个蒙版区域。

利用工具栏中的钢笔工具可以绘制不规则蒙版图形，它使用贝塞尔点定义蒙版的路径，可以确定出具有各种角度、弯曲或者平滑的曲线路径。利用该工具可以把图像中的不规则物体圈选出来，如图9-2-11。

图9-2-11　不规则蒙版的绘制

2.蒙版选项

在Adobe Premiere Pro中，一个剪辑片段上可以创建一个或者多个蒙版区域，而且在一个片段上创建蒙版的时候，蒙版的名称会显示在【效果控件】选项中，如果是多个蒙版，它们将按顺序排列。我们创建好蒙版后，可以修改蒙版区域。

在【效果控件】面板可以打开关于蒙版的参数，调整蒙版的控制区域。蒙版参数包括蒙版路径、蒙版羽化、蒙版不透明度、蒙版扩展、蒙版翻转。

● 蒙版路径：可以修改创建的蒙版区域中对于蒙版点的参数，也可以通过跟踪蒙版区域将蒙版的移动记录成关键帧，将蒙版区域的变化保存成动画参数。

(1) 通过蒙版工具创建一个蒙版区域，如图 9–2–12。

图 9-2-12　创建蒙版区域

(2) 点击蒙版路径参数后面的向前或向后跟踪按钮，如图 9–2–13。

图 9-2-13　单击分析按钮

(3) 系统根据蒙版区域的变化开始分析数据，跟踪并最终将其记录成关键帧，如图 9–2–14。

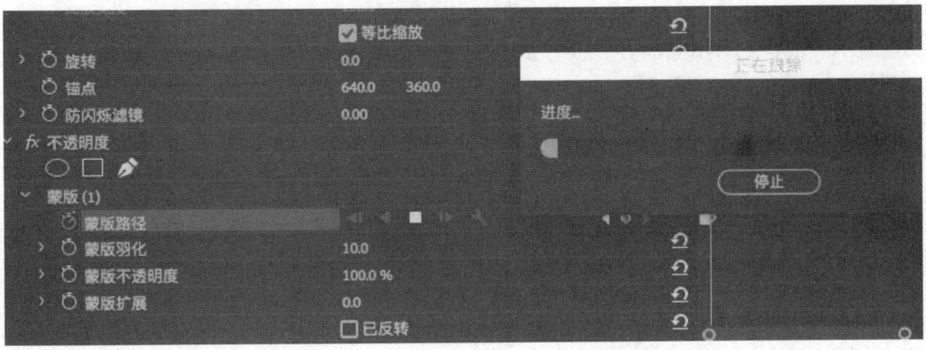

图 9-2-14　对蒙版区域进行动态分析跟踪

● 蒙版羽化：能够对遮罩进行羽化处理，使遮罩边缘模糊化，产生融合的效果，如图 9–2–15。

图 9-2-15　蒙版羽化

● 蒙版不透明度：设置遮罩0~100的不透明度效果。

● 蒙版扩展：设置扩展遮罩的影响范围，改变遮罩的边缘位置。

● 蒙版翻转：翻转蒙版的选择区域，指定蒙版区域的哪部分是内部、哪部分是外部，如图9-2-16。

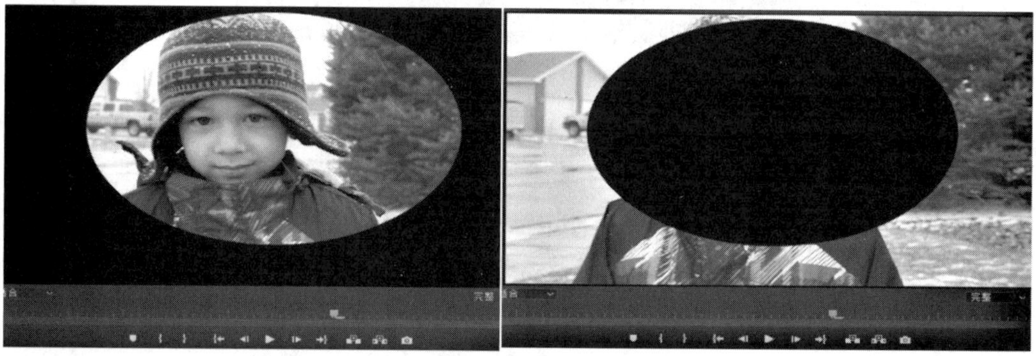

图 9-2-16　蒙版翻转

提示：只有封闭的路径蒙版才有创建透明区域的作用。

四、使用抠像技术

在后期合成时经常需要将一些不同的对象合成到一个场景中去，我们可以使用Alpha通道来完成或者在素材中建立遮罩。但在实际中能够使用自带Alpha通道的素材并不多，为非常复杂的动态素材创建遮罩，也是一件非常费力的事情。在后期合成中尤其是使用大量的拍摄素材时，合成不同元素就需要多次使用通道提取。在数字技术进步的今天，通道提取成为数字合成的重要功能，我们把通道提取称为抠像技术，也可称为键控。使用键控效果可以将多个画面叠加在一起，或对颜色、亮度等属性进行特殊处理，产生神奇的视觉效果。

键控就是指前期拍摄时选择蓝色或绿色背景，演员在蓝背景或绿背景前表演，再将拍摄的素材数字化，在后期处理中产生一个Alpha通道，识别图像中的透明度信息，将背景颜色及蓝色和绿色背景变为透明，然后与电脑制作的场景或者其他场景素材叠加合成，这样前景的演员就和其他的场景合成在一起了，实现了背景的替换。我们在荧屏上看到的很多画面其实都不是单一的图层，而是多层图像叠加在一起的合成效果，图9-2-17是影片《指环王》的电影截图，图9-2-18是该影像的分解图层。

图9-2-17 《指环王》电影截图

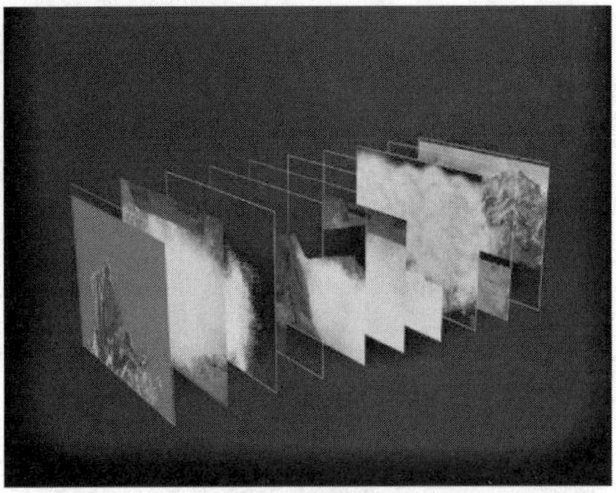

图9-2-18 影像的分解图层

键控原理：吸取画面中某一种颜色像素或者某一种亮度像素作为透明色，将它从画面中删除，使背景透显出来，形成两层或者多层画面的叠加合成效果。

前期：需要将演员或者拍摄的主体放置在制作好的场景中，一般要选择蓝色或者绿色的拍摄背景。使用抠像功能处理画面时，先给画面指定一个颜色范围，这样，执行抠像操作后的图像在被指定颜色的范围内就透明了。

效果：将背景颜色键出，人物或前景与背景分离，再将人物或前景主体与其他背景合成，这是影视作品的常见效果，也是广告或电影中的常用技术，如图9-2-19。

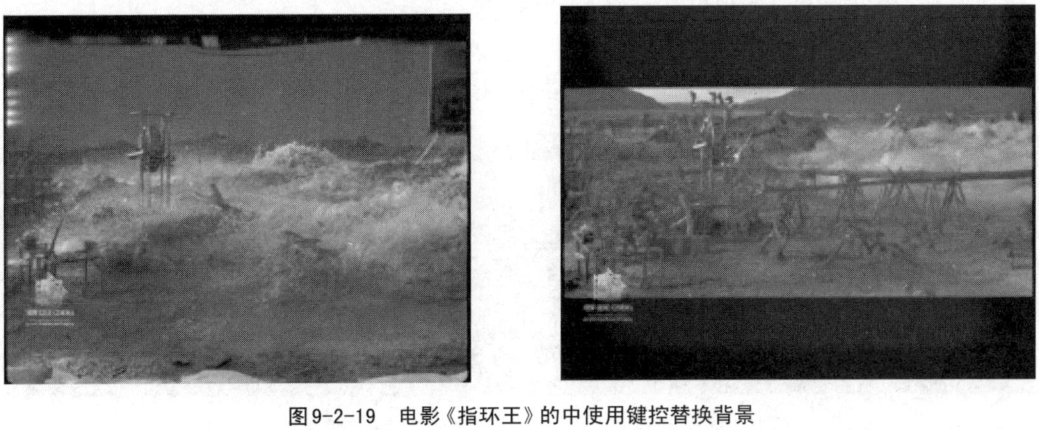

图9-2-19 电影《指环王》的中使用键控替换背景

方法：在需要被键控的剪辑片段上，应用键控滤镜，并适度调整滤镜参数，可以实现完美的抠像效果。

❓提问：为什么抠像的背景要选择蓝色或者绿色？

解答：因为一般情况来讲，抠像的主体是人物，而人物演员的皮肤色中不会含有绿色和蓝色。在进行抠像的前期拍摄时，演员的服装也要选择与背景颜色对比明显的颜色。

第三节　键控特效的应用

在Adobe Premiere Pro中，抠像技术的应用表现为对剪辑片段添加键控视频特效。实现键控的特效都存放在【键控】文件夹里。

（1）在时间线面板中选择需要键控的剪辑片段，打开【效果】面板，添加【视频特效】文件夹下面的键控特效，选择其中一种键控特效，如图9-3-1。

图9-3-1　为需要进行颜色抠出的素材添加键控特效

（2）在【效果控件】面板打开特效，展开参数。

（3）调整需要的参数，例如用吸棒工具在监视器窗口选取要键出的颜色，如图9-3-2，或者指定键出的亮度值，或者通过创建蒙版等方式，创建透明区域。

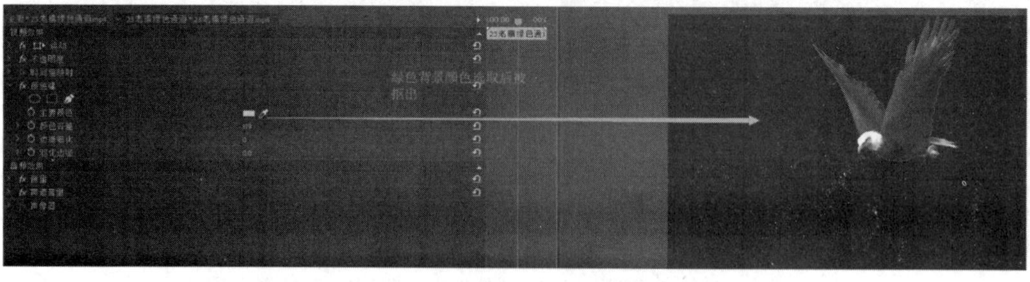

图9-3-2　用吸棒工具吸取要抠出的颜色后画面变为透明

(4)将保留下来的主体或者前景与其他的背景素材合成，如图9-3-3。

图9-3-3　与新背景的合成效果

在【效果】面板中的视频特效分类文件夹下的【键控】特效文件夹提供了色键等多种键控特效，用其可以很容易地剔除素材的背景。对同一个素材片段应用不同的键控特效，会产生不同的透明叠加效果。

【键控】特效根据其用途和原理，可以分为以下几类。

(1)Alpha调整：用来调整视频的透明度的特效。

(2)色度类键：利用色度的区别把某一种颜色或者颜色范围的像素删除掉。颜色键、超级键、非红色键都是颜色类的键控特效。其中，颜色键是最常用的色键效果，适合前期拍摄较好的高质量视频，是具有明确的，边缘、背景平整且颜色无太大变化的固态对象，也是最简单的键控类型。

(3)亮度类键：利用亮度的区别抠像。这类特效一般可以用于非常明亮和自身发光的物体，把它们放在黑暗的背景前拍摄，灯光只打亮被摄物体就可以拍到背景全黑、前景明亮的画面，然后利用亮度差别来提取通道。

(4)遮罩类键控：这类特效一般要借助遮罩来实现。通过对影像的部分遮罩来实现影像透明通道的提取，例如轨道遮罩、图像遮罩等效果。

第四节　实训：画面叠加与抠像技术

一、使用不透明度叠加画面

实践目标：掌握通过调整素材的不透明度完成画面叠加的方法。

实践内容：通过调整上层轨道剪辑片段的不透明度，制作出复合的画面效果。

实践工作流程：

(1)新建一个名为“透明度叠加”的项目文件，选择国内电视制式通用的DV-PAL下的标准 48kHz。双击案例\素材\第九章 画面叠加与抠像技术\使用不透明的叠加视频文件夹，导入“two dolphin.mov”和“cranes dance.mp4”两个素材。将“cranes dance.mp4”拖入时间线中的视频1轨道，将“two dolphin.mov”拖入时间线中的视频2轨道，使两个素材的出点对齐，如图9-4-1。

图9-4-1　将素材放置不同的视频轨道

(2)当两个素材叠加在一起时，要把最上层的素材设置为透明，否则下方的素材显示不出来。展开视频2轨道，在面板【时间轴】/【时间轴显示设置】中把“显示视频关键帧”打开，如图9-4-2。素材上出现不透明度线，选择工具栏中的钢笔工具(快捷键P)来调节透明度，如图9-4-3。

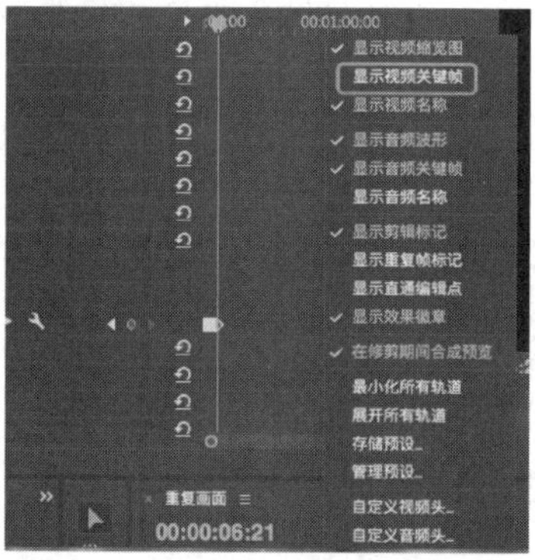

图9-4-2　“显示关键帧”命令对话框

图9-4-3　为视频2轨道素材添加关键帧、调整“不透明度”

(3)当把鼠标放置于透明线上时，透明数值会显示，可根据数值调节所需要的透明度数值，如图9-4-4。我们看到，随着数值的减小，透明度增大，较下一层的素材逐渐显现出来，如图9-4-5。

图9-4-4　轨道2素材透明度降低之后会显示轨道1视频影像

图9-4-5　两个轨道上叠加的效果

(4) 此时，关键帧按钮变为可使用方式，可以通过在透明线添加关键帧设置不透明度动画。将时间指针置于0秒位置，点击“添加－移除关键帧”按钮，在不透明度线上创建第一个关键帧。拖动关键帧点的位置至素材最底处，当前数值为0。

(5) 以同样的方式分别在0帧、3秒、6秒、9秒添加关键帧点并设置“不透明度”值分别为0，100，0，100，如图9-4-6。

图9-4-6　为视频2轨道素材添加不透明度动画效果

(6)播放预览，两个素材出现了相互叠加的效果，如图9-4-7。在【效果控件】面板中，打开“不透明度”参数，拖动滑块，调节透明度，还可以设置透明关键帧，效果如图9-4-8。

图9-4-7　播放预览视频效果(1)

图9-4-8　播放预览视频效果(2)

二、绿屏抠像

实践目标：(1)掌握键控、变换、蒙版等工具的使用方法。

(2)掌握视频抠像的具体步骤。

实践内容：通过颜色关键控特效，规制绿屏或蓝屏背景。

实践工作流程：

(1)新建一个名为“绿屏抠像”的项目文件，选择主菜单【文件】/【新建】/【序列】命令，在弹出的对话框中展开“HDV”选择“HDV1080p25”并设置序列名为“绿屏抠像”，双击“案例\素材\第九章 画面叠加与抠像技术\绿屏抠像”文件夹，导入素材“绿屏抠像素材.mp4”“背景视频.mp4”，并将“绿屏抠像素材.mp4”拖至视频1轨道中，如图9-4-9和图9-4-10。

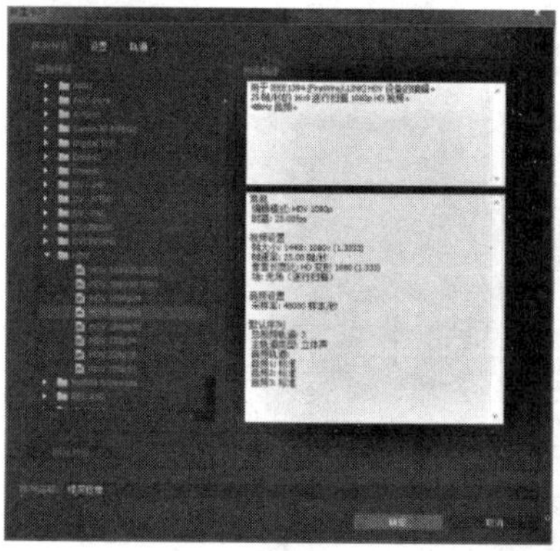

图9-4-9　新建序列对话框

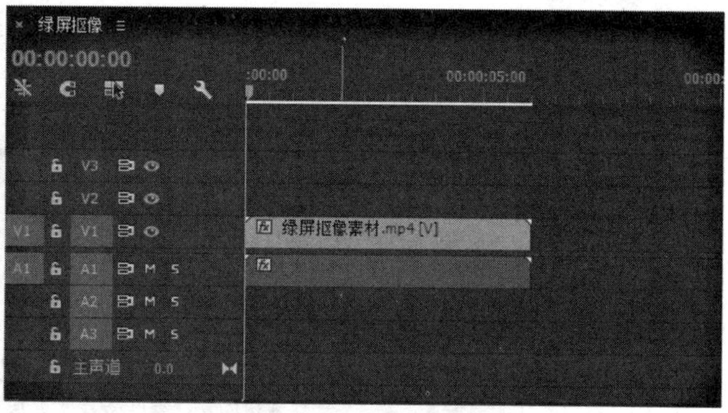

图9-4-10　将素材拖至【时间线】面板

(2)将【效果】/【视频效果】/【键控】/【超级键】拖至视频1轨道，切换到【效果控件】面板，点击【超级键】的下拉菜单按钮，选择“主要颜色”的吸管工具，吸取模特周围的绿色，如图9-4-11和图9-4-12。

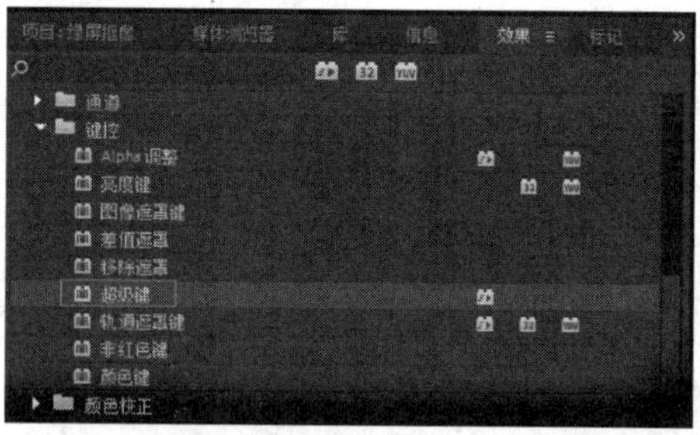

图9-4-11　为素材添加【超级键】特效

图9-4-12　点击“吸管工具”吸取要抠出的颜色

(3)将视频的【超级键】的【输出】切换为【Alpha】通道，将【遮罩生成】参数调整为：“不透明度”75，“高光”23，“阴影”7，“容差”60，“基值”20，如图9-3-13和图9-3-14。

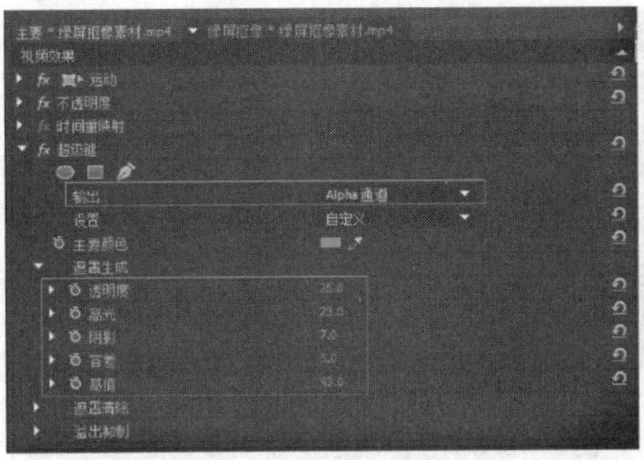

图9-4-13　将“输出”改为“Alpha通道”

图9-4-14　查看Alpha通道

(4)调整【遮罩清除】参数为:“抑制”50 “对比度”50,“中间点”50;将“溢出抑制”参数调整为:“降低饱和度”25,“范围”50,“溢出”80,“亮度”50,如图9-4-15。

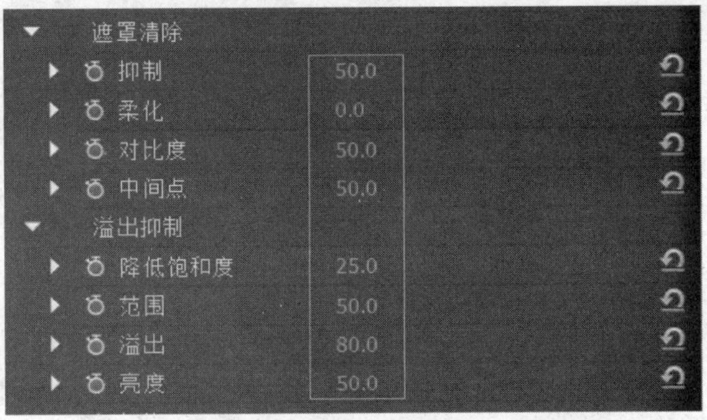

图9-4-15　【效果控件】面板调整【超级键】参数

(5)将【效果】/【视频效果】/【变换】/【裁剪】拖至视频绿屏抠像,如图9-4-16,设置“左侧”参数为33%,“右侧”参数为7%,将视频中不需要的画面裁减掉。

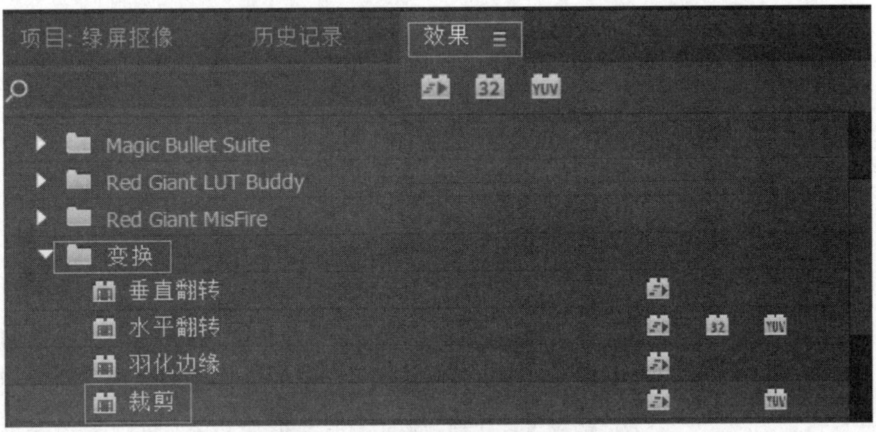

图9-4-16　为素材添加【裁剪】特效

(6)选择钢笔工具,绘制蒙版路径,去除画面中不规则的干扰影像,如图9-4-17和图9-4-18。

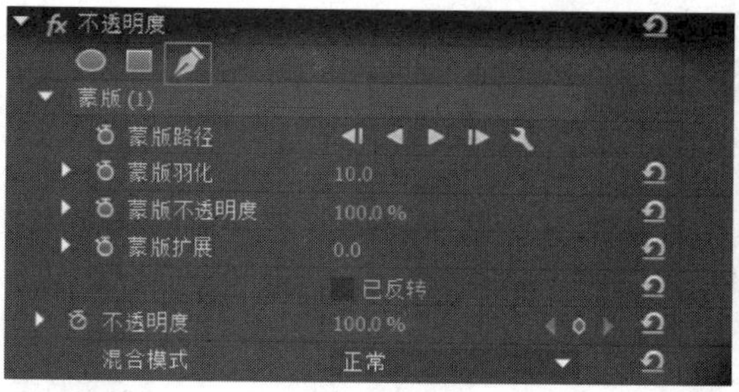

图9-4-17 “不透明度”参数下的蒙版工具

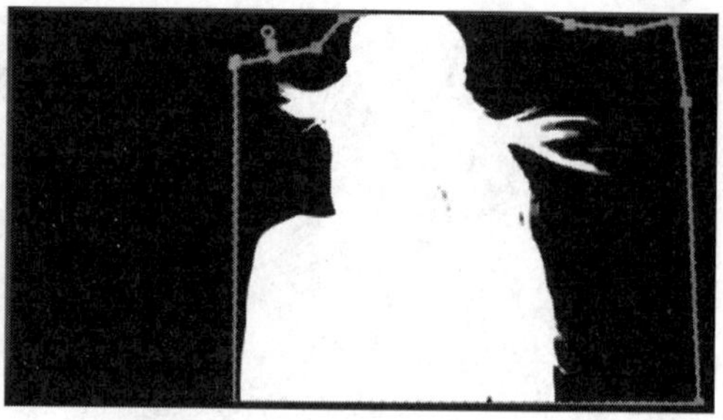

图9-4-18 去除画面中不需要的影像

(7)将【超级键】的“输出”改为“合成”,将“背景视频”叠至“绿屏抠像素材”的下层轨道,预览制作效果,如图9-4-19。

图9-4-19 与新背景的合成效果

三、使用蒙版叠加视频

实践目标:(1)掌握蒙版、运动等工具的使用方法。

(2)掌握复杂的视频合成效果制作方法。

实践内容:通过创建蒙版,制作出不同时空画面的合成效果。

实践工作流程:

(1)新建一个名为“蒙版”的项目文件,选择主菜单【文件】/【新建】/【序列】命令,在弹出的对话框中选择国内电视制式通用的DV-PAL下的标准 48kHz,并设置序列名为“蒙版叠加视频”,双击“案例\素材\第九章 画面叠加与抠像技术\使用蒙版叠加视频”文件夹,导入素材“蒙版1.mp4”“刘亦菲.jpeg”,并将“蒙版1.mp4”拖至视频1轨道中,如图9-4-20和图9-4-21。

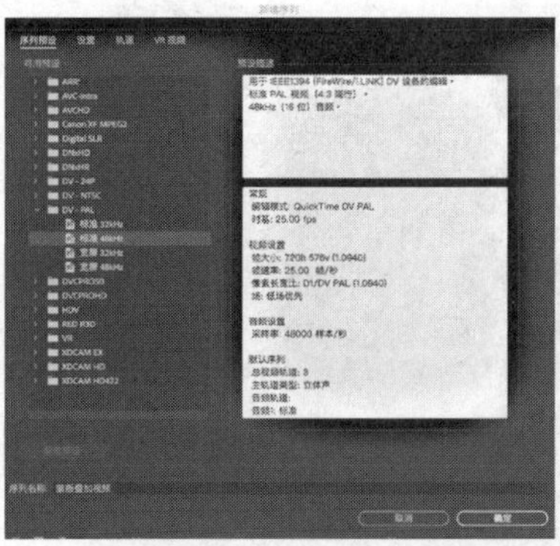

图9-4-20　新建序列对话框

图9-4-21　将素材拖至【时间线】面板

⑵在【时间线】面板中将播放指示器拖至5秒21帧的位置，将“刘亦菲.jpeg”拖至时间线，设置图片出点与视频出点一致，选中该素材，点击【效果控件】/【运动】，设置“位置”参数为850，140；“缩放”参数为45%，如图9-4-22和图9-4-23。

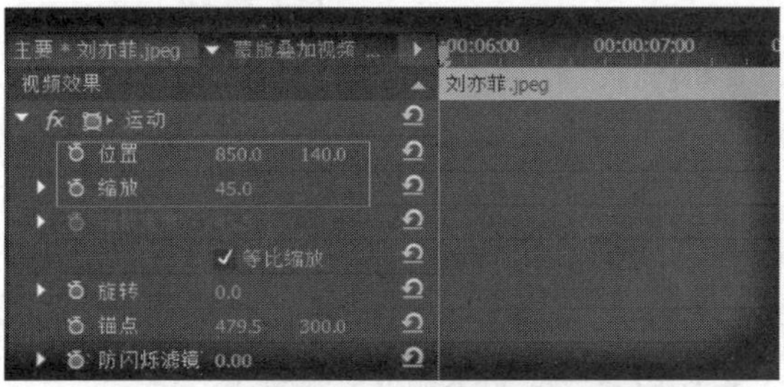

图9-4-22　调整轨道2素材运动效果

图9-4-23　预览运动效果

⑶点击【不透明度】的下拉按钮，选择“创建椭圆形蒙版”，将“蒙版羽化”参数调整为20，用鼠标拖拽锚点调整蒙版的形状、大小和位置，效果如图9-4-24和图9-4-25。

图9-4-24　“不透明度”参数下的椭圆形蒙版工具

图9-4-25　调整蒙版选区位置及大小

⑷将【运动】/【位置】前的“切换动画”打开，为蒙版图片添加运动效果。在该蒙版图片入点的位置，设置“运动”参数为1180,140；在第9秒的位置设置“运动”参数为900,140，效果如图9-4-26。

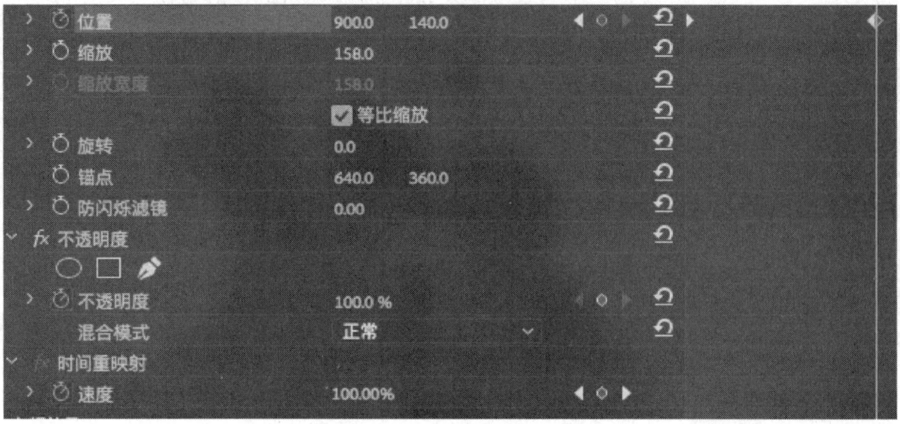

图 9-4-26　为蒙版添加动画效果

(5)播放预览效果，如图9-4-27和9-4-28。

图 9-4-27　播放预览视频效果

图 9-4-28　播放预览视频效果

四、亮度键去背景

实践目标：掌握亮度键控的基本方法。

实践内容：吸取画面中的亮度像素将图像中需要保留的地方保留，不需要的地方隐藏或者变透明。

实践工作流程：

(1)新建一个名为“键控去背景”的项目文件，选择主菜单【文件】/【新建】/【序列】命令，在弹出的对话框中展开“DV-PAL”选择“标准48kHz”并设置序列名为“键控去背景”，双击“案例\素材\第九章 画面叠加与抠像技术\键控去背景”文件夹，导入素材“背景视频.mp4”和“荷花.jpg”并将“背景视频.jpg”拖至视频1轨道，“荷花.jpg”拖至视频2轨道，如图9-4-29和图9-4-30。

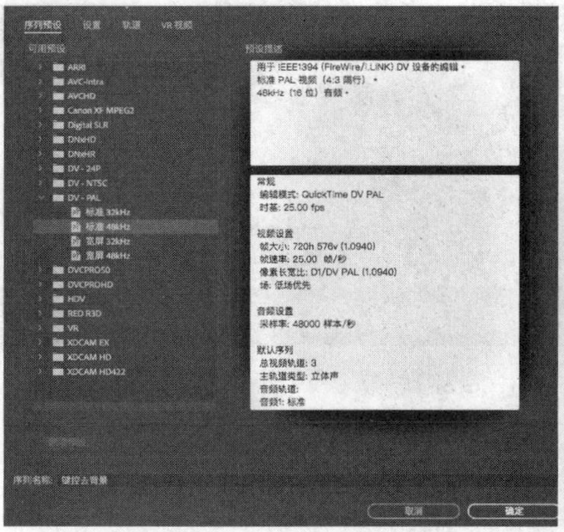

图9-4-29　新建序列对话框

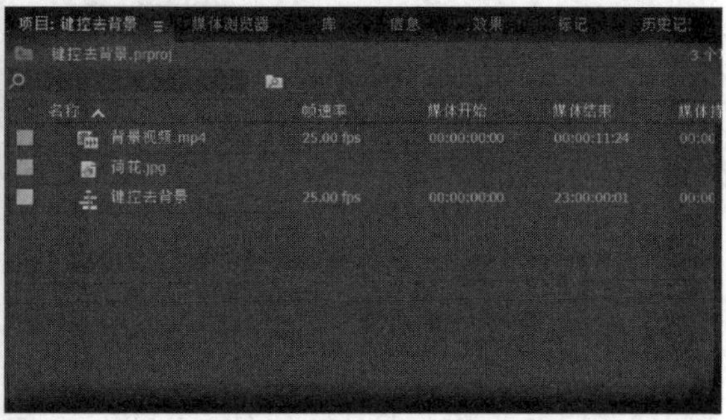

图9-4-30　将素材导入【项目】面板

(2)在【效果】面板中，单击【视频效果】/【键控】/【亮度键】特效，添加到素材"荷花.jpg"上，如图9-4-31。

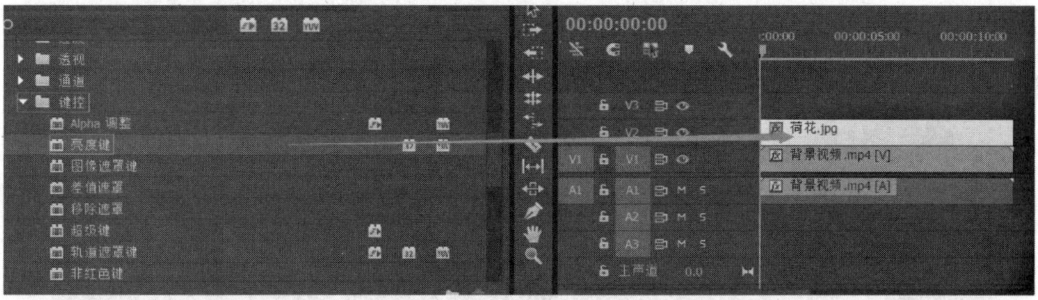

图9-4-31　为素材添加【亮度键】特效

(3)打开【效果控件】面板，分别设置【亮度键】下的"阈值"参数为11%，"屏蔽度"参数为10%，但此时荷花的边缘没有去除干净，仍有黑边，如图9-4-32。

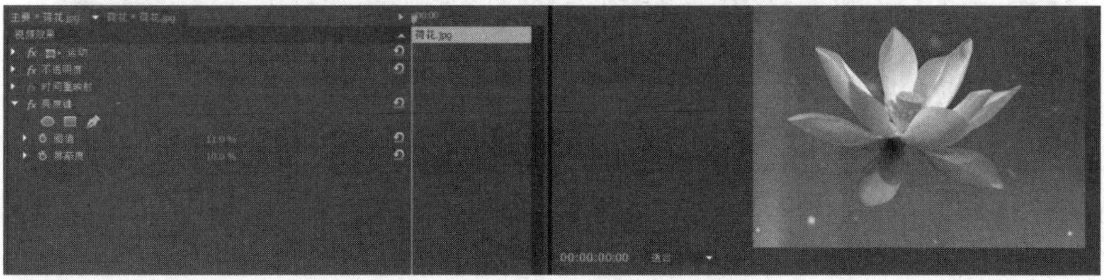

图9-4-32　【效果控件】面板调整滤镜参数

(4)打开【效果】面板，将【视频效果】/【颜色校正】下的【Lumetri Color】拖至视频2轨道，调整【基本校正】下的"曝光"参数为1.0，"阴影"参数为50，如图9-4-33。

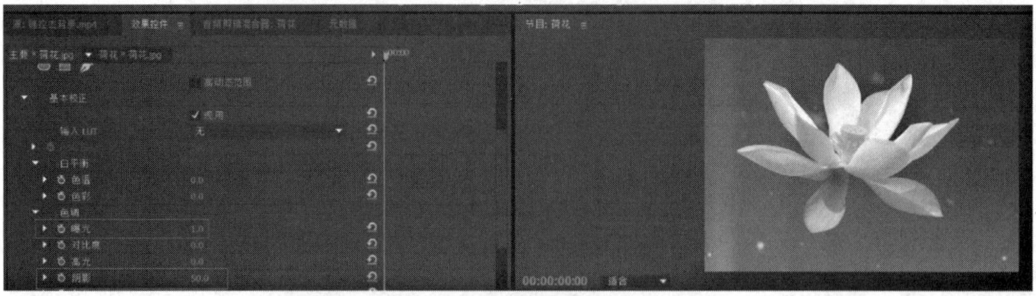

图9-4-33　为素材添加【Lumetri Color】特效

(5) 打开【效果控件】/【运动】下"位置"前的时间码表，在0帧处设置参数为112，123；将时间轴拖至3秒的位置，设置"位置"参数为126，450；将时间轴拖至6秒的位置，设置"位置"参数为550，460；将时间轴拖至9秒的位置，设置"位置"参数为590，140；将时间轴拖至12秒的位置，设置"位置"参数为320，270，如图9-4-34。

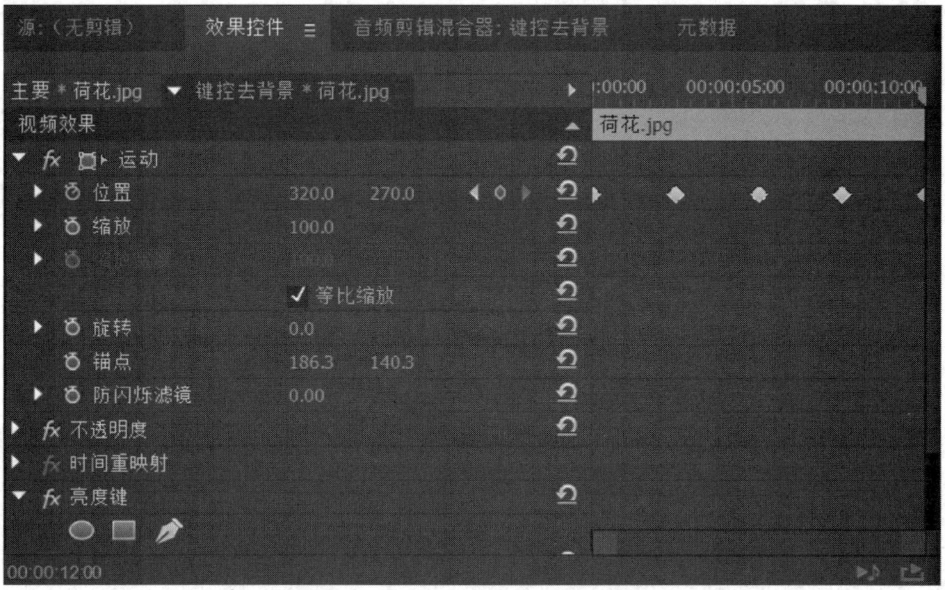

图9-4-34　为"荷花"素材添加动画效果

(6) 将【效果控件】/【运动】下的"缩放"参数调整为40%，预览键控去背景最终效果，如图9-4-35。

图 9-4-35　播放预览视频效果

五、折扇效果

实践目标：掌握蒙版动画和轨道蒙版键控特效的使用方法。

实践内容：通过绘制蒙版和轨道蒙版特效的应用，制作折扇逐渐打开的效果。

实践工作流程：

(1) 新建一个名为“折扇效果”的项目文件，选择国内电视制式通用的DV-PAL下的标准 48kHz。双击“案例\素材\第九章 画面叠加与抠像技术\键控去背景”文件夹，导入素材“折扇.psd”，在弹出的对话框中选择导入为“序列”方式，单击确定按钮。在项目窗口中可以看到导入的是个名为“折扇”的文件夹，其下有3个“.psd”文件图层和1个“折扇”时间线。双击“折扇”时间线，在时间线中直接打开，可以单独显示这3个文件的轨道，如图9-4-36和图9-4-37。

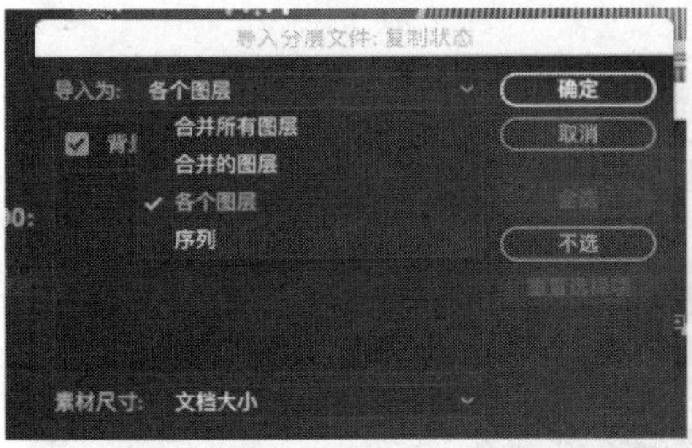

图 9-4-36　导入分层文件对话框

图 9-4-37　将素材导入【项目】面板

(2) 在项目窗口中，选中“纸 / 折扇.psd”，拖至时间线的视频1轨道，长度为5秒，如图9-3-38。

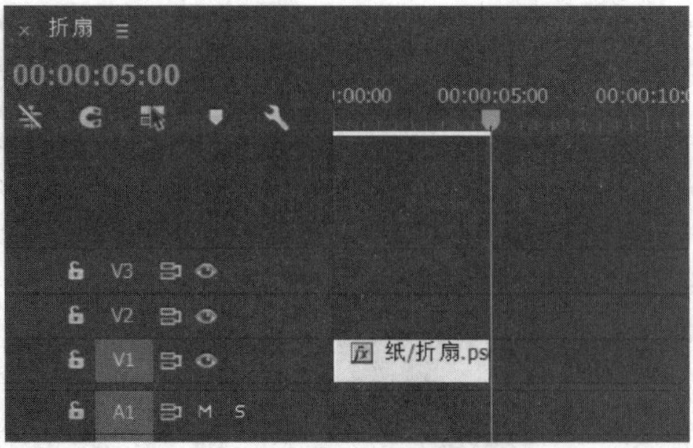

图9-4-38　将素材拖至【时间线】面板

⑶新建一个字幕文件(快捷键Ctrl+T),输入字幕名称,命名为“扇形蒙版”,单击确定,进入字幕窗口。在字幕窗口确认“将打开显示视频”为背景,可以在显示区域看到折扇的图像。从左侧的图形工具栏中选择圆弧工具,绘制一个圆弧,并将其填充为蓝色,半径大于折扇。绘制好了以后,移动圆弧的中心点,将其与折扇图形中的扇形的旋转点对齐。选中圆弧,用“Ctrl+C”组合键复制,“Ctrl+V”组合键粘贴,复制一个圆弧,并将其旋转,和前一个圆弧拼接在一起,正好可以将扇形遮挡,如图9-4-39和图9-4-40。

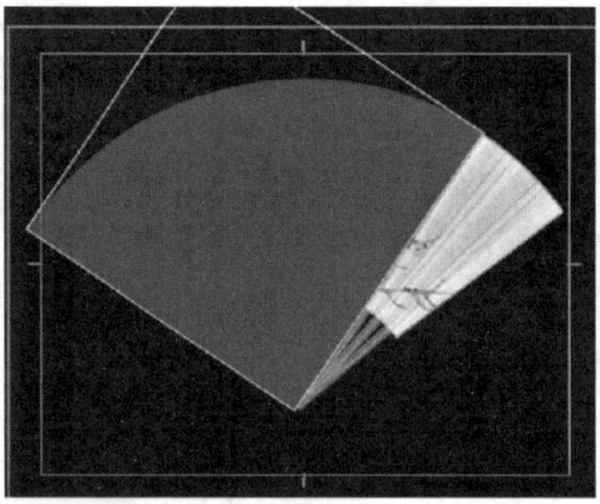
图9-4-39　利用扇形工具为折扇绘制蒙版

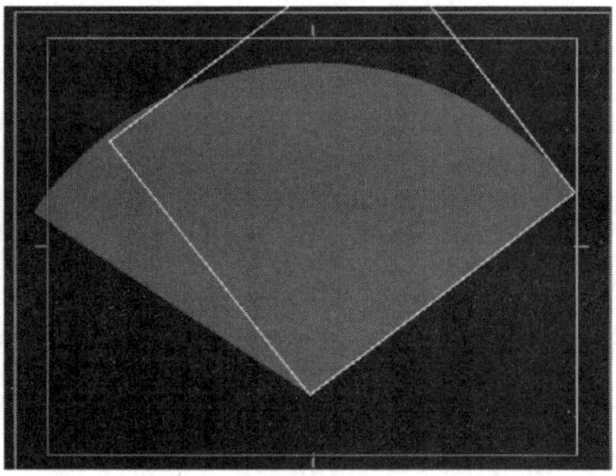
图9-4-40　利用扇形工具为折扇绘制蒙版

⑷从项目窗口中,将“扇形蒙版”文件拖至时间线中的视频2轨道,与视频1轨道素材,如图9-4-41。

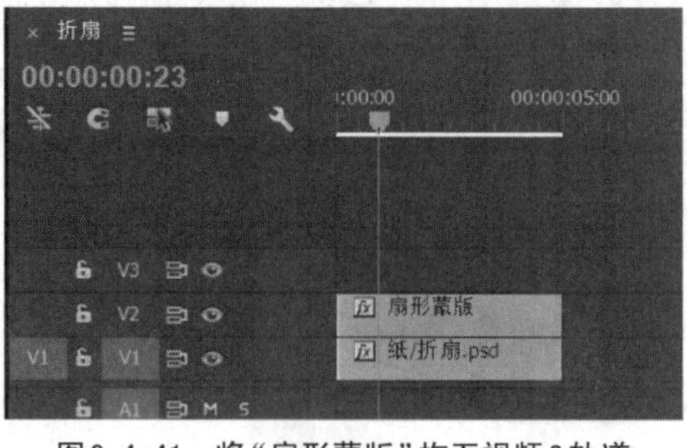

图9-4-41　将“扇形蒙版”拖至视频2轨道

(5)在【效果控件】中，打开【运动】选项，设置“锚点”为“360，450”，即图形下端的角点处，将“位置”参数也设为“360，450”，保持图形相对位置与原来一样，如图9-3-42。

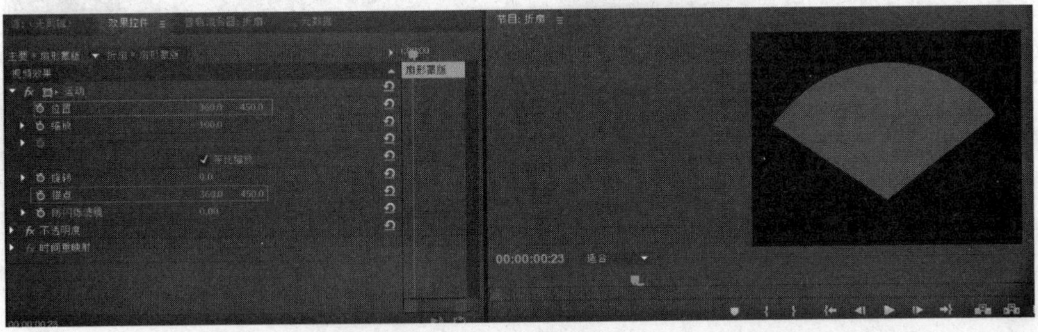

图9-4-42 【效果控件】面板中为“扇形蒙版”添加动画效果

(6)将时间指针移至0帧位置，在“旋转”参数前面单击码表，打开动画开关，设置当前值为“0”；将时间指针移至3秒位置，设为“旋转”参数为“110”，使“扇形蒙版”产生右转动画，至“纸/折扇.psd”文件全部显示出来，如图9-4-43。

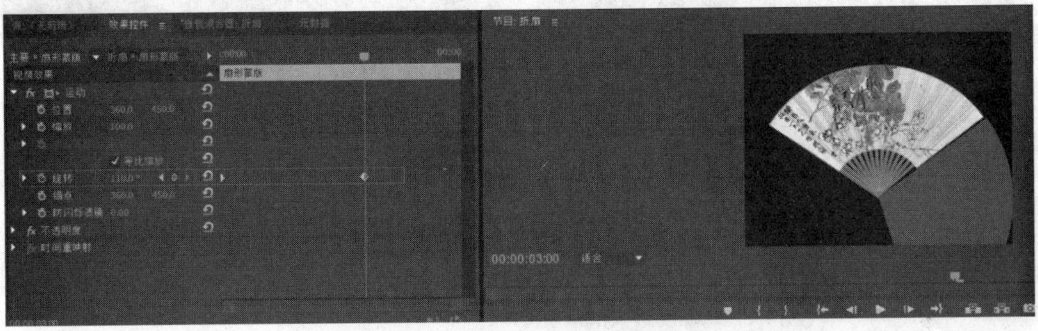

图9-4-43 为“扇形蒙版”添加动旋转效果

(7)在【效果】面板中展开【视频特效】下的【键控】，选择【轨道遮罩】特效，将其拖至“纸/折扇.psd”素材上，如图9-4-44。

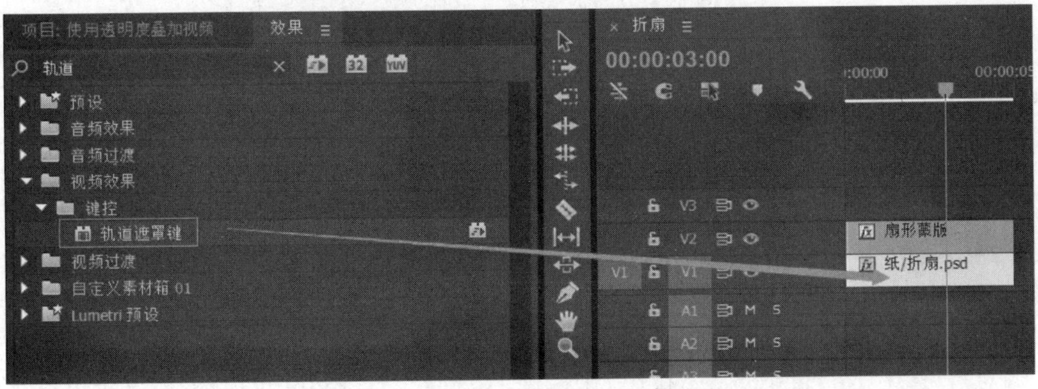

图9-4-44 为素材添加【轨道遮罩键】特效

(8) 在【效果控件】窗口中，将“遮罩”设为“视频2”，并勾选“反向”，如图9-4-45。

图9-4-45　【效果控件】面板调整滤镜参数

(9) 播放预览动画，如图9-4-46和图9-4-47。

图9-4-46　播放预览效果

图9-4-47　播放预览效果

(10) 将“尾/折扇.psd”拖至时间线中的视频3轨道，设置长度与视频1轨道中的素材长度一致。将“折/折扇.psd”拖至时间线中的视频4轨道，设置长度与视频1轨道中的素材长度一致，如图9-4-48。

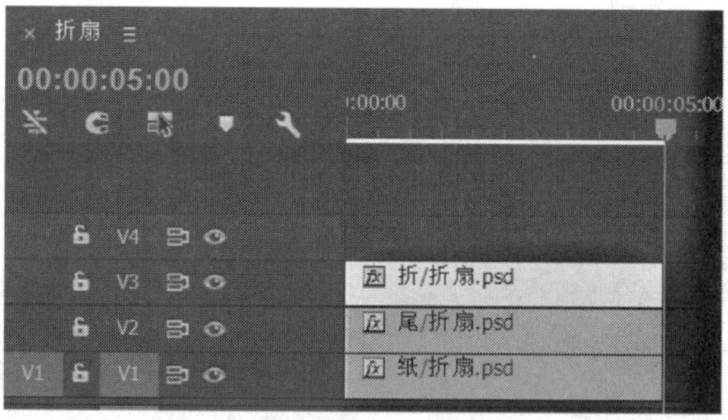

图9-4-48　“尾/折扇.psd”、“折/折扇.psd”与“纸/折扇.psd”长度一致

(11) 选中“折/折扇.psd”，在【效果控件】中打开，打开运动选项，设置其定位点及位置，使其与扇形的旋转锚点对齐，如图9-4-49。

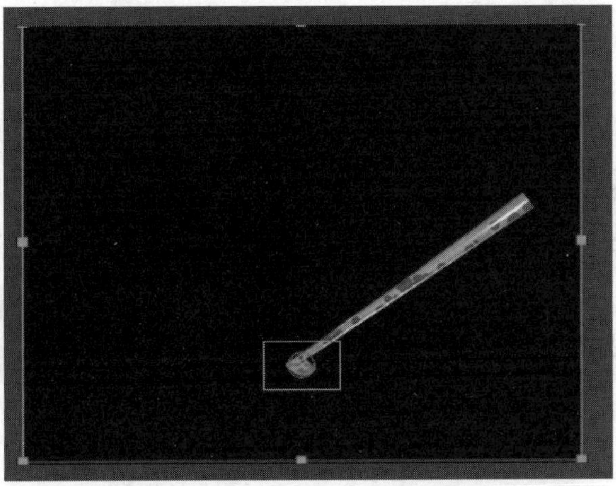

图9-4-49　为“折/折扇.psd”添加动画效果

(12)将时间指针置于0帧位置，单击“旋转”前面的码表，打开动画开关，设置“旋转”参数为“-110”，如图9-4-50。

图9-4-50　为“折/折扇.psd”添加旋转效果

(13)将时间指针置于3秒位置，设置“旋转”参数为“0”，如图9-4-51。

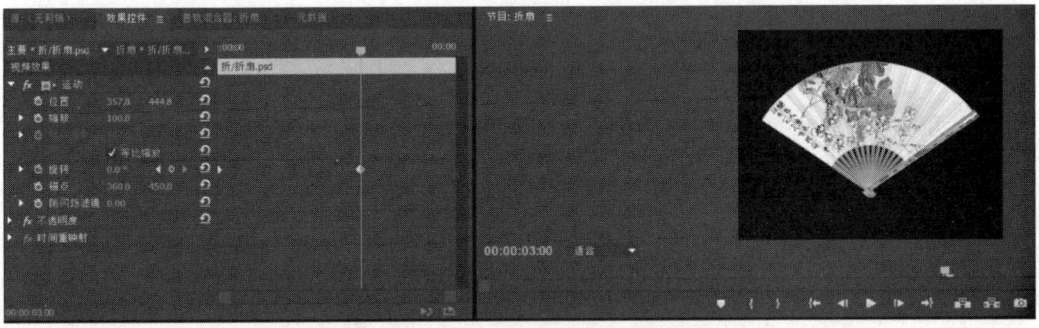

图9-4-51　【效果控件】面板调整旋转参数

(14)播放预览动画，如图9-4-52、图9-4-53和图9-4-54。

图9-4-52　播放预览视频效果(1)

图9-4-53　播放预览视频效果(2)

图9-4-54 播放预览视频效果(3)

第十章　Adobe Premiere Pro音频编辑

第一节　音频概述

一个好的影视作品离不开声音素材，声音的效果能给影像节目带来令人震撼的冲击力。Adobe Premiere Pro提供了处理声音的一些手段，以实现对于声音素材的编辑。音频分为模拟音频和数字音频。

一、模拟音频与数字音频

1.模拟音频

声音是通过一定的介质(如空气、水等)传播的连续波，在物理学中称为声波。声音的强弱体现在声波的振幅上，音调的高低体现在声波的周期或频率上。声波是随着时间连续变化的模拟量，有3个重要指标。

振幅——声波波形的高低幅度，表示声音信号的强弱程度。

周期——两个相邻声波的时间长度，声波的时间间隔，以秒为单位。

频率——每秒钟信号变化的次数，以赫兹为单位。

2.数字音频

模拟音频信号是一种连续变化的模拟信号，如果要进行数字编辑，就必须将信号转化为二进制数据，这样才能在计算机内进行编辑和存储。数字音频是将模拟的声音信号变换为计算机可以识别的二进制数据。相比模拟音频信号，数字音频具有存储、编辑和处理方便，存储和传输的过程中没有声音的失真等特点。

二、数字音频文件保存格式

数字音频是以文件的形式保存在计算机里的，数字音频文件常见的格式主要有

MP3、WAVE、WMA、MIDI、AIFF等。

1.MP3格式

MP3指的是MPEG标准中的音频部分，是一种有损压缩。MP3是利用人耳对高频声音信号不敏感的特性将波形信号转换成信号，并划分为多个频段，对不同的频段使用不同的压缩率，对高频加大压缩比，对低频使用小压缩比，保证信号不失真，一般用1：10或者1：12的压缩率来压缩。这种压缩方式的全称叫MPEG Audio Layer3，简称为MP3。MP3格式文件由于所占存储空间小，音质又较好，是网络上的主流音频格式。MP3格式有码率(kbps)的区别，常见码率范围为128～320kbps，码率越高，音质越好。

2.WAVE格式

WAVE文件是录音时用的标准的Windows文件格式，应用非常广泛，文件的扩展名为“.wav”，数据本身的格式为PCM或压缩型。WAVE文件格式是一种由微软和IBM联合开发的用于音频数字存储的格式。WAVE对音频流的编码没有硬性规定，除了PCM之外，几乎所有支持ACM规范的编码都可以为WAVE的音频流编码。简单的编/解码过程、兼容性好以及无损耗存储是其最大的优点。

3.WMA格式

WMA文件是Windows Media格式中的一个子集，而Windows Media是Microsoft Windows Media技术使用的格式，包括音频、视频和脚本数据文件，可用于创作、存储、编辑、分发，流式处理或播放基于时间轴的内容。WMA是Windows Media Audio的缩写，表示Windows Media音频格式，WMA文件可以在只有MP3文件大小一半的前提下，保持相同的音质。

4.CD格式

CD格式是音质较好的音频格式，其文件后缀为“.cda”。标准的CD格式就是44.1kHz的采样频率，因为CD音轨可以说是无损的，因此，它的声音基本上是忠于原声的。CD光盘可以在CD机中播放，也能用计算机的各种播放软件来重放。一个CD音频文件是一个“.cda”文件，这只是一个索引信息，并不是真正包含声音的信息，所以不论CD音乐的长短，在电脑上看到的“.cda”文件中都有44字节长。

5.MIDI格式

MIDI格式是一种计算机数字音乐接口生成的数字描述音频文件，扩展名是“.midi”，该格式文件本身并不记载声音的波形数据，而是将声音的特征用数字形式记录下来，是一系列指令。MIDI音频文件主要用于电脑声音的重放和处理，其特点是数据量小。

三、音频轨道的类型

音频轨道主要有单声轨道、立体声轨道、5.1 轨道等几种类型。普通音频轨道可以承载我们添加的音频，副混合轨道可以对前面的普通音频轨道进行一些混合的操作，主混合音频可以对副混合和普通音频轨道进行总体的混合效果的处理。主混合有一条，副混合可以有多条，如图 10–1–1。

图 10–1–1　轨道面板不同音频轨道类型

1. 标准

标准音轨可以同时放置单声道和立体声音频剪辑，是音频的默认预设。

2. 单声道

单声道包含一条音频声道，如果将立体声音轨添加至单声道音轨，立体声音轨会转化为单声道音轨。

3. 5.1 音轨

5.1 音轨包含 3 条前置音频声道(左声道、中置声道、右声道)，两条后置或环绕音频声道(左声道和右声道)，通向低音炮扬声器的低频效果音频声道。5.1 轨道只能包含 5.1 剪辑。

4. 自适应音轨

自适应音轨可包含单声道和立体声音轨，自适应音轨可以将原音频映射至输出音频声道，常用于处理录制多个音轨的摄像机录制的音频。

5. 主声道

主声道是音频轨道最下面的轨道，用于节目声音的最终输出，不能添加任何音频素材，虽然序列中可以添加多种类型的音频格式，但是最终输出时所有音频都会混合主音轨的音轨格式。在新建序列中可以设置主声道的类型。

在轨道面板空白处按右键，选择“添加轨道”，也可以选择添加的轨道类型，如图 10–1–2。

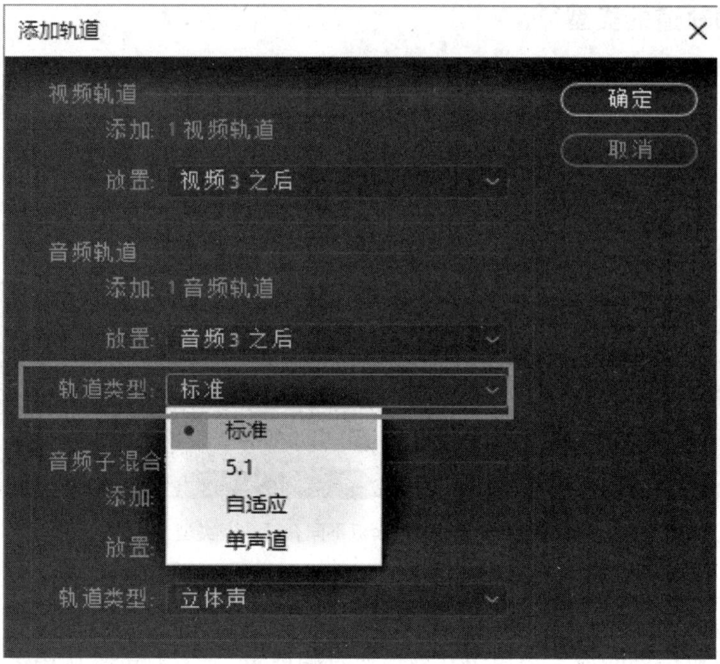

图 10-1-2 添加轨道类型

第二节 编辑音频

处理数字音频信号主要是对音频的剪辑与加工，如剪辑、合成、静音、增加混响、调整频率等。

音频素材的基本编辑方式与视频素材的编辑方式相似，音频的编辑也可以使用编辑视频素材的方法来完成。要操作音频，首先将其导入项目或者将其直接录制至音轨，可以导入音频剪辑或包含音频的视频剪辑。音频剪辑处于项目后，将它们添加到序列，就像视频剪辑一样，可以对音频素材应用剪刀、波纹删除等剪辑命令。

在对声音素材进行剪辑时，通常要配合监听效果和查看波形图显示。在进行音频合成时，将剪辑好的音频素材放置在不同的轨道中的合适位置，可在同一时间播放并预览轨道音频素材的声音。

一、剪辑音频素材

编辑音频素材可以在【源】监视器剪辑音频，在【节目】监视器、在【时间线】面板编辑命令使用“提升”或者“提取”按钮。

1.在【源】监视器剪辑音频素材

在音频添加到序列之前，还可查看音频剪辑的波形并在【源】监视器中对其进行修剪。

双击音频素材，在素材监视器中打开音频素材，预览声音内容。

音频文件显示为波形，波形高的地方代表声音强，波形低的地方代表声音弱，没有波形的地方，代表当前时间没有声音，如图10-2-1。

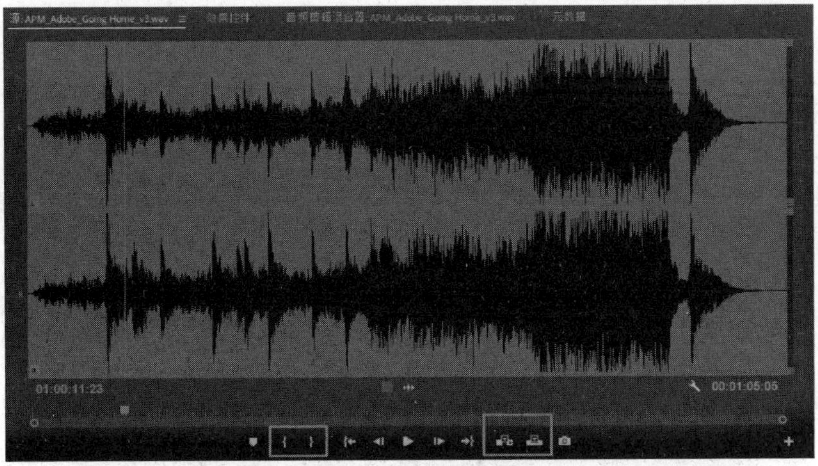

图10-2-1　源监视器中的音频编辑按钮

在【源】监视器窗口中可以设置素材的入点和出点，单击【插入】按钮或【覆盖】按钮将音频素材以插入和覆盖的方式放置在时间线面板的音频轨道上。

2.在【节目】监视器剪辑音频素材

在【节目】监视器窗口中可以设置素材的入点和出点，单击【提升】按钮或【提取】按钮进行音频素材的剪切，如图10-2-2。

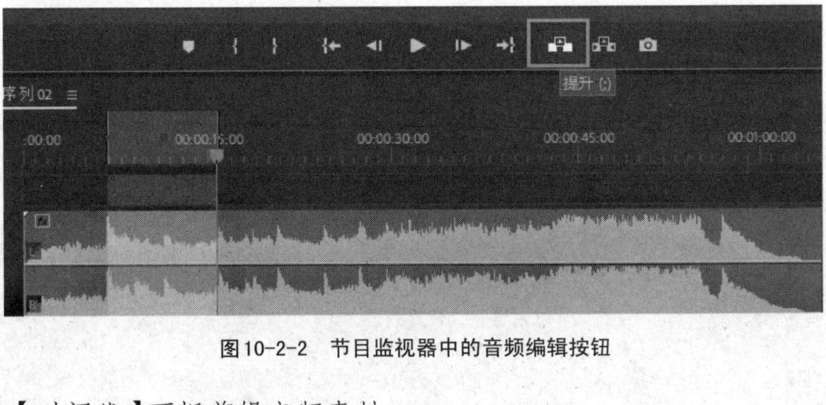

图10-2-2　节目监视器中的音频编辑按钮

3.在【时间线】面板剪辑音频素材

将音频素材拖拽到时间线面板，单击工具栏中的选择工具，移动到音频素材片段的入点位置，向左向右拖动，可以对素材的入点进行重新设置，如图10-2-3。

图10-2-3　时间线面板中的音频编辑

在时间线面板中编辑音频素材也可以使用工具面板中的工具，这些操作与视频编辑时使用的工具的操作方法是一样的。

二、控制音频素材的音量和声像

在【时间线】面板中选中素材后，在【效果控件】面板会显示音频文件的基本参数，包括“音量”“声道音量”“声像器”，如图10–2–4。

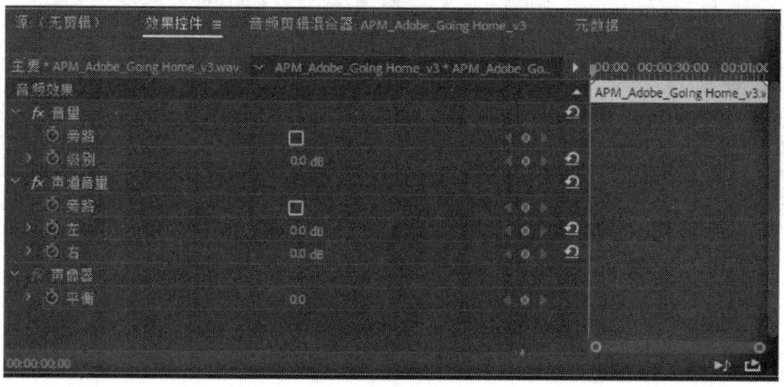

图10-2-4　效果控件面板音频基本参数

1.音量

音量选项有“旁路”和“级别”参数。其中，“旁路”用来开启或者关闭应用效果，“级别”用来控制、调整音量大小，例如，通过关键帧设置声音的淡入、淡出效果，如图10–2–5。

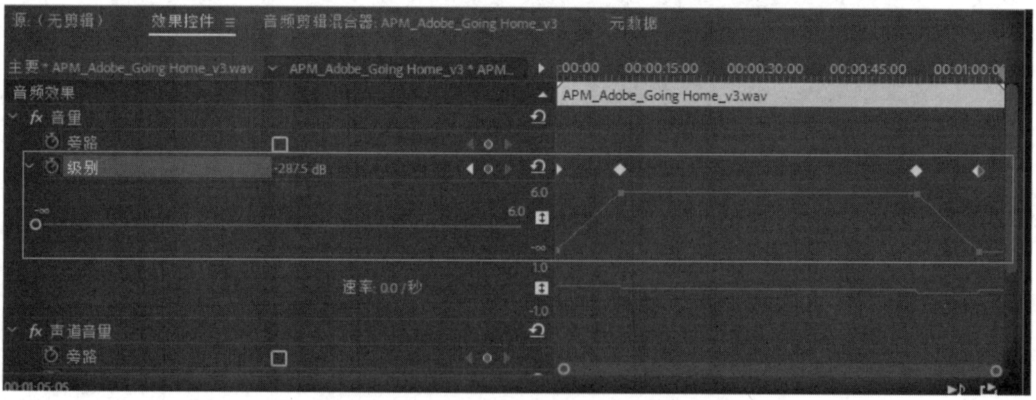

图10-2-5　音量淡入淡出

2. 声道音量

声道音量用来设置音频素材的左、右声道的音量，同样可以使用控制关键帧的方法控制左、右声道的音量值的切换，如图10-2-6。

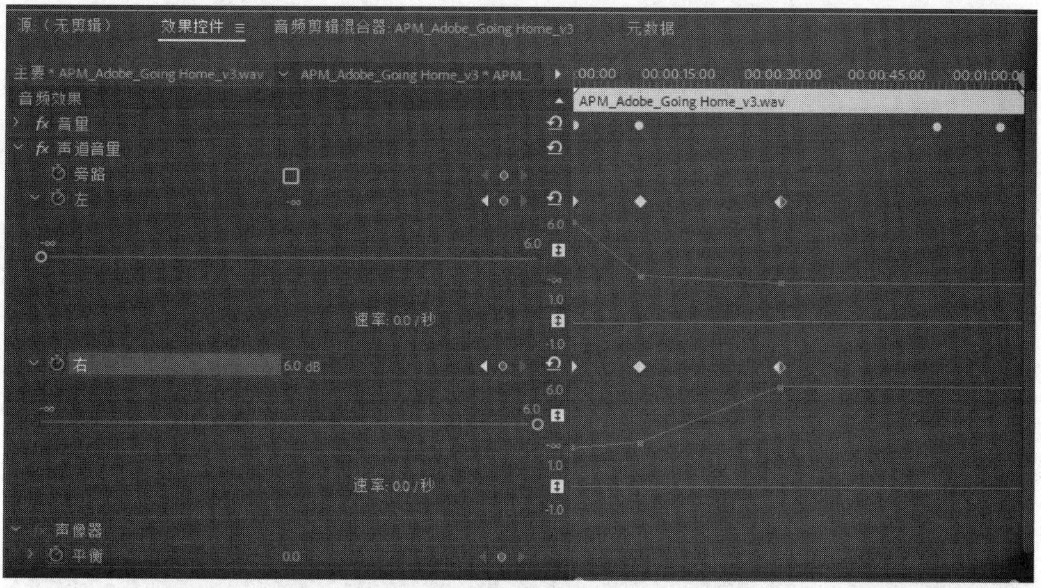

图10-2-6　声道音量关键帧

3. 声像器

声像器用来设置音频文件的声像平衡，通过设置关键帧来控制音频的立体声声道效果，平衡值为负表示左声道，平衡值为正表示右声道，如图10-2-7，该设置可使声音在左右声道来回摆动。

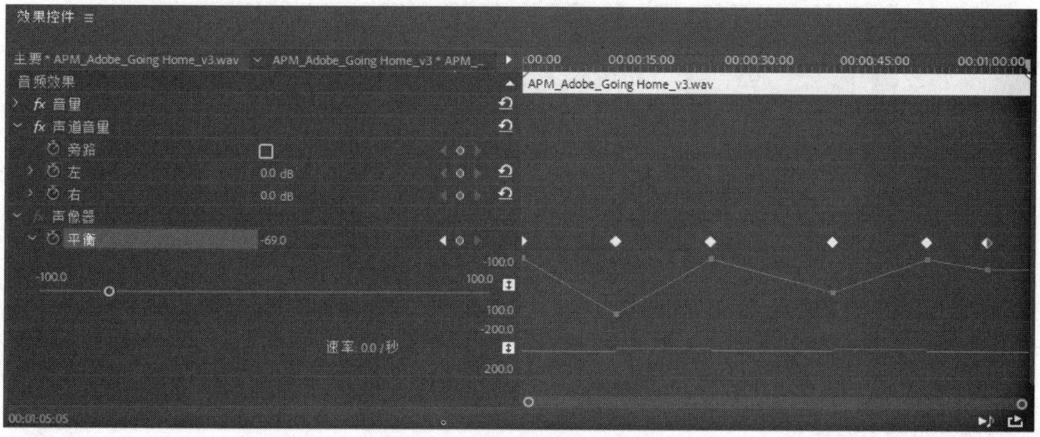

图10-2-7　声像器左右平衡

第三节　音频的基本操作

使用Adobe Premiere Pro时，除了在【效果控件】面板中调节音频的音量、声像等，还有一些关于音频的其他基本操作。

一、控制音频轨道关键帧

将音频素材拖到【时间线】面板中的和音频轨道相适应的轨道里，可以在播放声音的同时查看音轨的波形。

在【时间线】面板的音频轨道上，单击“显示关键帧”按钮，在弹出的菜单栏中选择“剪辑关键帧”命令，如图10-3-1。这时可以在【时间线】面板中的音轨道素材上添加一组控制关键帧，用鼠标右键单击轨道素材的“fx”标记，在弹出的菜单中选择“音量”“声道音量”“声像器”，如图10-3-2，就可以直接在【时间线】面板轨道为轨道素材添加关键帧，其方法与在【效果控件】的操作方法相同。

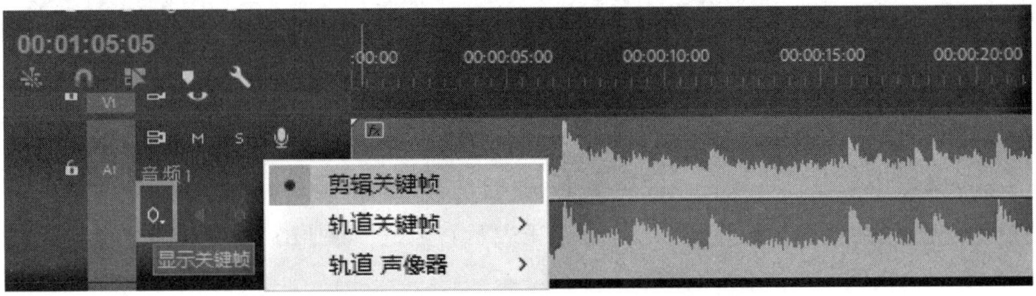

图10-3-1　时间线面板音频关键帧控制

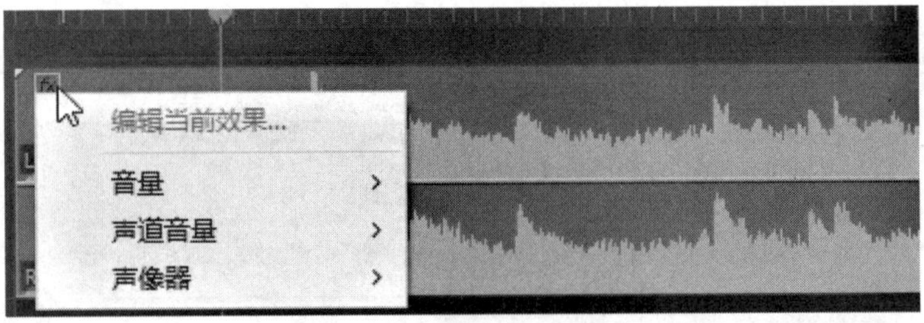

图10-3-2　声道音量关键帧

可以使用“钢笔工具”随时快速添加轨道关键帧，为音频轨道设置音量的淡入、淡出效果，如图10-3-3。

图 10-3-3　音频轨道的淡入淡出设置

图 10-3-4 显示的是为轨道设置声像器的平衡关键帧进行轨道的声像平衡控制。

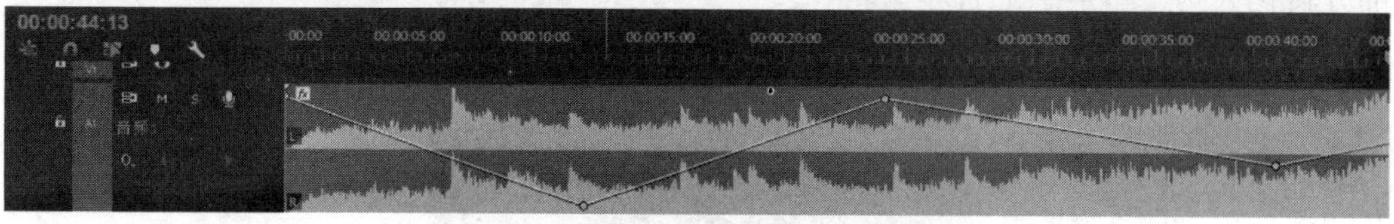

图 10-3-4　音频轨道设置声像器平衡关键帧

⚠注意：轨道关键帧和剪辑关键帧的区别。轨道关键帧是设置到轨道上的，即便删除轨道上的素材，轨道关键帧也不会随素材被删掉。

提示：将分开的音频与视频链接到一起，这样在移动其中任意一个时，另一个将跟着移动。同时选中音频和视频，右键点击时间线素材，选择【链接视音频】。

二、提取音频

通过 Adobe Premiere Pro 可以将视频文件中的音频部分直接提取出来。在【项目】窗口中选择要操作的视频文件，选择【剪辑】/【音频选项】/【提取音频】命令，如图 10-3-5。提取出来的音频文件将出现在项目窗口中，如图 10-3-6。

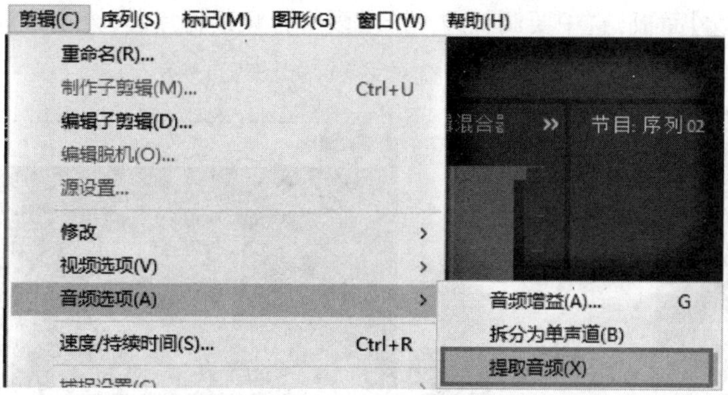

图 10-3-5　提取音频命令

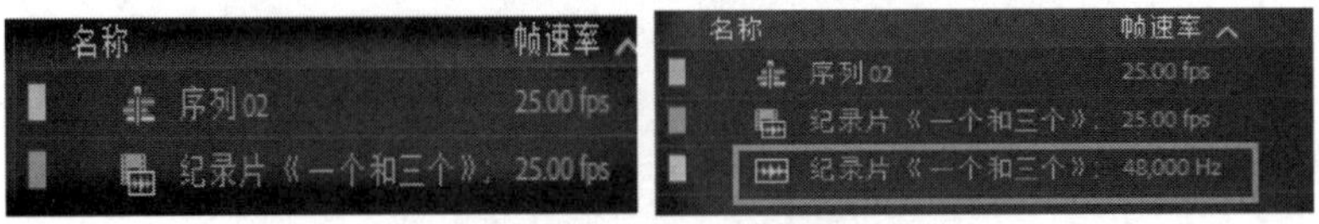

图10-3-6　提取出的音频

三、转化声道

在项目窗口中选择要操作的音频文件，选择【剪辑】/【音频选项】/【拆分为单声道】命令，把选中的多声道剪辑的每个声道转化为一个独立的单声道剪辑。如图10-3-7所示，分别将一个双声道的音频文件转化为两个单声道的音频剪辑，一个视频文件的音频部分转化为两个单声道的音频剪辑。

图10-3-7　声道转化

⚠ 注意：使用拆分为单声道命令时，立体声将被拆分为两个单声道，而5.1环绕声将被拆分为6个。

四、调整音频增益

音频增益是音频信号电平的强弱，调整音频增益是进行音频处理最常用到的操作。Adobe Premiere Pro可以为每个独立的音频素材调整音频增益，也可以为主音轨调整音频增益。

1.调整一个或多个音频素材片段的音频增益

在【时间线】面板，选中要调整的一个或多个音频素材片段，点击右键，在下拉菜单中选择【音频增益】命令，打开音频增益对话框，如图10-3-8。

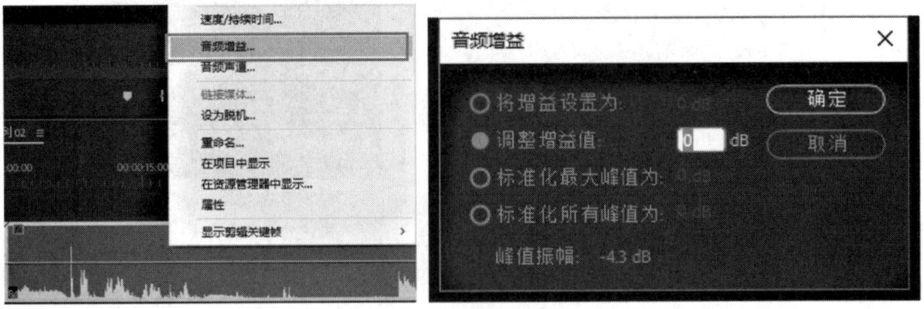

图10-3-8　音频增益命令

2.调整主音轨的音量

选择菜单栏【序列】/【标准化主轨道】命令，在打开的对话框中输入具体值，如图10-3-9。

图10-3-9　音频增益对话框

五、使用音轨混合器

Adobe Premiere Pro提供了一个专业的音频控制面板“音频混合器”，可以很直观地对多轨道的音频进行录音，编辑音频文件、添加音频效果和进行多轨道的混音控制，如图10-3-10。

音轨混合器可以在菜单栏【窗口】/【音轨混合器】打开。

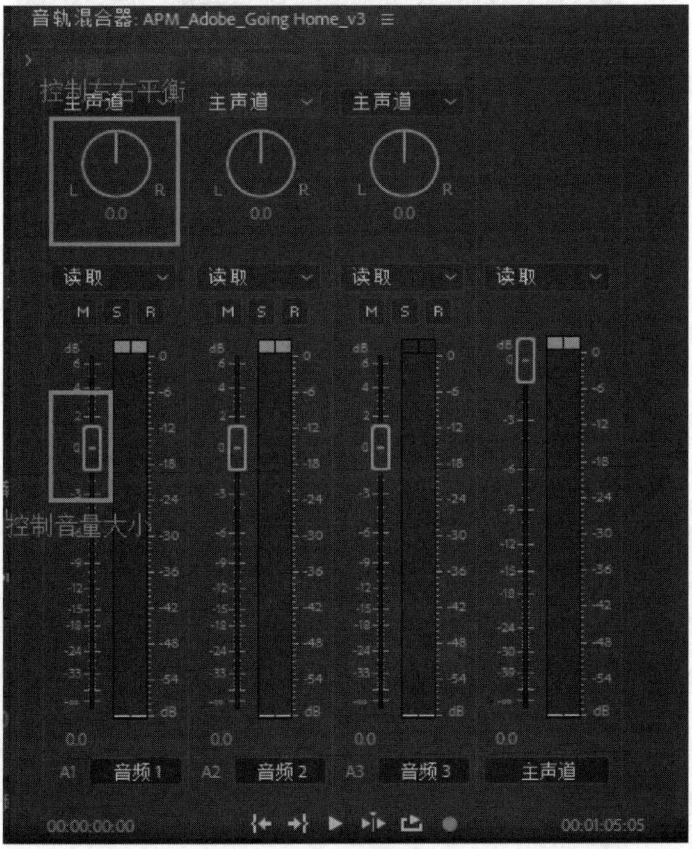

图10-3-10　音频混合器面板

【音轨混合器】面板中的轨道和【时间线】面板中的轨道内容是完全对应的，每一个音频轨道对应一组控制音频的按钮与开关。平衡器控制声音的左右平衡，音量滑块可以控制音量大小。

1. 使用混合器录制配音

将话筒插入到电脑的MIC输入插孔，单击菜单栏【编辑】/【首选项】，在子菜单中选择“音频硬件”命令，在“音频硬件”面板中设置外部音频的输入设备，检查录音设备。①在【音频混合器】面板中选择音频2轨道中的“启用轨道以进行录制”按钮；②按下混合器面板下方的“录制”按钮，按钮闪动，表示已经做好准备；③继续按下“播放/停止”按钮，播放时间线，对着话筒输入声音；④再次按下“播放/停止”按钮停止录音，如图10-3-11和图10-3-12。

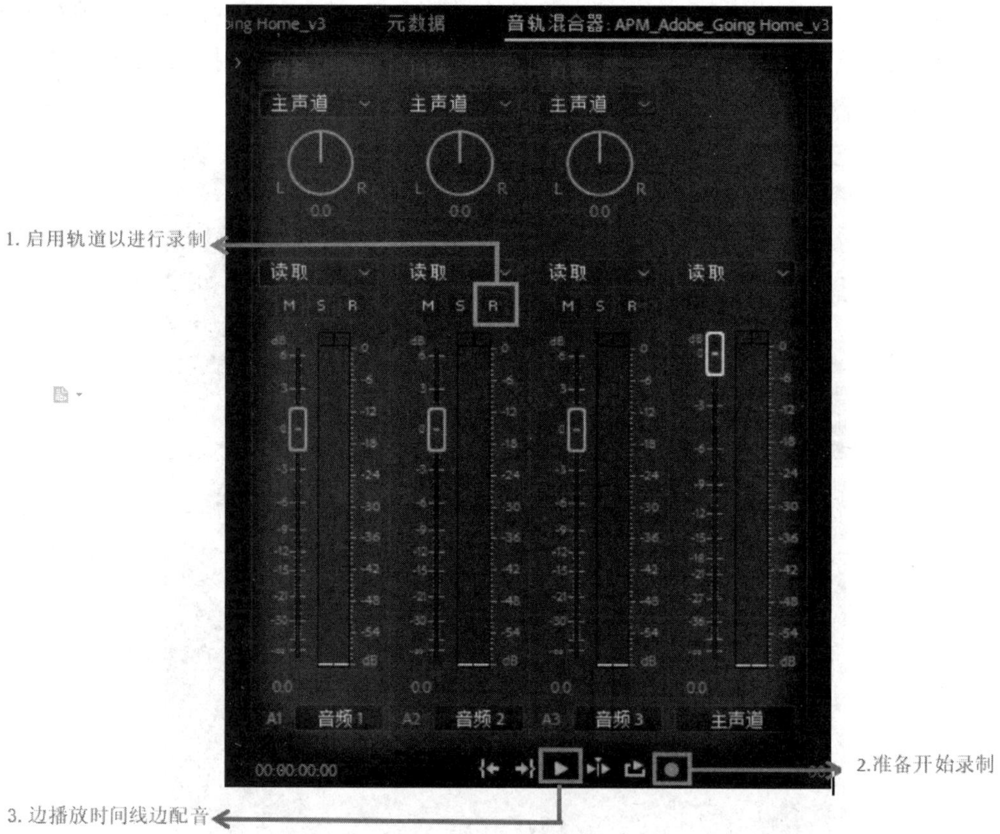

图10-3-11　使用音频混合器录音

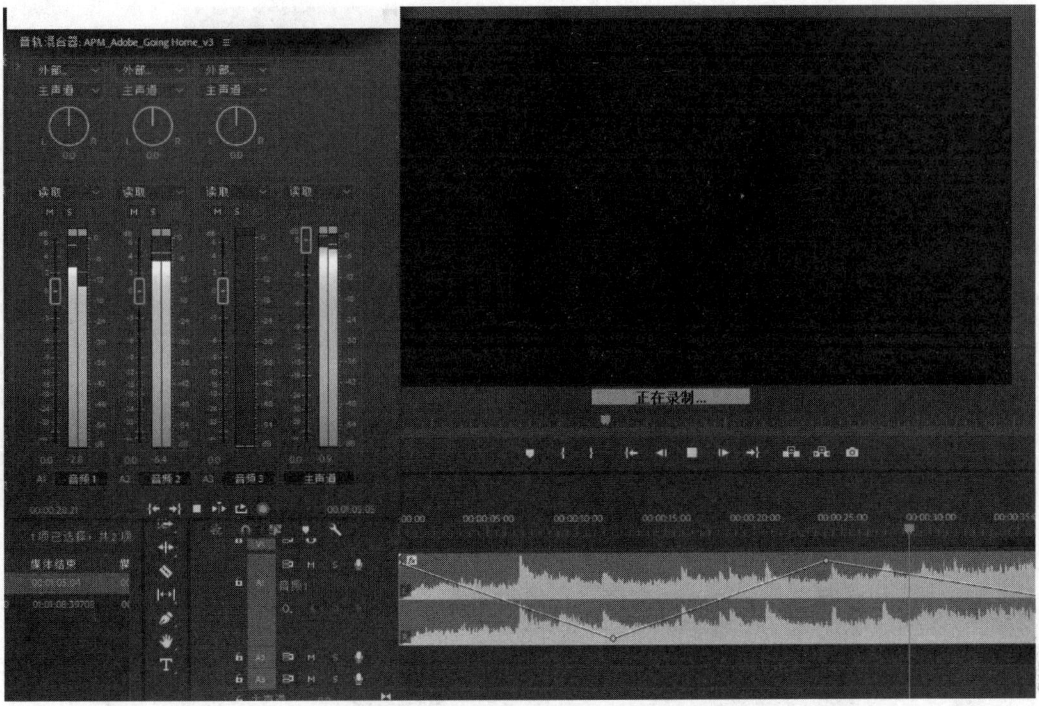

图10-3-12　使用音频混合器录音

录制完毕后，录好的音频会自动添加到【项目】面板中，也自动放置在【时间线】面板的轨道中，如图10-3-13。

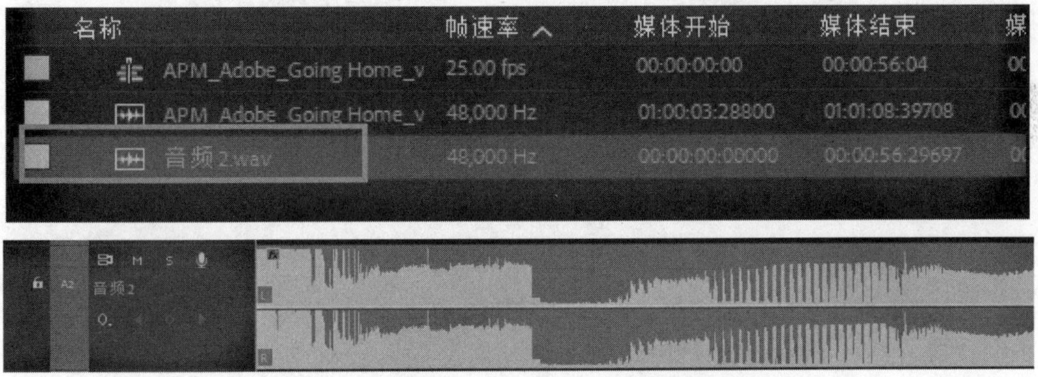

图10-3-13　录制的音频分别添加至项目面板和时间线面板

2.添加音效

单击【音轨混合器】左上方的“显示/隐藏效果和发送”按钮，如图10-3-14，然后单击“效果选择”下拉列表选择要添加的具体效果，如图10-3-15。

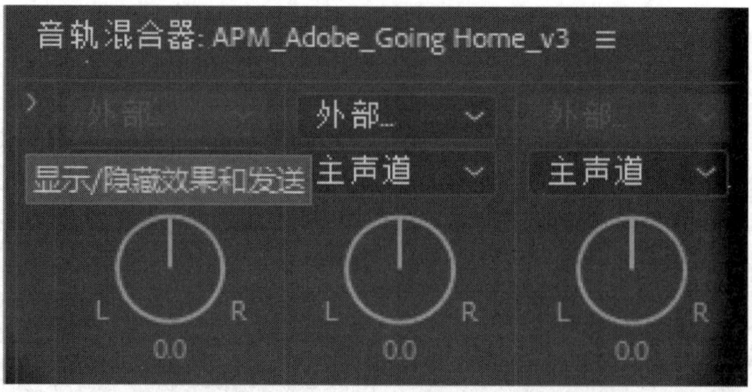

图10-3-14 “显示/隐藏效果和发送”按钮

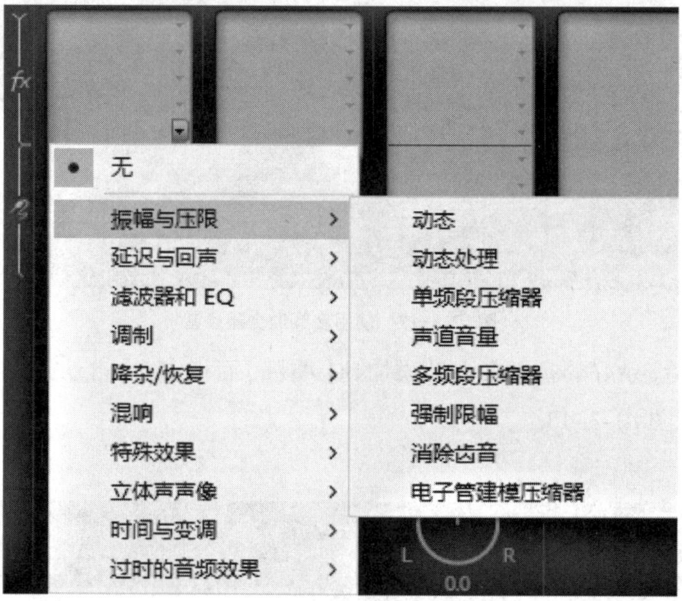

图10-3-15 添加效果

3.自动化模式

自动化模式选项共有5个,其含义如下:

关:回放期间忽略轨道的存储设置,使用这个模式不会录制对音轨所做的修改。

读取:读取轨道的关键帧并在回放期间使用它们来控制轨道。

写入:以关键帧的方式保存对轨道所做的修改。

闭锁:只有在开始调整某个属性之后,才会启动自动操作。初始属性设置来自前一调整。

触动:用来保护对音频所做的调整,每次做完调整后,音量滑块会自动回到当前编辑之前的位置。

第四节　音频过渡与音频特效

在Adobe Premiere Pro的【效果】面板中也包括了对音频文件设置的音频效果和音频过渡效果，使用这些内置效果可以使音乐更具有艺术表现力。

一、添加音频过渡效果

利用添加素材音量关键帧的方法可实现淡入、淡出的效果，利用添加轨道关键帧的方法也可实现淡入、淡出的效果。过渡效果可以通过添加音频过渡方式来完成。添加音频过渡效果与添加视频过渡效果的操作方法是一样的，在【效果】面板中的【音频过渡】的【交叉淡化】下，保存Adobe Premiere Pro内置的音频切换效果，包括恒定增益、恒定放大和指数渐变3个音频过渡效果，如图10-4-1。

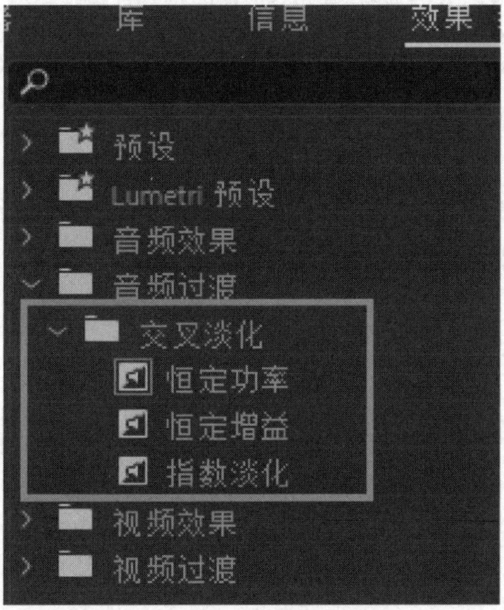

图10-4-1　音频过渡效果

这里以“恒定功率”效果为例说明音频过渡效果的设置。

在【效果】面板中，选择【交叉淡化】文件夹中的【恒定功率】效果，拖动到时间线的音频素材开始的位置，如图10-4-2。打开【效果控件】面板修改效果的持续时间，完成淡入效果的设置，如图10-4-3。把【交叉淡化】文件夹中的【恒定功率】效果拖到素材结束的位置，打开【效果控件】修改效果的持续时间，完成淡出效果设置。最终效果如图10-4-4所示。

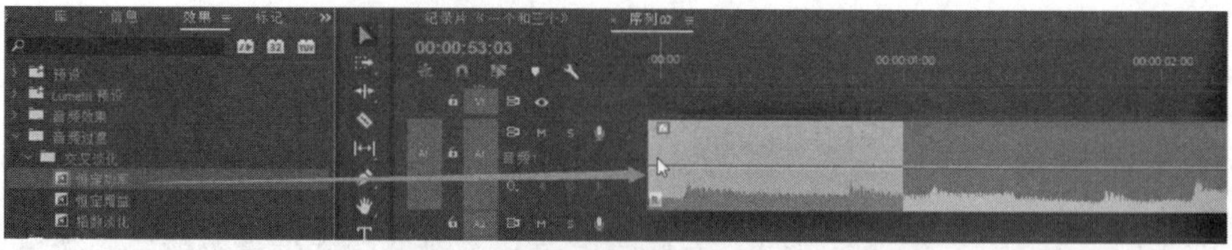

图 10-4-2　时间线轨道中添加音频过渡

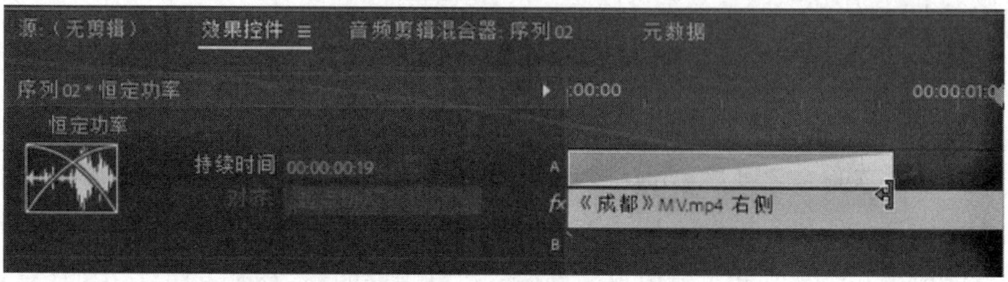

图 10-4-3 【效果控件】面板修改过渡参数

图 10-4-4　音频的淡入、淡出效果

恒定功率效果可以创建比较平滑的淡入、淡出效果，恒定增益效果是以恒定的速率进行音频的淡入和淡出效果处理，过渡效果会有些生硬；指数淡化效果是以前一段素材淡出的同时淡入后一段素材的形式来完成过渡效果的。

二、添加音频效果

音频滤镜与视频滤镜的存放位置相同，也存放在【效果】窗口中，【音频效果】文件夹中包含了关于声音的特效滤镜，如图 10-4-5。通过这些滤镜，可以纠正音频的特征，添加声音的深度，或者改变声音的颜色。

应用音频滤镜的方法和使用视频滤镜一样，即将需要的滤镜用鼠标拖动到要应用效果的素材上。

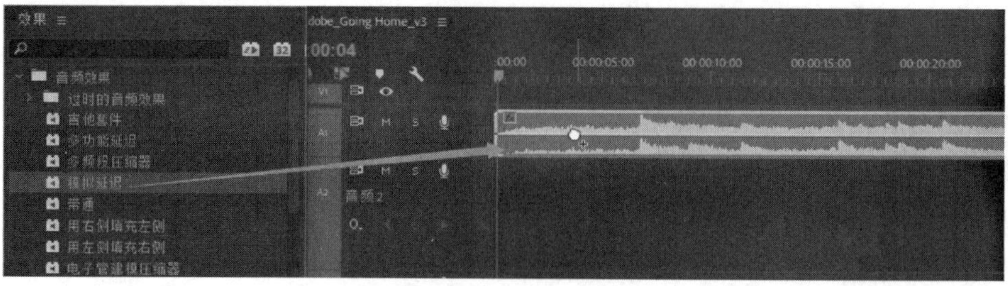

图 10-4-5　添加音频效果

打开【效果控件】面板，可以调整音频特效的参数，如图10-4-6。

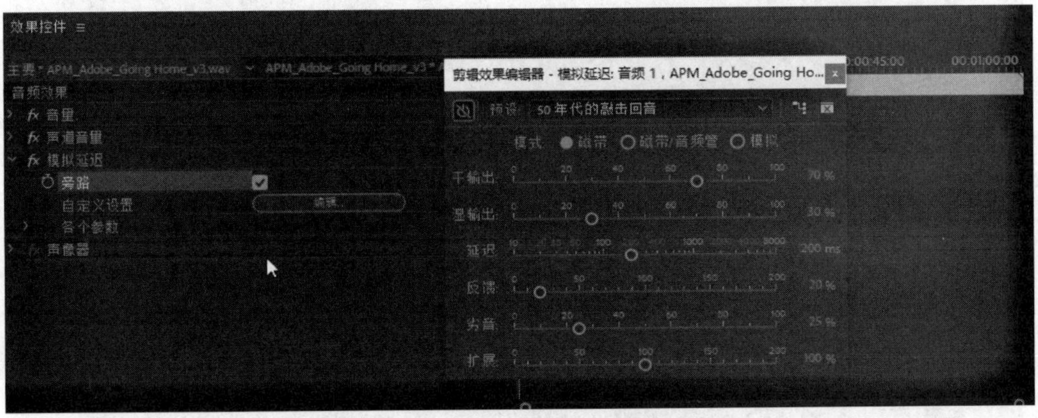

图10-4-6　效果控件面板修改音频特效参数

第五节　实训：处理音频

一、剪辑音乐片段

实践目标：(1)掌握音频剪辑的方法。

(2)掌握音频过渡效果的添加方法。

实践内容：通过对音频素材的裁剪与音频过渡效果的添加，完成多个声音片段的合成效果。

实践工作流程：

(1)新建一个名为“音乐片段的剪辑”的项目文件，选择国内电视制式通用的DV-PAL下的标准48kHz。双击“案例\素材\第十章 音频素材的剪辑与处理\音频片段的剪辑”，导入文件“蜗牛对话原声.wav”和“月光下的凤尾竹.wav”，并将“蜗牛对话原声.wav”拖至时间线音频1轨道。

(2)播放时间线，监听声音。这是一段讲故事的声音，通过时间线中的波形能看到该素材在前两秒钟有一个空场，没有声音，因为波形是直线的，如图10-5-1。

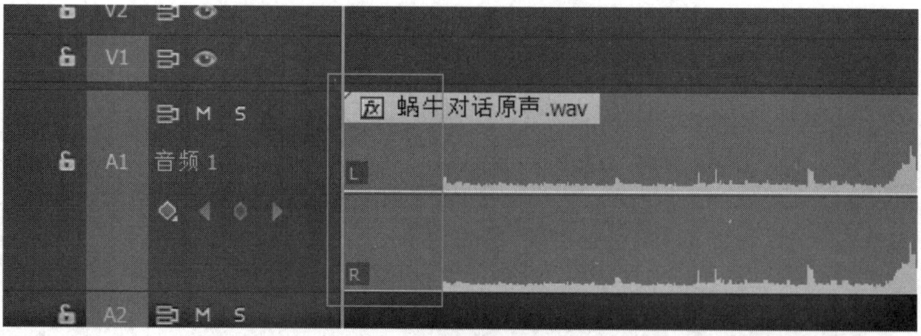

图 10-5-1　查看音频素材的波形

(3)将时间指针移至2秒的位置，在工具栏中选择剃刀工具，在音频轨道上的时间指针处单击，如图10-5-2。

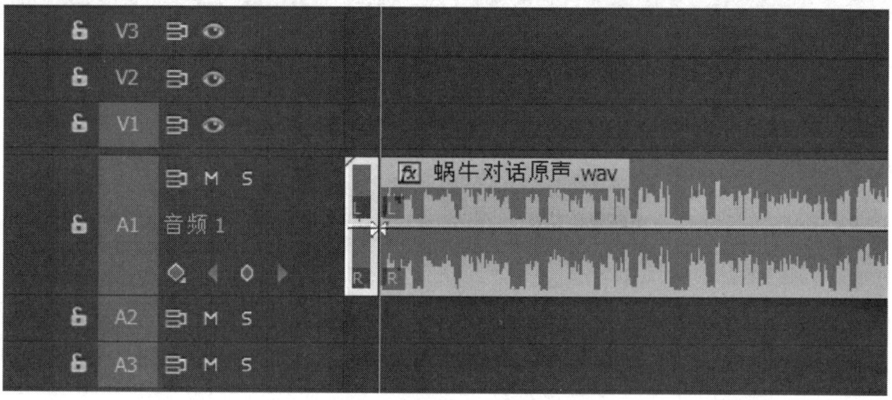

图 10-5-2　去除无效音频

(4)选中被分割的前一段，在该素材上点击右键，选择【波纹删除】，片段被删除，同时后面的素材自动前移，如图10-5-3。

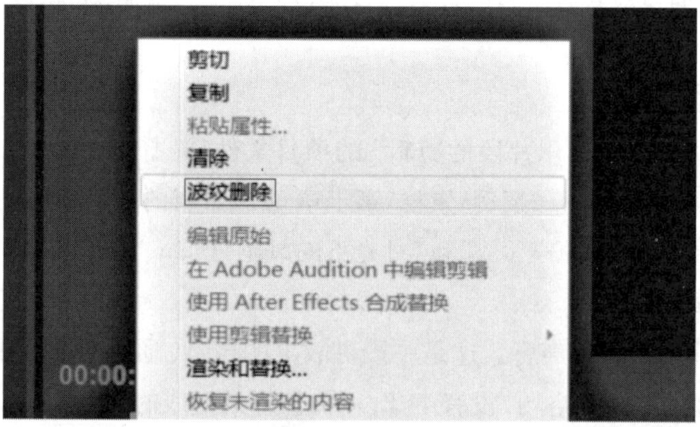

图 10-5-3 【波纹删除】对话框

(5)将时间指针移至16秒21帧，用同样的方法将后面的素材分割并删除。

(6)在项目窗口中将“月光下的凤尾竹.wav”拖至音频2轨道，播放。可以听到前4

秒也有一个空场，将时间指针置于4秒的位置，用鼠标拖动入点位置使之后移，移至与时间指针重合，松开鼠标，素材的入点被改变，将素材拖动前移置于0秒位置，如图10-5-4和图10-5-5。

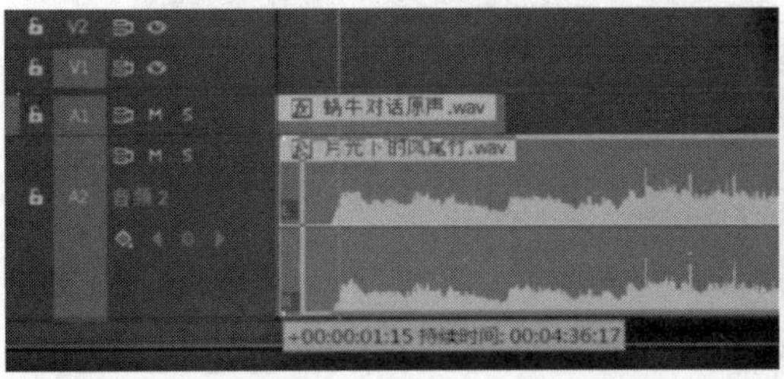

图10-5-4　将“月光下的凤尾竹.wav”拖至音频2轨道

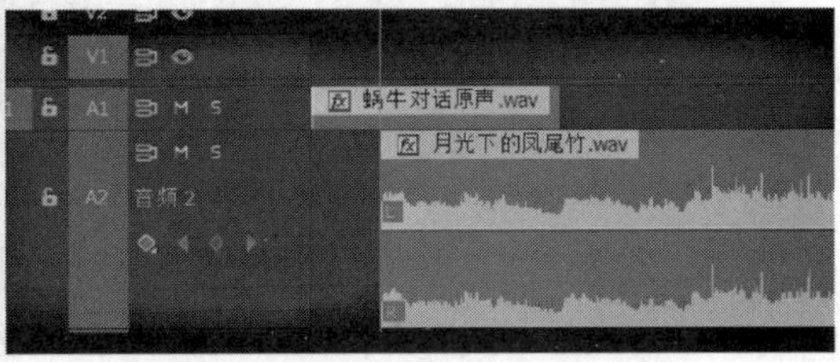

图10-5-5　删除无效音频

(7) 以同样的方法修改“月光下的凤尾竹.wav”的出点，使其与音频1轨道素材对齐，按空格键播放。可以听到两种声音，一个是人声一个是配乐，配乐是起辅助作用的，音量需要变弱，如图10-5-6。

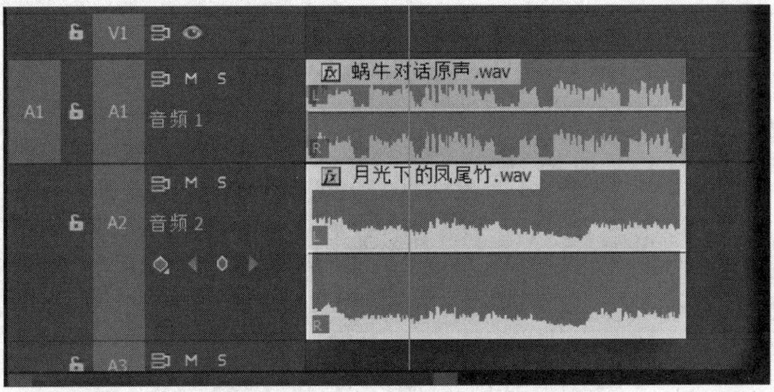

图10-5-6　将两段音频素材对齐

(8) 展开音频2轨道的轨道拓展按钮，单击轨道显示按钮，选择“显示素材关键帧”，可以在素材上看到一条音量指示线，如图10-5-7。

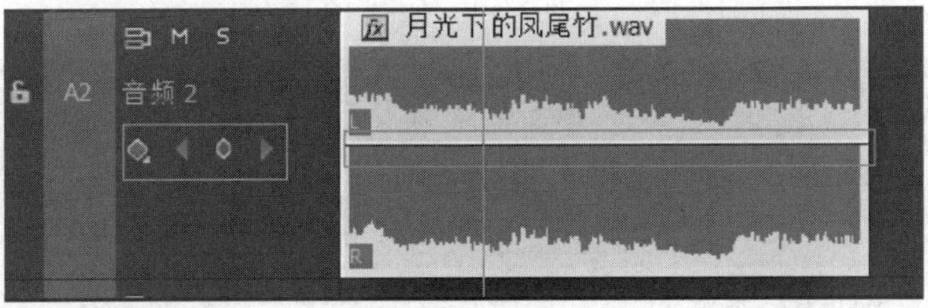

图10-5-7　激活【时间线】面板中的音量指示线

(9) 在工具栏中选择钢笔工具，在黄色的线上向下拖动，代表当前素材音量减弱，如图10-5-8。

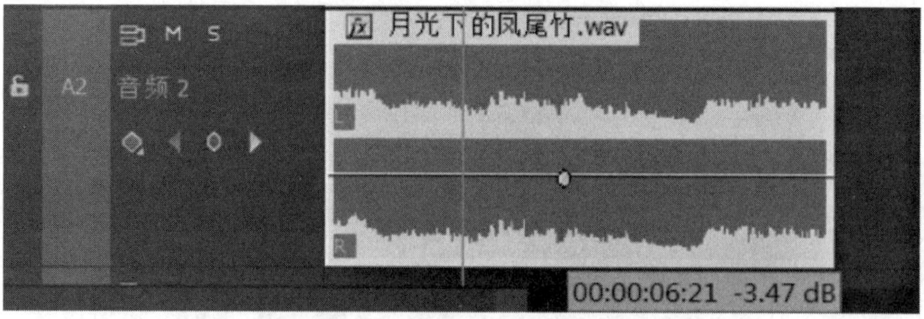

图10-5-8　在音量指示线上添加关键帧

(10)再次播放时间线，监听两种声音的融合度。在【效果】面板中，找到【音频过渡】文件夹，展开文件夹，选择【交叉淡化】下的【恒定增益】，拖至音频1的入点处，添加一个过渡的特效，如图10-5-9。

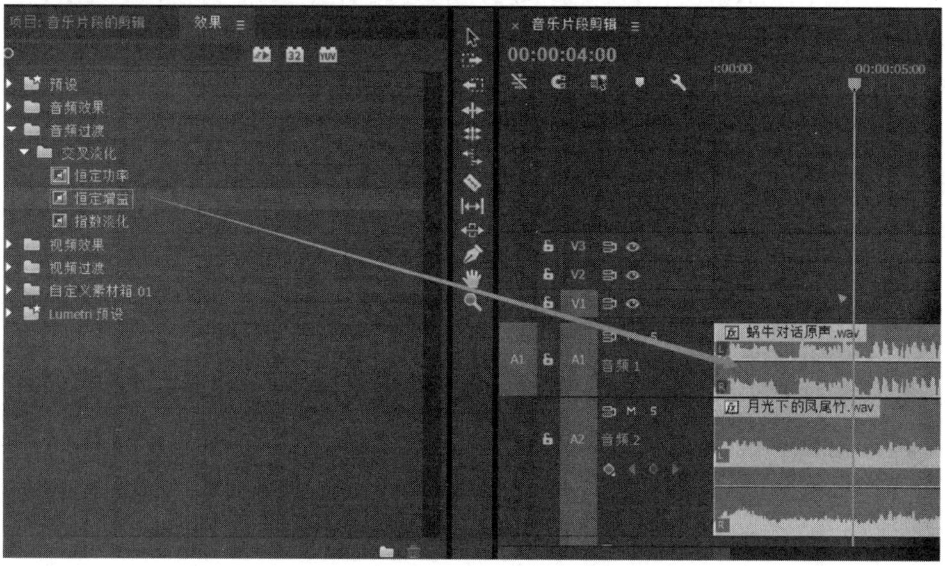

图10-5-9　在音频入点添加音频过渡效果

(11)以同样的方式分别在音频1的出点处、音频2轨道素材的入点和出点处添加【恒定增益】的过渡效果，播放时间线，监听效果，如图10-5-10。

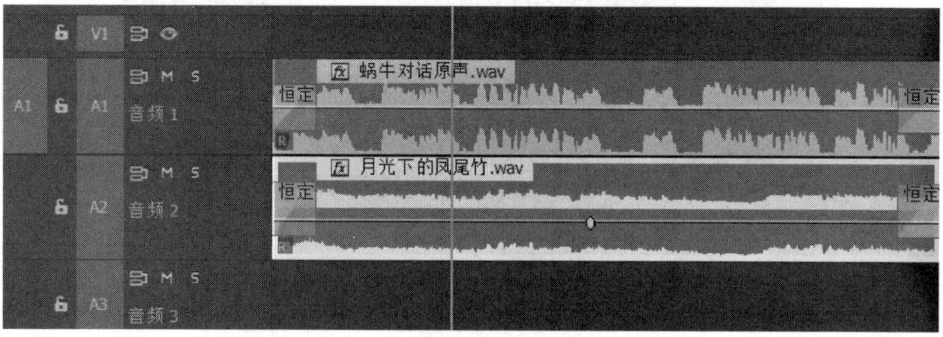

图10-5-10　播放音频效果

二、调节音频速度

实践目标：掌握更改音频播放速度的方法。

实践内容：通过【速度与持续时间】来更改音频速度，并保持音频音调。

实践工作流程：

(1)新建一个名为“调节音频速度”的项目文件，选择国内电视制式通用的DV-PAL下的标准48kHz。双击“案例\素材\第十章 音频素材的剪辑与处理\调节音频速度”文件夹，导入素材“蜗牛对话原声.wav”，并将其拖至时间线音频1轨道，如图10-5-11。

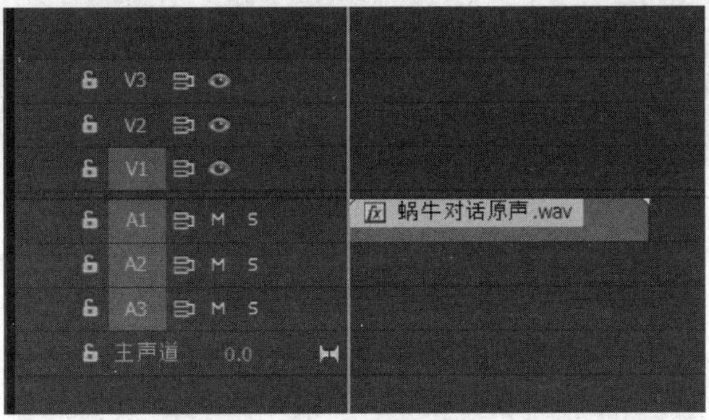

图10-5-11　将素材拖至【时间线】面板

(2)播放预览，听原始声音的效果。在时间线中，右键单击素材，选择【剪辑速度/持续时间】命令，弹出修改速度的窗口，如图10-5-12。

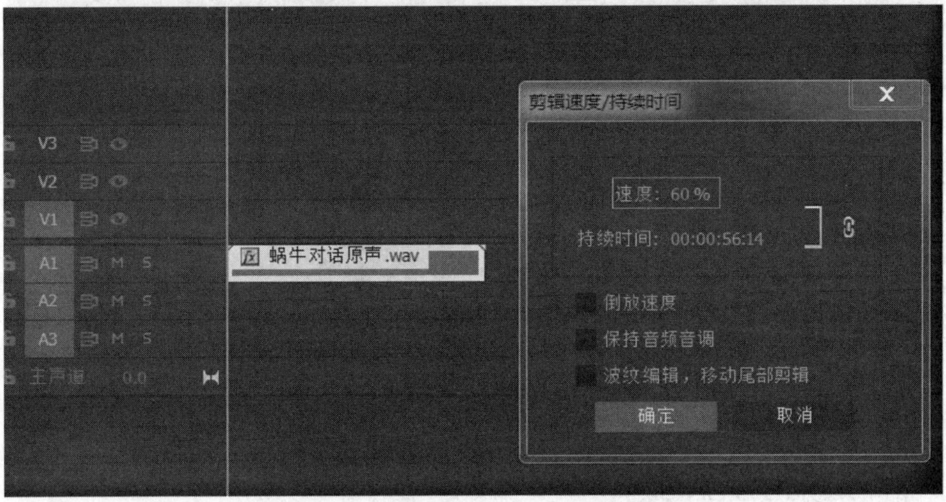

图10-5-12　【剪辑速度/持续时间】对话框

(3)将“速度”设为60%，小于100%时，持续时间增加，大于100%时，素材持续时间缩短，点击“确定”按钮。在时间线中，声音素材被延长了。播放时间线可以听到说话的语速变慢了的同时，语调也跟着速度发生了变化，如图10-5-13。

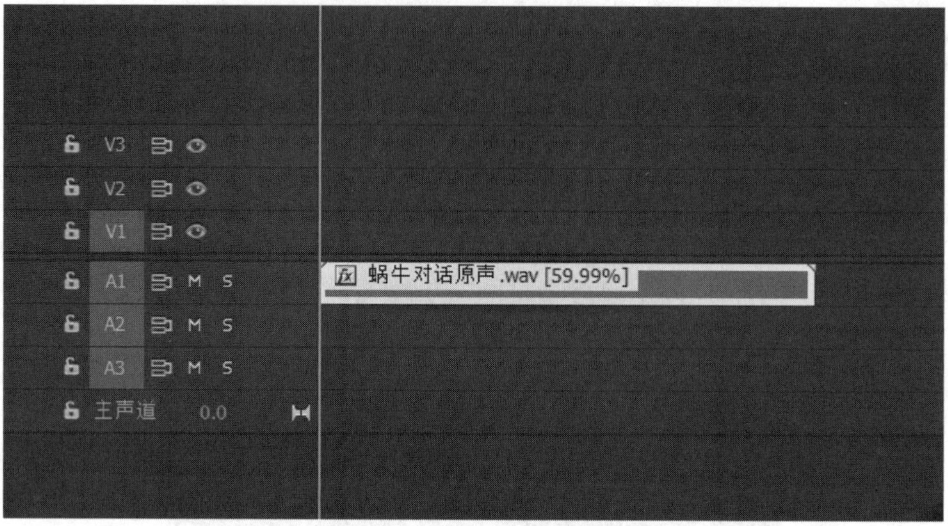

图10-5-13　更改音频播放速率

(4)再次右键单击素材，选择"剪辑速度/持续时间"命令，勾选"保持音频音调"选项，单击确定按钮，如图10-5-14。

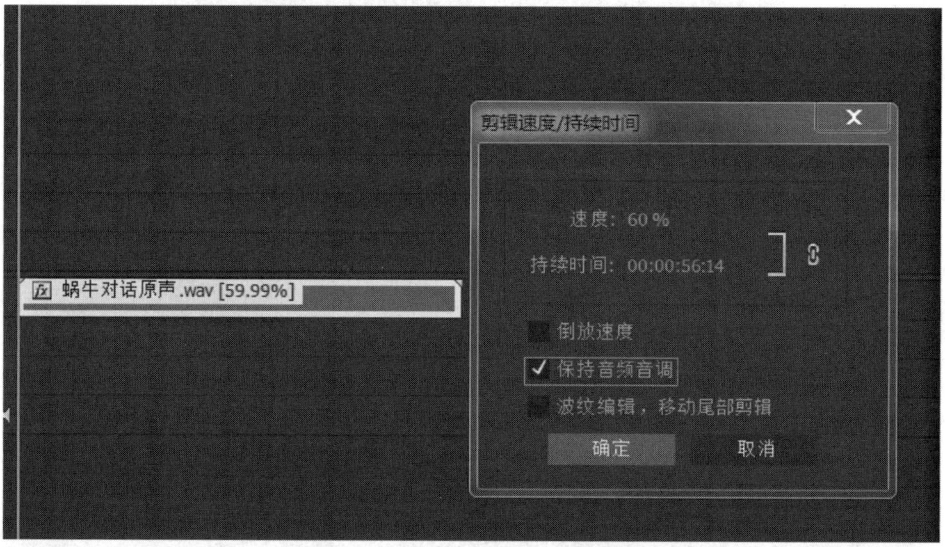

图10-5-14　勾选【保持音频音调】选项

(5)播放，可以听到声音虽然变慢了，但是语调没有发生任何变化。

提示：当速度变化时，声调会发生变化，所以，在音频变速时，为了不让声调发生变化，可以勾选保持音频音调选项。

三、声音的淡入淡出

实践目标：掌握声音的关键帧效果。

实践内容：通过给声音添加关键帧，制作声音的淡入、淡出效果。

实践工作流程：

(1)新建一个名为“声音淡入淡出”的项目文件，选择国内电视制式通用的DV-PAL下的标准48kHz。双击“案例\素材\第十章 音频素材的剪辑与处理\声音的淡入淡出”文件夹，导入素材“声音的淡入与淡出.mp4”，并将其拖至时间线，可以看到这是一段既有视频又有音频的素材，如图10-5-15。

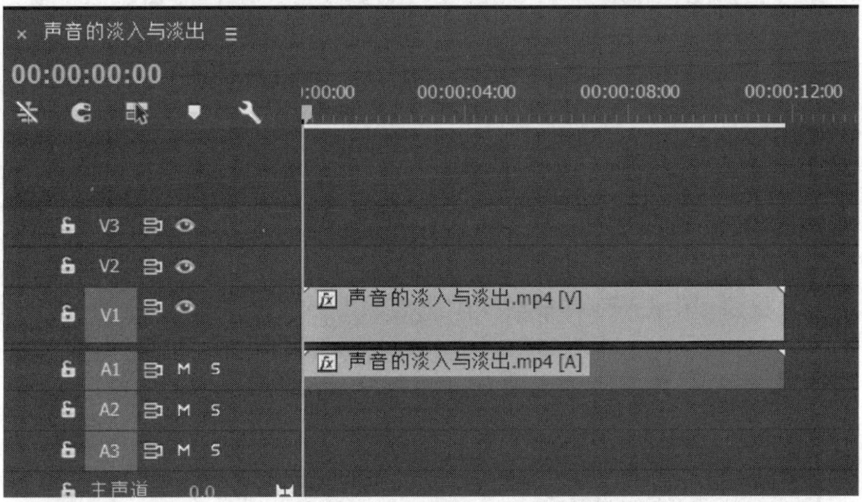

图10-5-15 将素材拖至【时间线】面板

(2)点击音频1轨道，转动鼠标滚轮，展开轨道。可以看到素材中间有条指示线，这条线默认显示当前声音素材的音量，线高代表音量高，线低代表音量低，如图10-5-16。

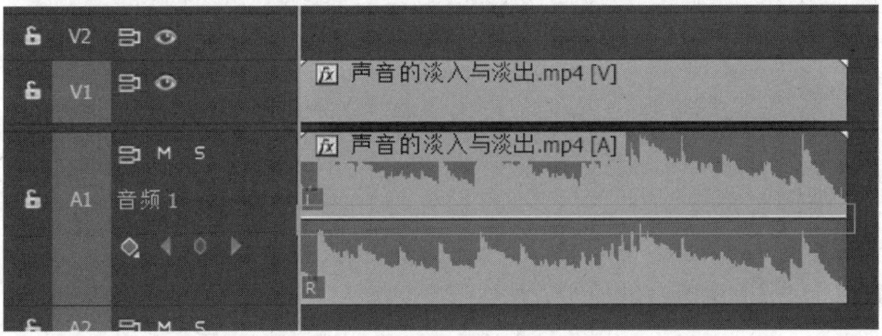

图10-5-16 “音量指示线”对话框

(3)将时间指针置于0帧位置，单击轨道左侧的添加关键帧按钮，可以看到时间线的素材中添加了一个关键帧。将时间指针置于1秒钟位置，单击轨道左侧的按钮，再次添加一个关键帧。目前，这两个关键帧的音量相同。将前一个关键帧拖动至素材的底部，使得音量为0，如图10-5-17。

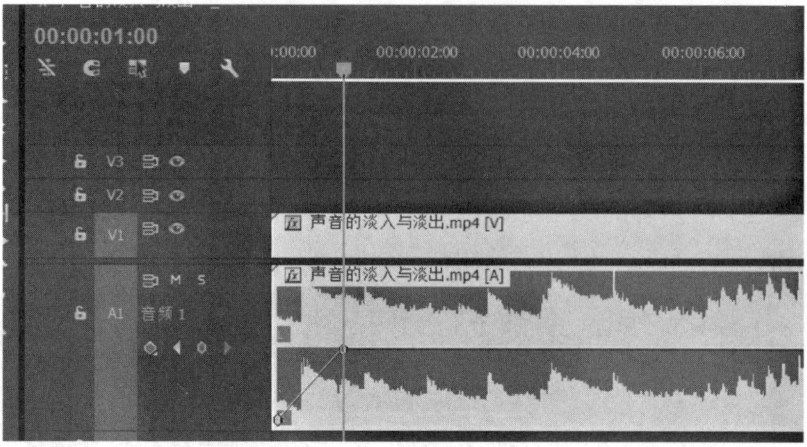

图10-5-17　通过关键帧为音频添加淡入效果

(4)用同样的方法，在素材的最后一秒处添加一个关键帧。时间指针移至最后一帧，再添加一个关键帧，用鼠标拖动最后一个关键帧至素材底部，使得音量为0，如图10-5-18。

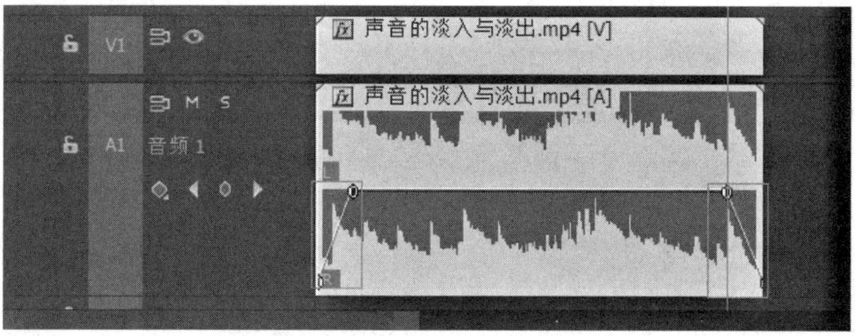

图10-5-18　通过关键帧为音频添加淡出效果

(5)播放，声音渐渐变强，结尾时又渐渐变弱。

四、使用调音台

实践目标：掌握调音台的使用方法。

实践内容：通过调音台的操作，对声音文件进行音量调整及动态音量调整。

实践工作流程：

(1)新建一个名为“使用调音台”的项目文件，选择国内电视制式通用的DV-PAL下的标准48kHz。双击“案例\素材\第十章 音频素材的剪辑与处理\使用调音台”文件夹，导入声音素材“山东传媒.mpg”，并将其拖至时间线。可以看到这是一段既有视频又有音频的素材。在素材上单击右键，选择【取消链接】，将视频和音频分离，如图10-5-19。

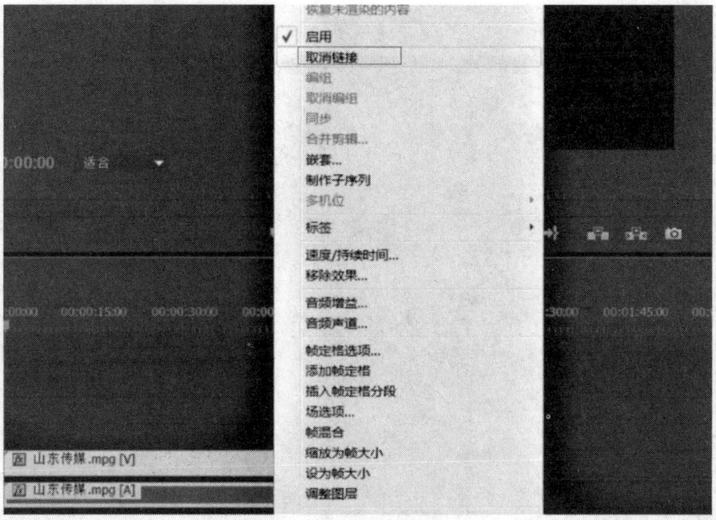

图10-5-19 取消素材视音频链接

(2)单独选择素材的音频部分，按“Ctrl+C”组合键复制，再单击音频2轨道使其处于高亮状态，将时间指针移至开始处，按“Ctrl+V”组合键粘贴。这样，音频2轨道同样也放置了声音，如图10-5-20。

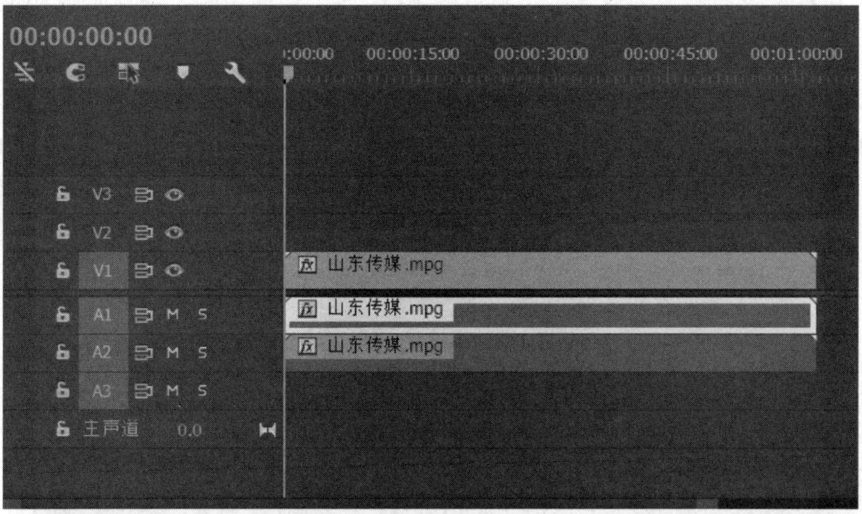

图10-5-20 复制视频素材

(3)选择窗口菜单栏【调音台】命令，将窗口切换到【音轨混合器】，播放时间线。在【调音台】面板可以看到音频1、音频2和主音频都有音量显示。因为音频1和音频2都有声音，且音量比原来增大一倍，会看到主音轨中有红色警示出现，如图10-5-21。

提示：在播放音频时，音量表顶部的小方框为当前的音量显示。为了避免声音超出音量范围，调节音量时要确保左边的标尺上显示的峰值颜色最多只能为黄色，而不能为红色。如果音量过高，峰值颜色会显示为红色。

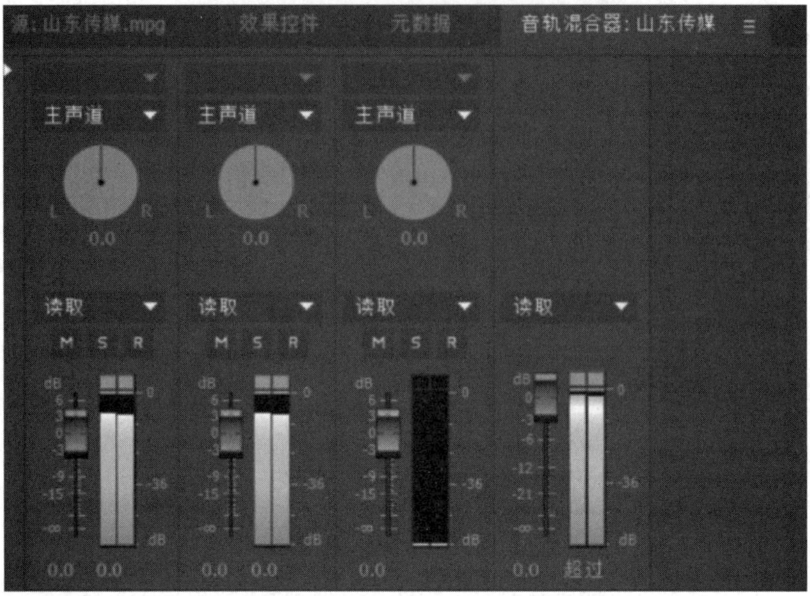

图 10-5-21　【音轨混合器】对话框

(4) 如果音量过高，超过了广播电视的音量标准，可以用鼠标拖动音量表旁边的推子向下，让音量减弱。因为这是两个轨道的声音，所以最简便的方法就是拖动主音轨的音量推子向下，使得音量减弱。

提示：用调音器的音量衰减器调整音量与在时间线上调整音量是一致的。

(5)在【调音台】中，可以看到音频1和音频2音量调节的上方分别有3个不同的图标，单击图标M，可以禁用声音。单击调音器中控制音频声音的相关图标中的图标M后，播放时间线，音频1轨道的音量就没有了。这个功能和音频轨道中的图标功能是一样的，如图 10-5-22。

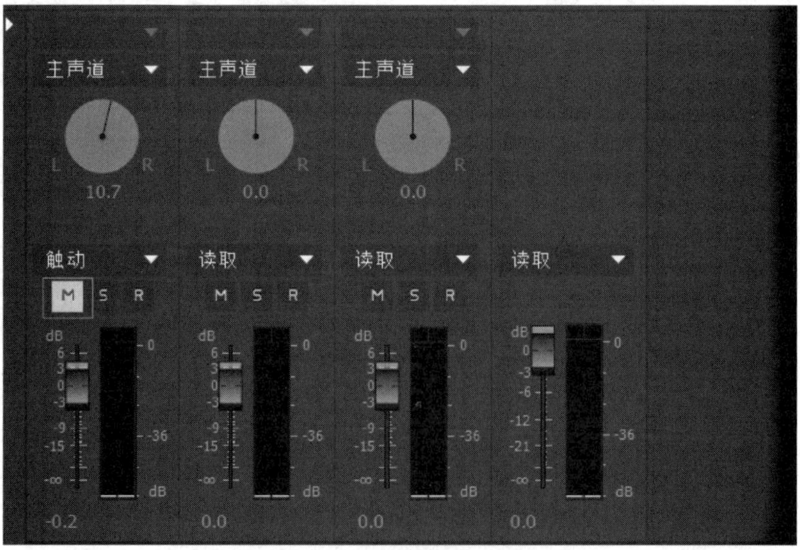

图 10-5-22　音量调节图标

(6) 单击音频1上的图标S，表示除当前轨道外其他声音全部关闭。播放时间线，可以看到只有音频1轨道有声音。

(7) 在音频1轨道上方有一个旋钮，这是用来调节左右声道的平衡旋钮。向左是偏向左声道，向右旋转是偏向右声道。将旋钮旋至最左，播放查看音频。音频1没有什么变化，但是从主音轨可以看出右声道已经完全没有声音了，只有左声道有声音。如果向右旋转，那么只会看到右声道有声音，而左声道没有声音，如图10-5-23。

图10-5-23　声道偏移调整对话框

(8) 在音频轨道名称下方有一个下拉选项，这是对声音轨道自动操作的5种模式，常规状态下是只读。恢复所有音频轨道的左右声道“平衡”数值和“音量”，均为0。在【时间线】面板中，单击音频轨道的◎按钮，选择显示轨道音量，如图10-5-24。

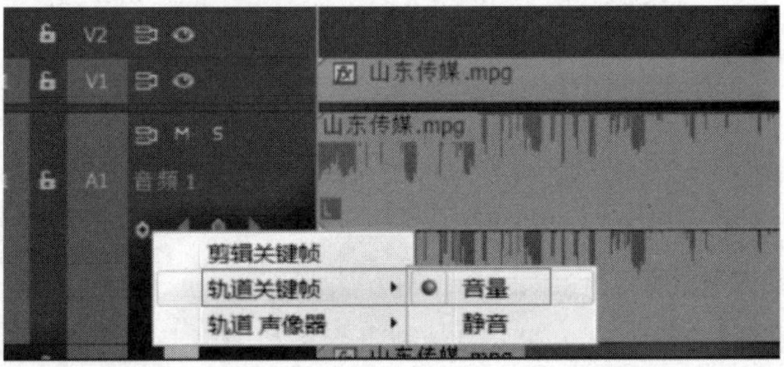

图10-5-24　【时间线】面板中的音量调节方法

(9) 在【调音台】面板中，选择自动化选项为“写入”，如图10-5-25。开始播放音频，在播放的过程中，用鼠标将音量滑块逐渐向上推，再向下拉，再向上推，重复多次这样的操作，然后释放鼠标，等播放结束后，自动停止。

图 10-5-25　【调音台】面板参数调整

(10) 这时会在时间线中看到在播放时改变的滑块的位置全部保存为音量变化记录下的关键帧，如图 10-5-26。

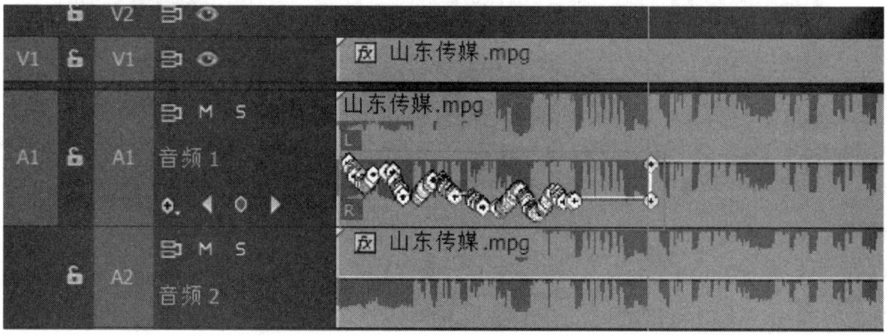

图 10-5-26　音量变化记录下的关键帧

(11) 播放时间线，查看刚才的操作。音量滑块也会按照刚才操作中的向上向下的运动过程来运动。

五、录制音频

实践目标：掌握利用调音台录制声音的方法。

实践内容：在 Adobe Premiere Pro 中录制声音是利用声卡来进行，将麦克风连接到计算机声卡上的麦克风输入口中，借助于 Premire 中的调音台窗口录制声音文件。

实践工作流程：

(1) 新建一个名为“录制音频”的项目文件，选择国内电视制式通用的 DV-PAL 下的标准 48kHz，如图 10-5-27。

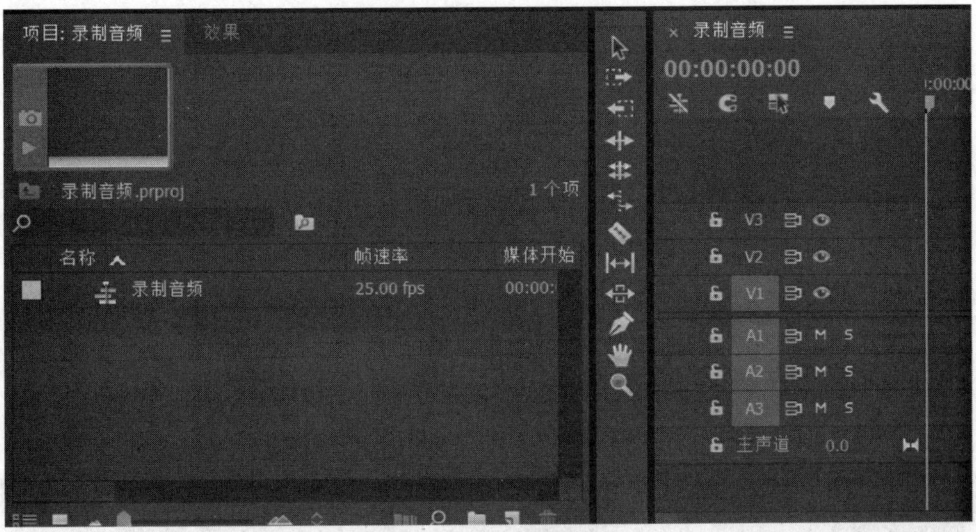

图10-5-27　新建序列对话框

(2)连接录制设备,如外接的话筒。选择【窗口】/【音轨混合器】,打开【音轨混合器】面板,选择音频1轨道,激活“录制”按钮,单击下方的“录制”按钮,并同时按下“播放”按钮,开始记录声音,如图10-5-28。

图10-5-28　音频录制对话框

(3)再次单击面板底部的“停止”按钮,停止录音,此时在音频1轨道中会出现新的音频。录制的声音文件会保存到场景所在的文件夹中。播放预览效果,听听刚刚录制的声音文件。

六、左右声道的偏移

实践目标：掌握音频效果的添加方法。

实践内容：利用音频左右声道的偏移来增加音频的艺术效果。

实践工作流程：

(1) 新建一个名为“左右声道的偏移”的项目文件，选择国内电视制式通用的DV-PAL下的标准 48kHz。双击“案例\素材\第十章 音频素材的剪辑与处理\左右声道的偏移”文件夹，导入素材“桃园传媒.mpg”，将视频放置在视频1轨道，音频放置在音频1轨道。

(2) 在【效果】面板中展开【音频效果】，将【平衡】特效拖至音频1轨道素材上，如图10-5-29。

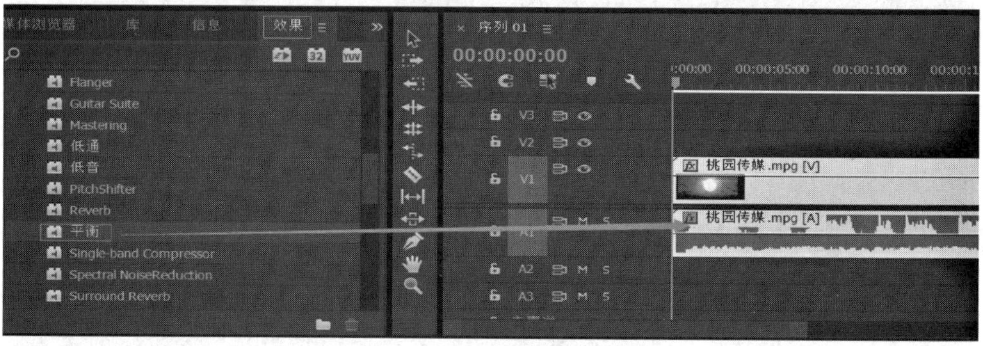

图10-5-29　为素材添加【平衡】特效

提示：因为素材是立体声轨道，所以只能应用【立体声】文件夹下的特效。

(3) 打开【效果控件】面板，调整“平衡”的参数，播放这段音频，并同时将“平衡”参数下的滑杆移至左端，会听到配乐逐渐减弱。在音量指示中也可以看到这个立体声轨道中的右声道音量逐渐减小至没有，如图10-5-30。

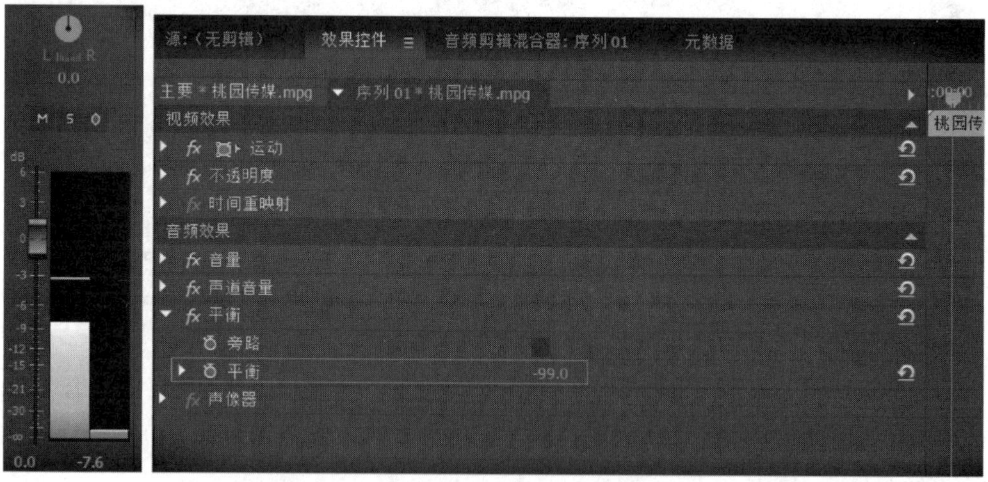

图10-5-30　【效果控件】面板调“平衡”参数 (1)

(4)将滑杆移至右端，会听到解说逐渐减弱，移至100处，解说完全消失，只剩配乐的声音。在音量指示中也可以看到这个立体声轨道中的左声道音量逐渐减小至没有，如图10-5-31。

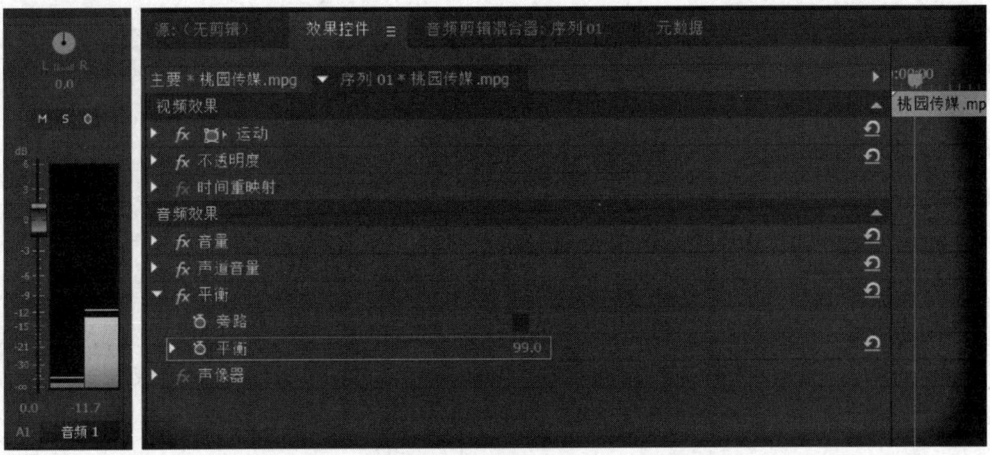

图10-5-31 【效果控件】面板调“平衡”参数(2)

第十一章　Adobe Premiere Pro外挂特效插件

外挂特效插件也称第三方插件，是由非开发商开发的插件。外挂特效插件可被看作是内置特效的拓展，但是却比内置特效易用。插件种类繁多、功能各异、产生的效果极其丰富，使得制作效率成倍提高，绚丽夺目的视觉效果基本上都是插件的功劳，这在很大程度上弥补了内置特效的不足和缺陷。Adobe Premiere Pro 是剪辑软件，因此特效处理对于它来说不是最重要的实现技术，但是如果有了插件的技术支持，那么Adobe Premiere Pro在实现片段编辑的同时还能拥有丰富的视觉效果，这对其来说是如虎添翼的。这就是我们要了解和学习插件的原因。

第一节　安装插件

只有正确地安装Adobe Premiere Pro软件的插件后，才能使用它们。对于初学者来说，插件如何安装，安装到什么地方，如何确认插件安装成功，从哪里能看到和使用已经安装成功的插件，这些都是大家关心的问题。插件基本上都安装在根目录下的“盘符:\Programe Files\Adobe\Adobe Premiere pro\Plug-ins”文件夹中。插件数量众多，安装方式主要分为3种。

一、直接复制法

这是一种最快捷的安装方式。Adobe Premiere Pro软件的插件的图标像一个电源插图的图标，如图11-1-1，将带有此图标的文件直接复制，粘贴到“盘符:\Programe Files\Adobe\Adobe Premiere pro cc 2018\plug-ins”文件夹中即可完成插件的安装，如图11-1-2。

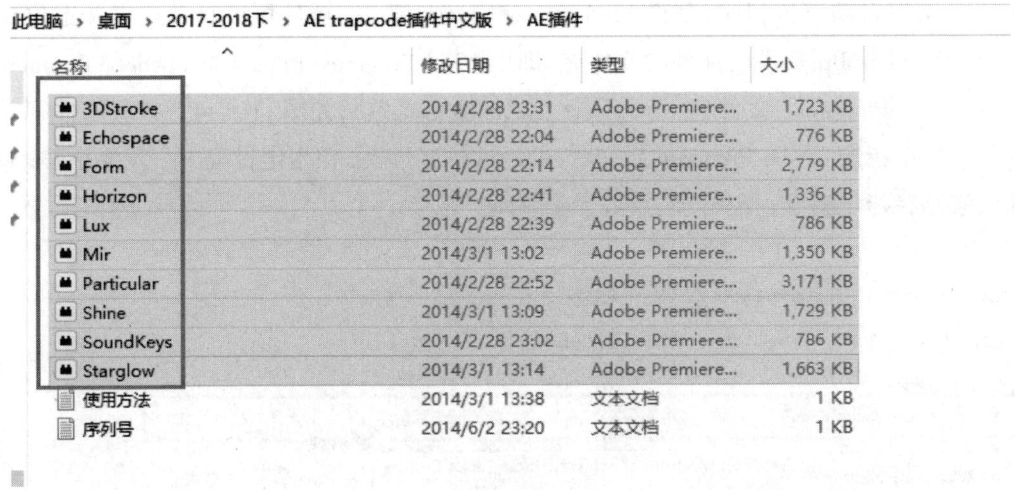

图 11-1-1　插件文件图标

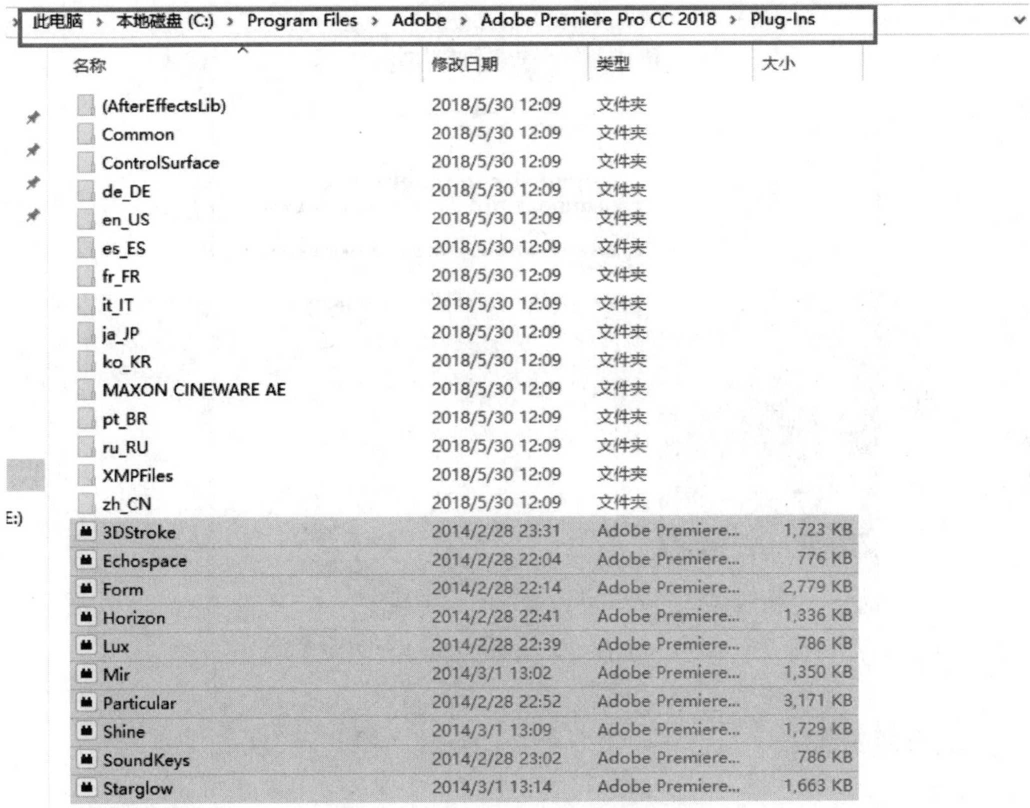

图 11-1-2　粘贴到 Adobe Premiere Pro 安装文件夹下的 Plug-ins 文件夹

二、标准安装法

标准安装法是根据标准的Windows软件程序安装流程安装，即双击扩展名为.exe的可执行文件启动安装程序，如图11-1-3。在安装过程中，插件可以自动搜索并定位到Adobe Premiere Pro软件的插件的文件夹，即“盘符：\Programe Files\Adobe\Adobe Premiere pro cc 2018\Plug-ins”文件夹，非常人性化，安装完成界面如图11-1-4。有些插件则需要用户手动指定Adobe Premiere Pro软件的插件的文件夹，在指定过程中一定要小心，如果安装路径指定错误，插件安装后就无法调用。

图11-1-3　双击插件安装文件

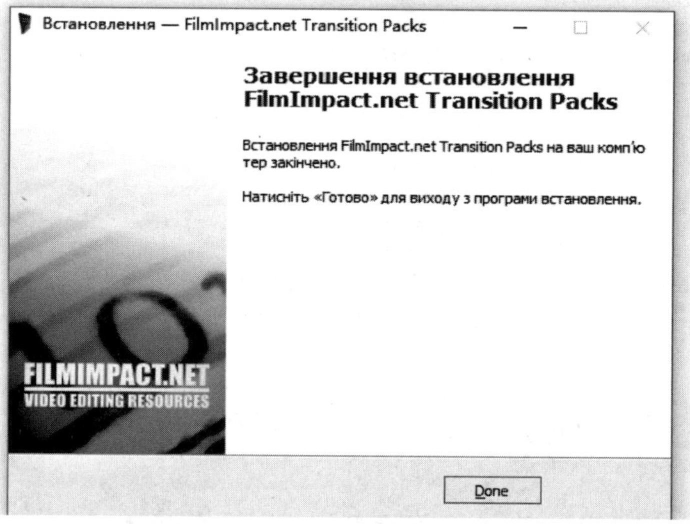

图11-1-4　插件安装完成

三、升级安装法

这是一种比较少见的安装方式，即把低版本的插件通过升级安装包升级为高版本，高版本可以优化或者增强低版本的功能。这种升级安装法也是通过标准的Windows软件程序安装来实现的，但前提条件是系统中必须有已经安装成功的低版本插件，否则系统会拒绝安装升级。

不管使用哪种方式安装插件，安装完成后，都需要重新启动Adobe Premiere Pro软件，然后在【效果】面板的【特效】或者【过渡】文件夹下，就可以看到新安装的插件了，如图11-1-5。特效类的插件与视频特效的应用方法是一样的，转场类的插件与视频过渡效果的应用方法是一样的。

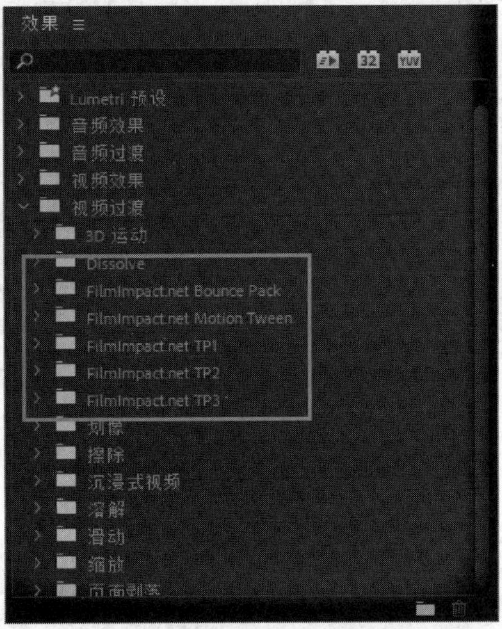

图11-1-5　安装好的插件

第二节　实训：特效插件应用

一、Shine插件

实践目标：掌握Shine插件的使用方法。

实践内容：不管是对于After Effects还是Adobe Premiere Pro，Shine都是一个使用频率比较高的外挂滤镜，Shine可以产生放射式的光芒，制作出来的动画非常具有冲击力，可利用Shine特效来制作LOGO的发光动画。

实践工作流程：

(1)新建一个名为“Shine插件”的项目文件，选择国内电视制式通用的DV-PAL下的标准48kHz。

(2)新建一个“字幕01”文件，输入“山东传媒职业学院”，设置大小及字体，并选择一个字幕样式，如图11-2-1。

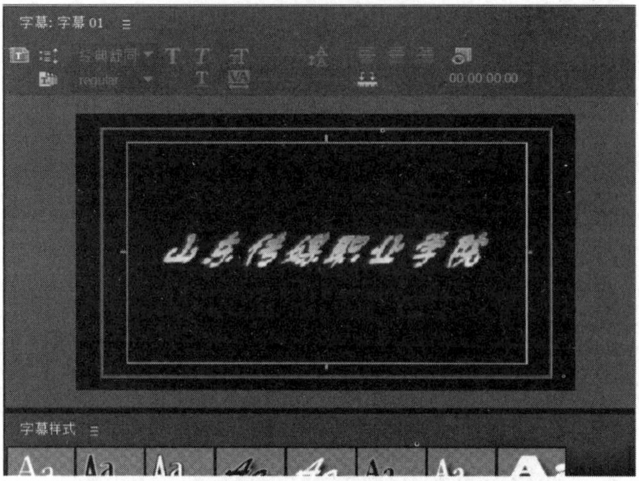

图 11-2-1　字幕设计器

(3)从项目窗口中将“字幕 01”拖至时间线视频 1 轨道中。在【效果】面板中展开【视频效果】下的【Trapcode】,选择【Shine】特效,将其拖至视频 1 轨道素材上,如图 11-2-2。

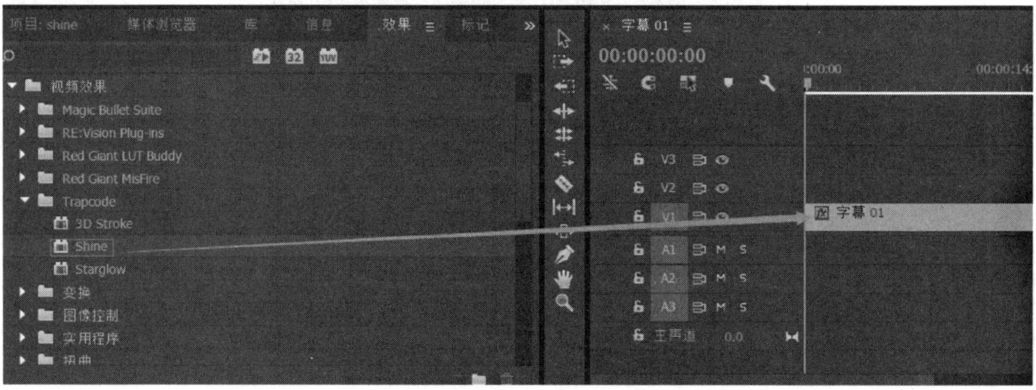

图 11-2-2　为字幕添加“Shine”插件

(4)默认的发光效果不明显,在时间线中选中“字幕 01”,在【效果控件】面板中,更改【Shine】的参数,将“Ray Length”设为 10,“Boost Light”设为 12,“Transfer Mode”设为 Add,这样就有明显的发光效果了,如图 11-2-3。

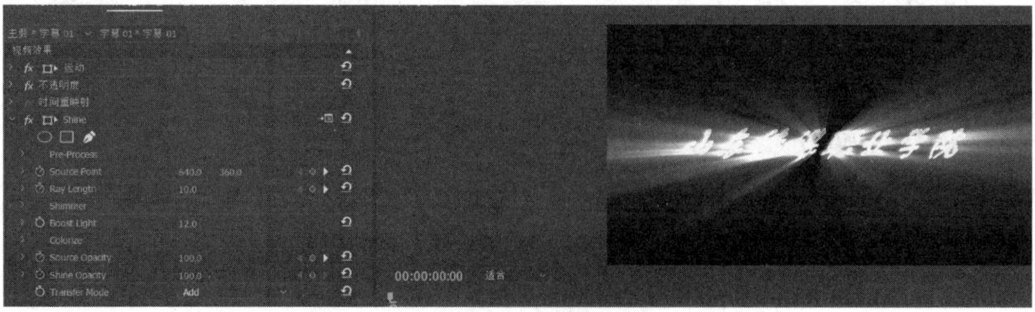

图 11-2-3　【效果控件】面板调整滤镜插件参数

(5) 设置动画。将时间指针移至0帧位置，确认在【效果控件】面板中单击选中【Shine】，在预览窗口会显示光效的发射中心点，用鼠标将其移至文字的左侧，【Shine】下的“Source Point”的数值会相应地有所改变，这里为“130,250”，单击打开Source Point前面的码表记录关键帧动画，如图11-2-4。

图11-2-4　【效果控件】面板为滤插件添加动画效果

(6) 将时间指针移至4秒位置，用鼠标将预览窗口中显示的光效发射中心点移至文字的右侧，如图11-2-5，Source Point的数值会相应地改变，这里为“610, 260”，Source point自动记录关键帧。

图11-2-5　调整光效发射中心点

(7) 制作一个发光的起始和结束的渐强和渐弱的动画过程，将时间指针移至1秒处，单击“Ray Length”和“Shine Opacity”前面的码表，记录当前参数的关键帧，将“Ray Length”设为2.5，“Shine Opacity”设为100，如图11-2-6。

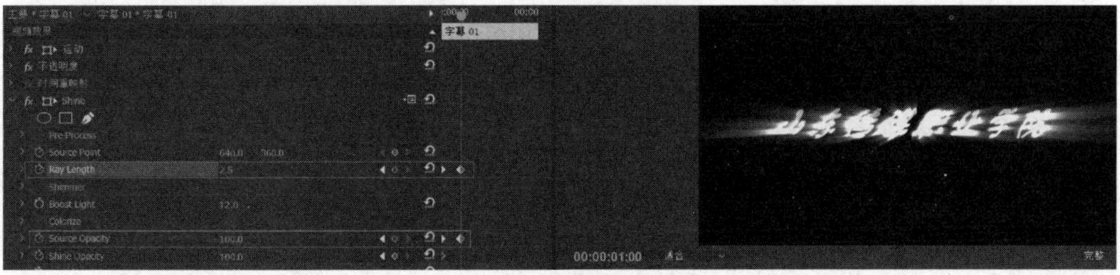

图11-2-6　调整插件参数

(8) 将时间指针移至0帧处，将“Ray Length”设为0，“Shine Opacity”设为0，如图11-2-7。

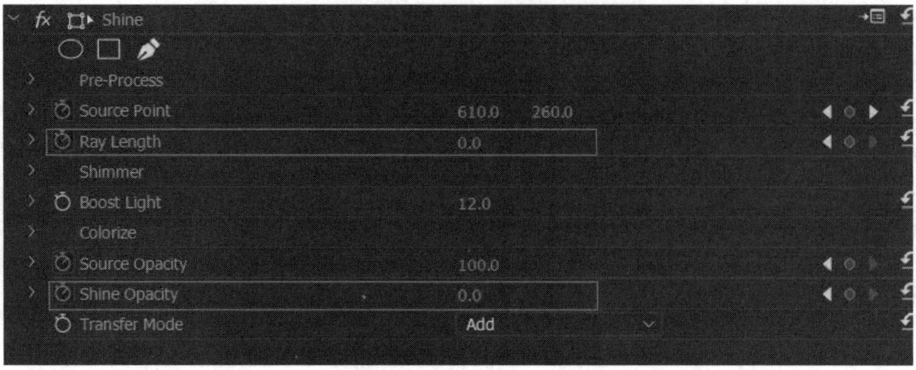

图11-2-7　调整插件参数

(9) 将时间指针移至4秒20帧处，单击“Ray Length”和“Shine Opacity”的添加关键帧按钮，将“Ray Length”设为1.6，“Shine Opacity”设为72.8，播放预览动画效果，光效从左向右划过，如图11-2-8。

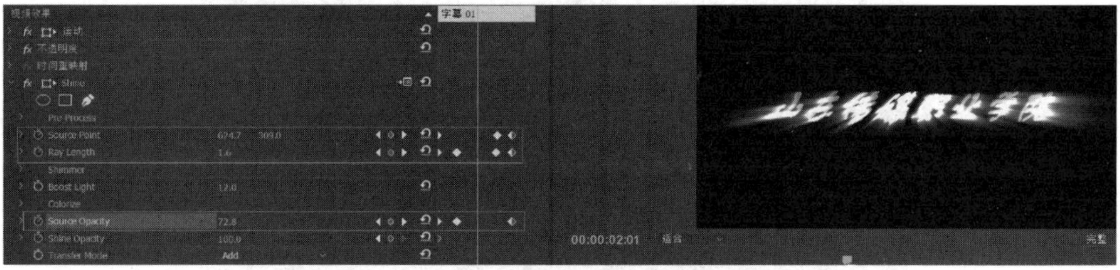

图11-2-8　播放预览视频效果

二、Starglow插件

实践目标：掌握Starglow特效的使用方法。

实践内容：Starglow特效建立的星光闪耀特效包含8个方向，每个方向都能被单独调整强度和颜色。Starglow特效类似于在实际拍摄时使用漫射镜头得到星光耀斑，把这个特效添加到文字上以制作出带有魔法的梦幻效果，还能用来创建多种新的特效，或者模拟各类镜头的耀斑。利用Starglow特效根据图像的高光部分建立一个星光闪耀的画面效果。

实践工作流程：

(1) 新建一个名为“Starglow插件”的项目文件，选择国内电视制式通用的DV-PAL下的标准48kHz。

(2) 双击“案例\第十一章 外挂特效插件\Starglow特效”文件夹，导入素材“星空.mov”，并将其拖至时间线视频1轨道。

(3) 在【效果】面板中展开【视频效果】下的【Trapcode】，选择【Starglow】特效，将其拖至视频1轨道素材上，如图11-2-9。

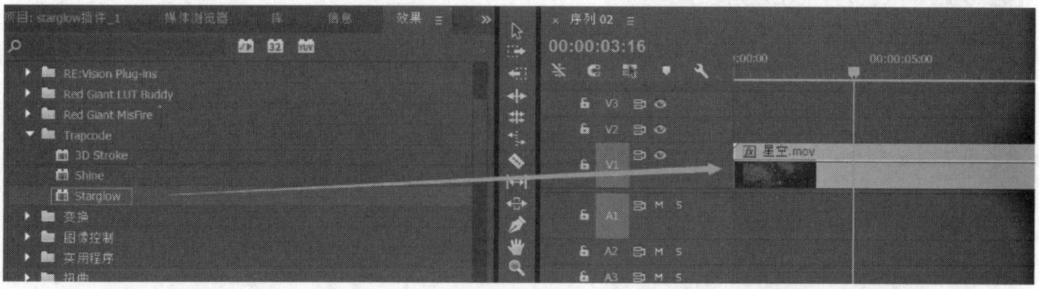

图11-2-9　为素材添加Starglow特效

(4) 这时可以看到画面中的高亮部分有了星光闪耀的特效，在【效果控件】面板中，更改“Starglow”的参数设置。参数较多，不过我们展开参数下的“Preset”后，可以看到有多个预置效果可以参考，当“Preset”设为White Star时，效果如图11-2-10。

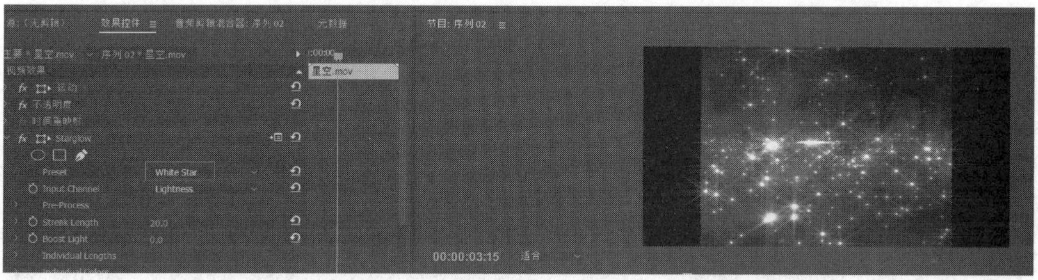

图11-2-10　在【效果控件】面板中更改Starglow的参数

(5) 不同的Preset有不同的星光的颜色。当“Preset”设为supastar时，效果如图11-2-11。

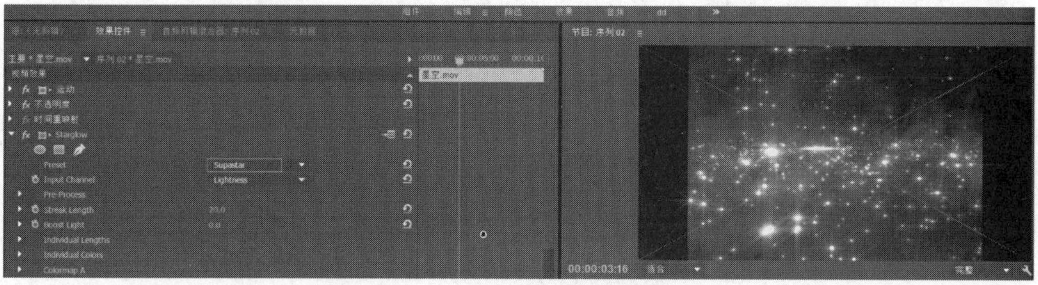

图11-2-11　预览不同的光效颜色

(6) 新建“字幕01”，输入文字“山东传媒职业学院”设置字体与字号，并设置字幕样式，将时间指针置于3秒18帧，从项目窗口中将“字幕01”拖至时间线视频2轨道，如图11-2-12。

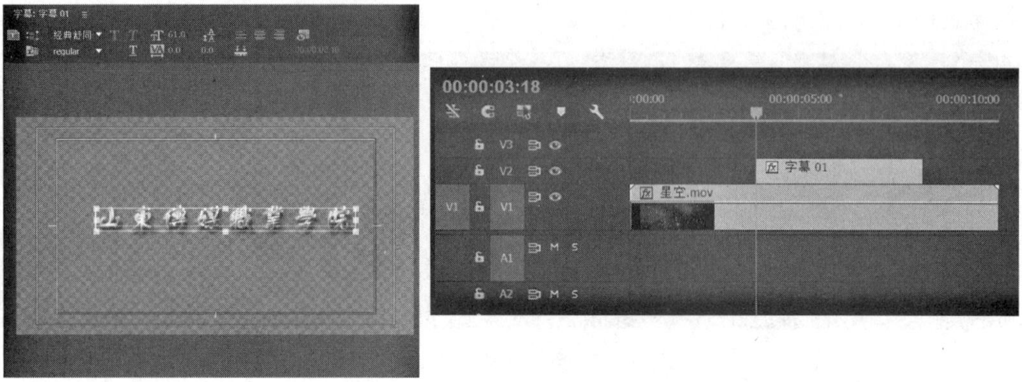

图11-2-12　将字幕拖至视频2轨道

(7) 将时间指针置于3秒18帧，选择“字幕01”素材，在【效果控件】面板中，单击运动选项下面的“比例”及“透明度”的码表，打开动画开关，将“比例”设为20，“不透明度”设为0，如图11-2-13。

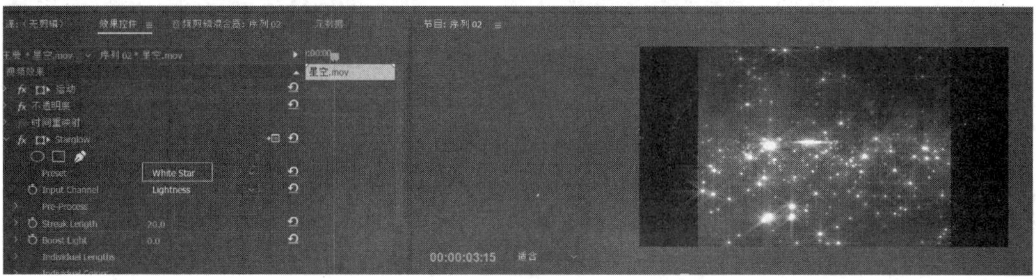

图11-2-13　为光效添加动画效果

(8) 将时间指针置于6秒的位置，在【效果控件】面板中，透明度设为100；将时间指针置于7秒钟位置，将“比例”设为100，如图11-2-14。

图11-2-14　在不同的时间为光效添加动画效果

(9) 在【效果】面板中展开【视频效果】下的【Trapcode】，选择【Starglow】特效，将其拖至视频2轨道的素材上，如图11-2-15，可以看到本来普通的字幕变得光彩闪耀。

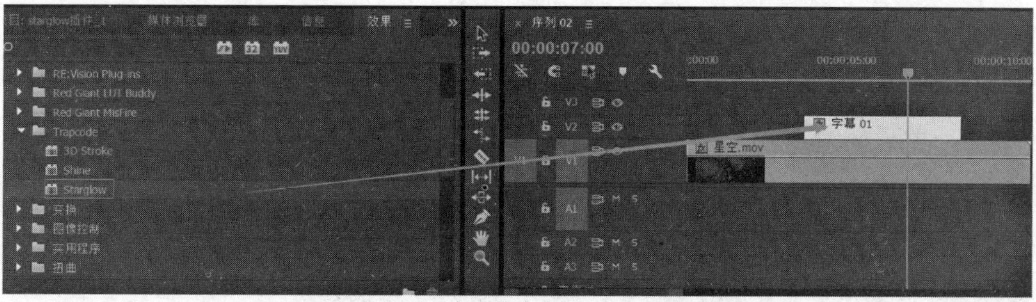

图 11-2-15　为字幕添加【Starglow】特效

(10) 在 Input Channel 后选择不同的通道也可以得到不同的光效。例如选择 Alpha 通道，整个字幕会产生强烈的光效，如图 11-2-16。

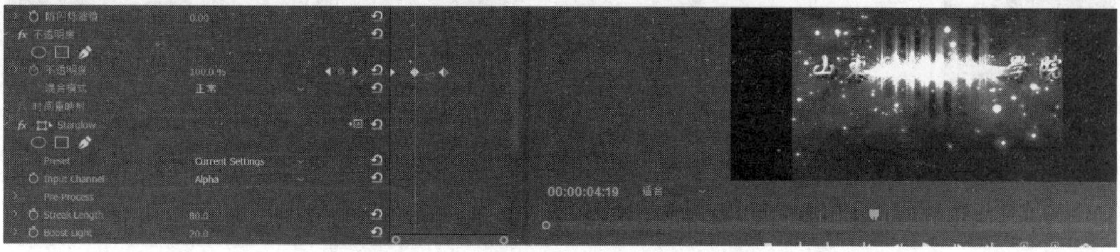

图 11-2-16　预览不同的通道效果

(11) 设置 "Streak Length" 为 80，"Hoost Light" 为 20，再次将 "字幕 01" 拖至时间线视频 3 轨道，与视频 2 轨道素材对齐，播放预览视频效果，如图 11-2-17。

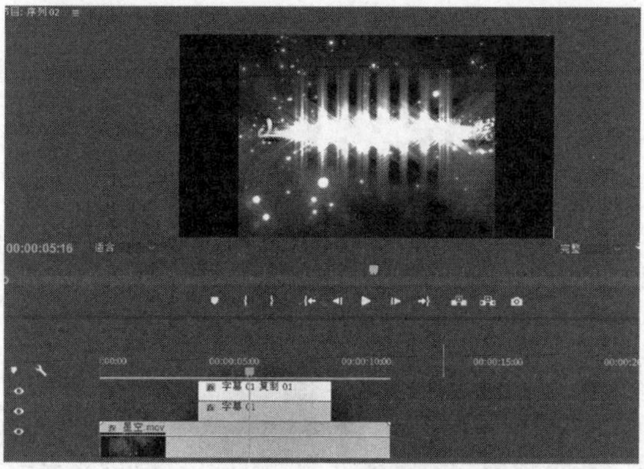

图 11-2-17　播放预览视频效果

三、Impact Rays 插件

实践目标：掌握 Impact Rays 转场特效的使用方法。

实践内容：Impact Rays 转场特效是 FilmImpact 推出的 PR 转场合集之一，受到很多人的喜欢和使用，弥补了 PR 转场效果单一的缺憾，添加 Impact Rays 特效可丰富画面的转场效果。

实践工作流程：

(1) 新建一个名为“转场插件”的项目文件，选择主菜单【文件】/【新建】/【序列】命令，在弹出的对话框中展开“HDV”选择“HDV1080p25”，并设置序列名为“转场插件”，双击“案例\素材\第十一章 外挂特效插件\转场插件”文件夹，导入素材“转场.mp4”“TIkal.mp4”，如图11-2-18和图11-2-19。

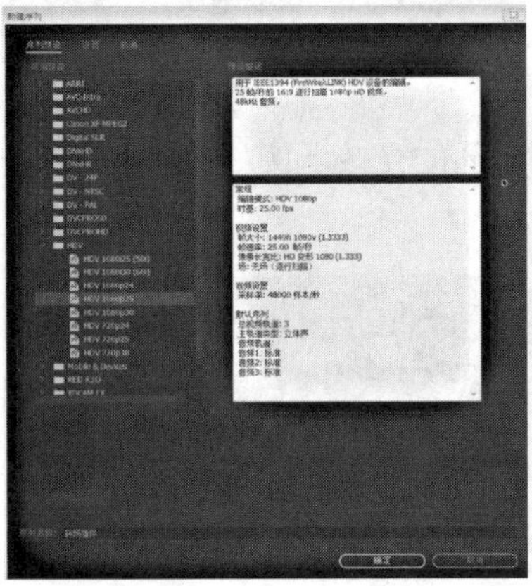

图11-2-18　新建序列对话框

图11-2-19　将素材导入【项目】面板

(2) 在【项目】面板中双击素材“转场.mp4”，切换至【源】监视器面板查看素材，在5秒6帧处为素材设置出点。用同样的方法，查看“TIkal.mp4”素材，在2秒20帧处为素材设置入点，并将两段素材依次拖至时间线，如图11-2-20和图11-2-21。

图11-2-20　为素材设置出点

图11-2-21　为素材设置出点

(3) 在【效果】面板中展开【视频过渡】下的【Filmpact.net II】，选择【Impact Rays】特效，将其拖至视频1轨道的两段素材之间的剪辑点处，如图11-2-22。

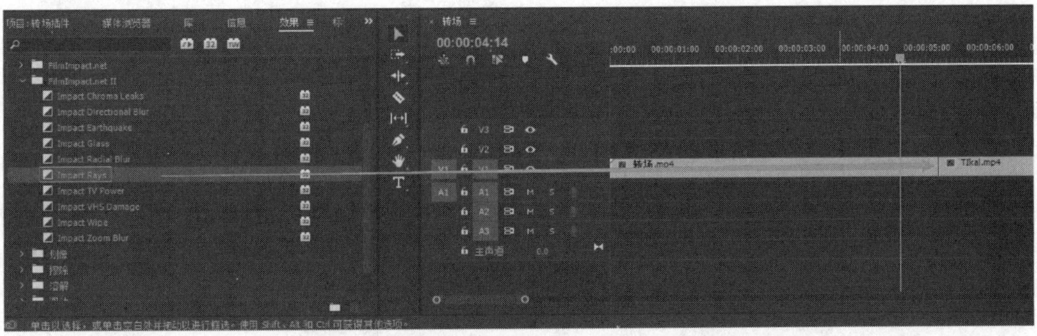

图 11-2-22　为素材添加【Impact Rays】特效

(4) 单击转场效果，在【效果控件】面板中为【Impact Rays】插件设置参数，点击【自定义】会弹出一个参数对话框，如图 11-2-23。

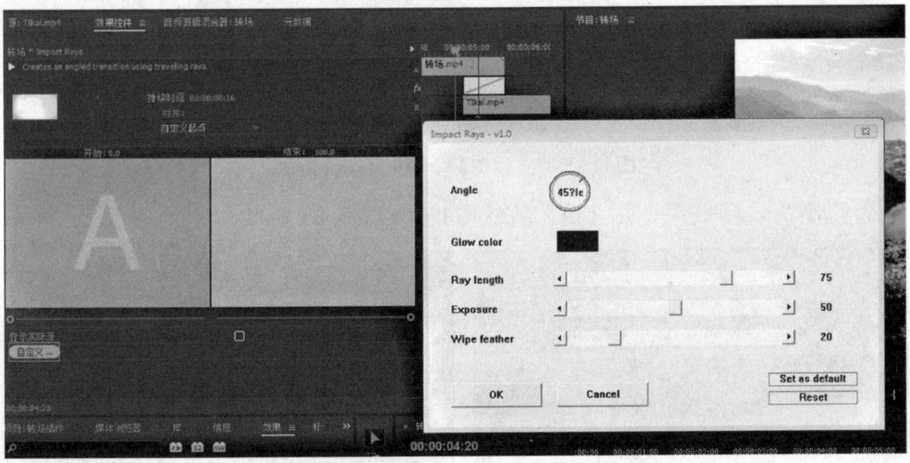

图 11-2-23　在【效果控件】面板中为【Impact Rays】插件设置参数

(5) 点击【Glow color】更改转场滤镜颜色，颜色参数为"色调"80，"饱和度"240，"绿"36，"亮度"17，如图 11-2-24。

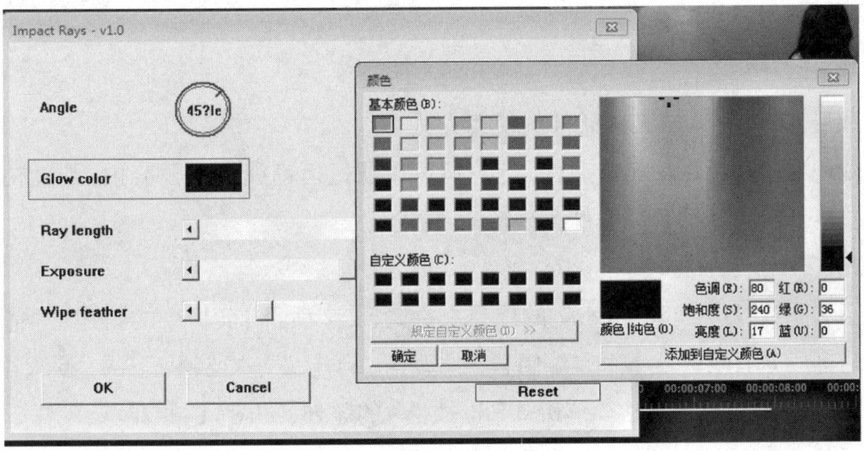

图 11-2-24　更改转场滤镜颜色

(6)继续调整【Impact Rays】参数，“Ray length” 60，“Exposure” 40，“Wipe feather” 30，如图11-2-25。

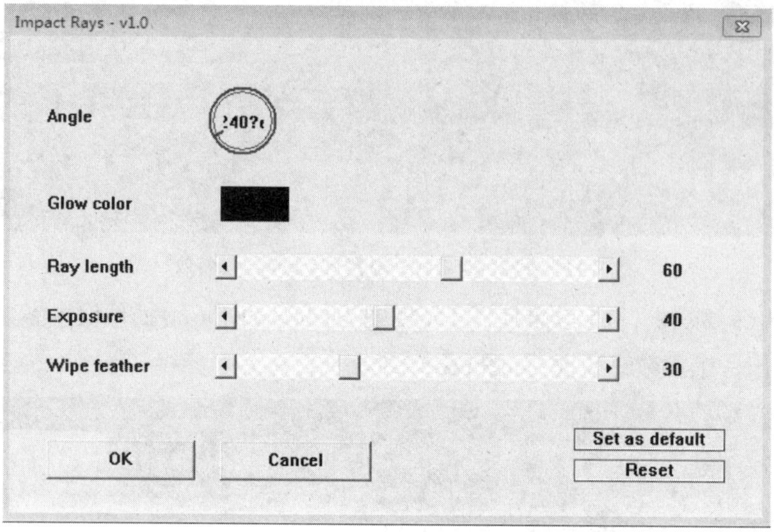

图11-2-25　调整【Impact Rays】参数

(7)播放预览转场效果，如图11-2-26和11-2-27。

图11-2-26　播放预览视频效果

图11-2-27　播放预览视频效果

四、Beat Edit插件

实践目标：掌握Beat Edit插件的使用方法。

实践内容：运行Beat Edit插件，计算机可以通过运算编辑音频节拍，帮助初学者实现声画同步。利用Beat Edit插件实现标记节拍。

实践工作流程：

(1)新建一个名为“Beat Edit”的项目文件，点击【项目】面板中的新建选项，在弹出的对话框中选择【设置】，将“编辑模式”改为“自定义”，“视频”下的“帧大小”分别设为1920，1080，新建一个名为“Beat Edit插件”的序列，如图11-2-28。

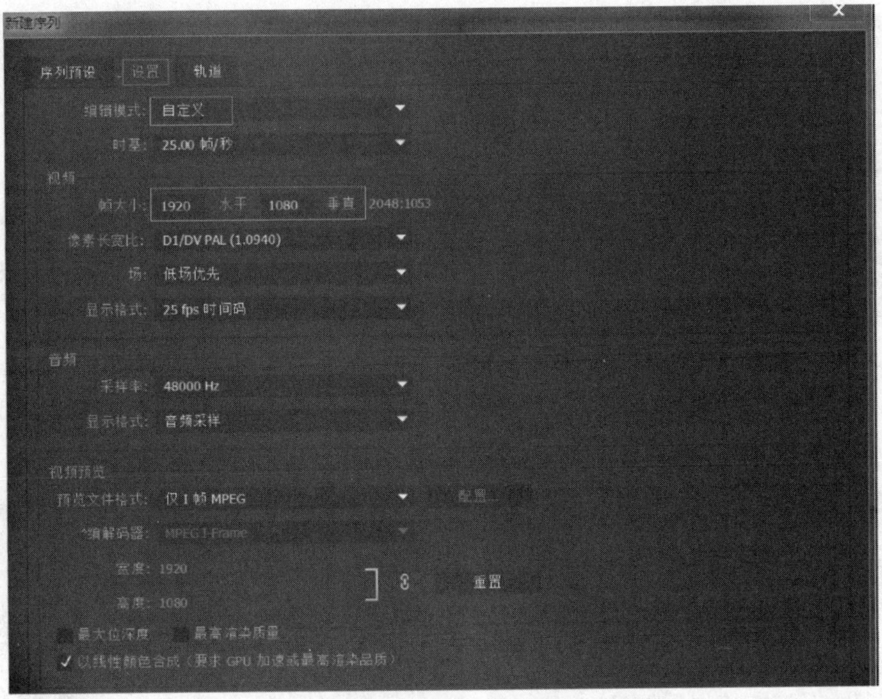

图11-2-28　自定义设置序列对话框

(2) 双击“案例\第十一章 外挂特效插件\Beat Edit特效”文件夹，导入素材“背景音乐.wav”“风景(1).mov”“风景(2).mov”“风景(3).mov”“风景(4).mov”“风景(5).mov”“风景(6).mov”，并将“背景音乐.mav”拖至时间线音频1轨道，如图11-2-29。

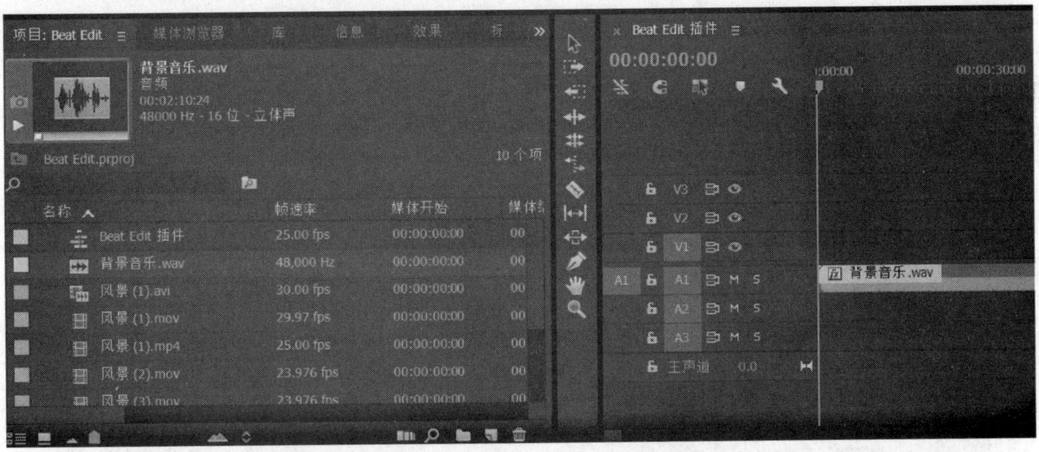

图11-2-29　将素材拖至【时间线】面板

(3) 点击菜单栏【窗口】/【扩展】/【Beat Edit】，在弹出的对话框中，选择【加载音乐】命令，按照素材存储路径找到“背景音乐”，如图11-2-30和11-2-31。

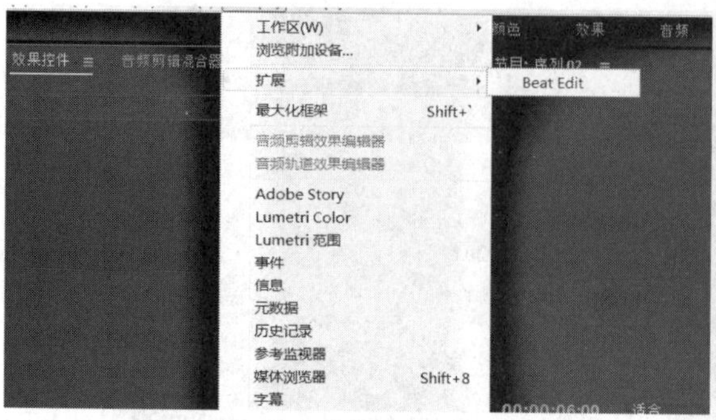

图11-2-30 【Beat Edit】命令窗口

图11-2-31 在【Beat Edit】编辑器中导入音乐素材

(4)将“每打1节拍”参数改为2，点击播放按钮，计算机会自动标记节拍，点击“剪辑标记”的下拉按钮，切换为“序列标记”，如图11-2-32。

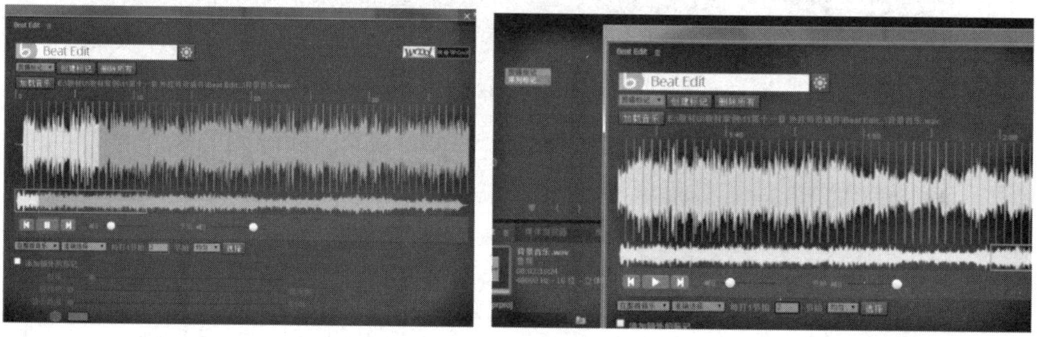

图11-2-32 更改【Beat Edit】插件参数

(5)将“剪辑标记”改为“序列标记”之后，点击“创建标记”，切换至【时间线】面板可以看到，【Beat Edit】插件识别的节拍在时间线上添加了“标记”，如图11-2-33。

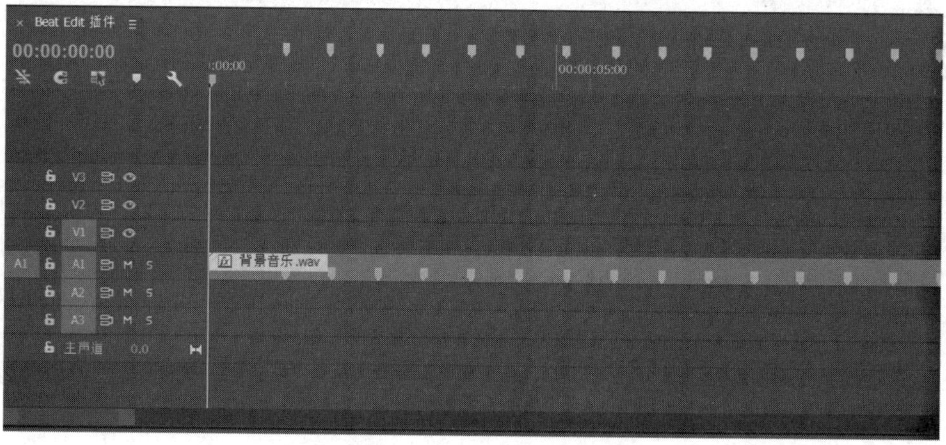

图11-2-33 在时间线上同步添加了标记

(6)切换至【项目】面板，按顺序选择视频素材“风景(1).mov”“风景(2).mov”“风景(3).mov”“风景(4).mov”“风景(5).mov”“风景(6).mov”，点击【项目】面板右下角按钮，在弹出的对话框中将“顺序”设为选择顺序，“放置”设为在未编号标记，如图11-2-34。

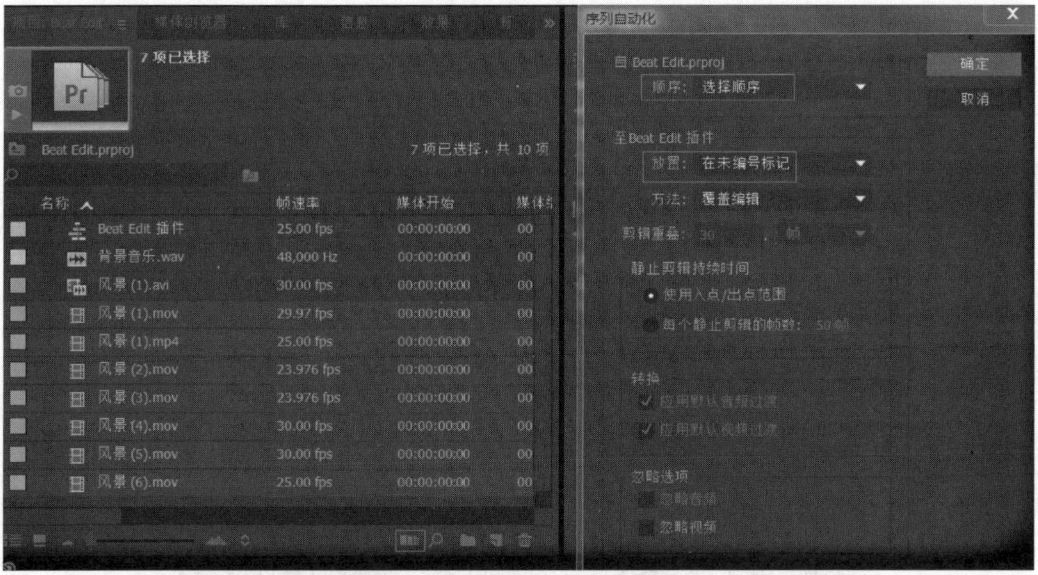

图11-2-34　自动匹配序列对话框

(7) 切换至【时间线】面板，可以看到，视频素材按照选择顺序及标记点自动排列，如图11-2-35。

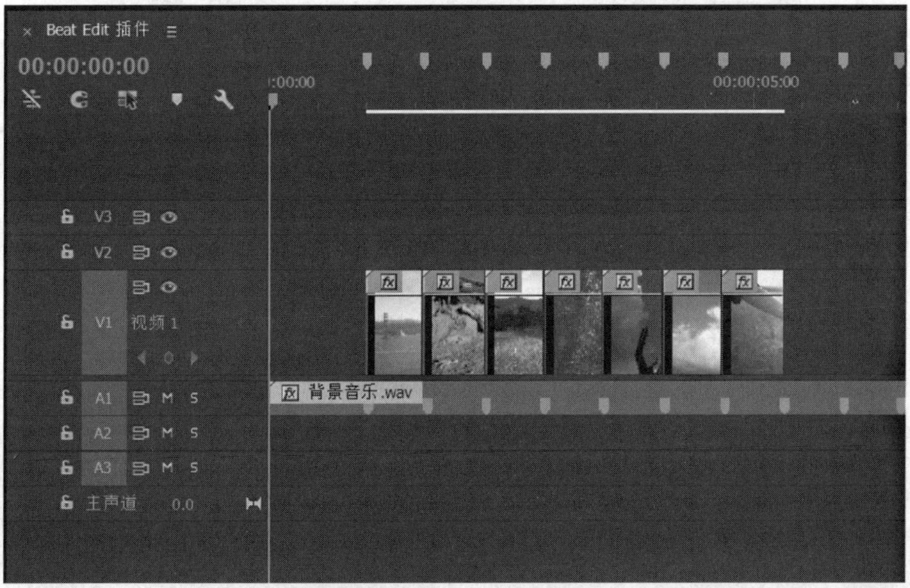

图11-2-35　视频素材按照标记自动匹配至【时间线】面板

五、Magic Bullet Looks插件

实践目标：利用Magic Bullet Looks插件可以最大限度地模拟电影胶片色调，实现画面风格的调整。

实践内容:Magic Bullet Looks插件人性化的设计，为Adobe Premiere Pro用户提供了很多预设效果，这个插件看似有着复杂的参数，其实应用起来很有规律，很容易掌握，对于画面色彩的调整效果非常直观，是一种实用、简便的特效工具。

实践工作流程：

(1)新建一个名为“Magic Bullet Looks插件”的项目文件，点击【项目】面板中的新建选项■，在弹出的对话框中选择【设置】，将【编辑模式】改为“自定义”，【视频】下的“帧大小”分别设为1920,1080，新建一个名为“Magic Bullet Looks插件”的序列，如图11-2-36。

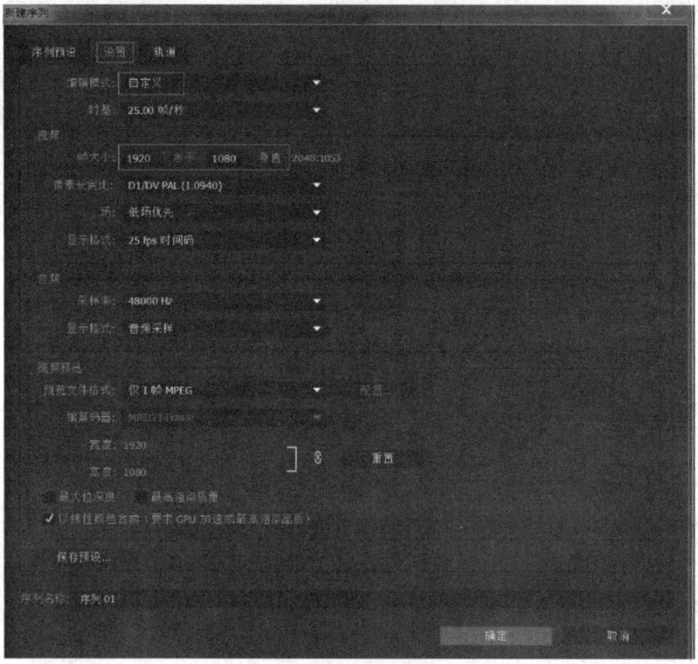

图11-2-36　自定义设置序列对话框

(2)双击“案例\第十一章 外挂特效插件\Magic Bullet Looks插件”文件夹，导入视频素材“小朋友.mp4”，并将素材拖至【时间线】面板中的视频1轨道，如图11-2-37。

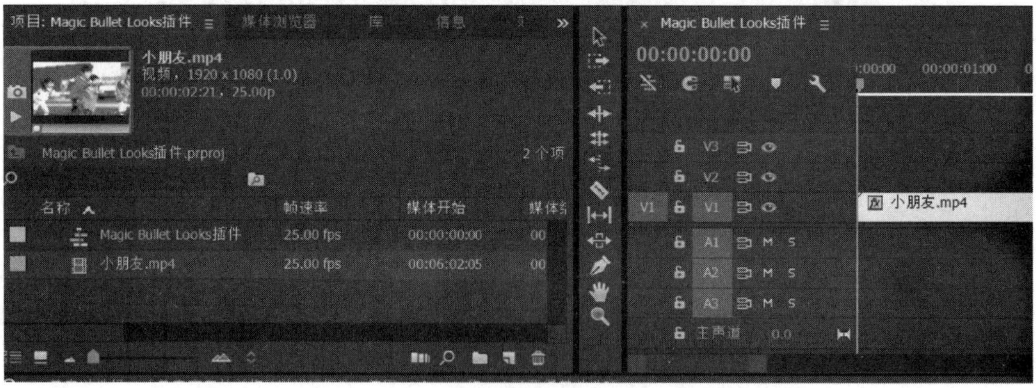

图11-2-37　将素材拖至【时间线】面板

(3) 在【效果】面板中展开【视频效果】下的【Magic Bullet】，选择【Magic Bullet Looks】特效，将其拖至视频1轨道的素材上，如图11-2-38。

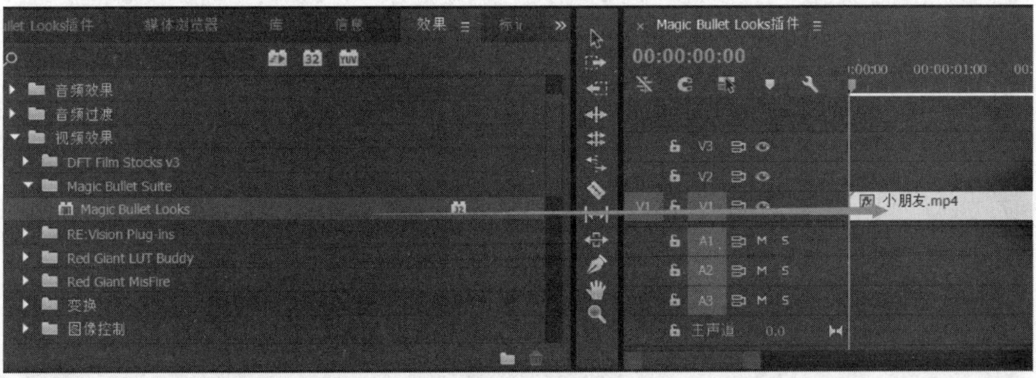

图11-2-38　为素材添加【Magic Bullet Looks】特效

(4) 在【效果控件】面板中，展开【Look】的参数，单击【Look】下的Edit按钮，打开Magic Bullet Looks设置窗口，如图11-2-39。

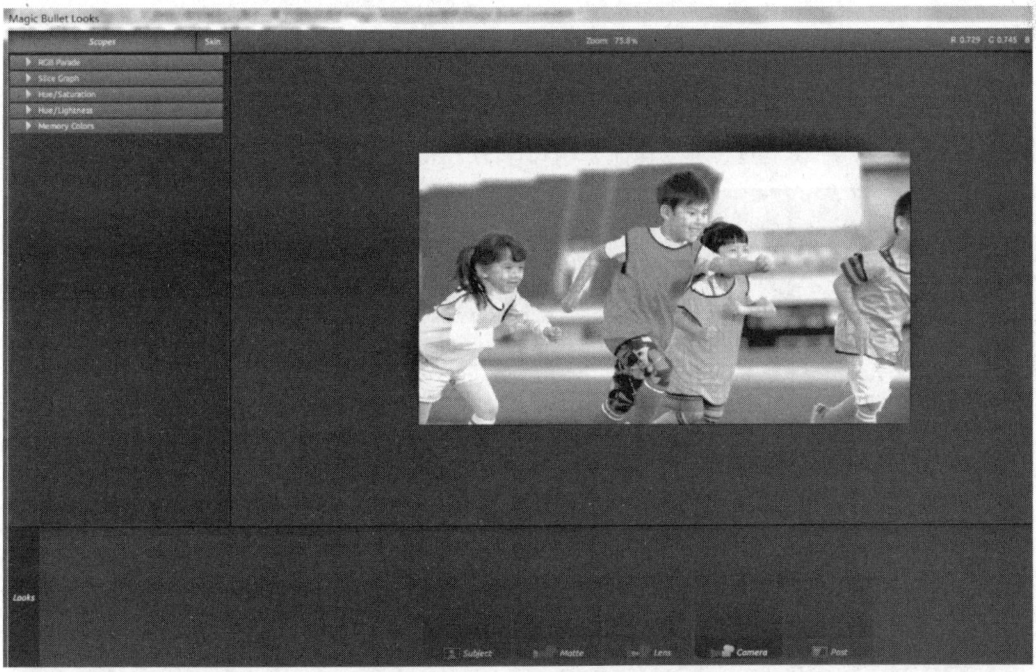

图11-2-39　【Magic Bullet Looks】对话框

(5) 将鼠标移至Looks Builder设置窗口左侧的Looks栏处，会显示预置特效的效果，单击选中后即可应用这个特效，应用后，就会在设置窗口的下部显示该画面效果所使用的特效，如图11-2-40。

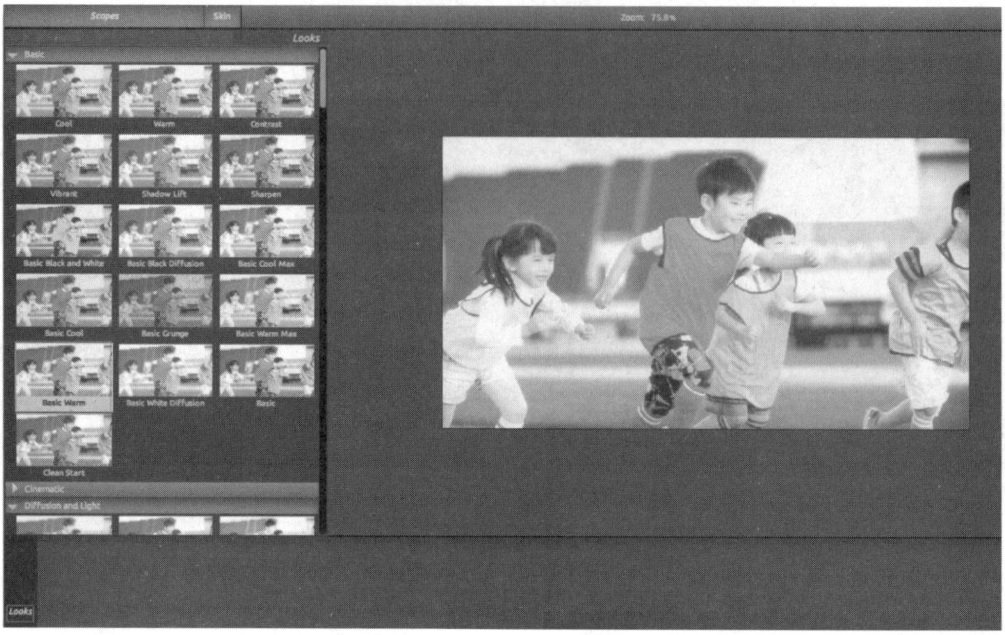

图11-2-40　选择【Magic Bullet Looks】预设的Looks

(6) 在预置特效的基础上，继续为画面添加效果。将鼠标移至Looks Builder设置窗口右侧的Tool栏处，会显示特效工具，分为Subject、Matte、Lens、Camera和Post 5个部分，如果要应用某个特效工具，则将其拖至窗口下方，如图11-2-41。

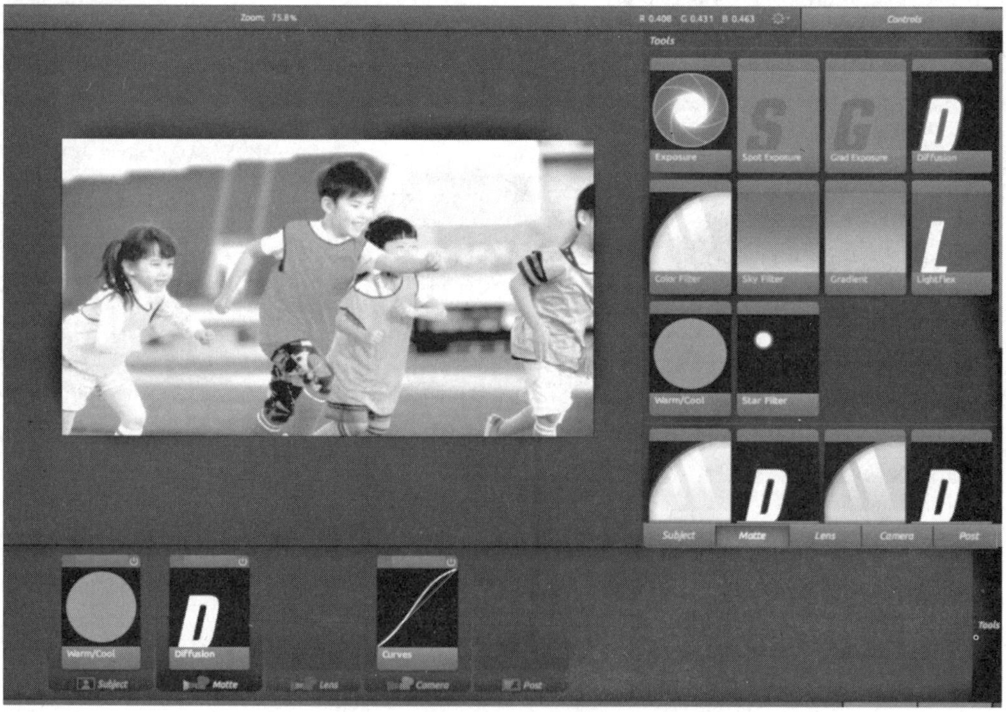

图11-2-41　为素材继续添加效果

(7) 设置窗口的下方会显示图像中所有应用的特效，也分为Subject、Matte、Lens、Camera和Post 5个部分，均来自右侧的Tools处对应的特效。如果需要调整这些特效的参数，在窗口下方选中某个特效后，窗口右部会显示出其设置选项，可在此进行参数调整，如图11-2-42。

图11-2-42　对Tools的应用

(8) 设置窗口下方已添加的特效工具，还可以通过单击其特效图标右上角的按钮开关切换关闭和使用状态，如图11-2-43。

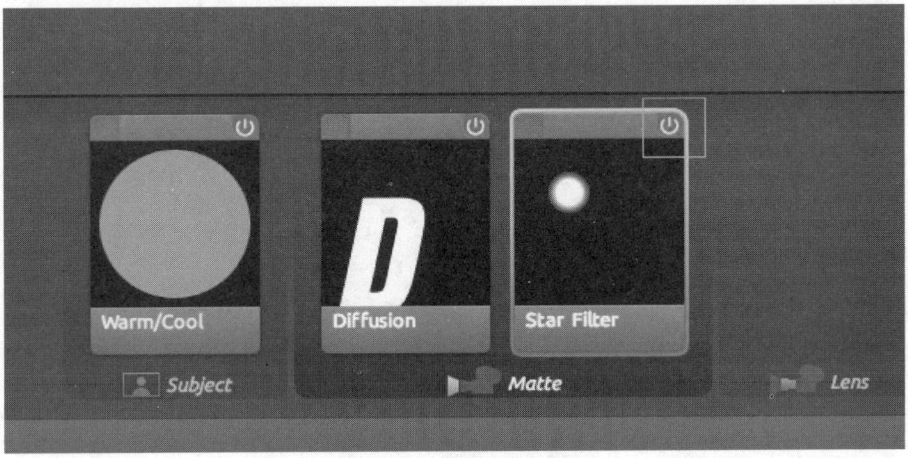

图11-2-43　特效按钮开关

(9) 当设置好素材的调色效果后，单击“Finished”按钮，应用特效，并退出【Looks Builder】设置窗口，在【效果控件】窗口的Edit后会显示所使用的特效工具，如图11-2-44。

图11-2-44　预览调整效果

(10) 在Looks的Power Mask下还可以通过使用遮罩来影响应用调色效果的区域，如图11-2-45。

图11-2-45　为视频特效添加蒙版效果

第十二章　EDIUS 编辑基础及应用

第一节　EDIUS 简介

EDIUS是日本Canpous公司的产品。1998年，Canpous公司发布了第一个视频编辑系统，自此以后，Canpous设计推出的硬件和软件产品以其高质量和专业性，获得了广泛的国际赞誉，成为先进编解码技术毋庸置疑的领导者。2006年，Thomson公司收购了Canpous公司，从而巩固了其下的广播电视产品品牌Grass Valley在广播和视频编辑领域的领先地位。从2003年Canpous正式推出EDIUS V1.0(图12-1-1)开始，EDIUS这款非线性编辑工具开始被广大专业制作人员所熟知。EDIUS在有着卓越的视频图像编辑能力的基础上，不断升级并发布新版本。

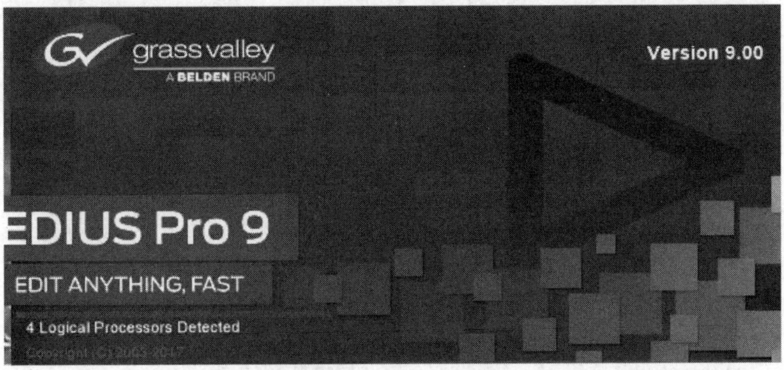

图 12-1-1　EDIUS编辑软件

EDIUS非线性编辑软件专为广播和后期制作环境而设计，特别适合新闻记者，可用于无带化视频制播和存储。EDIUS拥有完善的基于文件的工作流程，提供了实时、多轨道、多格式混编、合成、色键、字幕和时间线输出功能。EDIUS平台拥有高质量编、解码器，可提供最高质量的图像和最好处理性能。解码器的好坏直接影响视频的亮度和色度取样，以及是否可以得到高清晰高性能图像质量。EDIUS可以调用、使用现在新型的摄录设备的视频格式，这使利用卡式、硬盘存储的摄像机做后期非常方便。EDIUS软件占用系统资源少，可以这样讲，只要是台电脑，就可以安装EDIUS，而且画面播放流畅、不卡，功能操作简洁实用，上手快。如果从学习掌握的难易角度看，EDIUS无疑是最好的选择。

Canopus HQ编解码器还为EDIUS提供了高质量的实时压缩、实时处理、过滤、解码等多个HD视频流。依托其首创的无限可升级技术，Canopus HQ编解码器为高清编辑提供了高质量的图像和性能极出众的高清视频亮度和色度取样，当用高性能系统采集和编码时，可以调节比特率来提高视频质量。

第二节　软件启动及工程设置

双击桌面上的EDIUS快捷图标，启动EDIUS的主程序。

第一次启动EDIUS会看到【文件夹设置】对话框，单击“浏览”按钮指定一个默认的工程文件保存的文件夹，以后再次使用EDIUS时，除非重新设置，否则EDIUS始终在这个指定路径下创建保存工程文件和临时文件，如图12-2-1。

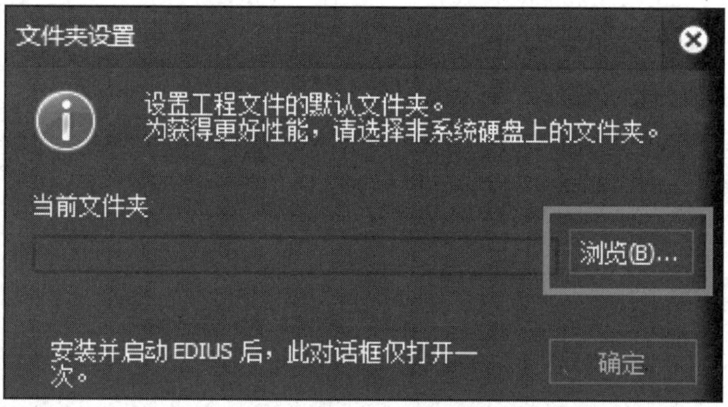

图 12-2-1　首次启动EDIUS打开“文件夹设置”对话框

提示：为获得更好的性能，建议所有素材数据不要放到安装系统和EDIUS的硬盘分区上。

设置完成后单击“确定”按钮，随后会出现EDIUS的欢迎界面，这时需要新建一个“工程预置”。根据视频素材是PAL制还是NTSC制，是标清还是高清格式，来创建正确的工程格式，单击“新建工程”按钮，在弹出的对话框中勾选设置工程文件的相关参数，如图12-2-2。

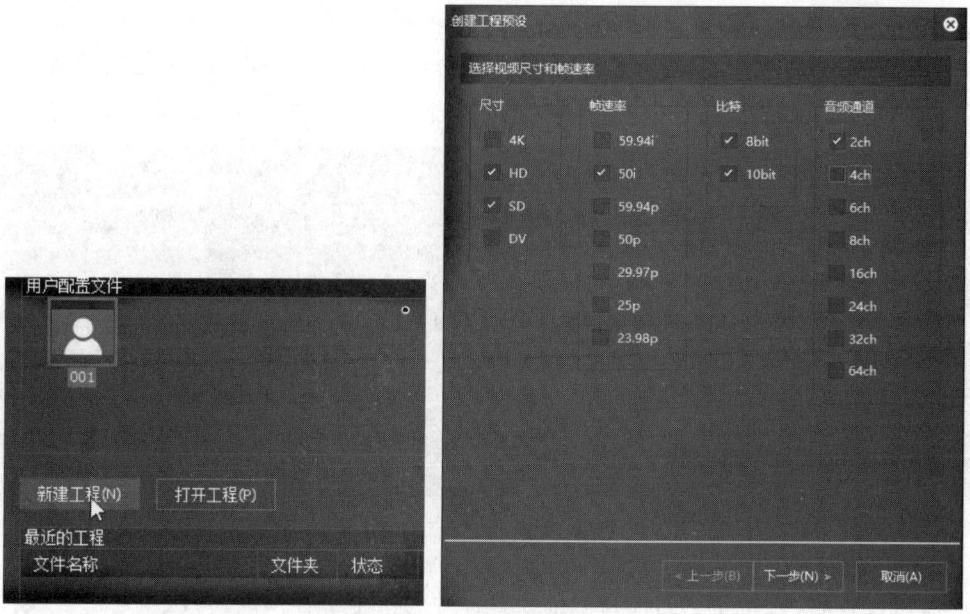

图 12-2-2　新建预设对话框

提示：在工程预设对话框中，可以勾选多个参数，创建多个工程格式的文件预设，保存在欢迎界面，以满足后期不同格式的编辑需求。

设置完成后，单击“确定”按钮，为工程文件命名，“预设列表”的对话框中出现了刚才创建的工程预置的图标，以后每次打开EDIUS都可以直接使用这个预置。其他工程预设的列表也会一并出现在这里，如图12-2-3。

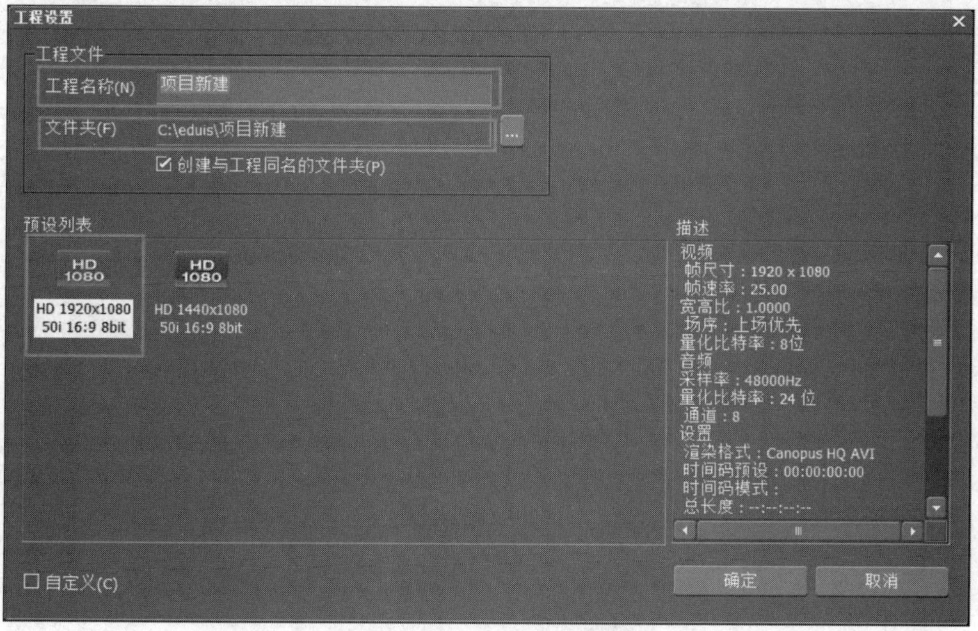

图12-2-3　工程设置对话框

除了工程预设的图标，如果要加入设置的其他工程格式，可以在“工程设置”对话框中勾选下方的“自定义”，打开“工程设置”对话框，选择要加入的工程预设格式，再单击“确定”。新的预设格式也就会出现在“预设列表”中，如图12–2–4。

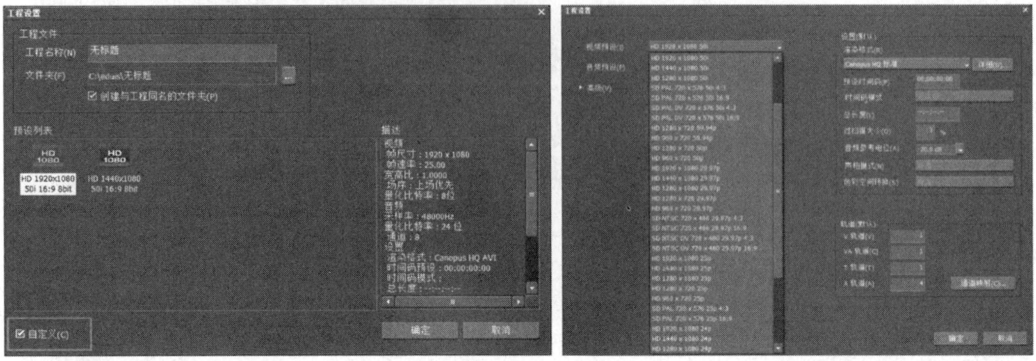

图12–2–4　自定义工程设置

每次设置后，系统都会自动将当前设置保存为一个工程预设，每次新建工程或者调整工程设置时，只要选择需要的工程预设图标就可以了。再次启动EDIUS后，首先看到的将是一个欢迎界面，如图12–2–5。

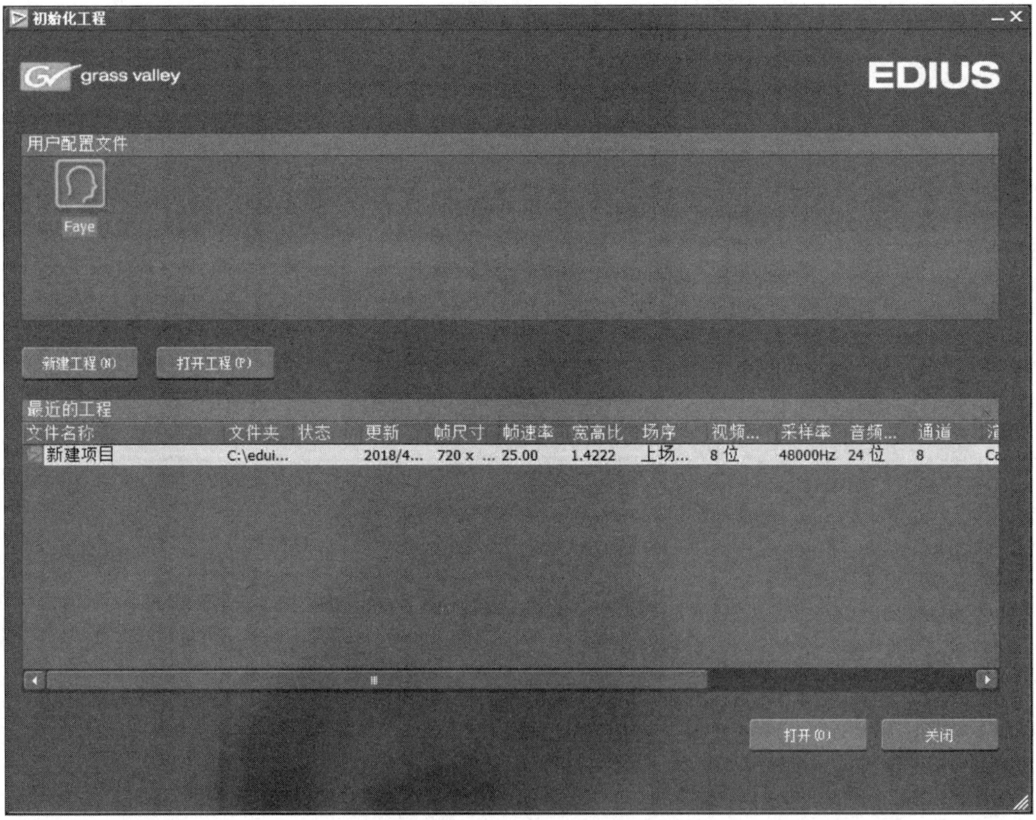

图12–2–5　欢迎界面

用户偏好设置可以保存所有自定义项目，包括快捷键、界面风格布局、程序设置等，如图12–2–6。一个预设文件可以存储所有用户熟悉的软件设置，而且在编辑过程中，EDIUS可以随时在多个用户偏好设置文件之间切换，制作人员也可以为自己预设多个对应不同任务的软件环境。偏好设置还可以保存为一个预设文件(.eup)，以方便导入导出。

图12-2-6　用户偏好设置

在“最近的工程”列表中可以快速打开最近制作的工程文件；单击“新建工程”按钮，可以打开“工程设置”的对话框，如图12–2–7。

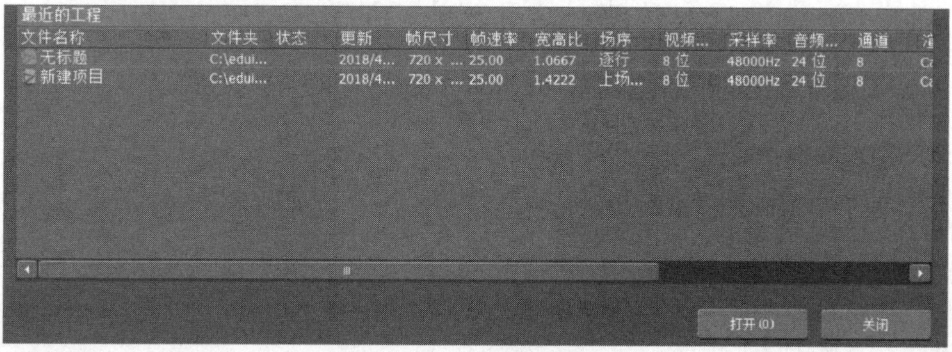

图12-2-7　打开最近工程

单击屏幕右下角的“打开”按钮，即可正式进入EDIUS的工作界面，如图12–2–8。

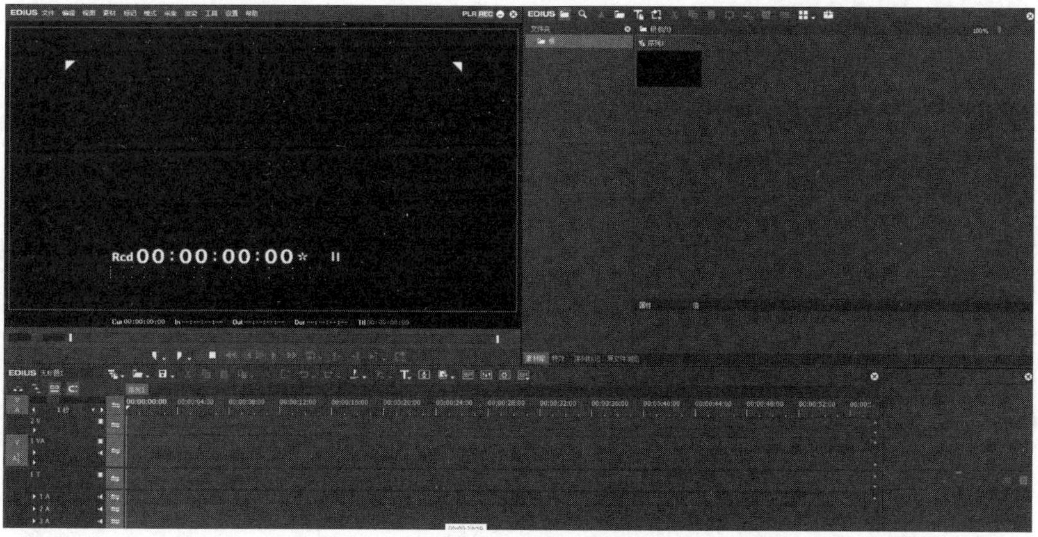

图12-2-8　EDIUS工作界面

在菜单栏【设置】中，还可以通过选择【工程设置】来改变当前工程设置的格式参数，如图12-2-9。

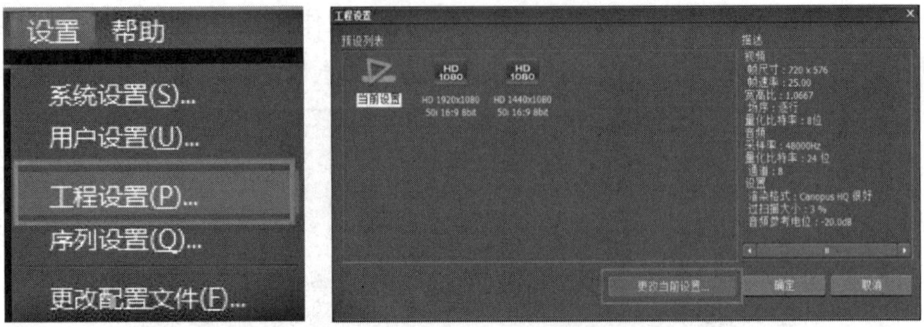

图12-2-9 调整【工程设置】

提示：再次启动EDIUS软件时，只需要单击预设图标就能直接进入编辑了。

第三节 工作界面

和所有的Windows标准程序一样，EDIUS的工作界面主要由菜单栏、工具栏、时间线、监视器等界面元素组成，也可以灵活设置工作环境。

一、界面简介

菜单栏中可以选择EDIUS的各类基本命令和功能。

在默认状态下，屏幕上半部分会被两个监视器窗口所占据，如图12-3-1。左侧为播放窗口，可以用来采集素材或单独显示选定的素材；右侧为录制窗口，用来播放时间线。和所有的后期编辑软件一样，EDIUS中的所有编辑工作都是在时间线上进行的，而时间线上的内容是最终视频输出的内容。

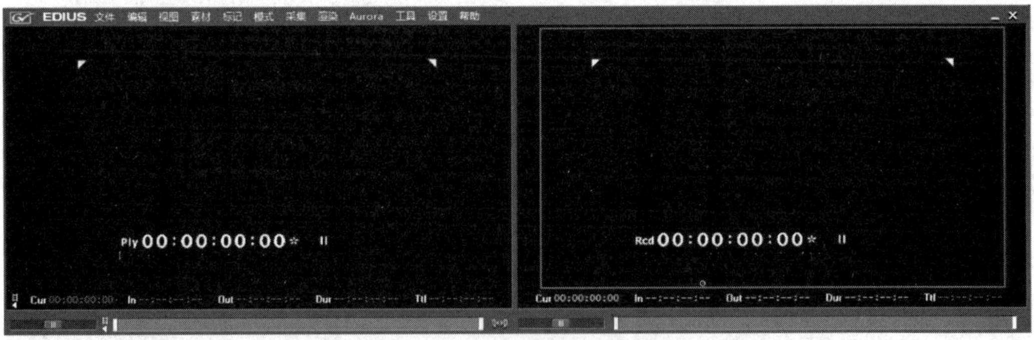

图12-3-1 监视器

时间线上的每一行称作一个轨道，轨道是用来放置素材的，EDIUS和Adobe Premiere Pro的时间线稍有不同的是，在EDIUS的【时间线】面板轨道中，还有专门的T轨道，主要用于放置字幕文件和创建字幕。因此，EDIUS的轨道共分为4种类型，如图12-3-2。

(1)V轨道(视频轨道)：在这类轨道上可以放置的内容包括视频、静态图像、字幕和色块素材。如果带音频的视频放在这里，那么音频将被禁用。

(2)VA轨道(视音频轨道)：这类轨道是可以放置媒体类型最多的轨道，内容包括视频、音频、静态图像、字幕和色块素材。

(3)T轨道(字幕轨道)：虽然是字幕轨道，但其实它和V轨道能放置的媒体素材类型差不多，只不过有更多针对字幕的功能。在这里可以放置视频、静态图像、字幕和色块素材。如果带音频的视频放在这里，那么音频将被禁用。

(4)A轨道(音频轨道)：这类轨道是可放置素材类型最少的轨道，只可放置音频素材。如果带音频的视频放在这里，那么视频将被禁用。

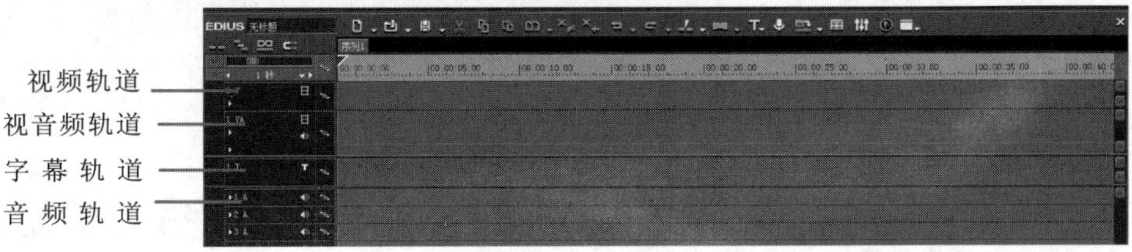

图12-3-2　时间线轨道

提示：在EDIUS中，视频和图片素材也可以放置到T轨道中。

另外，一些轨道名称旁边还有拓展小三角形图标，单击小三角图标可以展开轨道，对带有音频的视频素材，EDIUS会自动为其创建波形。单击面板上的矩形图标，即可激活VOL音量控制/PAN声相控制切换，其中，音频波形上显示的橙色线是音量控制线，中间的蓝色线是声相控制线，如图12-3-3。

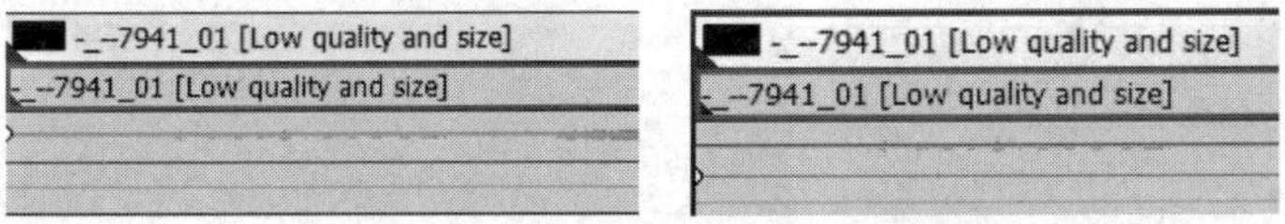

图12-3-3　音量/声相控制线

展开1A名称左侧下方的第二个小三角图标，则所有的视频素材都会拥有一个显示为灰色的MIX区域，即轨道混合区，如图12-3-4。激活MIX字样左侧的小矩形图标后，则轨道MIX区域上的蓝线变为可调，并表示该段视频的透明度值，为素材添加的转场、键、层混合等特效也会占用这个区域。

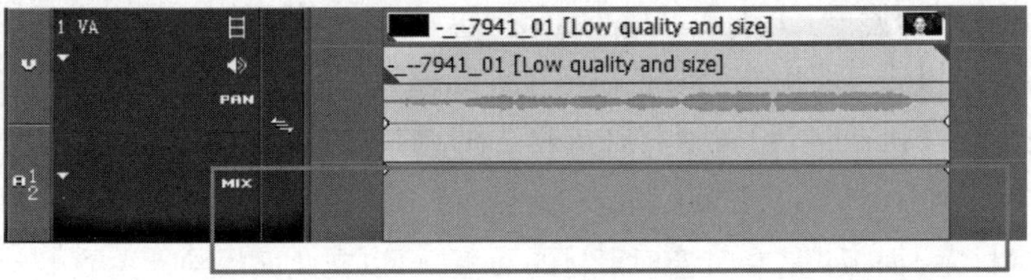

图12-3-4　轨道混合区

轨道的左侧区域称作轨道面板，这里包含一系列对轨道的操作按钮，如图12-3-5。

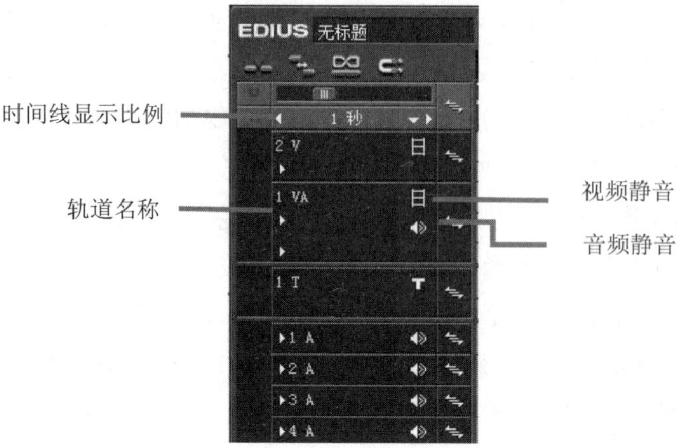

图12-3-5 轨道面板

时间线上方的工具栏左侧显示了当前工程的名称EDIUS 无标题，并提供了各种各样的常用工具快捷图标，如图12-3-6。

图12-3-6 工具栏

单击时间线工具栏中的按钮会打开相应的面板工具，如图12-3-7，或者用快捷键H，可以统一打开和关闭面板。在EDIUS中，有几个面板是我们在进行视音频编辑时常用的。

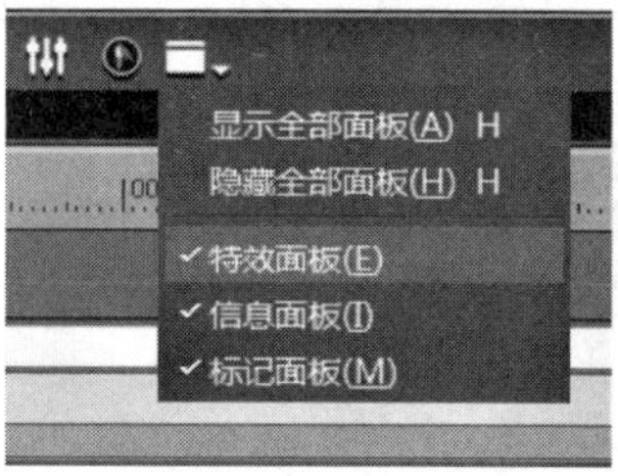

图12-3-7 面板工具

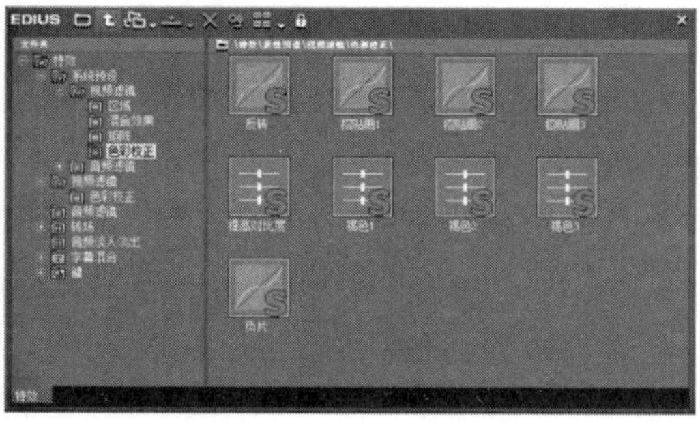

图12-3-8 特效面板

(1)【特效】面板：EDIUS的特效库包含了所有的视音频滤镜和转场效果，如图12-3-8。

(2)【信息】面板：分为上、下两个区域，上半部分显示当前选定素材的信息，如素材名、源入、出点时间码等，下半部分显示“视频布局”工具和应用到素材上的所有的滤镜和转场特效，可以通过双击滤镜的名称来打开滤镜的参数设置面板，修改滤镜效果。双击“视频布局”按钮，可以设置素材在屏幕中的调整参数，比如尺寸、透明度、位置等，如图12-3-9。

(3)【素材库】面板：是专门管理素材的面板，可以在此面板导入视频、音频、字幕文件，并可以通过创建不同的文件夹对其进行管理，如图12-3-10。

图12-3-9　信息面板

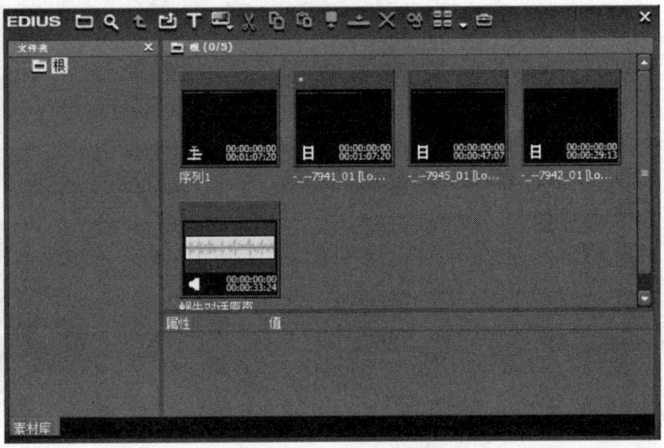

图12-3-10　素材库面板

(4)【序列标记】面板：显示在时间线上创建的标记信息，标记信息分为素材标记和序列标记。素材标记用于标记素材文件本身，而序列标记则用于标记时间线上的素材片段。一般情况下，序列标记主要在时间线上做记号，用于提醒，但是在输出模块中，输出DVD光盘时，序列标记还可以作为特殊的分段点，将时间线上的序列分段刻录与输出。使用快捷键V，可以在时间线指针位置创建或者删除一个标记点，如图12-3-11。

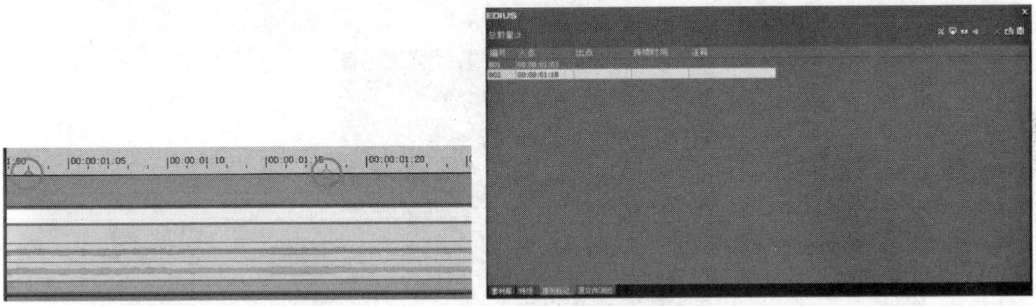

图12-3-11　序列标记面板

技巧：单击EDIUS所有工具图标旁的小三角都可以打开相关的下拉列表。

二、自定义界面

在【视图】菜单栏中可以选择不同的视图模式。单击菜单栏【视图】，在弹出的菜单中可以看到“单窗口模式”和“双窗口模式”选项，如图12-3-12。EDIUS在默认状态下是双窗口模式，即同时显示播放窗口和录制窗口。

图12-3-12 序列标记面板

单窗口模式是将两个预览窗口合并为一个，在窗口右上角会出现PLR(播放窗口)/REC(录制窗口)的切换按键 PLR REC 。在操作中，不同的动作会引发两个窗口自动切换，如双击一个素材就切换至播放窗口，播放时间线则切换至录制窗口。

经验：单窗口模式比较适合单个显示器的用户，由于只显示一个窗口，节省下的空间就可以放置其他面板了。

如果在【布局界面】中选择【常规】，那么在界面中会同时看到常用的编辑窗口界面，如图12-3-13。

图12-3-13 常规界面布局

如果要选择关闭某个窗口，单击窗口右上角的关闭按钮即可，如图12-3-14。

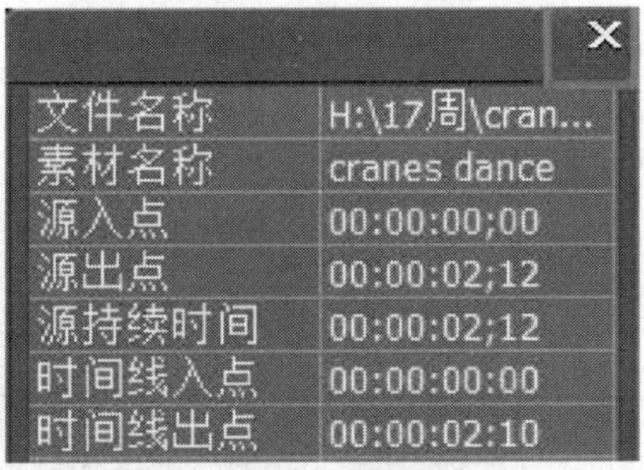

图12-3-14　关闭当前窗口

同Adobe Premiere Pro一样，在EDIUS中，可以将几个面板吸附组合到一起以节约屏幕空间。拖动任意一个面板至另一面板底部的黑色区域，鼠标光标会发生改变，此时松开鼠标，两个面板就组合在一起了，如图12-3-15。使用时可以单击相应的标签卡切换。

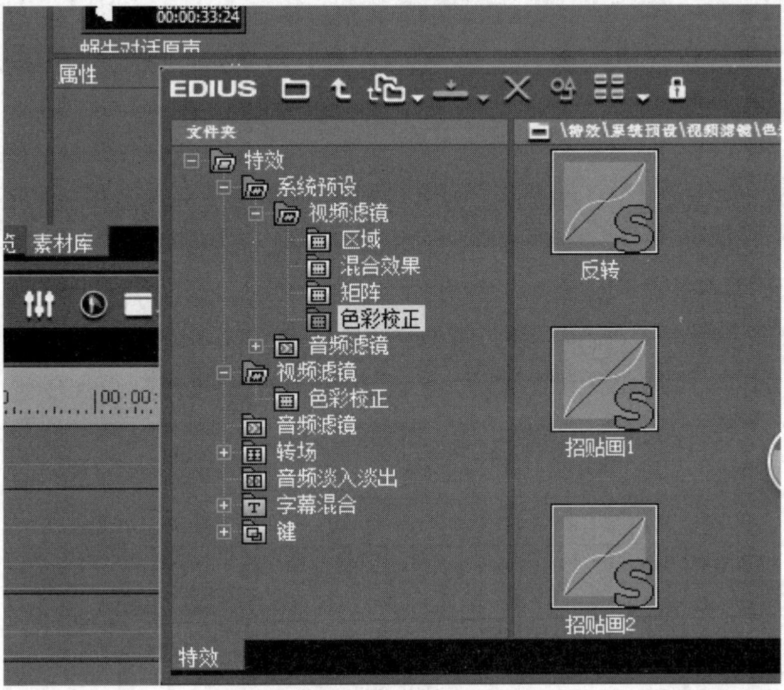

图12-3-15　浮动面板吸附

EDIUS程序的界面也是由“浮动窗口”组成的，软件中的各个窗口可以根据工作需要自由移动到任何地方。

提示：如果想恢复界面面板显示，可以直接在【布局界面】中选择【常规】。

三、快捷键设置

选择菜单栏【设置】/【用户设置】命令，如图12-3-16，在弹出的对话框中，选择【用户界面】/【键盘快捷键】选项，在右侧的列表中选择需要指定快捷键的命令，单击“指定”按钮，如图12-3-17。

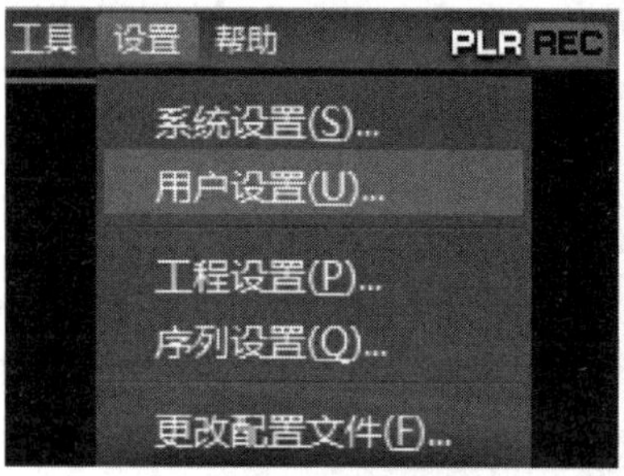

图12-3-16　用户设置

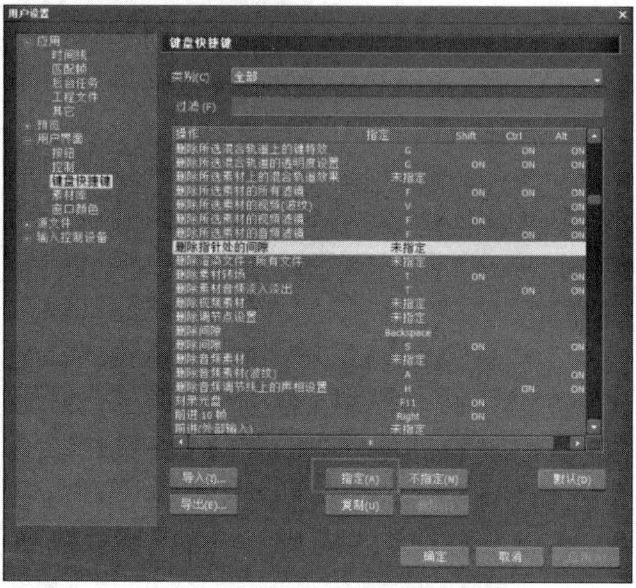

图12-3-17　指定快捷键设置

在弹出的键盘图中，选择希望设置的快捷键命令，直接用鼠标将其拖拽到键盘图的相应键位上即可，如图12-3-18。

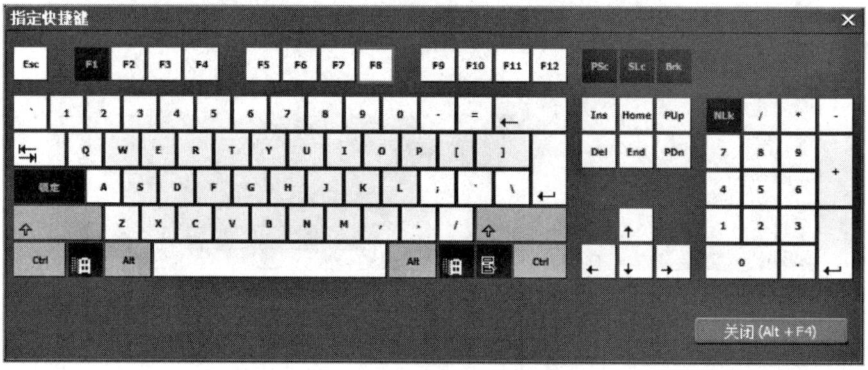

图12-3-18　EDIUS快捷键默认设置

当设置完自己熟悉的界面及工作方式后，关闭EDIUS，系统会自动将当前的用户设置(包括界面、快捷键、快捷方式、图标工具等)存储为一个用户配置文件，它会出现在EDIUS的欢迎界面的“用户配置文件”一栏中，如图12-3-19。再次打开软件时，选择这个配置文件，就可以在熟悉的界面下工作了。

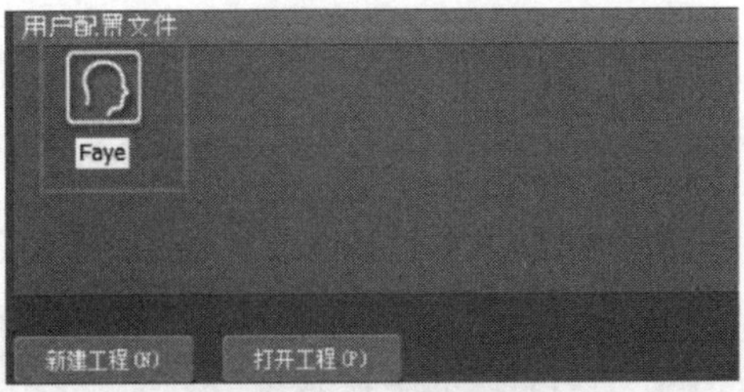

图12-3-19　用户配置文件

第四节　素材管理

熟悉了EDIUS的基本用户界面后，就可以进行素材的视音频编辑了。

一、导入素材

数字摄像机普及后，素材的存储方式也都已经实现了数字化，素材的导入多指导入计算机内存储的素材。

(1)选择菜单栏【文件】/【添加素材】命令，打开“添加素材”对话框，单击选择要导入的素材，单击“打开”按钮，如图12-4-1。

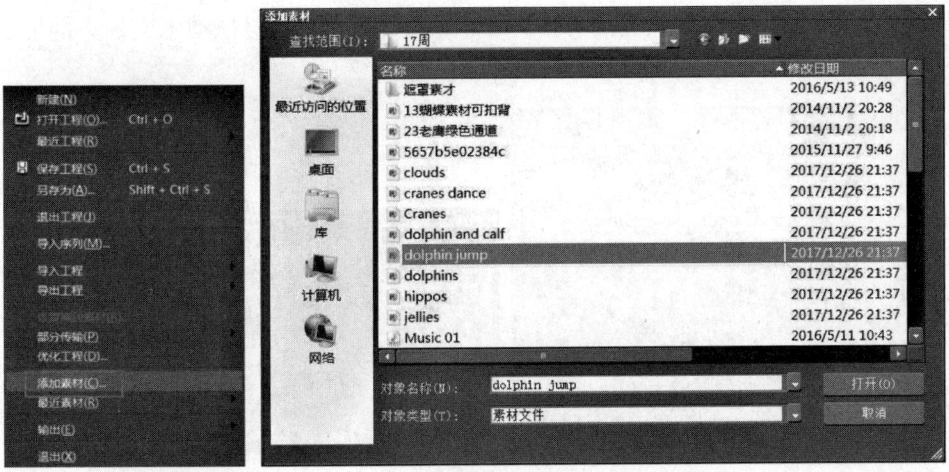

图12-4-1　添加素材

(2)在素材库面板的空白处右键单击，选择【添加文件】命令，打开“添加文件”对话框，选择要导入的素材。

(3)使用快捷键“Ctrl+O”组合键，打开“添加文件”对话框，选择要导入的素材。

(4)在素材库面板的空白处双击，亦可弹出“添加文件”对话框。

技巧：按住Ctrl和Shift可以同时导入多个素材文件。

二、管理素材

导入后的素材文件存放在【素材库】面板中(图12-4-2),不同的图标代表了不同的素材类别。其中,序列图标和前面的Adobe Premiere Pro一样,代表的是时间线。

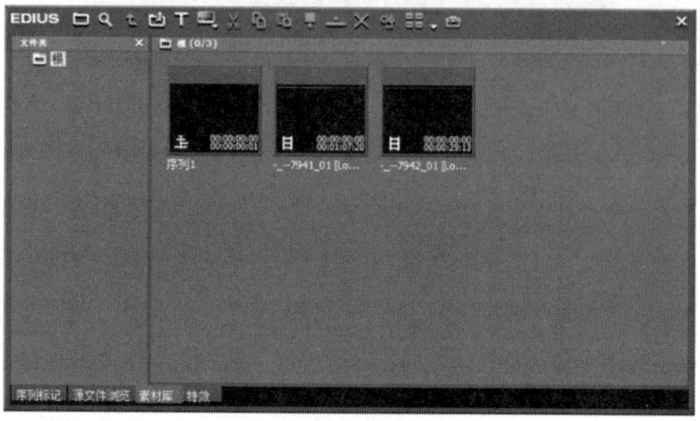

图12-4-2　素材库面板存放的素材和序列

1.使用文件夹

文件夹是项目中用来组织和存储片段、序列信息的地方。EDIUS可以把不同的素材片段放在不同的文件夹中,以方便用户对不同素材的分类与查看。在素材库中的【根】面板中,单击鼠标右键,选择"新建文件夹",如图12-4-3。在【根】面板中会显示出一个新的文件夹,当我们进行归类的时候,只需要把要归类的素材拖动至文件夹即可。

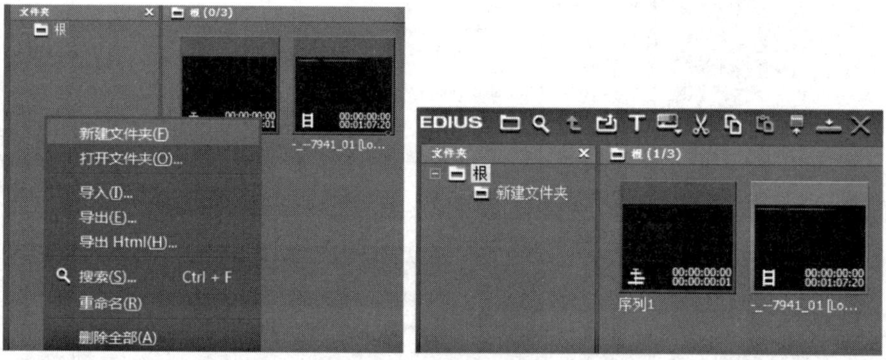

图12-4-3　新建文件夹

2.素材显示方式

有多种方式可以查看【素材库】中的素材,使用【素材库】上端的工具栏上的视图工具,可以选择不同的素材显示方式,可以按照大图标方式查看,也可以使用小图标,还可以使用列表方式,如图12-4-4。

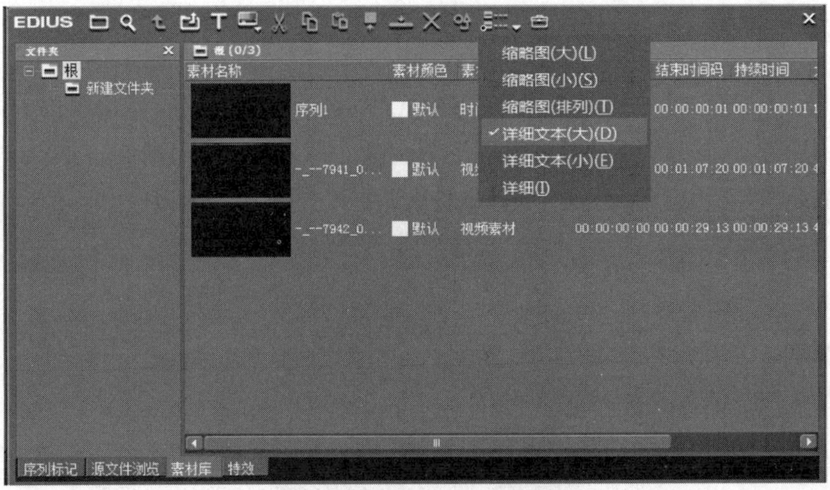

图12-4-4　素材显示方式切换

三、浏览素材

素材在被采集导入到项目后，会自动存放在【素材库】中。在素材库中双击一段素材，素材就可以在【PLR】播放窗口中打开，使用播放窗口下方的播放控制器可以预览播放素材。窗口下的工具栏中提供了一些常用的浏览控制工具，包括时间线滑块、播放、快进、逐帧进退、循环播放等按钮，也可以使用播放头来快速拖动素材，以预览其内容，如图12-4-5。

图12-4-5　素材浏览工具

四、设置程序

EDIUS的程序设置主要包括用户设置、工程设置和序列设置，它们都位于菜单栏中的【设置】菜单下，如图12-4-6。用户设置包含大量内容，可用来调整EDIUS的采集、编辑、画面显示等。由于参数众多，而且保持默认即可正常工作，所以这里就不一一叙述了。

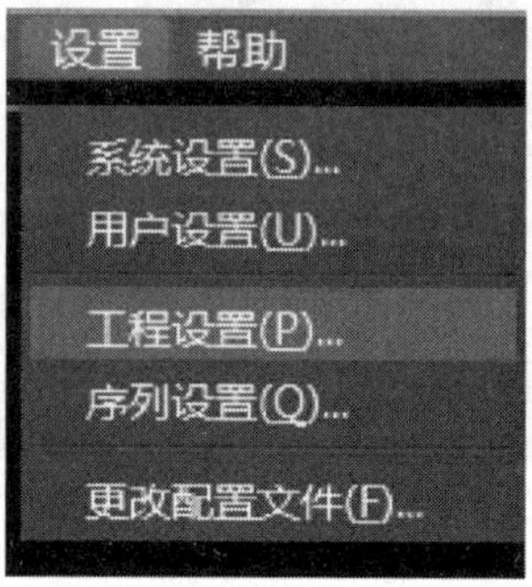

图12-4-6　设置菜单栏

关于项目、序列的一些编辑默认状态，也都在此进行修改，如图12-4-7。

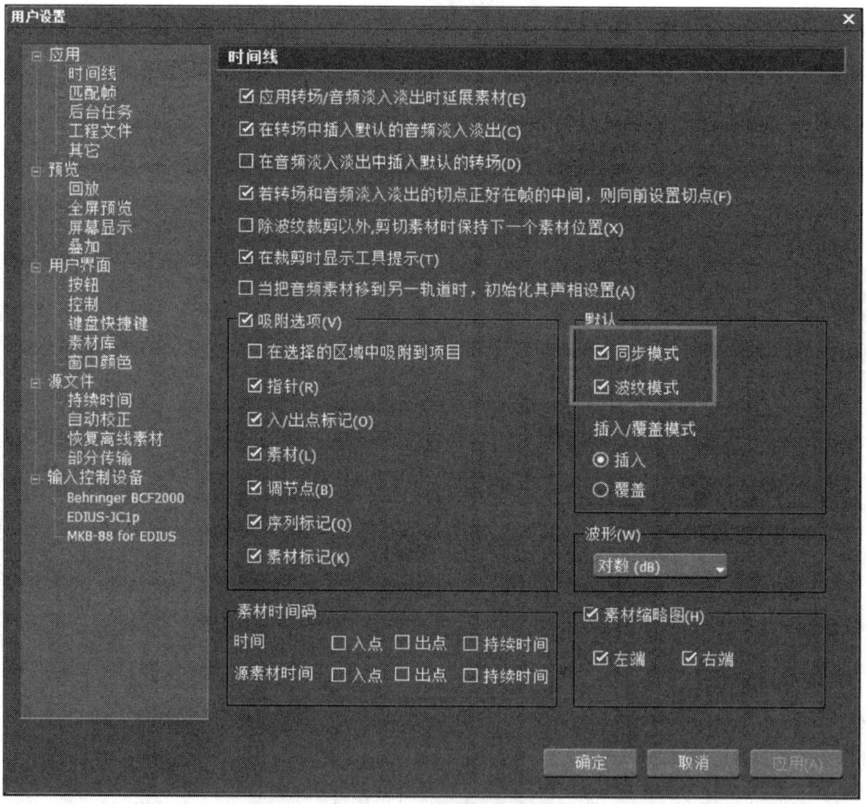

图12-4-7　用户设置面板

第十三章　EDIUS视音频编辑

在时间线中的编辑处理包括：在监视器中选取片段至时间线，在序列中移动某个片段，移动一个或者多个轨道上的所有片段，把一个或者一组片段复制并粘贴到序列中的另一个位置或者粘贴到另一个序列中，以及直接在时间线中对原始素材进行裁剪。关于在时间线上的操作，EDIUS和Adobe Premiere Pro的操作原理相同，只是操作方法略有不同。

第一节　编辑素材

剪辑主要是对视音频素材的编辑，这是非线性编辑工作的基础操作。

一、编辑素材的基础操作

1.选择素材的入点、出点

在【素材库】中双击素材可以在【PLR】播放窗口中打开。在选取画面时，移动播放头至选取片段第一帧画面的位置，单击【PLR】播放窗口下方的入点按钮(快捷键I)，再将播放头移至选取片段最后一帧画面的位置，单击【PLR】播放窗口下方的出点按钮(快捷键O)，如图13-1-1。

图13-1-1　播放窗口入点和出点按钮

选择好素材的入点和出点，还可以继续调整素材的长度和入、出点的位置，以精确选择入、出点，同时素材文件本身不会有任何删减，这就是非线性编辑的优势。

2.编辑素材至时间线

选择一条合适的轨道，从【PLR】播放窗口中拖动素材被选中的部分至时间线轨道上，时间线上的内容就是最终的视频内容，这个添加到时间线上的素材就会出现在最终的输出视频中，如图13-1-2。

图13-1-2　素材编辑至时间线

使用【PLR】播放窗口下方的“覆盖工具”(快捷键“]”)或“插入工具”(快捷键“[”)，也可以将素材编辑到时间线上，如图13-1-3。

图13-1-3　播放窗口覆盖工具和插入工具按钮

除了上面两种方式，还可以选择素材库工具栏上的“添加到时间线”按钮，或者使用快捷键“Shift+Enter”，将选择好的素材添加到时间线上，如图13-1-4。

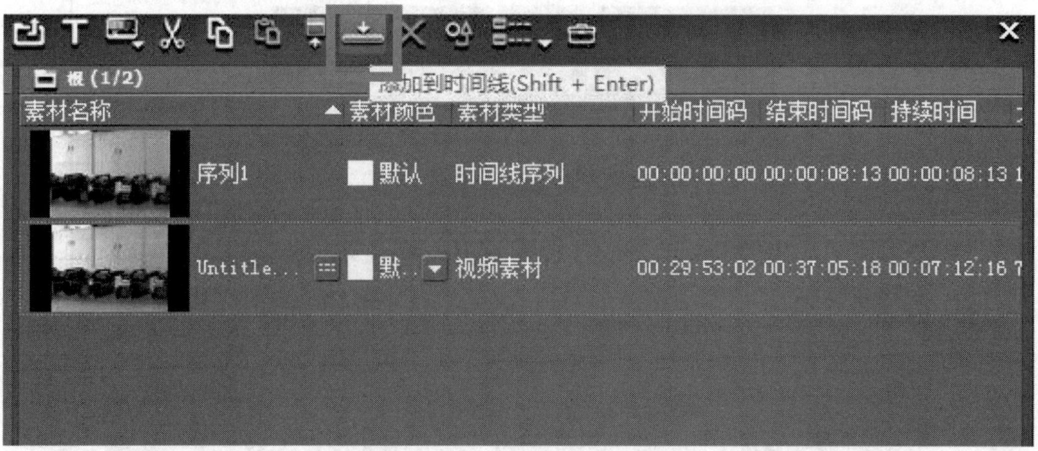

图13-1-4 添加到时间线按钮

在选择轨道时，一定要注意，包含视音频的素材，若是放置到V轨或者T轨上，则其音频信息将被忽略；若是放置到A轨上，则其视频信息将被忽略；若是放置到VA轨道上，既可以保留视频信息，又可以保留音频信息。

使用空格键或Enter键播放时间线，就可以在【REC】录制窗口预览了。

如果此时发现素材长度还需要修改，在时间线上可以重新调整素材的长度。移动鼠标在靠近边缘的位置单击，会激活素材剪辑点(黄绿长方形)，如图13-1-5。按住剪辑点拖动鼠标，即可重新调节素材的入点和出点。使用不同的剪辑点并配合鼠标操作，能够使用5～6种剪辑方式编辑。

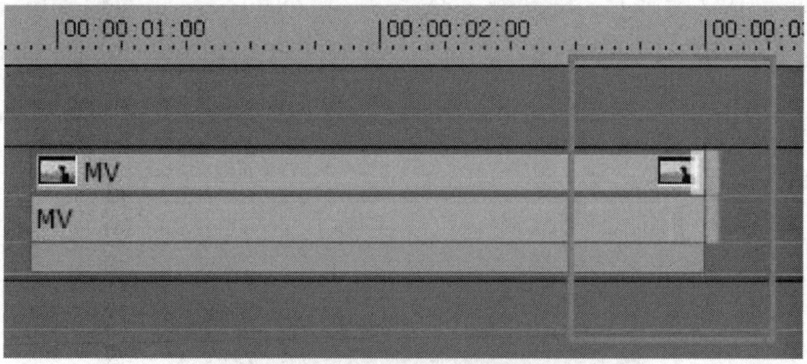

图13-1-5 激活素材剪辑点

⚠注意：由于在靠近素材边缘处单击会激活剪辑点(素材边缘的黄绿方块)，所以在选择素材、移动素材时，应尽量避免单击素材的边缘。

3.裁剪素材

将时间指针移动至素材需要裁切的位置，选择时间线工具栏中的“添加切点”按钮(快捷键C)，当前轨道上的素材片段被一分为二，如图13-1-6和图13-1-7。可以选择不需要的部分，将其删除。

图13-1-6　添加剪切点按钮

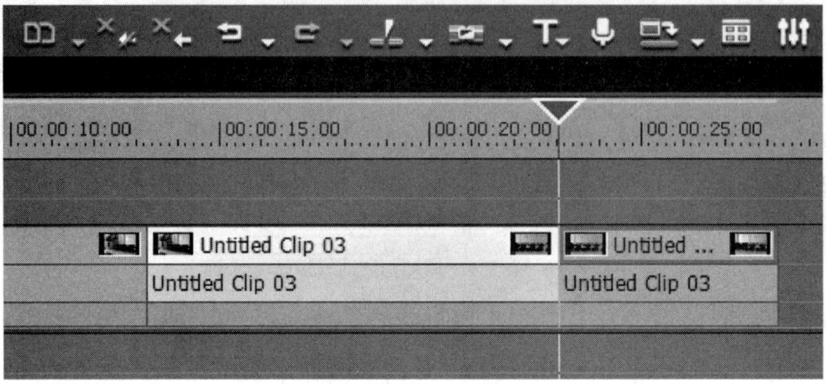

图13-1-7　裁切素材

选择素材所在的轨道，将时间线指针移动至素材需要裁切的位置，使用快捷键N，也可以裁剪掉素材片段的入点到指针位置之间的部分；使用快捷键M，则可以去除该片段指针以后的部分。

4.分离视音频

在【素材库】中双击素材，将其载入播放窗口，时间线左侧面板中的"添加音频/视频"按钮，如图13-1-8，决定了目前播放窗口中的源素材视音频信息是否可以添加到时间线上。如果点选音频"A"按钮，那么将播放窗口的素材拖拽至时间线VA轨道，则音频信息将被忽略，如图13-1-9。如果点选视频"V"按钮，那么将播放窗口的素材拖拽至时间线A轨道，则视频信息将被忽略。再次单击"添加视音频"按钮，取消忽略播放窗口素材视频的状态。

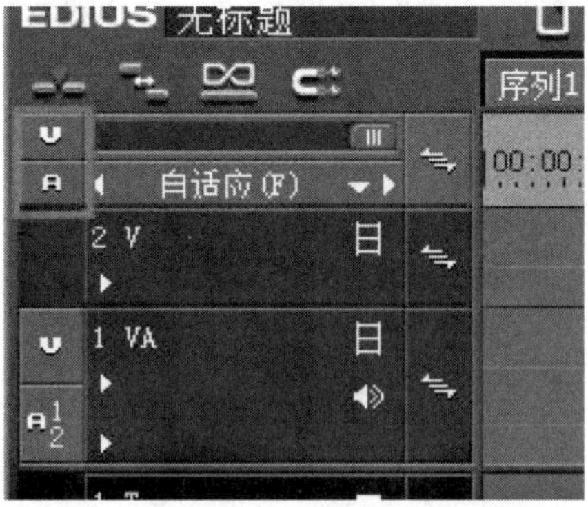

图13-1-8　时间线面板中的添加视/音频按钮

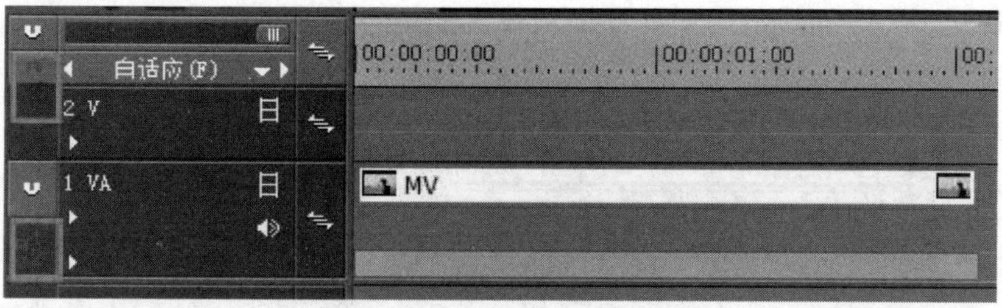

图13-1-9　取消音频选择轨道

一个更为简单的视音频分离的方法是：若只需要视频，则将素材从素材库直接拖拽到V轨道上，这样该素材的音频信息会被忽略；选中已经放置在轨道上的视音频素材，单击右键，在弹出的快捷菜单中选择“连接/组”中的“解锁”命令，即可将视频和音频分离开(使用“锁定”命令则重新将视音频连接)，如图13-1-10。

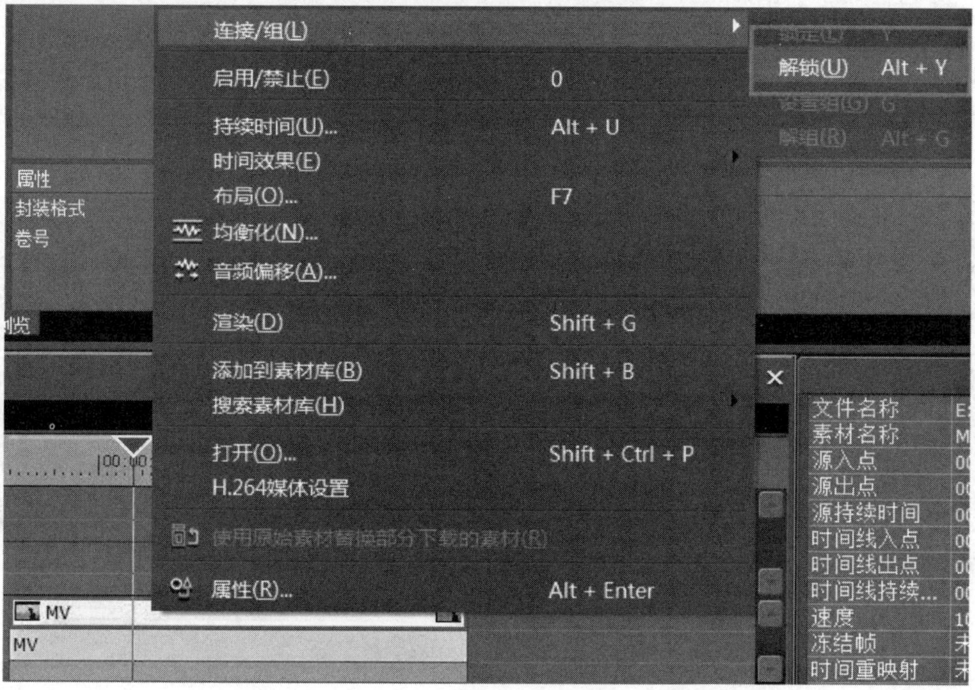

图13-1-10　视音频解锁

5.移动素材

选择需要移动的素材片段，用鼠标拖动即可移动素材至新的位置，如果要移动多个素材，配合Ctrl键选择需要移动的多个素材；或者选择一个素材文件，配合Alt+Shift键并开始拖拽，则同一轨道上其后的所有素材都会被选中并前后移动。

6.删除素材

在时间线中，若要删除素材，以往的软件都有专门的快捷键，即键盘上的“Delete”

键。在EDIUS中，时间线上对素材的操作很多都在时间线上的工具栏中完成。删除素材有两个按钮，一个是删除，一个是波纹删除，如图13–1–11。

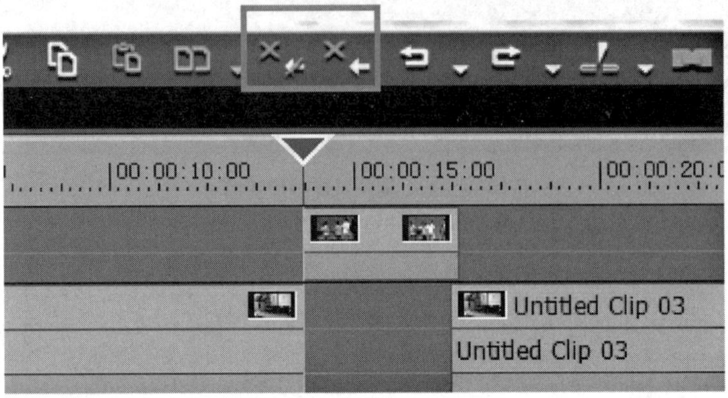

图13-1-11　删除素材按钮

使用删除工具，选中的素材被删掉，后面的素材位置保持不动；使用波纹删除工具，选中的素材被删掉，后面的素材位置自动前移。键盘上的“Delete”键可用来删除时间线上的剪辑点，并不能删除选中的素材，如图13–1–12。

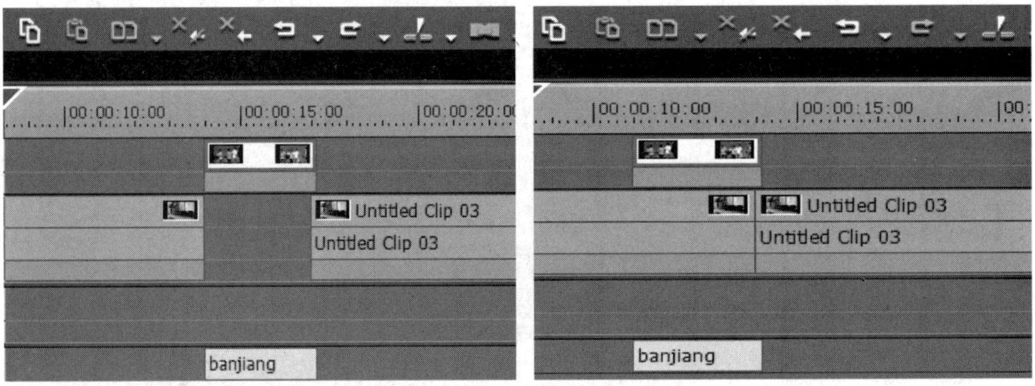

图13-1-12　“Delete”键删除剪辑点

7.吸附功能

在默认设置下，EDIUS的吸附选项处于打开状态，无论移动素材还是时间指针，操作时都能够自动吸附或者对齐到特定的对象，如素材的边界等，编辑时非常方便。“吸附”按钮在【时间线】面板的左侧，在时间线上进行编辑时，也可以按住Shift键来切换吸附功能的开启/关闭状态，如图13–1–13。

图13-1-13　吸附开关

8.不透明度的淡入淡出

单击轨道面板轨道名左侧的小三角图标展开视频轨道，单击MIX按钮激活视频透明度线控制，如图13-1-14，素材下方出现的浅蓝色直线即视频透明度线，该线默认状态下处于轨道混合区(灰色部分)的顶端，表示透明度是100%，当这条线处于底端时，表示素材的透明度0%，完全不可见。

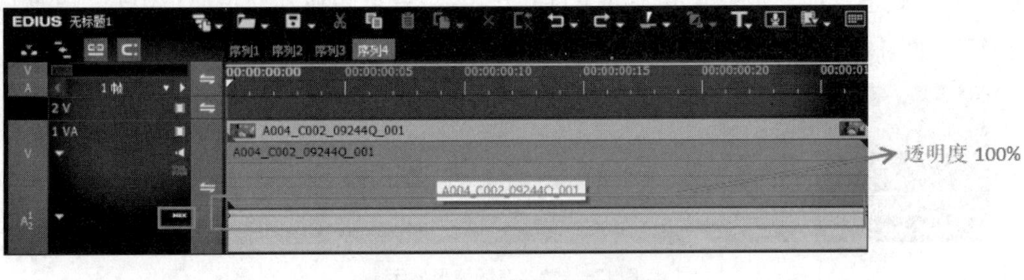

图13-1-14　不透明度线的控制

用鼠标单击透明度线能创建一个关键帧，可以通过拖拽这个关键帧调节点来控制视频的透明度。以素材的淡入、淡出效果为例，将时间指针置于首帧，在透明度线上点击鼠标左键创建一个关键帧(图13-1-15)，将其拖至底端，即透明度是0%；移动时间指针，再次添加一个关键帧，将其拖至顶端，即透明度是100%。继续移动时间指针，以同样的方法分别在素材即将结束的位置设置透明度为100%和0%，播放时间线，制作素材的淡入、淡出效果。

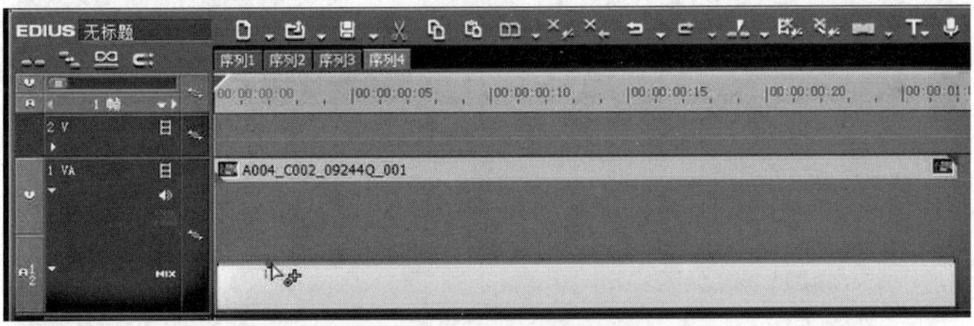

图13-1-15　在透明线上添加关键帧

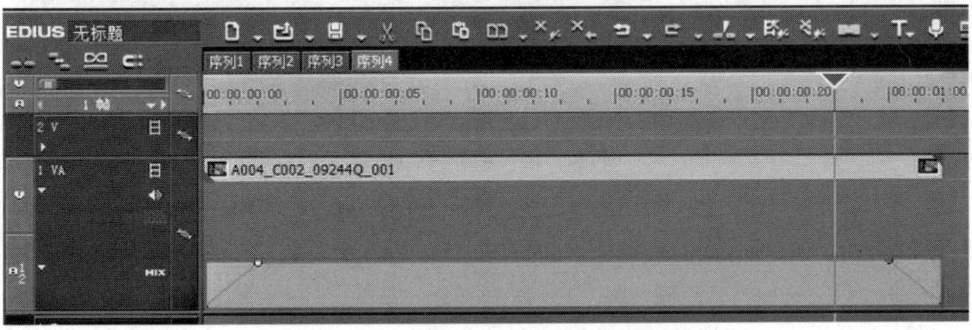

图13-1-16　不透明度的淡入、淡出效果

9.编辑音频

在EDIUS中，处理音频和处理视频的方法是一样的。EDIUS支持WAV、MP3、AIFF甚至多声道AC3格式的音频文件，推荐使用WAV文件作为标准的后期编辑文件。

● 波形显示

将声音文件导入时间线后，单击轨道面板中1A轨道左侧的小三角图标展开轨道，并确保1A轨道上的波形显示开关处于打开状态，这样就可以在轨道面板中看到音频的波形了，如图13-1-17。

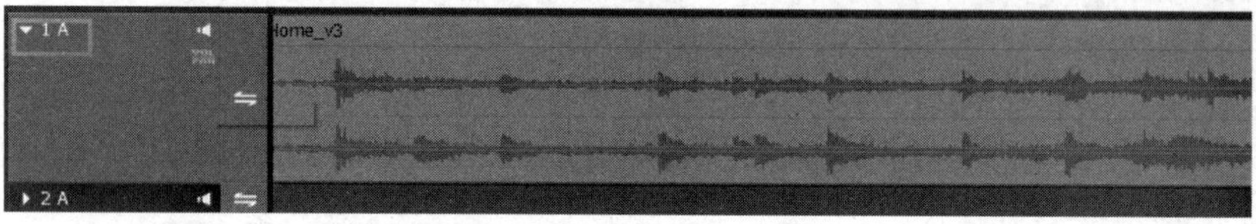

图13-1-17 音频波形显示

● 调整音量

在【音频轨道】面板上激活“VOL”控制，素材音频上出现的橙色线就是音量线。调整音量线的高低即可调整音频的音量大小，如图13-1-18。按住“Shift+Alt”键的同时用鼠标上下拖拽音量线，将音量调节为合适的大小；按下Shift键的同时拖拽鼠标，可以同时调节操作点两端的调节点；通过滚动鼠标的中键滚轮来控制音量值。

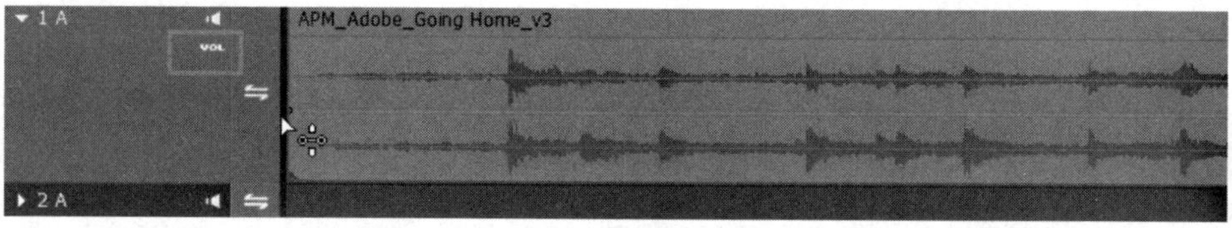

图13-1-18 调整音量线

● 音量的淡入、淡出效果

当鼠标靠近需要创建音频调节点的位置，光标旁会出现一个加号标志，单击鼠标即可添加一个音频调节点，如图13-1-19。

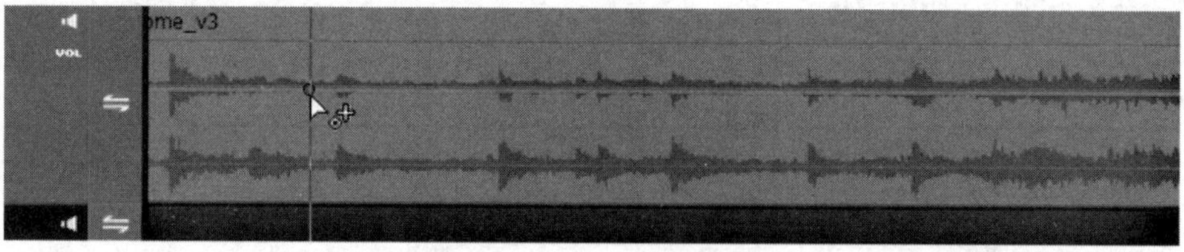

图13-1-19 添加音频调节点

将第1个音频调节点移动到最下方，即完全静音，将第2个音频调节点移动到合适的音量，这样就得到音量渐起的效果。

用同样的方法，可以在音频片段的结尾处创建音量的淡出效果，如图13–1–20。

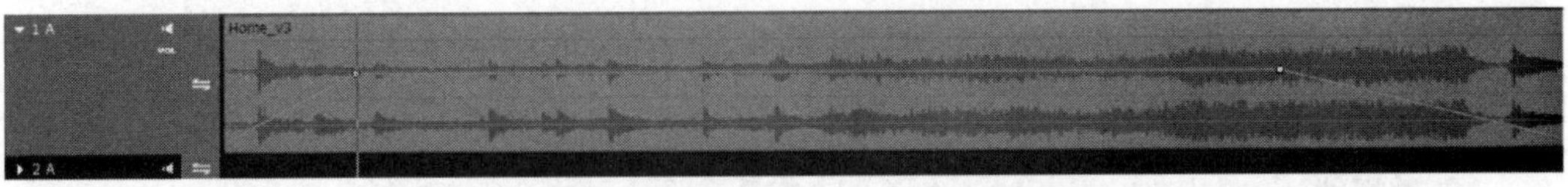

图13-1-20　音量的淡入、淡出效果

技巧：按住Ctrl键的同时利用鼠标滚轮将时间线的显示比例调节到合适数值，以方便操作。

● 调音台

【调音台】可以统一调节音量。单击时间线工具栏上的“切换调音台显示”图标打开调音台，如图13–1–21。

图13-1-21　切换调音台显示

【调音台】面板(图13–1–22)中的音轨与当前工程的轨道是一一对应的，使用方法和Adobe Premiere Pro中的调音台是一样的，此处不再赘述。

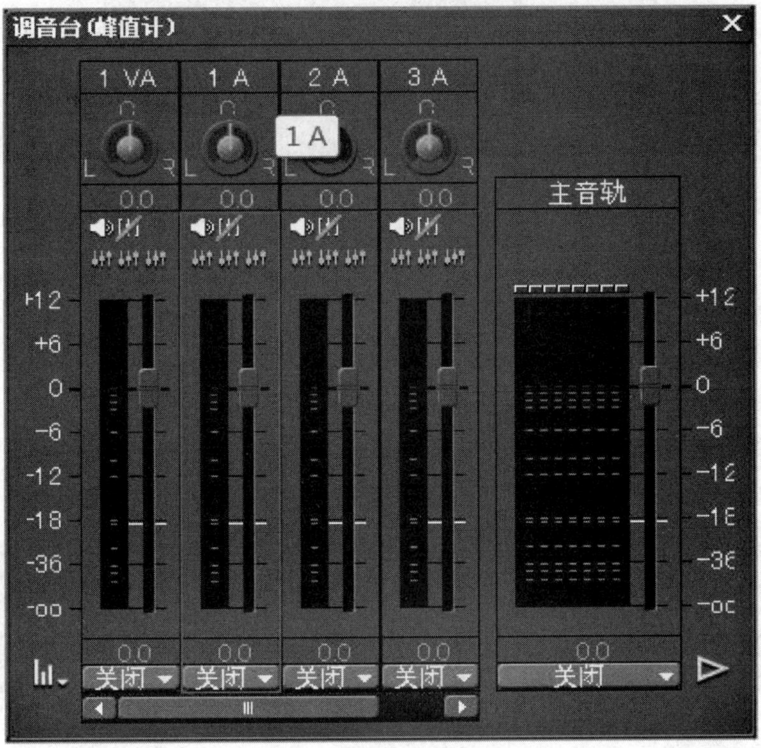

图13-1-22　调音台面板

10. 调整素材播放速度

在EDIUS中，可以通过“速度”与“时间重映射”来改变素材的速度。

● 速度

在时间线上，右键单击素材，选择【速度】命令，在弹出的速度对话框中，通过输入时间比率或者持续时间的数值来改变播放速度，如图13–1–23和图13–1–24。

图13-1-23　调整速度命令

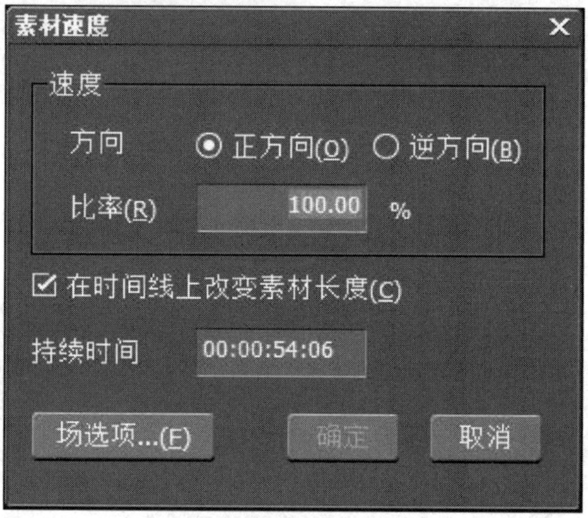

图13-1-24　速度对话框

提示：使用“速度”命令只能调整一整段素材的整体速度。

● 时间重映射

“时间重映射”就是利用关键帧来控制素材速度的快慢变化。在弹出的时间重映射对话框中，通过添加关键帧点和移动关键帧在时间轴的位置，来实现时间段内的素材加速、慢放、倒放等效果，如图13–1–25和图13–1–26。

图13-1-25　时间重映射命令

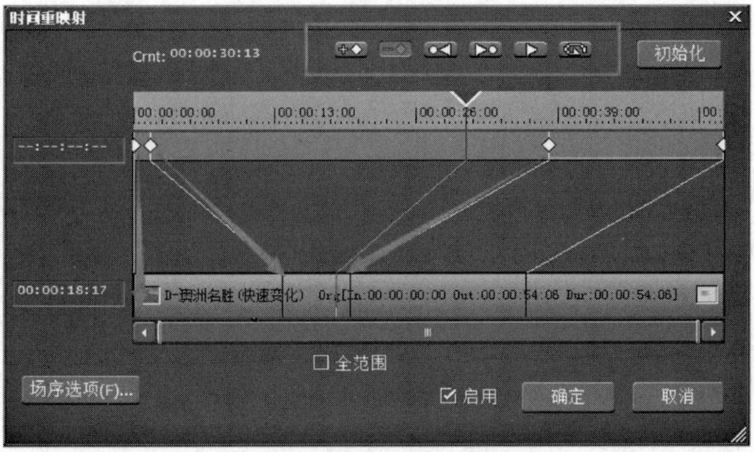

图13-1-26　时间重映射设置

11.渲染素材

在EDIUS中，当把素材加入到时间线后，在素材放置位置的时间线区域的顶部会显示一段彩色指示线。在执行回放操作时，EDIUS会自动判断素材是否需要渲染，从而改变指示线的颜色。

指示线的颜色一共有5种，分别表示以下意义：

蓝色：放置了和工程设置一样的素材；

浅蓝色：能够实时回放的素材，一般情况下不需要再单独渲染了；

橙色：EDIUS建议渲染的素材，表示满载的区域；

红色：需要渲染的素材，表示已经过载了该区域(如果不渲染将影响回放速度)；

绿色：已经渲染了的素材，回放速度很快。

在编辑过程中，我们可以根据指示线的颜色判断素材需要全部渲染还是局部渲染(图13–1–27)，然后在菜单栏【渲染】中，分别选择【渲染过载区域】或【渲染满载区域】，也可以在局部渲染的按钮中选择【过载区】和【满载区】。

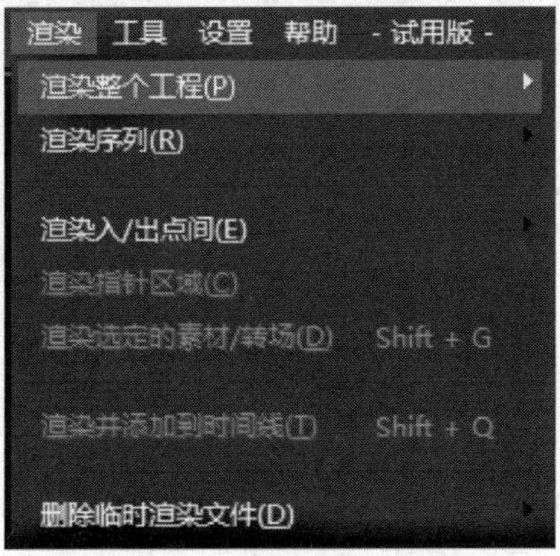

图13-1-27　渲染素材

二、剪辑方式

在EDIUS中，我们的大多数工作应该是素材镜头的整理和镜头间的组接，即剪辑工作，所以EDIUS为我们提供了5种剪辑方式和专门的剪辑模式。可以在按住Alt键或者Ctrl键的同时逐个选中需要的剪辑点，通过选择不同的剪辑点，能做出5种不同的剪辑动作。

EDIUSV4版本，在素材上添加了一项新的操作元素——剪辑点。选择不同的剪辑点能做出多种不同的剪辑动作，而每种剪辑动作的鼠标光标也不相同。

如果需要继续修改素材长度，可以在时间线上重新调整素材的长度。使用不同的剪辑点配合鼠标操作，可以有5种不同的剪辑方式。

1.常规剪辑

改变放置在时间线上素材的入出点，是最常使用的一种剪辑方式。移动鼠标至靠近素材的边缘处，单击，会激活EDIUS的素材剪辑点，如图13-1-28。单独选中内侧剪辑点，按住内侧剪辑点左右拖动鼠标，可以调整素材的长度，即重新调节素材的入点和出点。

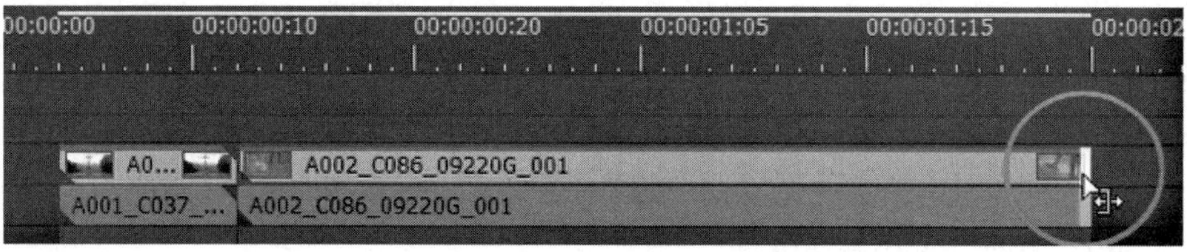

图13-1-28　常规剪辑

2.滚动剪辑

通过改变相邻素材间的边缘，保持相邻两个素材的总长度不变。用鼠标激活素材相接处"内外"4个剪辑点，左右拖拽，相当于同时调整一段素材的出点以及后一段素材的入点，如图13-1-29。

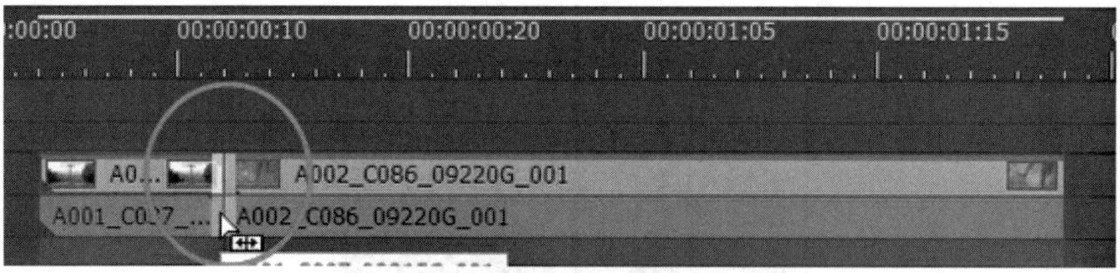

图13-1-29　滚动剪辑

3.滑动剪辑

只改变选中素材中要使用的部分，不影响素材当前的位置和长度。用鼠标激活自身"内侧"4个剪辑点并进行左右拖拽，相当于在不影响素材位置和长度的情况下，调整在时间线上显示的内容，如图13-1-30。

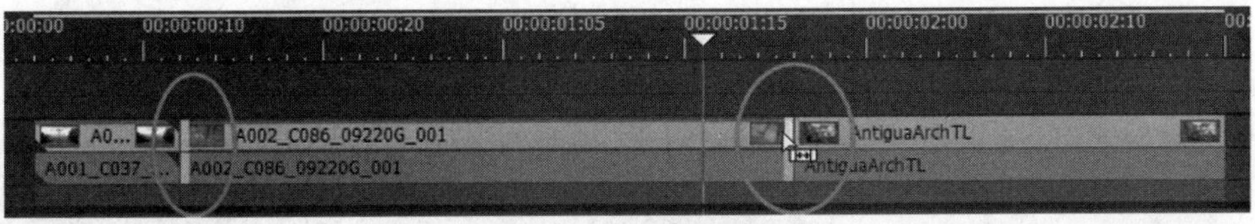

图13-1-30　滑动剪辑

4.滑过剪辑

只改变选中素材的位置，而不改变其长度。用鼠标激活素材自身“外侧”的4个剪辑点并拖拽，相当于在移动选中素材的同时，调整前一段素材的出点以及后一段素材的入点，如图13-1-31。

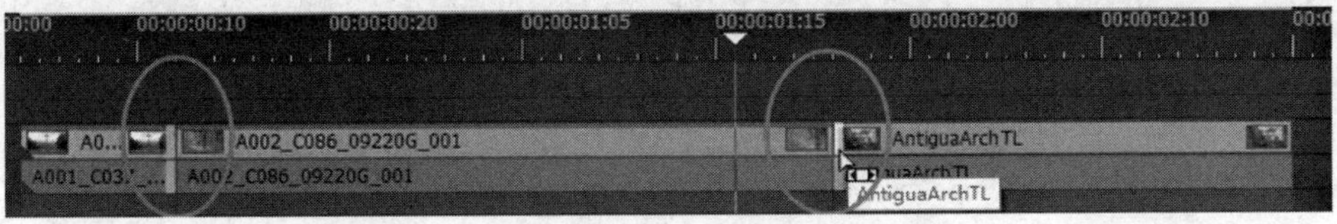

图13-1-31　滑过剪辑

5.分离剪辑

单独调节素材的视频或者音频部分。

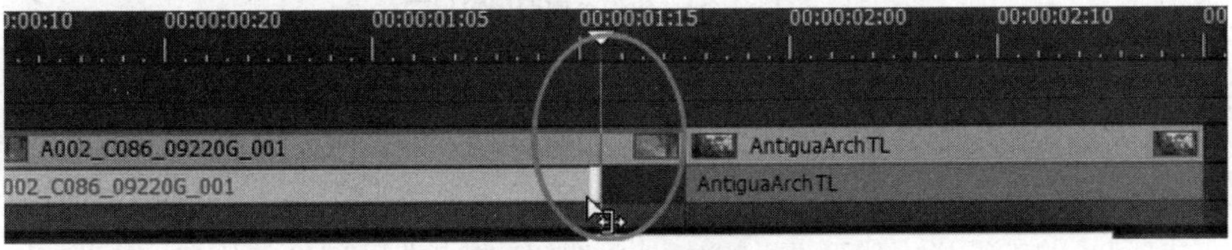

图13-1-32　分离剪辑

在EDIUS菜单栏的【模式】菜单中还可以找到【剪辑模式】和【多机位】选项，如图13-1-33。

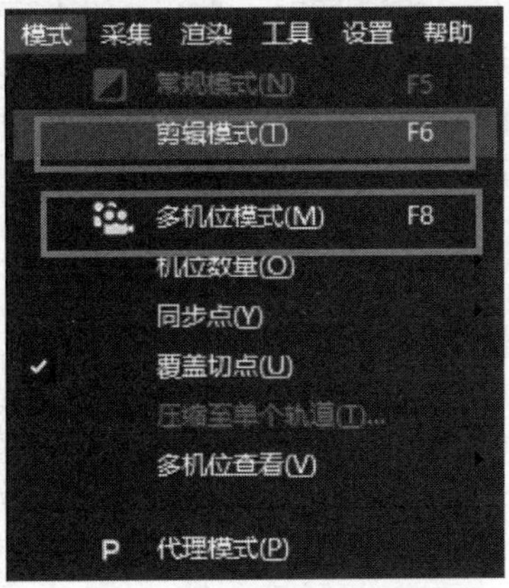

图13-1-33　选择剪辑模式

当使用【剪辑模式】时，监视器窗口也会发生变化，配合在时间线上选择的剪辑点，在前一个镜头与后一个镜头相接的位置左右拖动鼠标，即可改变剪辑点的入点和出点的画面。选择不同方式的剪辑点位置代表着不同的剪辑模式，如图13-1-34。

图13-1-34　切换不同的剪辑模式

使用完“剪辑模式”命令，一定要在【模式】菜单栏中切回【常规模式】。

⚠注意：无论用何种方法往时间线上添加素材，都要确认EDIUS此时是处于覆盖模式还是插入模式。

在时间线的工具栏中找到“覆盖/插入”按钮，单击即可切换其状态，如图13-1-35和13-1-36。

图13-1-35　插入模式

图13-1-36　覆盖模式

在插入模式下，如果需要在时间线上插入文件的位置已有素材，则会在插入位置将原素材切断，并将余下部分向后移动。

在覆盖模式下，如果需要在时间线上插入文件的位置已有素材，同样会在插入位置将原素材切断，但是新增素材内容将会覆盖原有素材内容。

⚠注意：【PLR】播放窗口下方的“覆盖工具”/“插入工具”是针对当从【PLR】播放窗口中选择素材使用“覆盖”/“插入”工具编辑至时间线的方式；时间线的工具栏中的“覆盖/插入”按钮是针对除此之外的所有素材编辑至时间线的方式。

三、剪辑模式

1.波纹模式

对时间线上的素材进行删除、移动等操作会影响整个轨道上的其他素材，素材好像相互影响似的一起向前或者向后移动。这个问题会使初学者感到非常困惑，甚至影响正常的编辑工作，其实在默认状态下，EDIUS中各个文件的确都在相互影响，它们就像水中的涟漪一样相互影响，这被形象地称为“波纹模式”。

在默认状态下，“波纹模式”是开启的，选择时间线工具栏中的“波纹模式”工具，或者使用快捷键R，可以打开或关闭波纹模式，如图13-1-37。

图13-1-37　波纹模式开关

开启“波纹模式”后，当对素材的边缘进行拖动、删除等操作时，其后同一轨道上的素材在时间线上的位置都会随着操作一起发生改变，从而保持彼此间的相对位置，如图13-1-38和图13-1-39。

图13-1-38　波纹模式开启前

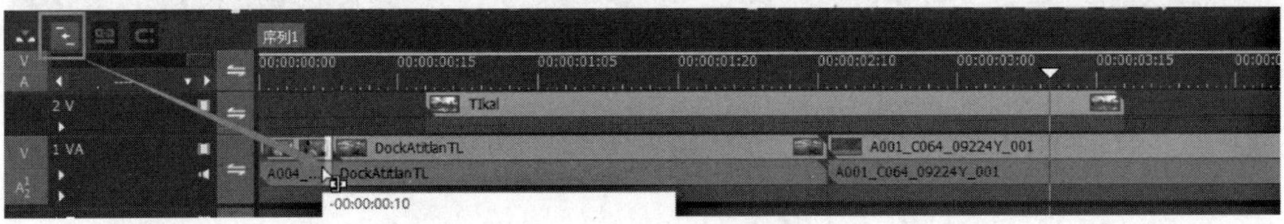

图13-1-39　波纹模式开启后

这种特性在某些情况下会给我们的编辑工作带来方便，有时也会带来错误的操作，所以要根据需要决定是否启用“波纹模式”。

2.同步模式

“波纹模式”只会影响当前同一轨道上的素材片段，如果要使所有轨道上的素材都受影响而保持相对位置不变的话，还需要打开“同步模式”。“同步模式”可以通过调整某个素材片段的入、出点或者删除等操作，使得所有轨道上的素材片段都受影响，而保持相对位置一致。

EDIUS 6的同步模式已经整合到时间线的每个轨道上，时间线刻度起始位置的双向箭头按钮便是同步模式开关，默认是开启的，点击该按钮将取消该轨道的同步，如图13-1-40。

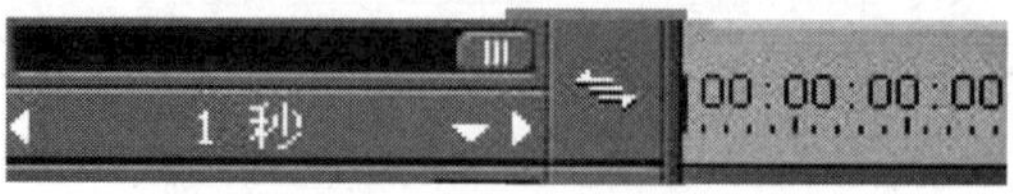

图13-1-40　同步模式

在“波纹模式”下，删除剪辑片段后，后续片段会前移，在时间线上不会留下空隙，编辑范围仅限于正在编辑的轨道。即使在非波纹模式下，编辑也会影响某些操作，例如波纹删除、波纹剪切或用快捷键进行剪辑。在“同步模式”下，当插入片段或剪辑片段时，编辑结果会影响其他轨道。

当然，一般来说，“同步模式”要配合着“波纹模式”来使用。当开启“波纹模式”和“同步模式”后，如果往时间线中的某一轨道添加素材，处在添加素材时间位置之后的剪辑片段，会自动在剪辑点整体向后移动，如图13-1-41和图13-1-42。

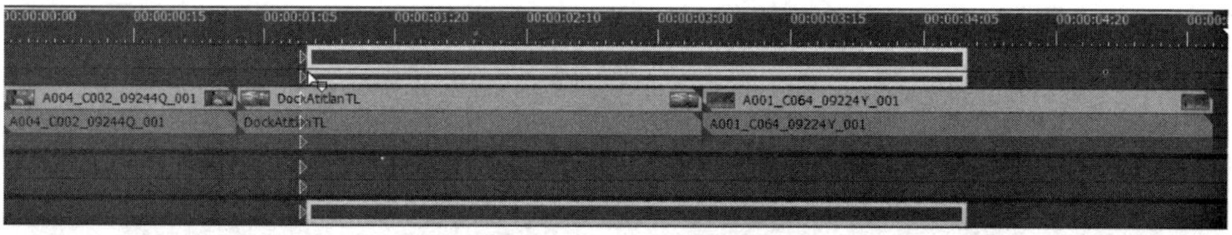

图13-1-41　两种模式开启状态下添加轨道素材

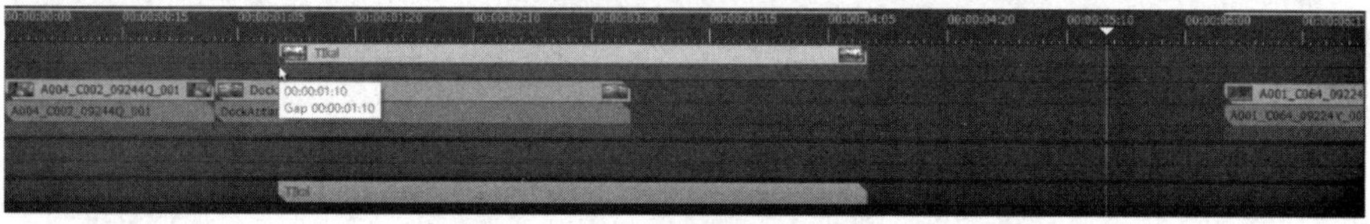

图13-1-42　两种模式开启状态下素材整体后移

注意：同时开启“波纹模式”和“同步模式”后，对当前素材的操作将影响时间线所有轨道上入点在编辑点之后的素材。

提示：编辑时间线时应特别注意波纹模式和同步模式处于何种状态。除非初学者完全明白、熟悉两种模式以及它们的使用场合，否则建议将其关闭。

四、多机位剪辑

EDIUS同样也提供了多机位模式，支持多摄像机素材同时剪辑。主要操作步骤如下：

(1) 选择菜单栏【模式】/【多机位】模式，或者使用快捷键F8，进入多机位模式，如图13-1-43。

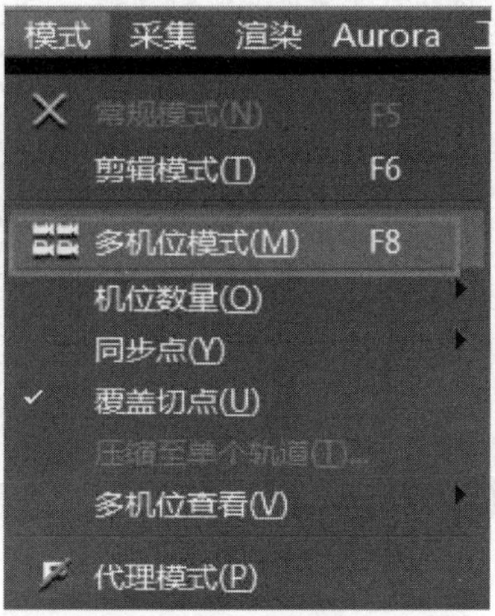

图13-1-43　多机位模式命令

(2) 此时，播放窗口被划分为多个小窗口，默认状态下支持2台摄像机的素材，如图13-1-44。

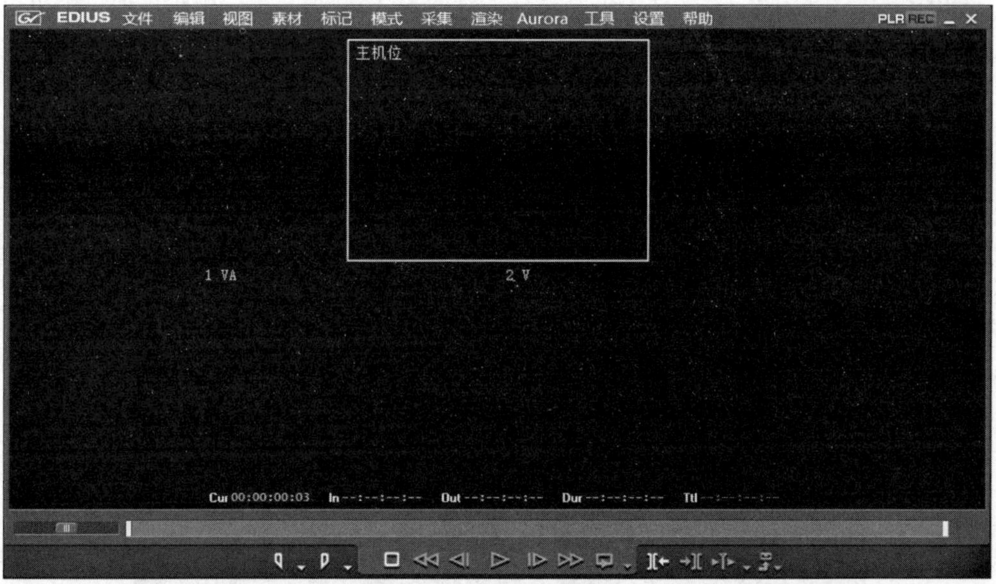

图13-1-44　多机位模式窗口

(3) 从素材库中导入3个机位拍摄的素材，如果需要增加机位，可以选择菜单栏中的【模式】/【机位】命令，然后从列表中选择需要的数量。

(4) 对于多机位剪辑，最重要的就是准确的时间对位，这在EDIUS中被称为“同步点”。选择菜单栏中的【模式】/【同步点】命令，同步点除了“无同步”，还提供了“时间码”“录制时间”“素材入点”“素材出点”4种同步方式，如图13-145。

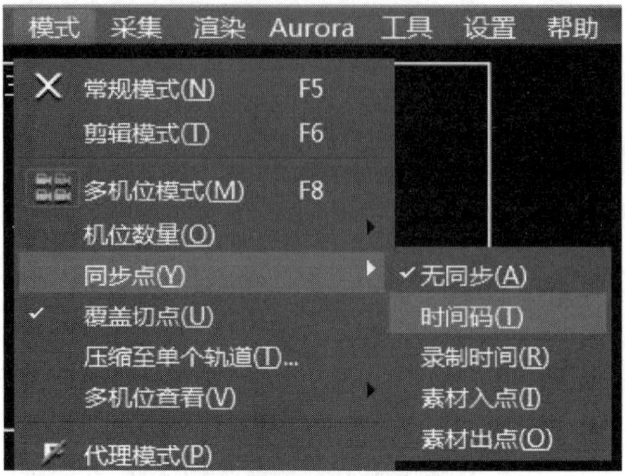

图13-1-45 同步点选择

同步点其实就是素材的对齐方式，由于现场的摄像机已经校正了时间，所以导入的3段素材可以选择“时间码”选项。可以看到，此时轨道面板也发生了相应的变化，轨道名称边出现了c、c1、c2标识，如图13-1-46。这些标识代表机位号，表示该轨道分配给某一机位的摄像机。单击“c”标识可以打开一个列表，将轨道自由分配给任何一个机位，如图13-1-47。

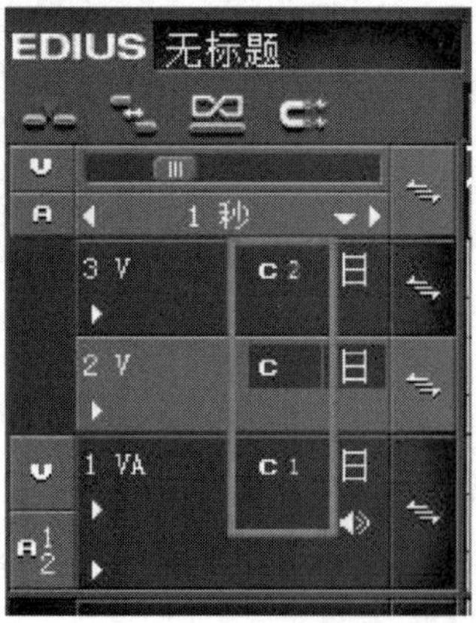

图13-1-46 机位号标识

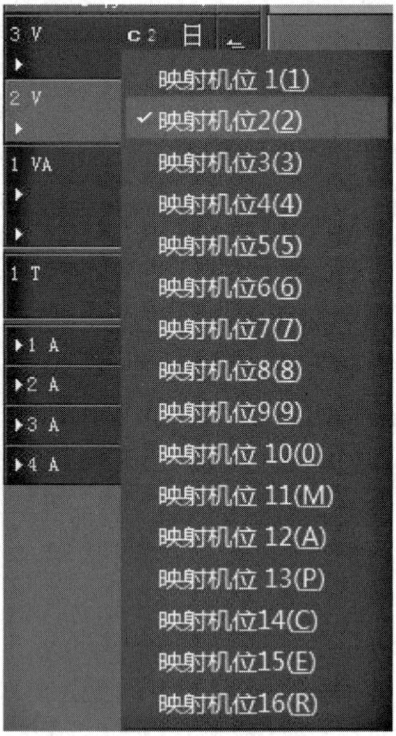

图13-1-47 指定轨道机位

(5) 从素材库将素材同时拖拽至时间线，由于选择了时间同步点，素材根据各自录制的时间码是对齐的，如图 13-1-48。

图 13-1-48　素材在时间线轨道中自动对齐

(6) 播放时间线，则 3 个小窗口的素材同时播放，如图 13-1-49。

图 13-1-49　多机位窗口同时播放素材画面

(7) 播放时间线，并直接在播放窗口中双击需要的机位镜头，在选择镜头的同时，EDIUS 在时间线上自动创建剪辑点标记，一旦按空格键停止播放，各个素材在这些剪辑点处就被裁剪开了，如图 13-1-50。

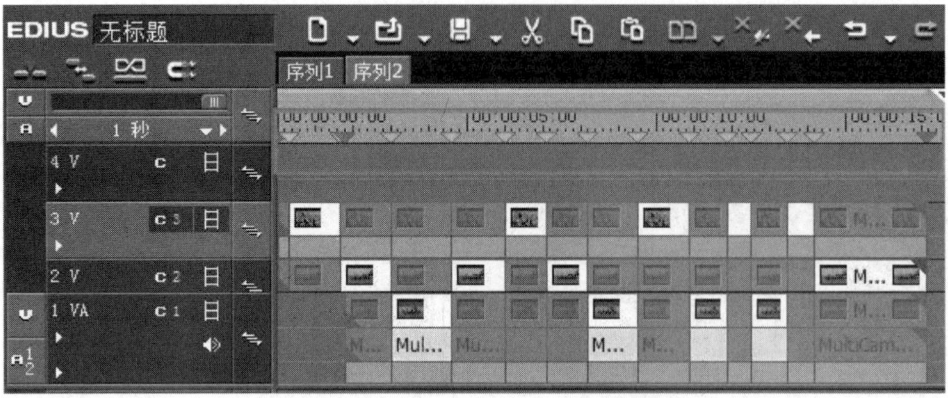

图13-1-50　创建多个机位的画面剪辑点

(8) 预览时间线，播放窗口中的主机位是最终时间线上的监视窗口。直接移动剪辑点可以修改各个素材的入出点。如果需要在某一个时间段替换一个机位的素材，那么只需要将时间指针放到这个时间段，然后在播放窗口单击需要的机位画面即可，EDIUS会自动进行替换，这种方法非常快捷，如图13-1-51。

图13-1-51　替换机位画面

(9) 为了保持工程文件的简洁，建议将剪辑完的多轨道素材“合”为一条轨道。选择菜单栏【模式】/【压缩至单个轨道】命令，选择一个当前未使用的轨道，或者新建一条轨道，如图13-1-52。

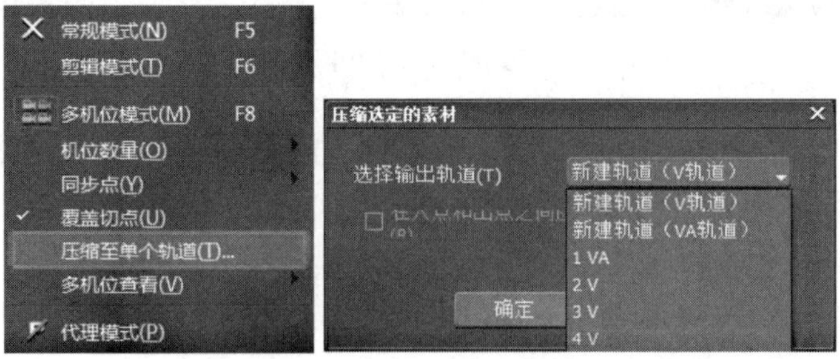

图13-1-52　压缩至单个轨道

所有剪辑完的素材就“合并”到一条轨道上了，如图13-1-53。

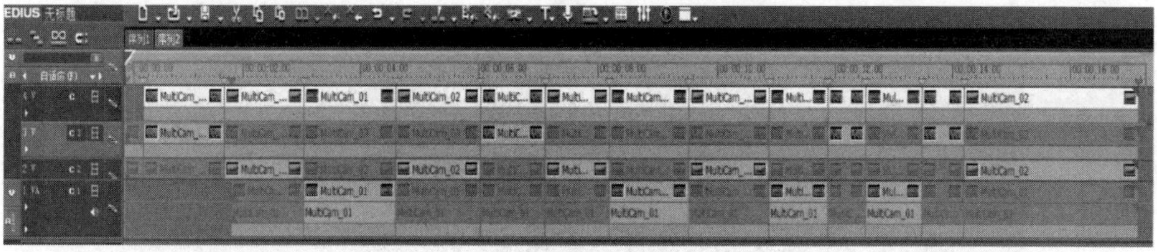

图13-1-53　合并成一个视频轨道

(10) 多机位模式剪辑完毕后，选择菜单栏【模式】/【常规】命令，返回常规模式播放并预览。

第二节　视频布局

在Adobe Premiere Pro中，很多画面效果都是通过添加特效来实现的。很多人在接触了EDIUS后，就喜欢上了EDIUS的工作方式，很大原因就是其操作很简约。比如在EDIUS中，很多画面效果无需通过添加各类特效完成，而是用调整基本参数的方法完成，如画中画、边框、裁剪等。

视频布局窗口可以调整时间线显示的素材的大小、位置及长宽比；这些参数还可以使用设置关键帧动态地调整。

打开素材片段【视频布局】窗口的方法有如下3种。

(1) 在时间线面板中，选中素材片段右击，在弹出的菜单中选择“布局”，如图13-2-1。

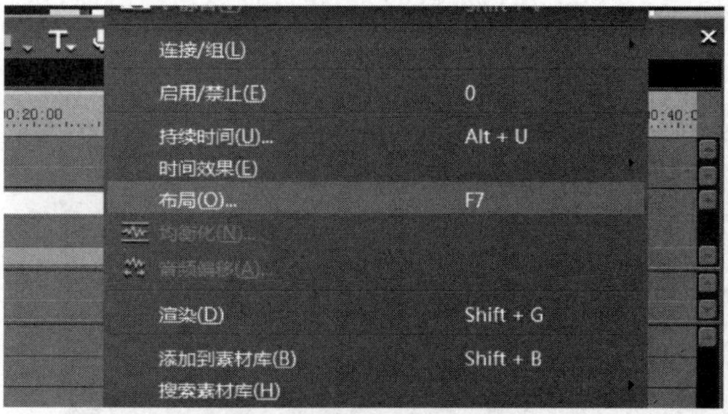

图13-2-1　选择布局命令

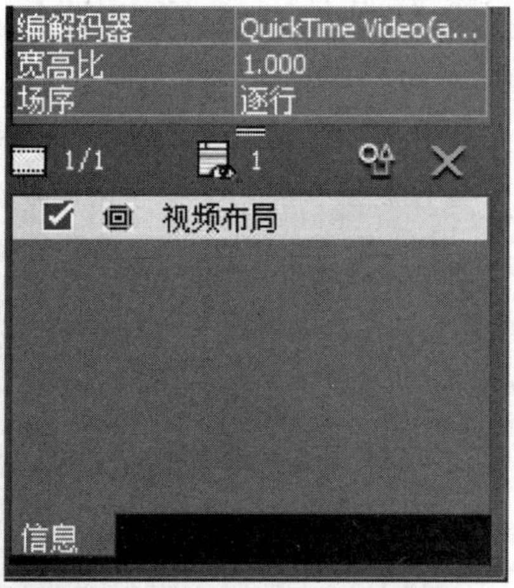

图13-2-2　信息面板中的“布局”命令

(2) 在时间线面板中，选中素材片段，“视频布局”功能按钮在信息窗口出现，在【信息】面板中，选择双击“视频布局”，如图13-2-2。

(3)使用快捷键F7可打开如图13-2-3的界面。

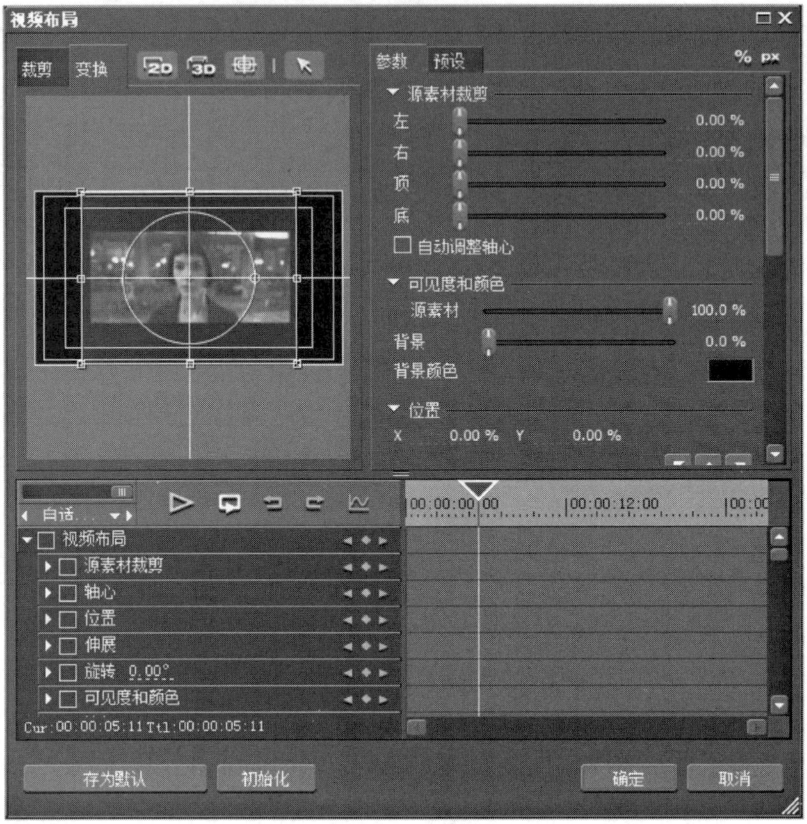

图13-2-3 视频布局面板

视频布局是EDIUS的一个很重要的功能。素材的裁切、缩放等操作一般都可以在这个工具中进行。布局窗口的上方部分是对一些素材属性的修改，诸如裁切、基本参数的变换等，布局窗口的下方部分是对以上参数的关键帧的动态记录。

视频布局窗口上方有一个预览窗口，当改变素材片段的参数时，播放窗口的监视器中会直接显示相关效果，如图13-2-4。

图13-2-4 视频布局窗口参数的变化

一、画面裁剪与变换

通过画面裁剪可以对画面的显示区域进行重新设置。在右侧的参数面板中，我们可以对画面裁剪的具体参数进行设置。修改参数数值可以通过拖动滑块或者改变数值来实现。

源素材裁剪：在“裁剪”选项中，通过修改“顶”“底”“左”“右”参数来修改剪辑片段在窗口中的显示区域。

可见度和颜色：裁剪后显示区域的透明度，可以通过设置“源素材”和“背景”参数实现，也可以设置成与背景的融合效果。

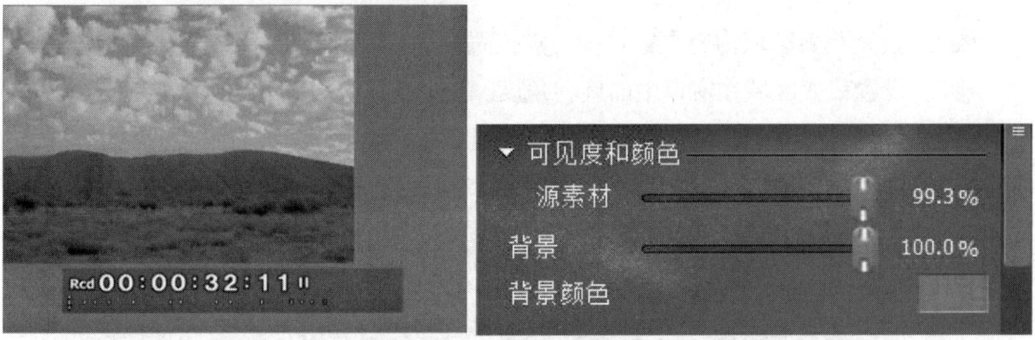

图13-2-5　可见度和颜色

位置：设置裁剪区域在窗口中的位置坐标。在2D模式下，位置坐标表现为画面在窗口中的X轴和Y轴的参数；在3D模式下，当前片段转成了三维片段，位置坐标表现为画面在窗口中的X轴、Y轴和Z轴的参数。3D模式比2D模式多了一个轴，也就是Z轴。Z轴代表的是画面的纵度，也就是深度坐标。

改变Z轴坐标时，数值倾向负值，表示当前片段距离你的视点比较近，画面变大；反之，数值倾向正值，表示当前片段距离你的视点比较远，画面变小。

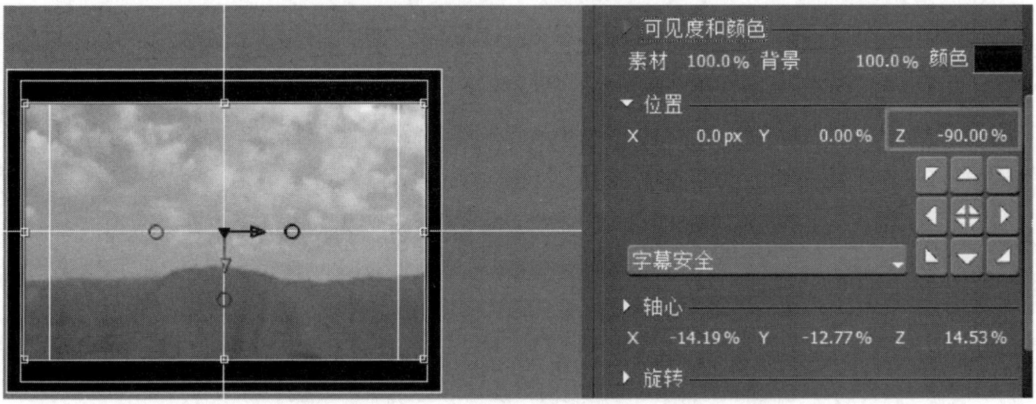

图13-2-6　位置参数Z轴负值变化

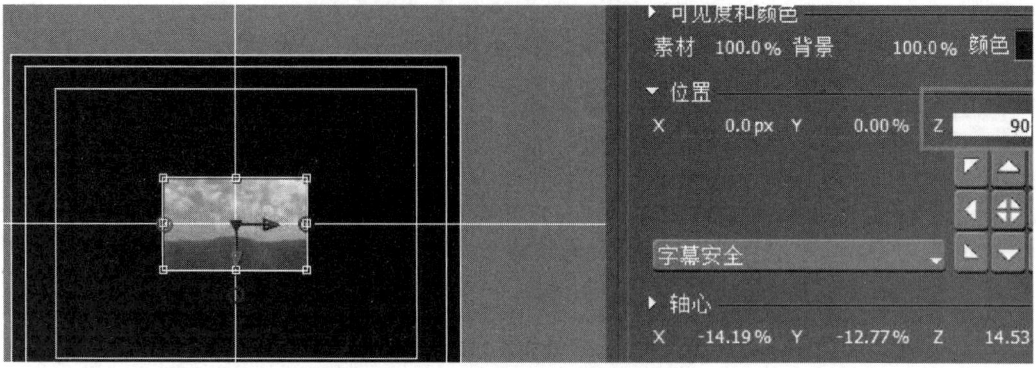

图13-2-7　位置参数z轴正值变化

轴心：设置裁剪区域内容在窗口中心点位置的坐标。

旋转：设置裁剪区域在窗口中的旋转角度。在3D模式下，二维旋转可转为三维旋转，即旋转角度包括3个维度，参数调整既可以通过数值调整来实现，也可以直接通过预览图中的旋转控制按钮直接拖动来实现，如图13-2-8。

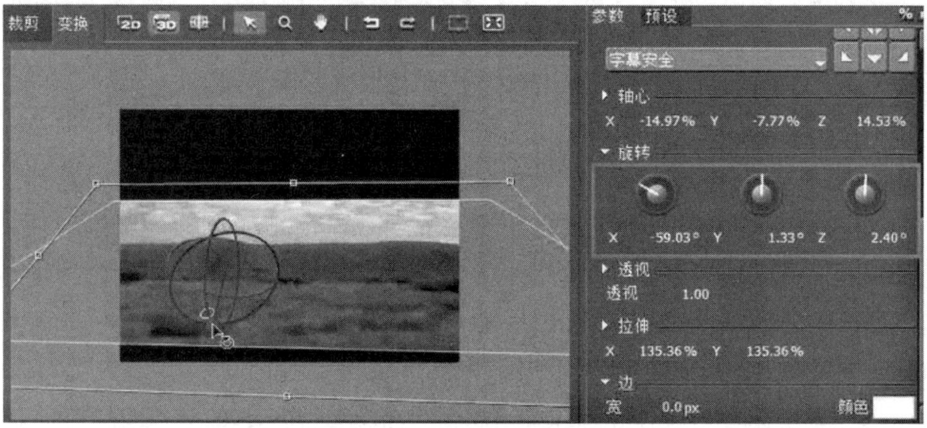

图13-2-8　3D模式下的旋转

在3D模式下，还可以激活“透视”参数，在片段发生3D模式的变换时，可以产生三维空间的透视变形效果。

拉伸：设置裁剪区域的缩放比例大小。既可以设置等比拉伸，也可以取消等比设置，在X轴向或者Y轴向单独进行缩放拉伸，如图13-2-9。

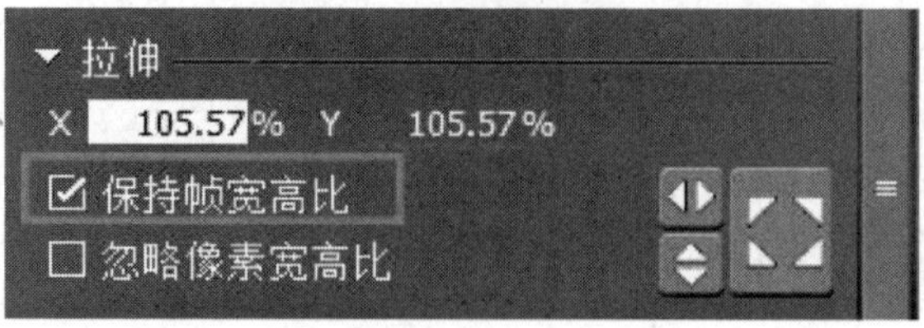

图13-2-9　是否取消等比拉伸

边：设置裁剪区域是否添加描边，可以在参数栏中设置边的颜色和边的大小，如图13–2–10。

图13–2–10　描边效果

提示：在Adobe Premiere Pro中，修改参数是通过左右拖动鼠标来完成的；在EDIUS中，修改参数则是通过上下拖动鼠标来完成的。

二、关键帧动画

EDIUS5版本进一步改进了视频布局面板，可以将一些位置和尺寸的参数变化记录为关键帧，我们完全可以用它来完成大多数的2D画中画制作任务。视频布局窗口的下方是关键帧设置的面板，这里的参数与变换中的参数是一一对应的，可以设置关键帧。左侧区域是参数栏，右侧区域是时间轴，包括时间标尺与时间指针，如图13–2–11。

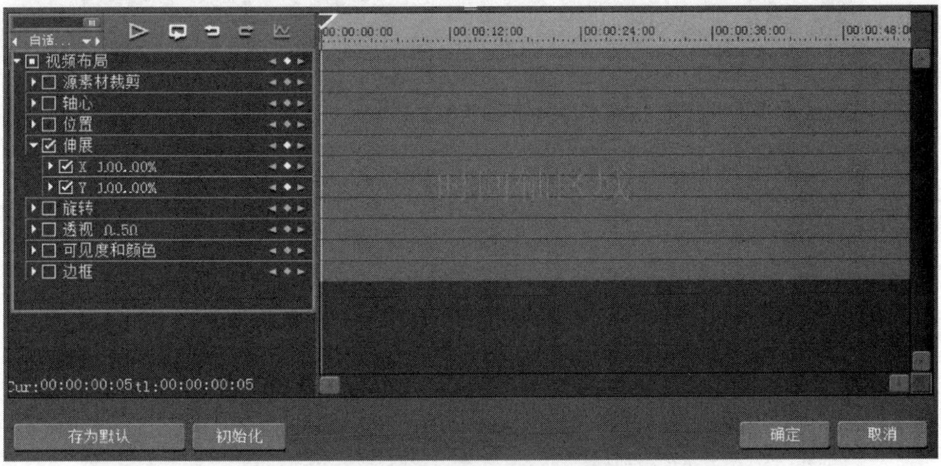

图13–2–11　关键帧设置面板

下面我们以缩放效果为例来说明关键帧动画的设置。

(1)将时间指针放置在起始帧位置，勾选“伸展”参数选项栏，激活当前参数的关键帧动画开关，设置当前伸展参数的X轴和Y轴的数值为30%，可以在时间轴区域内看到“伸展X”和“伸展Y”参数，在首帧产生了第一组关键帧，如图13–2–12。

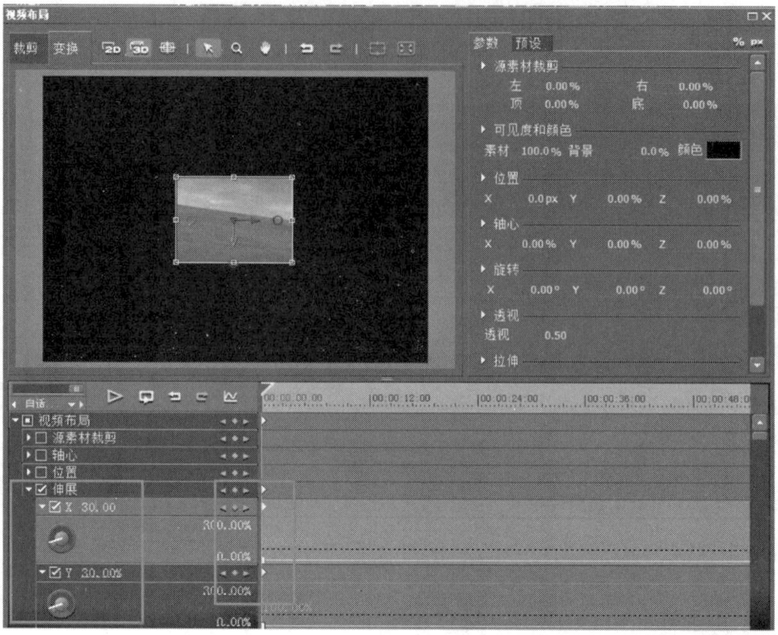

图13-2-12 激活关键帧

(2)将时间指针向后移动，设置当前伸展参数的X轴和Y轴的数值为100%。此时，EDIUS会自动记录下关键帧，如图13-2-13。

图13-2-13 记录关键帧

(3) 播放时间线，可以看到画面在不同的时间呈现伸展的不同参数值的变化效果，也就是缩放效果。

以此类推，可以设置所有参数的关键帧动画。

三、3D画中画效果

从EDIUS6开始，画中画和3D画中画的功能整合到了视频布局当中，还增加了时间线关键帧，成为制作画面特效的一个重要功能。

(1) 把需要制作画中画效果的视频依次放置在时间线视频轨道，如图13-2-14。

图13-2-14　按顺序放置素材

(2) 选中1VA轨视频素材，右键单击素材，选择【布局】命令，打开【视频布局】窗口，如图13-2-15。

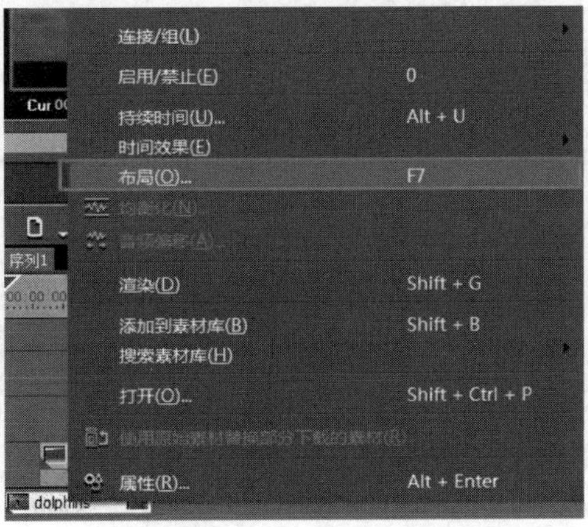

图13-2-15　打开视频布局窗口

在【视频布局】中，切换到3D模式，设置参数，并打开参数的关键帧动画开关，添加第1个关键帧，如图13-2-16。

图13-2-16　设置动画参数

添加第2个关键帧，在上图的基础上让素材向左旋转，并且移动一些位置，如图13-2-17。

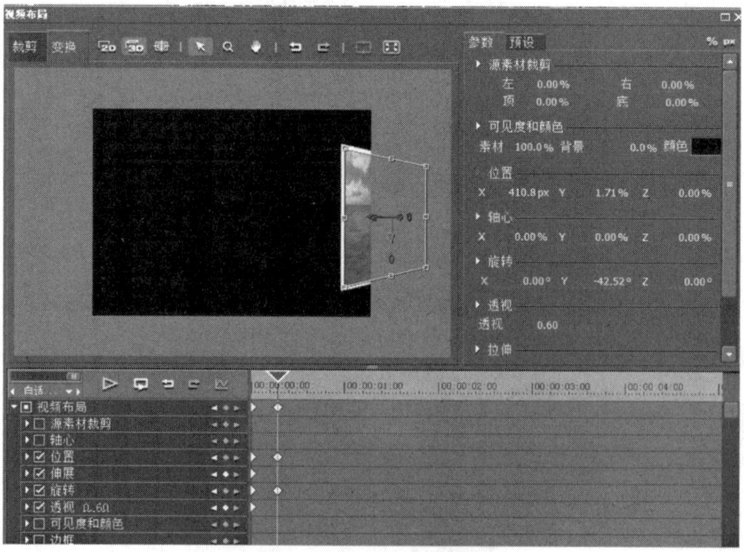

图13-2-17　第2个关键帧设置

添加第3个关键帧，让素材的位置居中，如图13-2-18。

图13-2-18　第3个关键帧设置

添加第4个关键帧，让素材居中放大，如图13-2-19。

图13-2-19　第4个关键帧设置

移动时间指针，在后几帧位置复制第4个关键帧从而添加第5个关键帧，如图13-2-20。

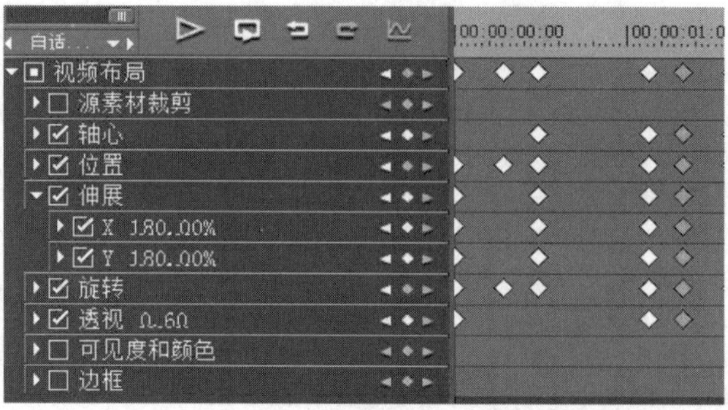

图13-2-20　第5个关键帧设置

添加第6个关键帧，让素材沿Y轴向左旋转出屏幕，如图13-2-21。

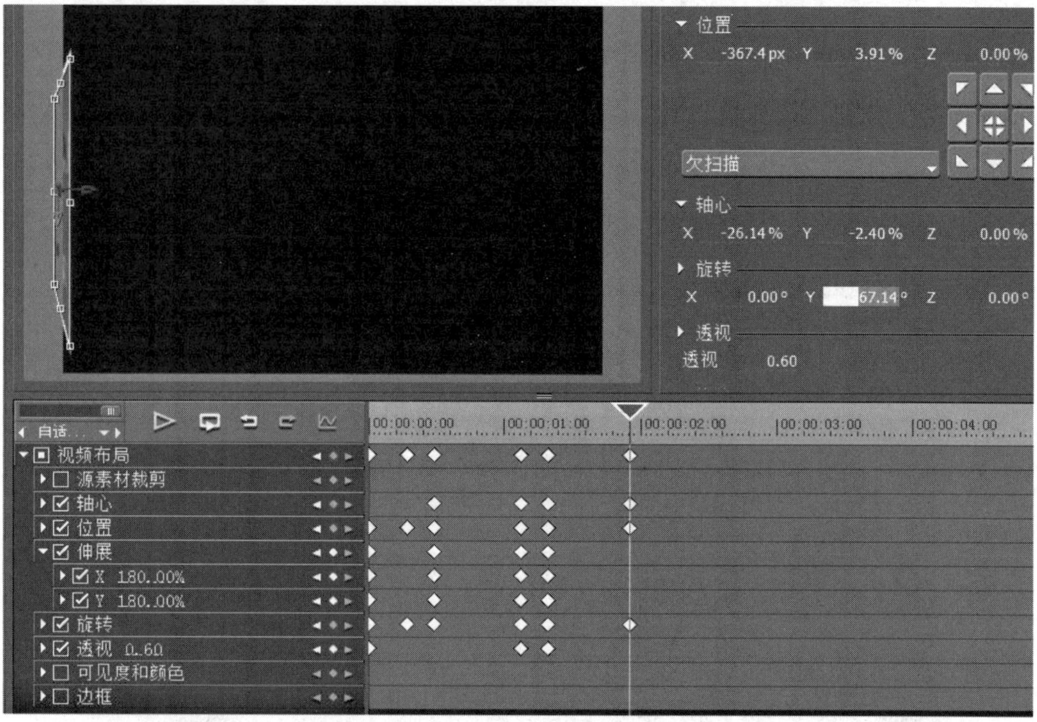

图13-2-21　第6个关键帧设置

在EDIUS界面中，选择1VA轨道中的"视频布局"按钮，按住鼠标左键直接把"视频布局"按钮拖到其他各轨道素材上即可完成"布局窗口"的复制与粘贴，如图13-2-22。

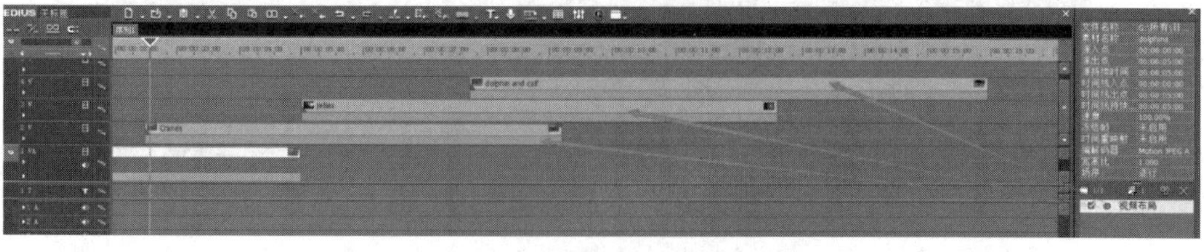

图13-2-22　布局参数的复制与粘贴

调整素材衔接的时间节点，播放预览时间线，如图 13-2-23。

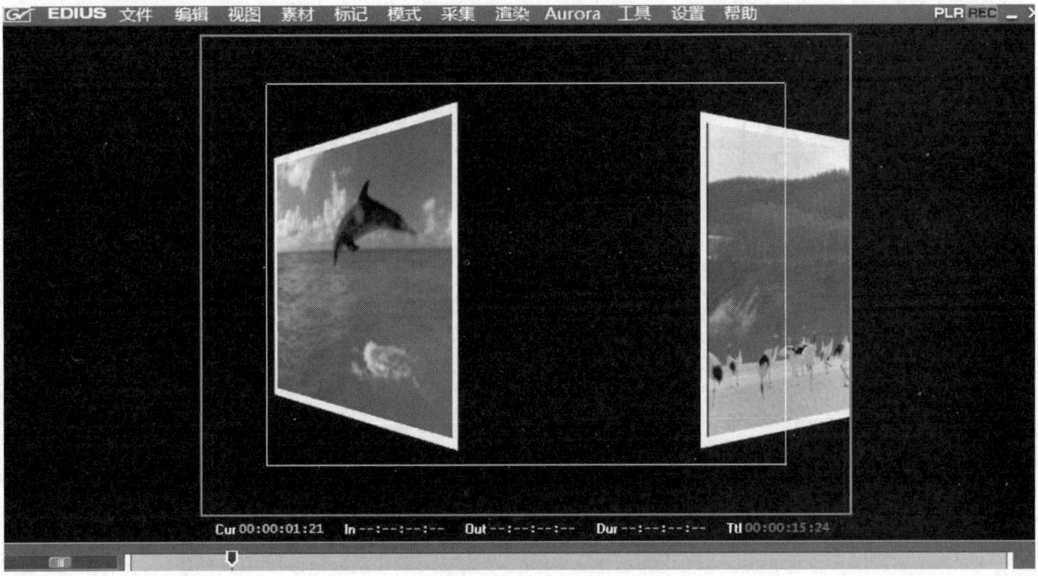

图 13-2-23　预览时间线

第十四章　EDIUS的特效

影视后期制作常常需要为素材添加各种特效，进行转场、调色等效果的处理。EDIUS中有大量视音频特效，可以用来完成素材的各种特效。

第一节　特效概览

EDIUS中的所有特效都存放在【特效】面板中，然后根据用途和作用的不同，又细分为【系统预设】【视频滤镜】【音频滤镜】【转场】【音频淡入淡出】【字幕混合】【键】7类。

【特效】面板的显示方式有两种：文件夹视图和树形列表视图，如图14-1-1。

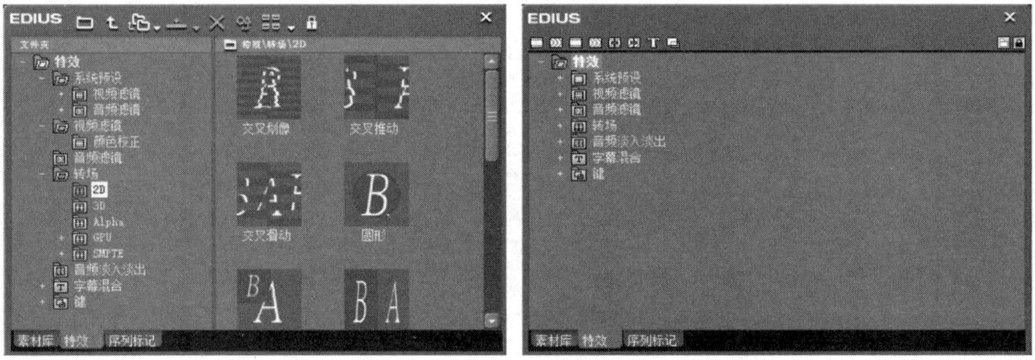

图14-1-1 【特效】面板的文件夹视图和树形列表视图

文件夹视图是【特效】面板默认的显示方式，在这种显示方式下，面板左侧是各类特效的列表，右侧是特效的快捷图标。某些特效，如转场，当鼠标选中右侧的某个快捷图标时，能预演该特效的动画效果。如果想切换到树形列表视图，需要点击特效面板上方的文件夹视图按钮。在树形列表视图下，特效面板分左右两侧，但只显示各类特效的名称，适合高级用户使用，点击特效面板的显示特效视图按钮，可以再切换为文件夹视图。

一、添加特效与设置参数

用鼠标直接将特效拖拽到时间线面板的素材上，就可以为该素材添加特效。如果想设置该特效的各项参数，需要选中该素材，并打开信息面板。在信息面板中，双击特效名称，可以打开特效的参数面板。每个特效都有独特的参数设置，所以其参数面板都不一样，调整参数时可以一边播放时间线指针一边调整数值，以选择一个合适的参数大小。如图14-1-2所示，这是为素材添加了“老电影”特效后，该特效的参数面板。

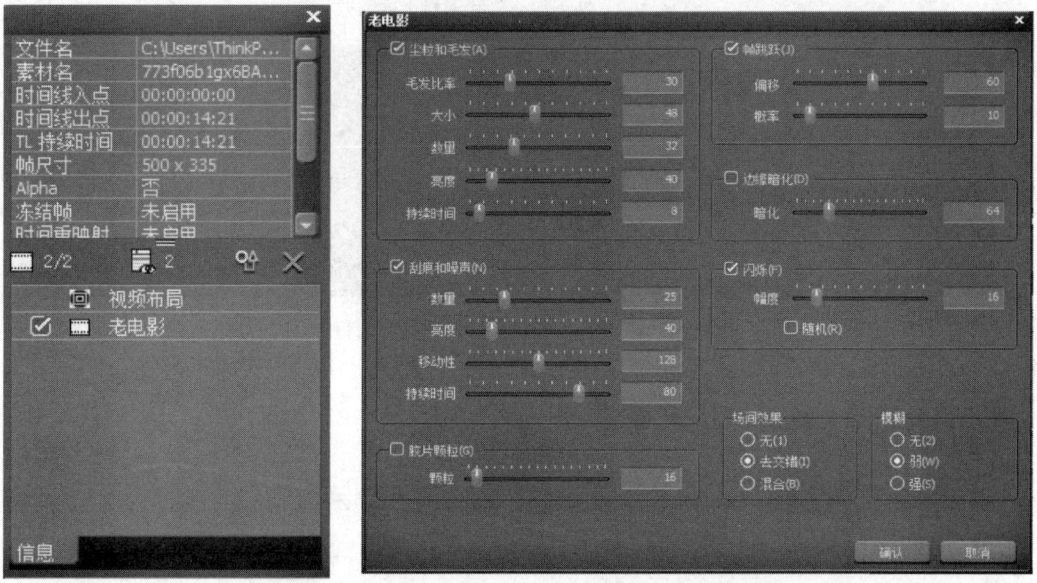

图14-1-2　为素材添加“老电影”特效后的参数面板

也有一些特效是没有参数面板的，不能设置任何参数，例如，音频淡入淡出文件夹下的所有音频转场特效就没有参数面板。

技巧1：单击信息面板右上方的打开设置对话框按钮，也可以打开特效的参数面板。

技巧2：在选中素材的情况下，将要添加的特效直接拖到信息面板中，也可以为该素材添加上一个特效。

二、删除特效

如果想删除素材上的特效，可以在选中素材的情况下，打开【信息】面板，在信息面板上选中要删除的特效，按下键盘上的Delet键，或者点击面板右上方的删除按钮，即可删除该特效。

此外，EDIUS还提供了其他几种删除特效的方法。一是，选中素材，点击时间线面板上方快捷图标栏中的删除按钮，在弹出的快捷菜单中选择“滤镜”下的子菜单，就可以删除素材上的全部特效或者部分特效，如图14-1-3。二是，右键单击素材，在弹出的快捷菜单中，选择“删除部分\滤镜”下的子菜单，就可以删除素材上的全部特效或者部分特效，如图14-1-4。

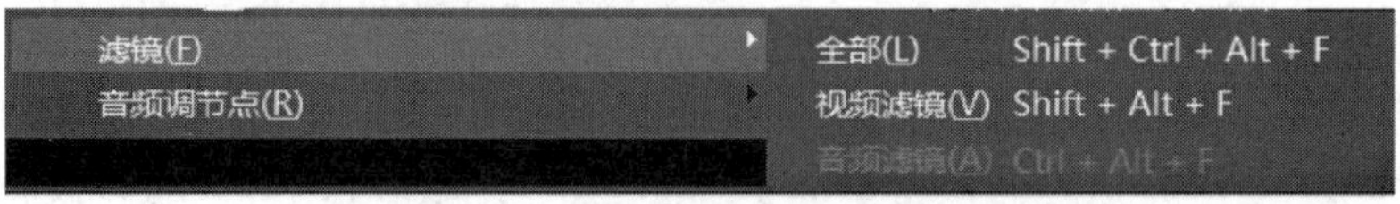

图14-1-3　使用按钮删除素材上的特效

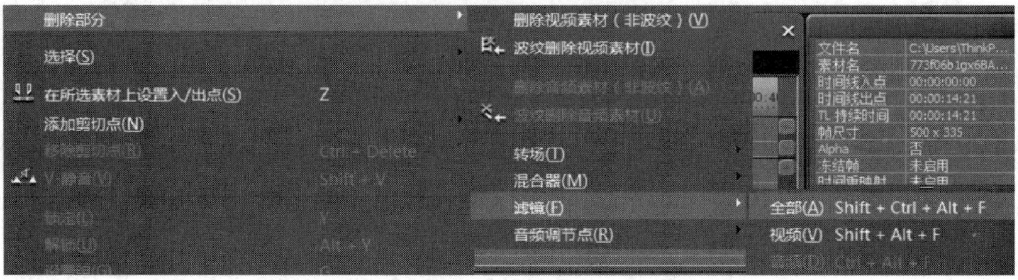

图14-1-4　使用快捷菜单删除素材上的特效

三、为特效创建关键帧动画

我们可以为EDIUS中的特效添加关键帧，创建关键帧动画。不过，不是所有的特效都可以创建关键帧动画，只有在特效参数面板有“启用关键帧”复选项的特效才支持创建关键帧动画，如图14-1-5。视频滤镜文件夹下的模糊、镜像、铅笔画等滤镜都没有“启用关键帧”这一项，也就无法创建随着时间变化的动画效果。

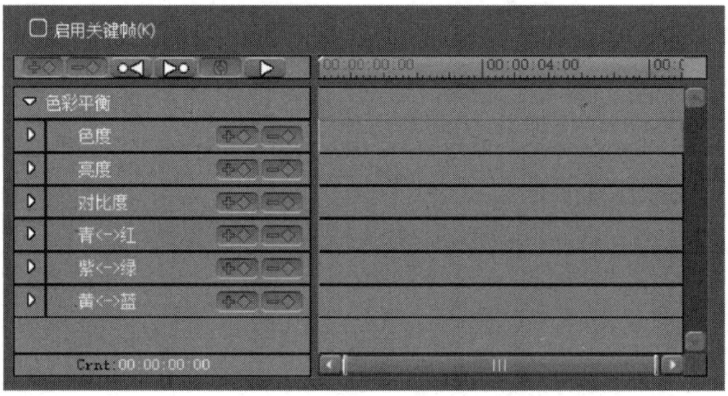

图14-1-5　特效参数面板的启用关键帧选项

此外，不同类型的特效创建关键帧的参数面板和创建方法及关键帧的插值方式都不尽相同。本书在后面的章节会具体讲解每一类特效的关键帧动画设置。

四、使用系统预设特效

EDIUS提供了很多系统预设好的效果，可以直接调用到视音频素材上。这些预设效果都存放在特效面板的“系统预设”文件夹里，该文件夹又细分为两个子文件夹——“视频滤镜”和“音频滤镜”，展开任意一个子文件夹(图14–1–6)，从特效面板的右侧选择一个预设效果，直接拖放到素材上，就可以调用这个预设效果，同时在【信息】面板上会出现组成该预设效果的多个特效的组合。在【信息】面板，我们仍旧可以对这些预设好参数的特效进行修改，从而得到不同的预设效果。

图14-1-6　系统预设效果

如果我们为一个特效设置好了参数，也可以将其保存成预设特效。具体操作方法是：在【信息】面板选中这个设置好参数的特效，单击右键，选择菜单命令【另存为当前用户预置】，它就被存放到“系统预设”文件夹了。如果要将多个特效保存为预设效果，就在信息面板一起选中它们，再执行【另存为当前用户预置】快捷菜单命令。

第二节　视频特效

在【特效】面板中，视频特效分散在两个文件夹里，一些常规的视频特效以及调色特效放置在视频滤镜文件夹，还有一些键控特效、画中画效果以及各种色彩模式在键文件夹里。

一、颜色校正类特效

EDIUS中的颜色校正类特效一共有5个，分别是YUV曲线、单色、白平衡、色彩平衡和颜色轮。这几个特效都可以对画面的色相、亮度和饱和度进行调整，对画面进行校色和调色。

(一)【YUV曲线】

【YUV曲线】由3个直方图组成，Y代表亮度信号，UV代表色度信号，如图14-2-1。调整Y曲线可以调整画面整体的亮度和对比度，U和V曲线则可以调整画面的色彩倾向。

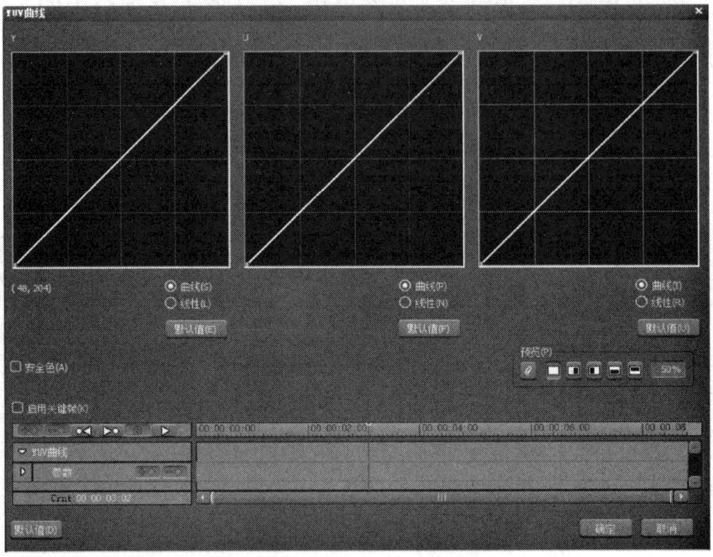

图14-2-1　YUV曲线参数面板

Y曲线的横轴从左至右代表影像亮度值由小到大(数值从0到255)，纵轴代表每一亮度值处像素的数量。U、V曲线直方图的概念与此相似。直方图下方的“曲线”和“线性”选项，可以进行曲线和折线的切换，点击“默认值”按钮，可以将调整的曲线恢复到初始状态。

当把Y曲线的底端向右移动时，画面的暗部颜色会越来越暗；当把Y曲线顶端的点向左移动时，画面会越来越亮；当我们在该折线的中间打上一个点，并把折线改成曲线时，画面的对比度也会发生变化。对于一段亮度偏低的影像，我们一般会将Y曲线，调整成图14-2-2的形式，该曲线会使画面整体的亮度增强。

图14-2-2　用Y曲线提升画面整体的亮度

对于亮度基本正常，但是对比度不足的画面，我们一般会将Y曲线调整成图14-2-3的形式，提升影像中间区和高亮区的亮度，降低暗区的亮度，从而提升画面整体的亮度和对比度。

图14-2-3　用Y曲线提升画面整体的亮度和对比度效果图

把U曲线顶端的点向左移动，画面的颜色越来越偏向蓝色；把V曲线底端的点向右移动，画面越来越偏向黄色；在V曲线中间加上折点并调整曲线可以调整画面中的这两种颜色的对比度。V曲线的调整方法跟U曲线一样，不同的是，折线顶端点向左移动会使画面偏向红色，底端点向右移动会使画面偏向青色。调整U、V曲线可以校正画面的偏色，如针对偏红色的画面，我们可以将V曲线调成图14-2-4的形式，以校正画面的偏色情况。

图14-2-4　用UV曲线校正画面的偏色

点击【YUV曲线】参数面板下方的“启用关键帧”复选框，可以激活关键帧设置，为该特效创建关键帧动画效果。具体操作如下：将时间指针停放到某一帧，然后点击“添加关键帧按钮”，在此处添加一个关键帧，然后调整YUV曲线值，该关键帧会记录下这些数值，如图14-2-5。将时间指针拖放到另一时间的某一帧处，调整YUV曲线值，该处会自动生成一个新的关键帧，并记录下此处YUV曲线的各项参数值。点击回放按钮，就可观看关键帧动画的效果。此外，参数面板还有“删除关键帧”“上一关键帧”“下一关键帧”等和关键帧设置有关的按钮。

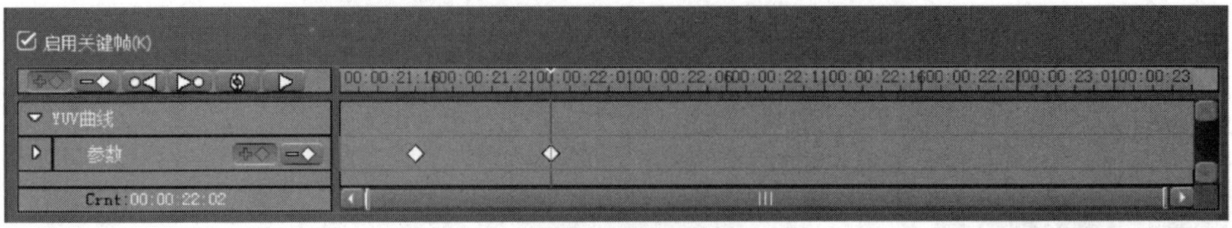

图 14-2-5　YUV 曲线的关键帧设置

（二）【单色】

通过【单色】滤镜可以将画面调成某种单色效果。当为画面添加该滤镜后，在默认情况下，画面变成灰度图。在其参数面板上，可以通过调整UV色条上滑块的位置，为画面设置某种单色效果，如图14-2-6。勾选参数面板上的“启用关键帧”复选框，也可以为该滤镜创建关键帧动画，设置方法跟YUV曲线类似，不再赘述。

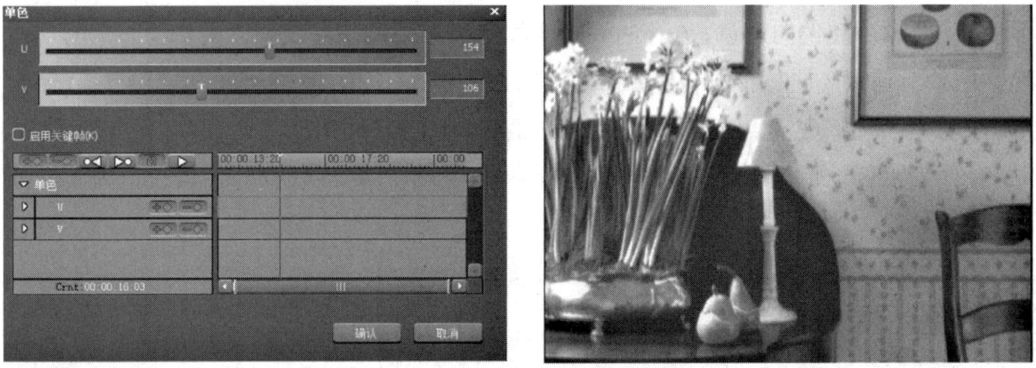

图14-2-6　单色的参数设置及效果展示

（三）【白平衡】

【白平衡】是EDIUS中使用最频繁的校色滤镜之一，它可以分别控制画面的高光、中间调和暗调区域色彩，从而调整画面整体的色彩倾向。

1.校色

图14-2-8中的画面是冬天在室外拍摄的，拍摄时没有校正白平衡，所以画面整体偏蓝，亮度基本没有问题。首先，我们为其添加【白平衡】滤镜。在【白平衡】的参数面板中，让取色器处于默认的“自动”档，在预览区选择一种校色时的分屏预览效果，如图14-2-7。然后直接用鼠标在画面上分别点击暗部、中间调和高亮区，在鼠标点击时，参数面板的黑平衡、灰平衡和白平衡色轮会相应地发生改变，自动对画面进行校色。

图14-2-7　取色器和预览区的设置

自动校色后，如果对其结果不是很满意，可以再手动调整3个色轮，对画面的调整主要是灰平衡参数。最终白平衡的具体参数和画面的效果如图14-2-8。

图14-2-8　使用白平衡滤镜校正画面的偏色

2.调色

【白平衡】可用来校对画面的偏色，也可以用来校正画面的高光、中间调和暗区的色调，实现同一场景中不同镜头色彩的互相匹配，还可以单独设置画面的某种色彩倾向。

使用【白平衡】滤镜进行调色的操作，一般就是分别调整参数面板中黑平衡、灰平衡和白平衡的颜色轮及其饱和度、对比度等参数，从而改变画面的暗部、中间调和高亮区的色彩倾向。

3.二级校色

一级校色和二级校色都是视频色彩处理的基础技术，一级校色是对整个画面色彩的调整，二级校色是指对画面中某一色彩区域的色彩调整。白平衡滤镜的参数面板有一个二级校色区域(图14-2-9)，此区域可以实现画面的二级校色。

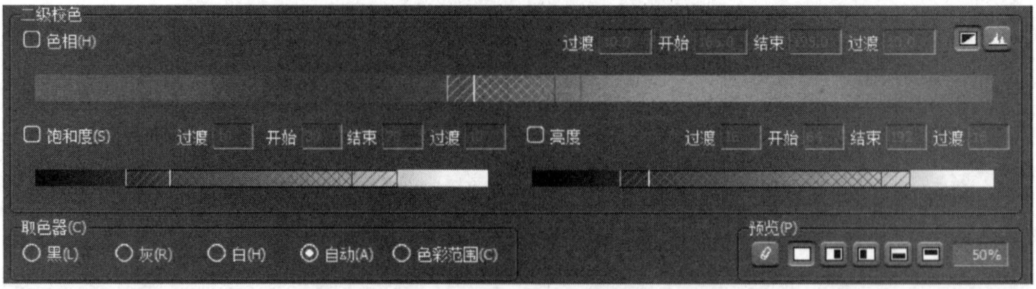

图14-2-9　白平衡的二级校色面板

要想进行二级校色，首先要定义出这个局部区域。因为视频是运动的，所以可以从色相、饱和度和亮度3个特性入手来定义这个区域。勾选这3项后，用上方的颜色轮对画面调色时，就只对定义的这个区域起作用，画面的其他部分不受影响。色相、饱和度和亮度分别有一个范围选择工具，其中交叉斜线的区域是绝对选择区，单斜线区域是过渡区，选择强度范围为100到0。二级校色区右上方有个显示键按钮，是在窗口显示键效果，让我们观察我们选择的区域到底是哪些，它由黑白灰3种颜色组成，其中，白色代表选中的区域，黑色代表未选择的区域。显示直方图按钮，用来在二级校色区的色相、饱和度和亮度选择范围上标出当前画面的色相、饱和度和亮度。

下面以将红色的玫瑰花的花朵变为蓝色，来讲解【白平衡】二级校色的具体运用。素材是一朵红色的玫瑰花，我们需要把红色的花朵选中，单独改变花朵的颜色，而不改变叶子和背景的颜色。

首先，为素材添加【白平衡】滤镜。

其次，打开【白平衡】的参数面板，点击显示键按钮，然后勾选色相、饱和度和亮度3个选项。拖动色相上的范围选择工具，让它选中色相条上跟玫瑰花相似的红色区域颜色，这时节目窗口中会出现白色的花朵，但是白色花朵的范围还比较小，没有囊括花朵所有的区域。

再次，分别调整饱和度和亮度的范围选择工具，直到整朵玫瑰花都变成白色，如图14-2-10。

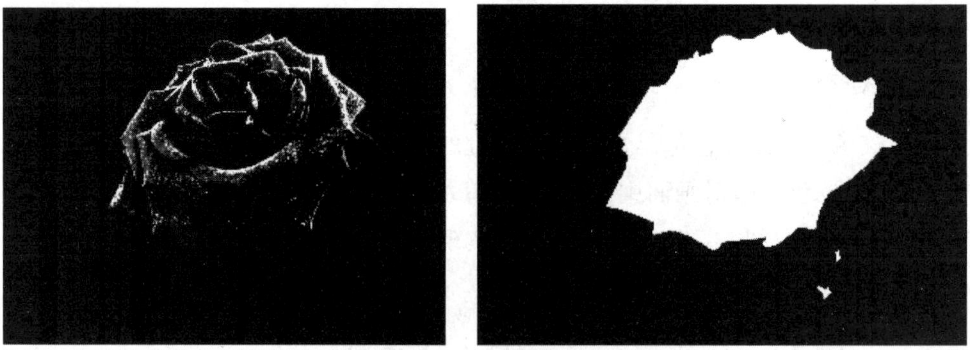
图14-2-10　使用范围选择工具，选择局部颜色

最后，关闭显示键按钮，调整上方黑平衡、灰平衡和白平衡的颜色轮及其饱和度和对比度等参数，让玫瑰花变成蓝色，如图14-2-11。

图14-2-11　二级校色的色轮参数和效果展示

激活【白平衡】参数面板下方的“启用关键帧按钮”，同样可以为该特效添加关键帧动画，创建出画面色调改变的动画效果。

（四）【色彩平衡】

【色彩平衡】也是EDIUS使用最频繁的校色滤镜之一。它的参数面板分为3部分，如图14-2-12。第一部分可以调节画面的色度、亮度和对比度。第二部分，通过调整红绿蓝3个通道的参数值，调节画面的偏色或者改变画面整体的色彩倾向。第三部分，可以为上述各项参数添加关键帧，创建色调和影调改变的关键帧动画。

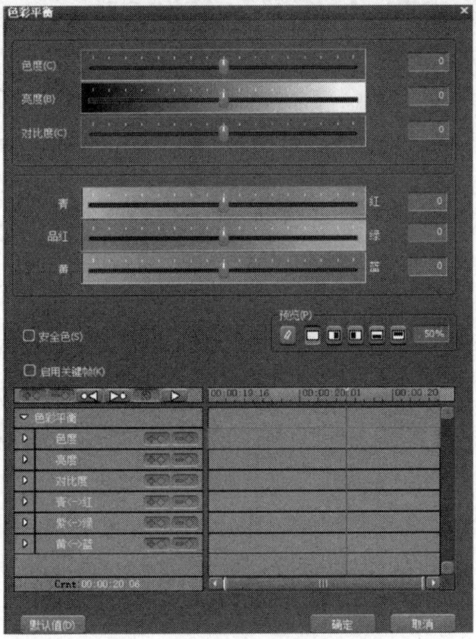

图14-2-12　色彩平衡的参数面板

(五)【颜色轮】

用【颜色轮】可以对画面进行亮度、对比度、色调和饱和度的调整，如图14-2-13。画面亮度和对比度的调整通过参数面板的滑块来进行。画面的色调通过颜色轮上的扇形区域来调整。画面饱和度通过扇形区域上的白色圆点来调整，圆点越靠近色轮的中心，画面的饱和度越低；圆点越远离中心，饱和度越高。该滤镜同样支持关键帧动画的创建，这里不再赘述。

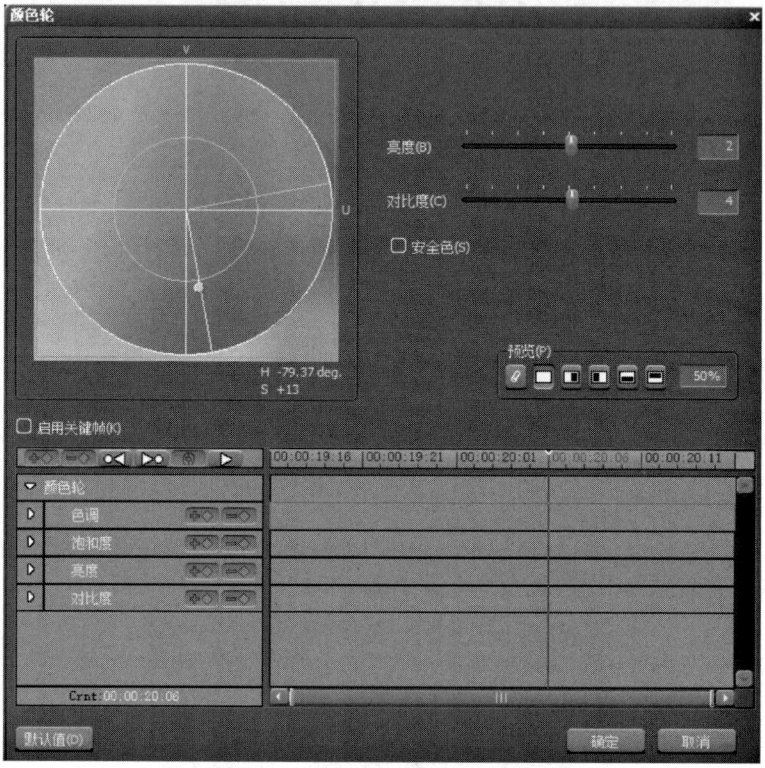

图14-2-13　颜色轮的参数面板

二、键控类特效

键控类特效其实也属于视频特效，只不过EDIUS把这类特效单独列出来了。键控类特效包括两个抠像滤镜和两个画中画滤镜，还有一组混合模式滤镜。当把键控类特效添加给素材时，它被放置在素材上的MIX区域，双击信息面板中滤镜的名称，就可以打开它的参数面板。

(一)【色度键】

【色度键】指通过指定一个颜色，将该颜色范围从画面中抠除特别适用于在蓝屏或绿屏前拍摄的镜头，将背景色抠除，保留画面的主体，然后将主体跟其他背景画面合成在一起。

【色度键】的参数面板提供了4种选取色彩的方式，如图14-2-14。第1种是吸管工具，它可以直接在面板上的预览区选取要键出的颜色。后面3种分别是在椭圆形、扇形和矩形的颜色盘中选择要抠除的颜色。这4种选择方式的抠像结果略有不同，要根据素材的不同情况选择不同的方式。

图14-2-14　色度键的参数面板

勾选“键显示”复选框，可以在节目窗口看到一张灰度图，其中白色部分代表画面中被保留的区域，黑色代表抠除的区域，灰色则代表半透明的区域，如图14-2-15。

图14-2-15　色度键的键显示

直方图显示：显示的是画面中色彩和亮度的分布。

自适应按钮：可以对所选的键出颜色自动做匹配和修饰。

矩形选择：该选项的启用会将色度键应用到一个特定的矩形范围内，矩形之外的部分全部变成透明。

取消颜色：可以在画面上添加或者减少键出色的补色，做一下色彩补偿。

详细设置：点击该按钮可以对键出的颜色在色度、亮度等方面做出细微的调整。

【色度键】参数面板的关键帧设置是对键出素材进行的透明度的关键帧动画。它有两种，一种是淡入淡出设置，通过设置入点和出点的数值，实现被键出画面的淡入淡出效果。另一种关键帧设置，比较灵活，通过手动调整曲线的形状，来实现各种透明度动画效果。

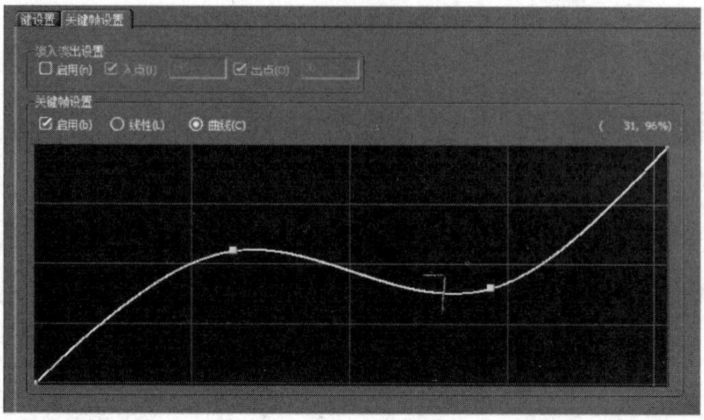

图14-2-16 【色度键】的关键帧设置

（二）【亮度键】

【亮度键】可以根据画面的亮度信息，键出画面中亮的部分或者暗的部分，其参数面板如图14-2-17。

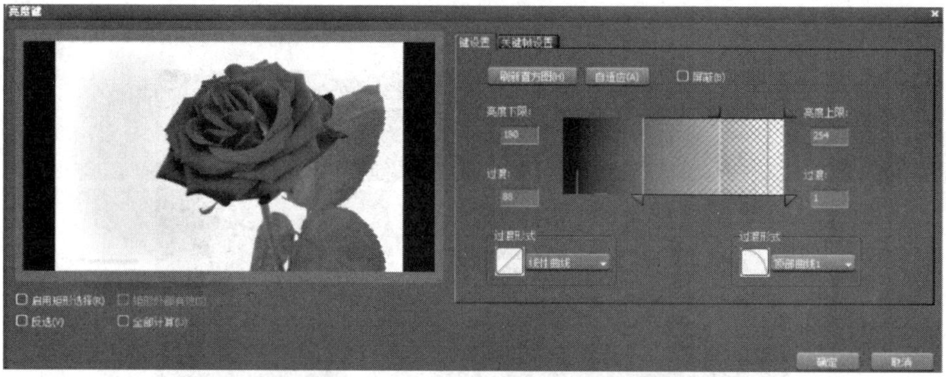

图14-2-17 【亮度键】的参数面板

【亮度键】参数面板的左侧是预览窗口，下方的“启用矩形选择”可设置亮度键的效果范围，矩形框之外的部分完全透明。如果勾选反向，那键出范围的反向。

【亮度键】参数面板的右侧主要设置亮度范围。中央的直方图显示了当前画面的亮度分布，上方的两个三角形分别对应亮度下限和亮度上限，下方的两个三角形对应亮度上下限的过渡。所有被斜线覆盖的区域都会被键出，变成透明。其中，交叉斜线是完全透明，单斜线是全透明和半透明之间的过渡区域。除了用鼠标调整键出区域外，在面板中的文本输入框中也可以直接输入亮度上限等具体数值。在设置完具体参数后，素材最终的键出效果如图14-2-18。

图14-2-18　使用【亮度键】的画面效果

【亮度键】参数面板的关键帧设置与色度键用法相同，都是对画面中保留部分做淡入淡出设置，这里不再赘述。

(三)【画中画】

【画中画】效果可以创建画面在二维空间中的画面叠加效果。为素材添加画中画效果后，素材会自动缩小比例，并移至窗口的左上角。我们可以打开其参数面板，详细设置各项参数，如图14-2-19。

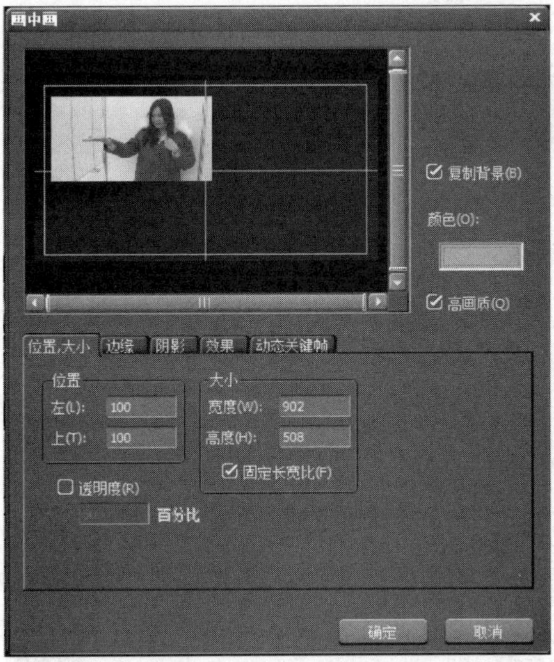

图14-2-19　【画中画】参数面板

【画中画】参数面板的上方是预览窗口，可以用鼠标直接移动素材的位置，当把鼠标放到素材的4个角上时，还可以改变素材的比例。

复制背景：如果勾选该框，素材会填充满整个屏幕，并覆盖上指定的一种色彩，如图14–2–20。

图14-2-20 【画中画】复制背景的效果

位置、大小选项卡：用于设置素材的位置和比例。

边缘选项卡：为小画面指定边框的宽度和颜色。

阴影选项卡：为小画面添加阴影效果。

效果选项卡：为小画面添加画面出入屏幕的方式。在效果下拉列表设置出入屏幕的方式，在入点和出点后面的文本框里设置效果的持续时间。

动态关键帧选项卡：调整关键帧动画的运动速度。它的应用前提是先为画面添加关键帧动画。添加关键帧动画的方法如下：在【时间线】面板把时间指针放到某一帧，然后在画中画的预览区域，用鼠标单击素材放置的新位置，素材会被放置在这个新的位置，同时添加一个关键帧。把时间指针放到另一帧处，在画中画预览区域，继续用鼠标单击素材放置的新位置，素材就被放置在这个位置，同时又添加一个关键帧。用同样的方法可以创建多个关键帧，如图14–2–21。

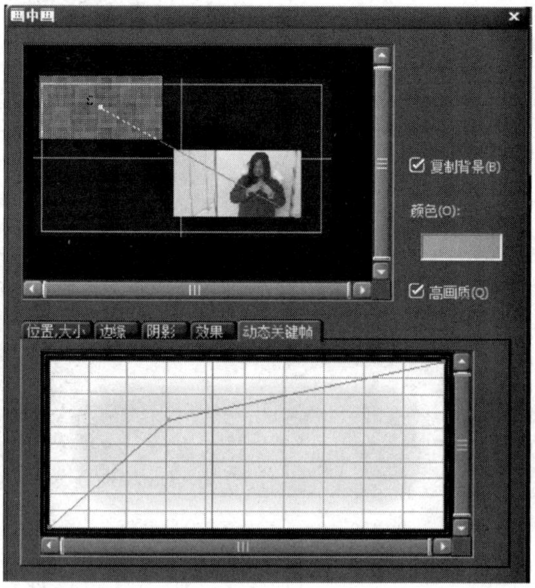

图14-2-21 在【画中画】面板为素材添加关键帧

动态关键帧的曲线表示动画运动速度的变化，在默认情况下，关键帧动画是匀速运动的。用鼠标单击曲线可以添加速度变化控制点，从而改变曲线的形状，如图14–2–21中的曲线，表示画面从左上角向右下角运动时，做了一个先快后慢的变速运动。

（四）【3D画中画】

【3D画中画】可以创建素材在三维空间的位移、缩放、旋转等运动，它的功能比画中画要强大很多，其参数面板如图14–2–22。

图14–2–22 【3D画中画】的参数面板

预览区：预览画面效果。

画面操作工具：移动画面位置、旋转XYZ轴、缩放和调节阴影位置。

关键帧操作工具：包含一系列的关键帧操作工具，如“添加关键帧”“删除关键帧”“跳转到上一个关键帧”“跳转到下一个关键帧”等。

预设选项卡：包含多种动画预设，双击预设名就可以调用。

位置选项卡：调整素材的位置、尺寸、透明度、旋转等参数，如图14–2–23。

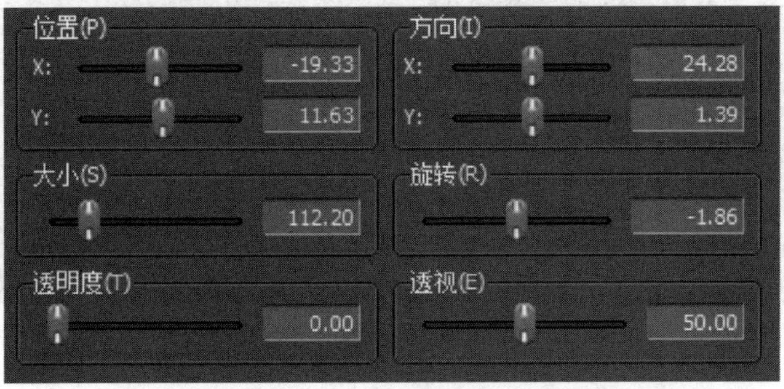

图14–2–23 【3D画中画】的位置选项卡

光照和阴影选项卡：为素材设置灯光和阴影选项，如图14–2–24。

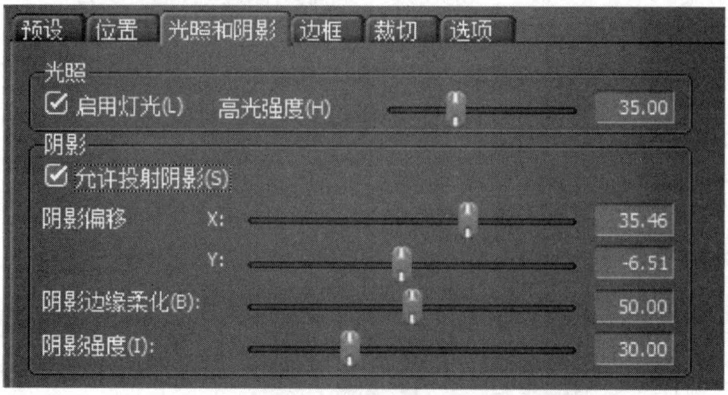

图14-2-24 【3D画中画】的光照和阴影标签页

边框选项卡：为素材设置边框的颜色、柔化等效果，如图14–2–25。

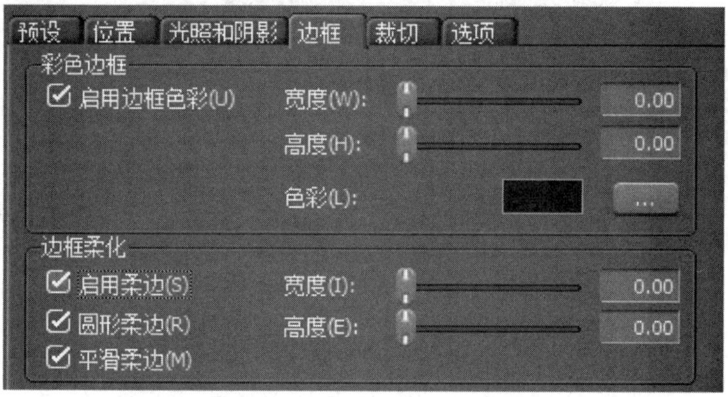

图14-2-25 【3D画中画】的边框标签页

裁切选项卡：从上下左右从4个方向裁切素材，如图14–2–26。

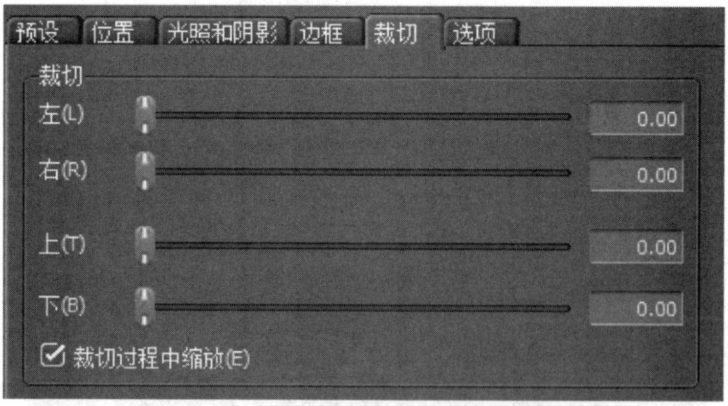

图14-2-26 【3D画中画】的裁切标签页

选项选项卡：此处的选项和前面几个标签页的相关选项重复，而且是联动的，如图14-2-27。

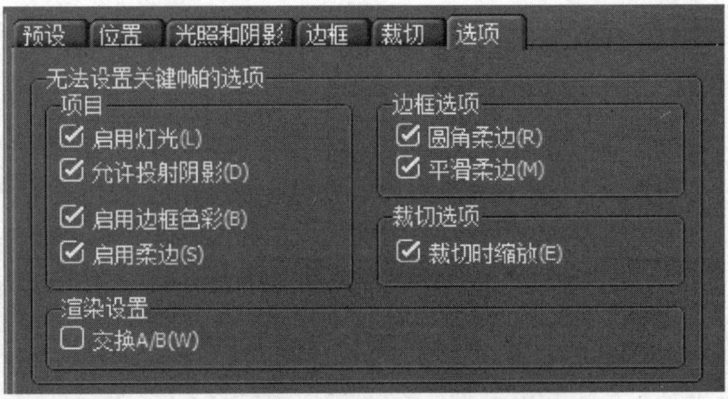

图14-2-27 【3D画中画】的选项标签页

下面以一个具体的案例，来展示【3D画中画】效果的使用。

第一步，为该素材添加【3D画中画】效果，然后打开参数面板。

第二步，在0帧处，打开边框标签页，启用边框，并设置素材的边框为红色，宽度为4，高度为4，开启柔化效果，设置柔边数值为2。

第三步，在5秒处，使用画面操作工具，设置素材的比例、位置、旋转和透明度的数值，这时会自动生成一系列关键帧。素材在预览区的效果，如图14-2-28。

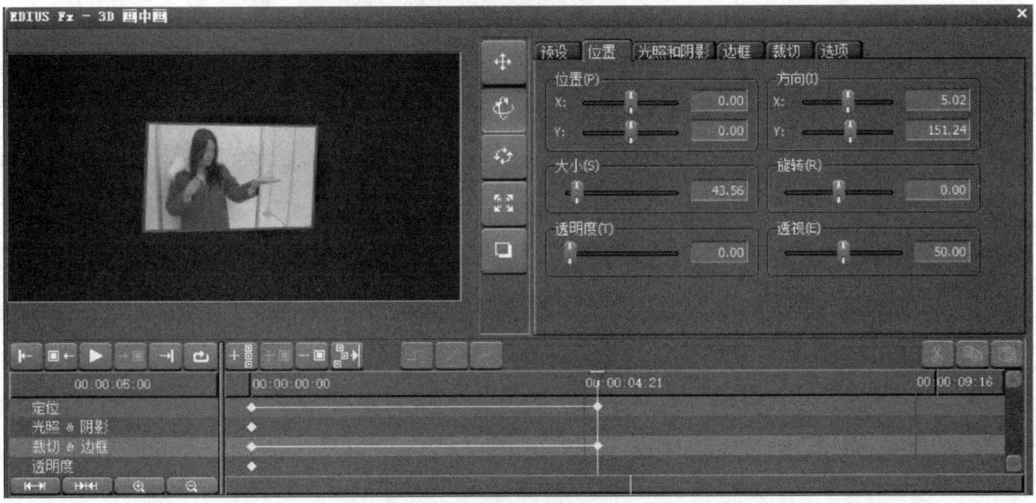

图14-2-28 【3D画中画】的参数设置

第四步，在10秒处，设置透明度的数值为0，素材消失在预览区。

(五)混合模式

混合模式是使用一些特定的色彩混合算法将两个轨道的视频叠加在一起，这对于某些特效的合成是非常有效的。特效面板的键文件夹下一共有16种混合模式，如图14-2-29。

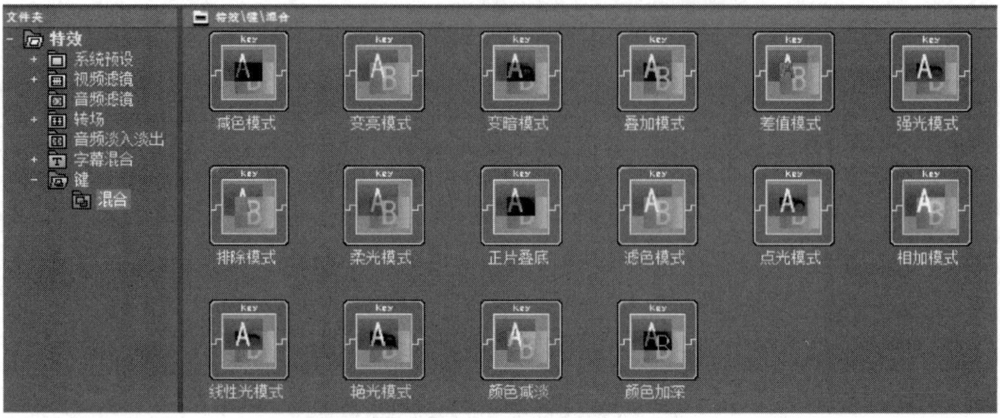

图14-2-29　混合模式

如果要为素材添加某种混合模式，首先要确保它的下层轨道是它要叠加的素材，然后将混合模式拖放到它的MIX区域，这时候就可以看到两个轨道的素材叠加在了一起，如图14-2-30。

图14-2-30　为素材添加滤色模式后的效果

每种混合模式的具体效果是不同的，应用在不同的素材上时，显示的效果也不尽相同，这里不再做详细描述。

三、其他视频特效

除了颜色校正类特效和键控特效外，视频特效文件夹中还有很多其他特效，可以为画面添加马赛克、模糊、浮雕、铅笔画、镜像、老电影等效果。这些视频特效的效果跟Adobe Premiere Pro中的很多效果是重复或者类似的，这里不再赘述。下面简单介绍几个Adobe Premiere Pro中没有的视频特效。

(一)【混合】

【混合】滤镜可以将两个滤镜按百分比率混合在一起，混合程度可以设置关键帧动画。下面以一个具体的案例介绍【混合】滤镜的使用。

为素材添加【混合】滤镜，并打开其参数面板。

在滤镜1的下拉列表中，选择“单色”，点击设置按钮，弹出单色的参数设置对话框，参数设置及效果，如图14-2-31。

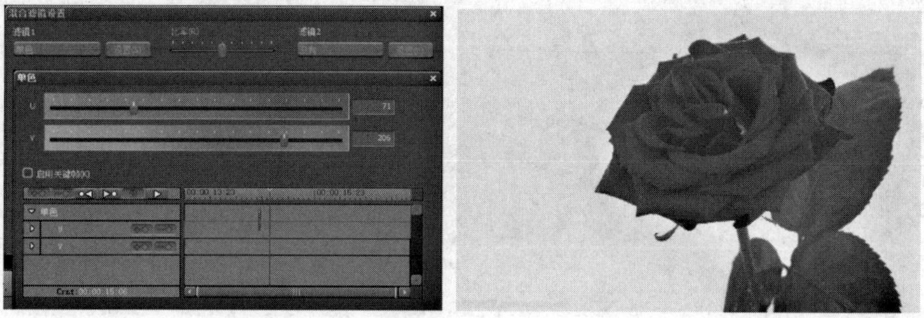

图14-2-31　滤镜1的参数设置和效果展示

在滤镜2的下拉列表中，选择“模糊”，点击设置按钮，弹出参数设置对话框，参数设置及效果，如图14-2-32。

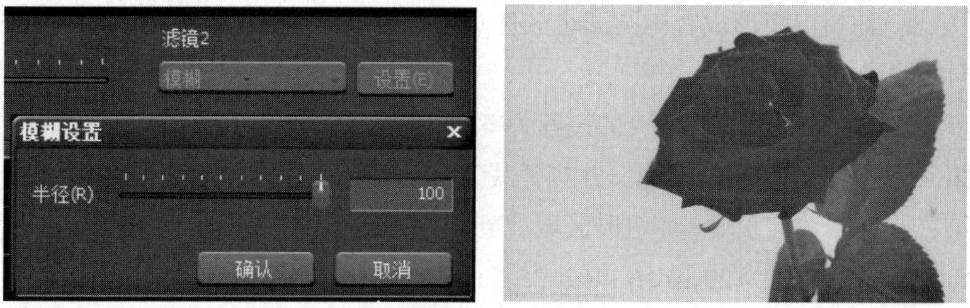

图14-2-32　滤镜2的参数设置和效果展示

调整“比率”的滑块位置，从而改变两个滤镜所占的比例。在默认情况下，两个滤镜各占百分之五十，当滑块向左滑动时，滤镜1所占的比例增大，当滑块向右滑动时，滤镜2所占的比例增大，如图14-2-33。

图14-2-33　滑块向左的效果和滑块向右的效果

勾选参数面板的“启用关键帧”复选框也可以呈现两个滤镜混合的动画效果。关键帧曲线越接近直方图的下方，滤镜1所占的比例越大；关键帧曲线越接近直方图的上方，滤镜2所占的比例越大。当我们把关键帧曲线调成图14-2-34的形状时，两个滤镜的混合效果是：一开始画面中只有滤镜1的效果，然后慢慢滤镜1的效果变少，滤镜2的效果变多，直至滤镜1完全消失，滤镜2占有100%的效果。滤镜2的效果持续一段时间后，滤镜2效果慢慢变少至消失，滤镜1效果越来越多，直至100%。

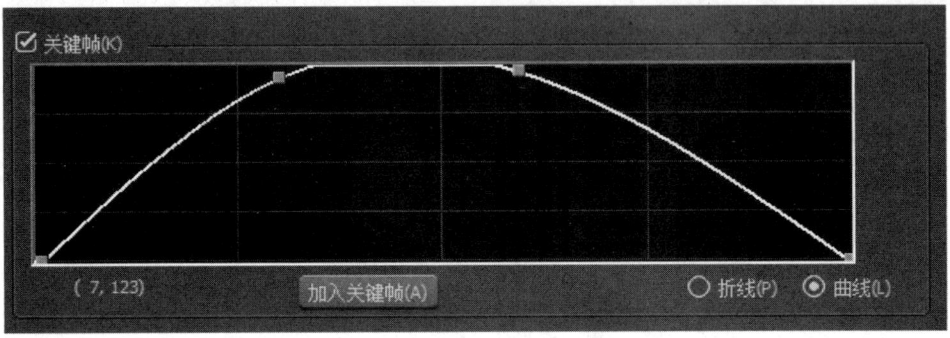

图14-2-34　混合效果的关键帧设置曲线

（二）【区域】

【区域】滤镜以矩形或者椭圆形选区选取图像的某些区域，并在其内部或者外部应用不同的滤镜。

下面以一个为人脸打马赛克的过程为案例，讲解该滤镜的使用方法。

第一步为素材添加区域滤镜，并打开其参数面板。

第二步在参数面板中，将矩形区域放到人物的脸上，并在右侧勾选“椭圆”和“柔边”，设置柔边的数值为20，如图14-2-35。根据人物脸部的大小，用鼠标更改矩形区域的大小，因为设置了柔边，要让矩形框比人脸大一些。

图14-2-35　【区域】参数面板的设置

第三步在参数面板的内部标签页，点击滤镜右边的下拉列表，选择“马赛克”。点击马赛克右侧的设置按钮，设置马赛克的数值为7。这时可以在节目窗口，看到人物脸上已经添加了马赛克效果，如图14-2-36。

图14-2-36　添加了马赛克效果的画面

第四步因为人物在画面中会运动，所以我们需要给矩形区域添加关键帧，让它随着人脸的移动而移动。

第五步打开参数面板的移动路径标签页，勾选“移动轨迹”和“时间码”，如图14-2-37。把鼠标指针放到时间线面板的第0帧处，调整矩形区域的位置，让它覆盖人脸，然后点击参数面板的“添加”按钮，把当前矩形区域的位置记录下来。

第六步把鼠标指针放到时间线面板的第5帧处，调整矩形区域的位置，让它覆盖人脸，然后点击参数面板的“添加”按钮，把当前矩形区域的位置记录下来。

第七步依此类推，直至视频的最后一帧。如果想得到更精确的效果，可以逐帧给矩形区域添加关键帧。这样，马赛克就会一直随着人脸的移动而移动。

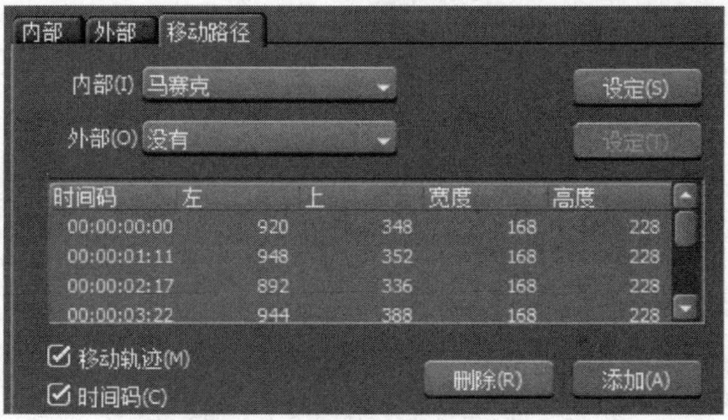

图14-2-37　马赛克的关键帧设置

（三）【老电影】

【老电影】滤镜可以模拟老胶片中的帧跳动、颗粒、落在胶片上的毛发杂物等效果，如果配合色彩校正滤镜让画面泛黄或者黑白化的话，效果更佳。下面以一个具体素材的应用为例来介绍这个滤镜的使用。

第一步为素材添加【老电影】滤镜，并打开其参数面板。

参数面板中已经设置了相关参数(图14–2–38)，我们可以根据素材的实际效果修改参数。

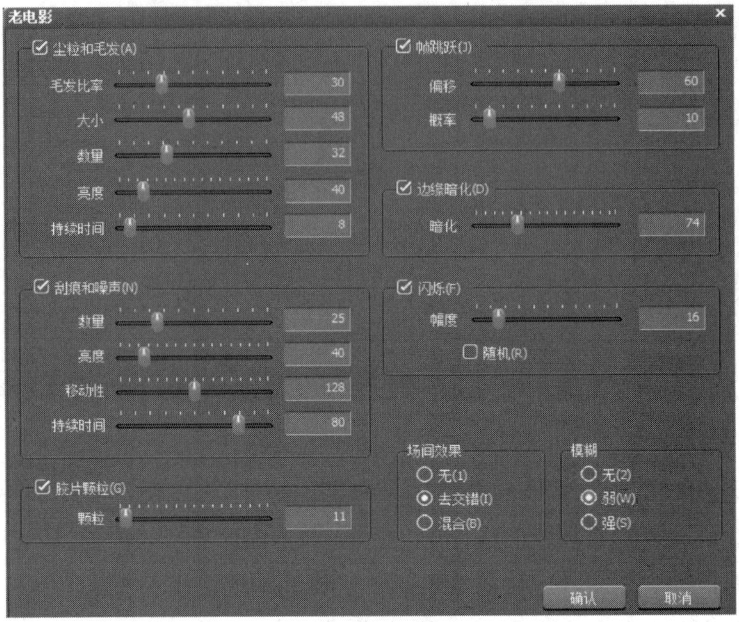

图14–2–38 【老电影】滤镜的参数设置

第二步为素材添加单色滤镜，并在其参数面板设置参数，素材的最终效果如图14–2–39。

图14–2–39 单色的参数设置和素材的最终效果

(四)【色度】

【色度】滤镜可以指定一种颜色作为关键色来定义一个选择范围，并在该选择范围的内部、外部和边缘添加滤镜。这个滤镜常常配合色彩校正类滤镜进行二级校色，也可以配合其他滤镜达到一些特殊效果。下面以一个具体素材的应用为例来介绍这个滤镜的使用。

第一步为素材添加【老电影】滤镜，并打开其参数面板。

第二步使用吸管工具，在预览区的素材上，吸取叶子的颜色。

第三步勾选面板下方的“键显示”复选框，在节目监视器中，可以看到素材变成了灰度图，其中白色代表被选中的区域，黑色代表没被选中的区域，灰色代表半透明区域。

图 14-2-40 【色度】滤镜的参数设置

第四步在参数面板的键色、色彩/亮度、取消颜色的选项卡，调整各项参数的数值，使叶子被完全选中。节目窗口的键显示内容如图 14-2-41。

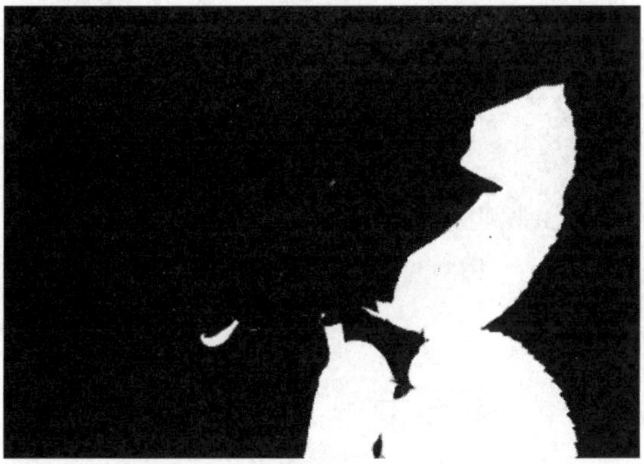

图 14-2-41 节目窗口的键显示内容

第五步回到效果选项卡。选择内部滤镜为颜色轮，点击其右侧的设置按钮，打开颜色轮参数面板，设置颜色为蓝色，具体参数如图 14-2-42。

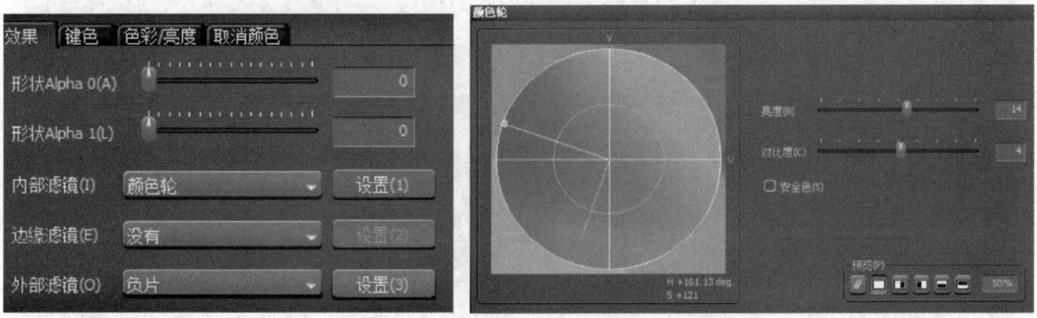

图 14-2-42 为素材添加内部滤镜颜色轮并设置参数

第六步选择外部滤镜为负片，点击其右侧的设置按钮，打开负片的参数面板，根据节目监视器窗口的效果，设置Y曲线的形状如图14-2-43。

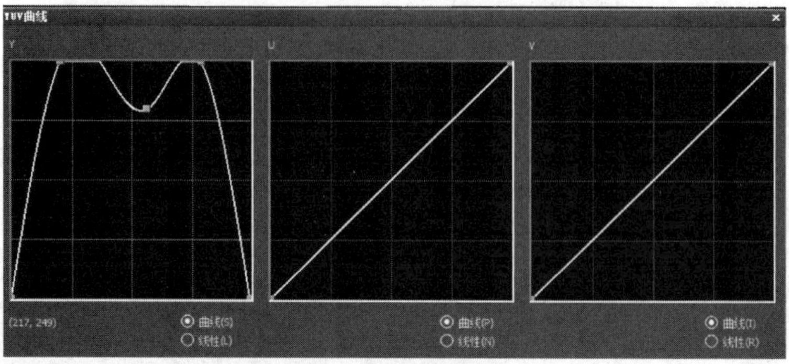

图14-2-43　负片的参数设置

第七步至此，色度滤镜的调整全部结束，素材的最终效果如图14-2-44。

图14-2-44　素材的最终效果

第三节　音频滤镜

EDIUS的音频滤镜都存放在【特效】面板的音频特效文件夹里，一共有8个(图14-3-1)，可以设置素材的音频变调、均衡、延迟等效果，也能修正音频中的一些问题。

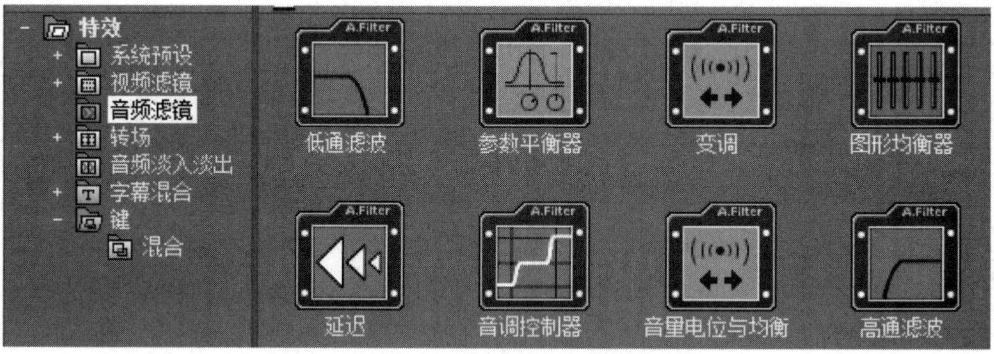

图14-3-1　EDIUS的音频滤镜

1.低通滤波

该滤镜让低于某给定频率的音频信号进行有效传输，高于此频率的信号将很大程度地衰减。也就是说，它可以除去音频中的高音部分。

2.高通滤波

它与低通滤波相反，让高于某给定频率的音频信号进行有效传输，低于此频率的信号将很大程度地衰减。它可以除去音频中的低音部分。

3.变调

该滤镜可以改变音频素材的音调，但是音频的播放速度不会发生改变。

4.延迟

该滤镜可以为素材添加回声的效果，如图14-3-2。

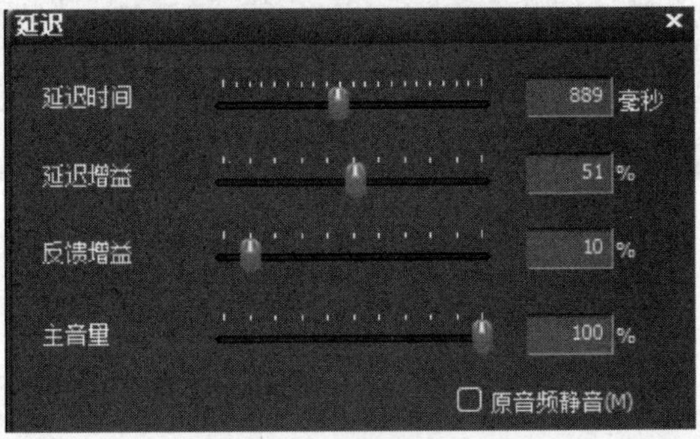

图14-3-2　延迟的参数面板

延迟时间：控制回声在原声多久之后出现。

延迟增益：控制回声的音量，该数值越大，回声的音量越大。

反馈增益：控制回声的次数，该数值越大，回声越多。

主音量：控制原声的音量值。

5.音量电位与均衡

该滤镜分别调节音频素材左右声道的音量，并调整左右两个声道的均衡，这对左右声道录制了不同内容的音频素材的调节非常有效。

6.图形均衡器

该滤镜将整个音频频率范围分为若干频段，使用者可以对各不同频率的声音信号进行不同的提升或者减弱，以达到补偿声音信号中欠缺的频率成分和抑制过多频率成分的目的。

参数平衡器和音调控制器的作用与图形均衡器类似，这里不再赘述。

第四节　转场特效

EDIUS提供了效果丰富、数量繁多的转场效果(图14–4–1),而且很多转场效果还提供大量的效果预设,极大地方便了用户的使用。

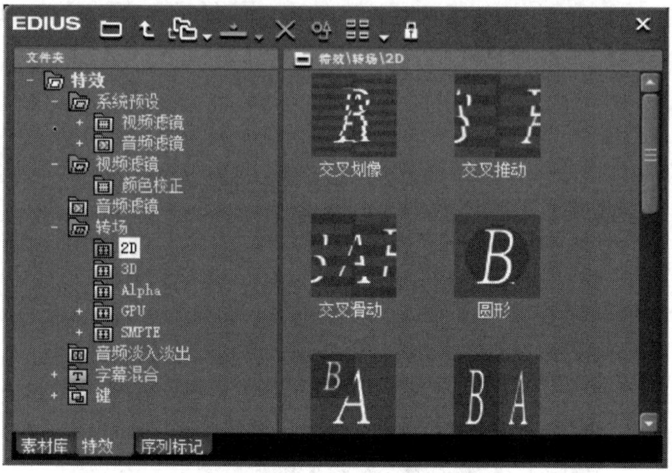

图14-4-1　EDIUS的转场

一、视频转场

(一)添加与设置视频转场

1.添加与删除视频转场

EDIUS的视频转场效果都放置在【特效】面板的转场文件夹里。当为视频画面添加转场效果时,只需要把它从【特效】面板拖放到两段视频素材中间就可以了,如图14–4–2。

图14-4-2　为两段视频素材添加转场效果

转场效果也可以单独添加在素材的入点处或者出点处,在这种情况下,我们一般把这个转场添加到素材的混合区域,如图14–4–3。

图14-4-3　将转场添加到素材的混合区域

提示：如果在素材的混合区域添加了转场效果，则无法再为素材添加键控类特效，因为混合区域只能同时存放一个滤镜。

技巧：在选中素材的情况下，在【特效】面板的转场特效上单击鼠标右键，选择“添加到时间线\入点\自”也可以将转场添加到素材的入点处。

2.添加与设置默认转场

在【特效】面板中，凡是图标上带D的就是默认的转场。在转场文件夹中，默认的视频转场是溶化，也就是我们常说的叠化效果。

如果想为两段素材添加默认转场，需要把时间指针放到两段素材中间，然后点击时间线面板上的默认转场设置按钮即可。

如果想把其他转场设置为默认转场，只需要在该转场的图标上单击鼠标右键，选择快捷命令【设置为默认特效】即可。

3.设置转场持续时间

要更改素材上的转场效果的持续时间有以下两种方法：

一是，在时间线上，用鼠标直接拖拉转场的开端或者尾端，改变其持续时间，这种方法的优点是快捷，缺点是不够精确；

二是，在时间线面板上，右击该转场，选择快捷命令【持续时间】，在弹出的对话框中，输入相应的数值。

添加转场效果之后，有一个默认的持续时间，如果想改变这个默认的持续时间，则需要在特效面板中任意选中一个转场效果，单击鼠标右键，选择快捷菜单“持续时间\转场”，在弹出的对话框里输入新的转场时间。这样，以后为素材添加的任何转场效果，都默认使用这个持续时间。

（二）视频转场的参数面板

几乎所有的视频转场都有自己的参数面板，这些面板大体的内容和设置原理基本相同，只是在具体的参数设置上略有不同。所有的参数面板都有4个标签页，分别是预设、选项、关键帧和通用。

1.预设

预设选项卡提供了大量的转场预设效果(图14-4-4)，双击任意一个就可以调用此预设。也可以将自己设置好的转场效果保存下来，以备之后调用。

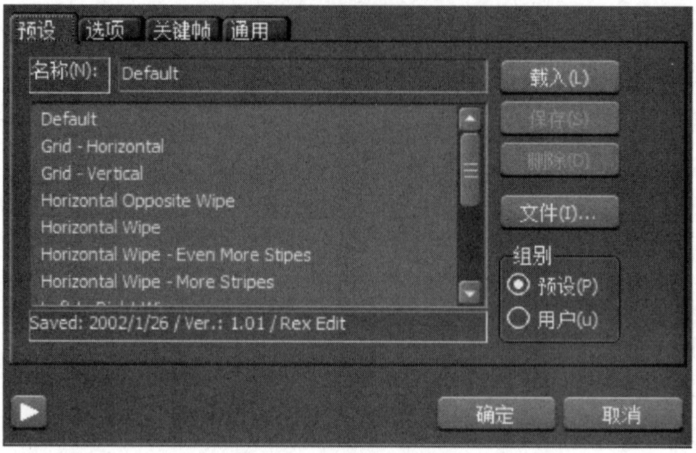

图 14-4-4　转场的预设选项卡

2. 选项

选项选项卡主要设置转场的具体形式，因为每个转场的选项里的具体内容是不同的，所以每个转场的效果不同。当我们为素材添加转场效果时，选项标签页已经有了默认的参数设置，用户可以根据自己的实际需要重新设置选项的各项参数，从而创建出区别于默认的转场效果，如图 14-4-5。

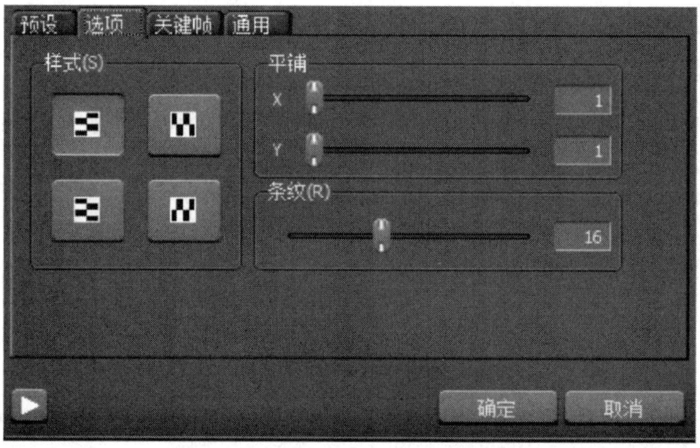

图 14-4-5　转场的选项选项卡

3. 关键帧

各个转场效果的关键帧标签页几乎是一样的，通过关键帧曲线的设置来控制转场完成的百分比。图 14-4-6 为关键帧选项卡，横轴表示时间，纵轴表示转场完成的百分比。在默认曲线的情况下，转场是匀速进行的，从前一画面匀速过渡到后一画面。

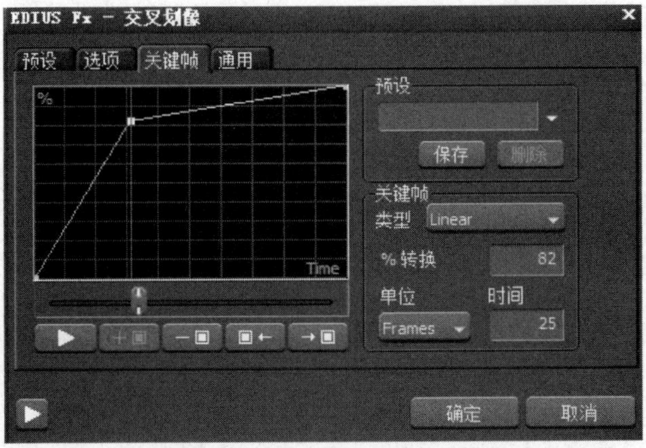

图 14-4-6 转场的关键帧选项卡

用户可以使用曲线下方的添加关键帧按钮，在曲线上添加控制点，从而调整曲线的形状，改变转场的速度。如把关键帧曲线调整成图14-4-6所示的形状后，转场不再是匀速的，而是从0到25帧快速完成82%的转场效果，再从25帧到81帧，完成剩下的18%的转场效果，是一个变速过程。

除了手动调节关键帧曲线外，在右侧的预设下拉列表中，还存放了一些预设好的关键帧曲线样式，可以直接点击调用，也可以将自己设置好的关键帧曲线存储为预设样式。

4.通用

大部分转场的通用选项卡内容比较一致，主要包括渲染方面的几个选项，如图14-4-7。

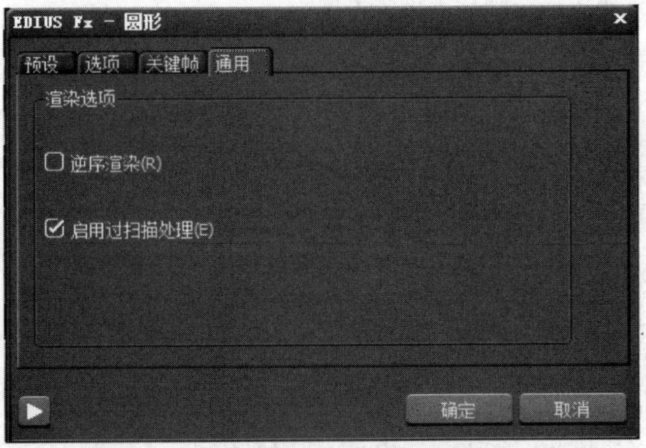

图 14-4-7 转场的通用选项卡

逆序渲染：在默认情况下，转场是从A画面到B画面，如果勾选该项，则从B画面转场到A画面。

启用过扫描处理：如果在应用转场效果后，素材出现一圈外框的话，取消这个选项，就可以消除这个外框。

(三)视频转场的分类

视频转场一共包括5大类，分别放置在5个文件夹里。点击每一个转场图标，都可以预览该转场效果的样貌。

2D类转场可以让素材在二维空间进行转场过渡。

3D类转场可以让素材在三维空间进行各种转场过渡。

Alpha转场目录下只有一个Alpha自定义图像，用户可以载入一张自定义的图片，作为Alpha信息控制转场的方式。

GPU转场提供了大量的3D效果的转场效果，并在转场时提供光照。但是，它需要计算机的显卡支持Pixel Shader Model 3.0，如果显卡型号不支持，在特效面板中，不会显示这个转场组。

SMPTE转场没有任何的设置选项，但同样提供了数量繁多的2D效果的转场。

二、音频转场

EDIUS的音频转场一共有7个，都放置在特效面板的音频淡入淡出文件夹中，它们提供的都是音频淡入淡出的效果，但是每个转场在具体效果上略有不同，如图14-4-8。

⚠注意：EDIUS的音频转场效果不能单独放到素材的开端或者结尾，只能放置在两段音频素材的相交处。所以，如果要对单个素材应用声音淡入淡出的效果，只能在时间线面板通过为音量线添加关键帧来进行设置。

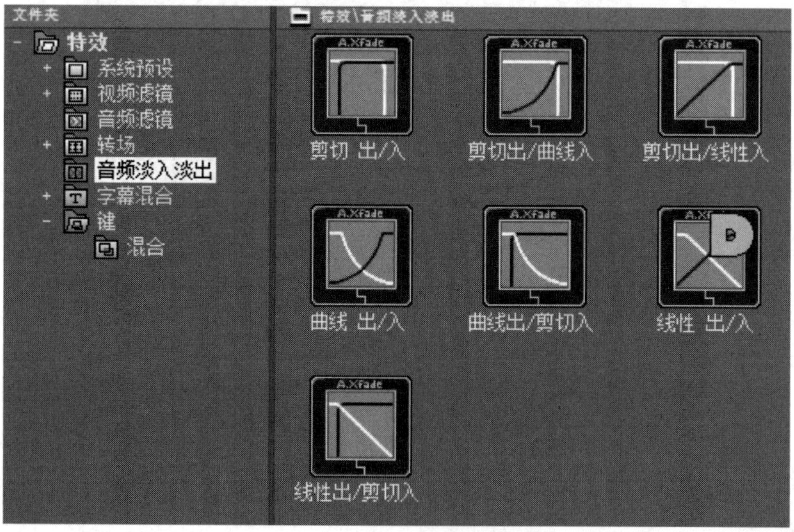

图14-4-8　EDIUS的音频转场

音频转场的实际效果从它的命名和图示中就可以分辨出来。剪切入代表声音以硬切的方式开始，剪切出代表声音以硬切的形式结束，线性入代表声音的音量以线性方式渐渐升起，线性出代表声音的音量以线性方式渐渐变小，曲线出和曲线入代表声音以更柔和的形式渐渐消失或者出现。

默认的音频转场就是转场图标上带字母D的线性出\入，它可以使前一段音频的音量以线性的方式渐渐消失，后一段音频的音量以线性的方式渐渐升起，效果较为柔和。除此之外，曲线出\入也可以提供类似的柔和音频转场效果。

音频转场持续时间的更改、删除等操作方法跟其他转场的操作方法一致，这里不再赘述。

三、字幕转场

特效面板的【字幕混合】文件夹下共有10类字幕转场效果，如图14-4-9。

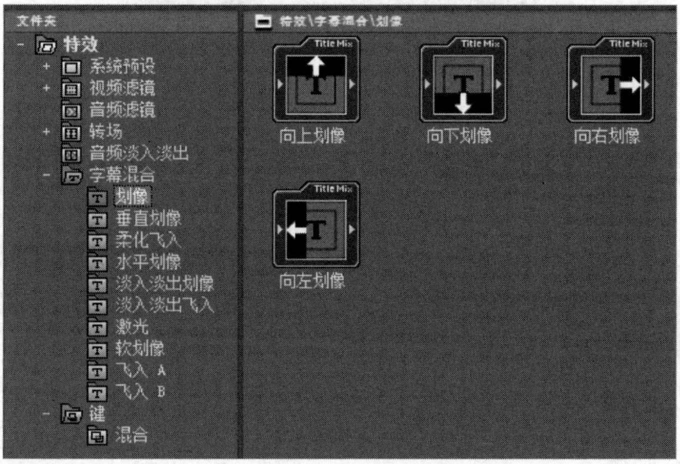

图14-4-9　EDIUS的字幕转场

这些转场效果都没有参数面板，当把它们单独应用给字幕或者视频文件时，可以创建各种素材的运动效果。

默认的字幕效果是淡入淡出，如果想让字幕制作完成后，自动添加上默认的字幕效果，可以执行菜单命令“设置\应用设置”，在弹出的对话框里，勾选“导入字幕时自动添加字幕混合”，这样在字幕窗口制作的字幕导入到时间线面板时，会自动添加上默认字幕混合效果，如图14-4-10。

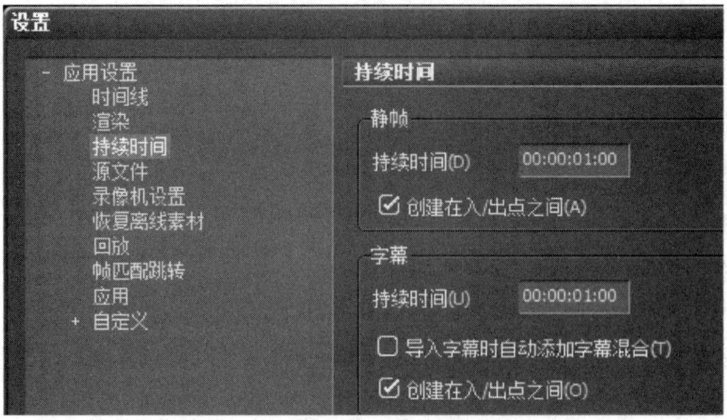

图14-4-10　为字幕文件自动添加转场效果

【字幕混合】里的转场效果只能应用到T轨道上，不能应用到其他轨道上。把字幕混合直接拖放到字幕的混合区域，即可为字幕添加转场效果，如图14-4-11。

图14-4-11　为字幕文件添加转场效果

经验：字幕转场无法添加到两个字幕文件之间，只能添加在字幕的入点处或者出点处。

注意：虽然字幕混合只能应用到T轨道上，但是这不意味着它只能应用给字幕文件。如果把视频或者图片素材放置到T轨道上，这些素材也可以应用字幕混合。如果把字幕文件放置到T轨道之外的轨道上，将不能应用字幕混合效果，但是，可以应用普通的视频转场和滤镜效果。

字幕转场持续时间的更改、删除等操作方法跟其他转场的操作方法一致，这里不再赘述。

第十五章　EDIUS字幕制作

字幕是影视作品中非常重要的一个元素，在某些形式的节目，例如综艺节目、访谈节目中，图形和字幕设计起着非常重要的作用。EDIUS提供了两种字幕设计方案：QuickTitler和TitleMotion Pro。QuickTitler可以制作一些简单的字幕，用起来非常快捷。TitleMotion Pro可以设计出相对复杂和精彩的文字和图形，甚至可以制作三维字幕。如果这两种字幕设计方案不能满足对字幕的相关需求，我们还可以安装诸如传奇字幕等插件来完成字幕的制作。

第一节　字幕工具设置

在创建字幕之前，首先需要在应用设置中对字幕工具进行设置。具体操作是：选择菜单命令【设置】/【应用设置】，在弹出的对话框左侧的“应用”设置列表中选择“应用”，在右侧的“应用”参数选项——“默认字幕工具”的下拉列表中选择“QuickTitler”，如图15-1-1。这样就把QuickTitler设置为默认字幕工具，当我们创建字幕时，就可以直接采用QuickTitler来制作字幕。

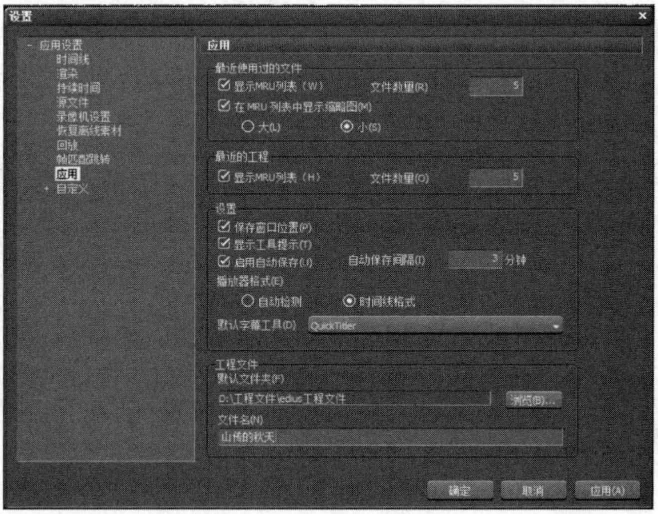

图 15-1-1　默认字幕工具设置

第二节 创建字幕

在EDIUS中创建字幕有以下几种方法。

(1)在【素材库】面板使用新建字幕按钮T，就可以打开【QuickTitler】，从而创建一个字幕文件。

提示：用这种方法创建的字幕是存放在【素材库】面板，不会直接放置到【时间线】面板的轨道上。

(2)点击时间线面板上方的快捷图标T，展开下拉列表，从中选择一项子命令，即可打开【QuickTitler】，从而新建一个字幕文件，如图15-2-1。

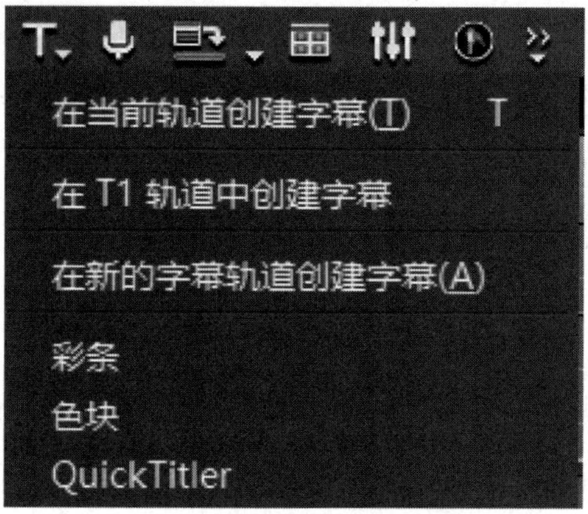

图 15-2-1 创建字幕快捷菜单

提示：如果选择【在当前轨道创建字幕】，新建的字幕文件会直接放到时间线的当前被选定的轨道上。如果选择【在T1轨道创建字幕】，新建的字幕文件会直接放到时间线的T1轨道上。如果选择【在新的字幕轨道创建字幕】，会新建一个字幕轨道，新建的字幕文件会直接放到它上面。如果选择【QuickTitler】，新建的字幕文件会直接放到时间线的当前被选定的轨道上。

(3)按下键盘上的快捷键T，也可以打开【QuickTitler】，从而创建一个字幕文件。它会直接被放到时间线的当前被选定的轨道上。

第三节 QuickTitler的界面

打开【QuickTitler】后，其界面如图15-3-1。

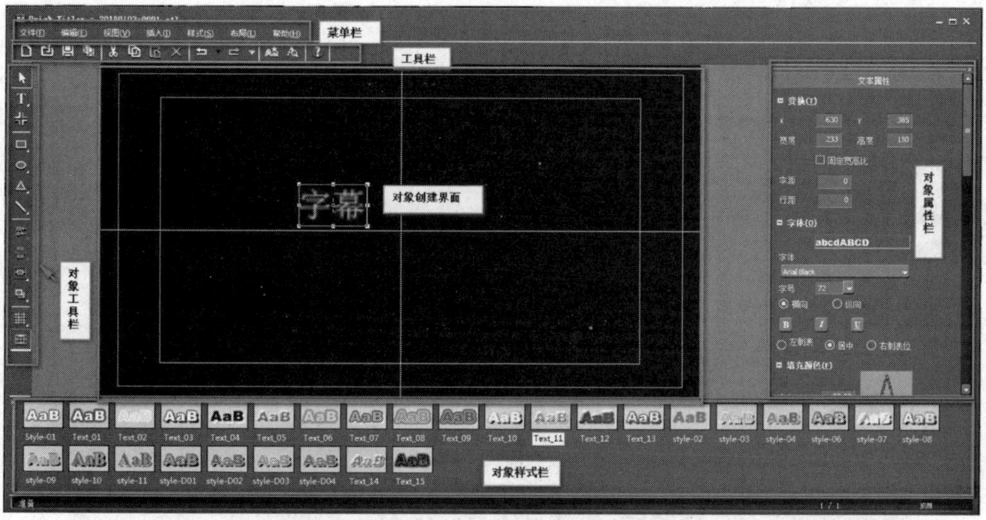

图 15-3-1　QuickTitler 界面组成

菜单栏：菜单栏包括文件、编辑、视图等菜单，存放了对字幕进行保存、编辑等绝大多数命令。

工具栏：工具栏提供了一些常见的文件操作功能，如新建、打开、保存、复制、剪切等。

对象工具栏：对象工具栏提供了一系列工具，可以创建文本、图像、图形等对象。

对象创建界面：在这个部分可以输入文字或者绘制图像等对象。

对象属性栏：该属性栏罗列了文字或者图形的各种属性参数，如字体、填充颜色、边缘等。

提示：如果在对象创建界面选择字幕或者图形，那么对象属性栏显示的是字幕或者图形的各种属性参数；如果在创建界面点击空白处，不选择任何对象，那么属性栏显示的是字幕文件的背景属性。

对象样式栏：该样式栏存放了软件预先设定好的字幕和图形样式。

经验：如果在【QuickTitler】面板中找不到属性栏或者工具栏，可以在【视图】菜单找到它们，点击想开启的面板就可让其在界面中出现。

第四节　制作静态字幕

一、制作静态字幕

在【字幕】面板使用左侧对象工具栏里的文字工具，即可创建字幕。文字工具有两个子选项，可以创建水平方向或纵向的文字。下面通过一个案例来展示字幕的创建过程。

(1)选择合适的轨道，按快捷键T键，打开【Quick Titler】。

(2)使用文字工具T，在对象创建界面输入文字"人生若如初相见"，如图15-4-1。如果对象创建界面没有调出字幕安全框，可以选择菜单命令【视图】/【字幕安全区域】把它调出来。

(3)输入文字后，在其周围会出现一个对象操作框。用工具栏的选择工具，可以拖动文字到屏幕任意位置。在选中选择工具的同时，把鼠标放到操作框上下左右的4个节点上，可以放大或者缩小文字；按下键盘上的Ctrl键，然后把鼠标放到操作框上下左右的4个节点上，就可以旋转文字，改变它的角度；按下键盘上的Ctrl键，然后把鼠标放到操作框4条线中间的4个节点上，还可以按水平或者垂直方向旋转文字，改变它的角度。

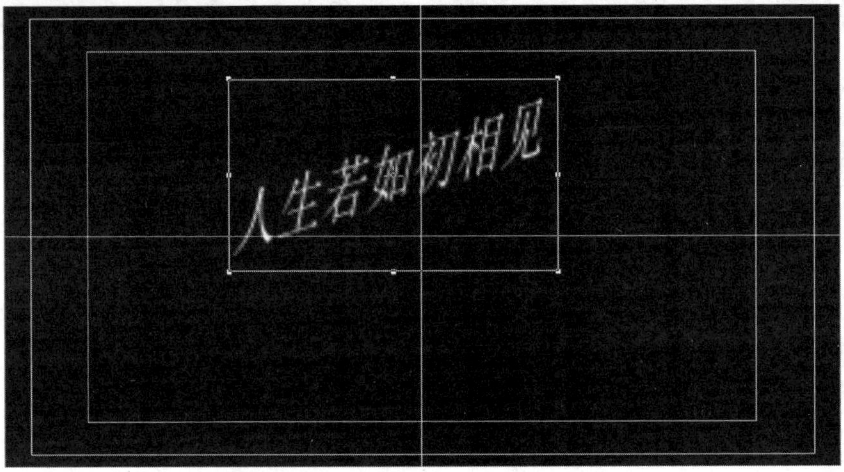

图 15-4-1　在QuickTitler中输入文字

(4)选中文字，在右侧的对象属性栏设置字幕的字体、字号、填充、描边、阴影等属性。

变换属性：可以更改文字的字距和段落的行距，也可以通过改变文字X轴、Y轴的数字来改变它在屏幕上的位置，如图15-4-2。

字体属性：可以为文字设置合适的字体和字号，也可以改变文字的方向，还可以设置文字的粗体、斜体、下划线等属性，如图15-4-3。

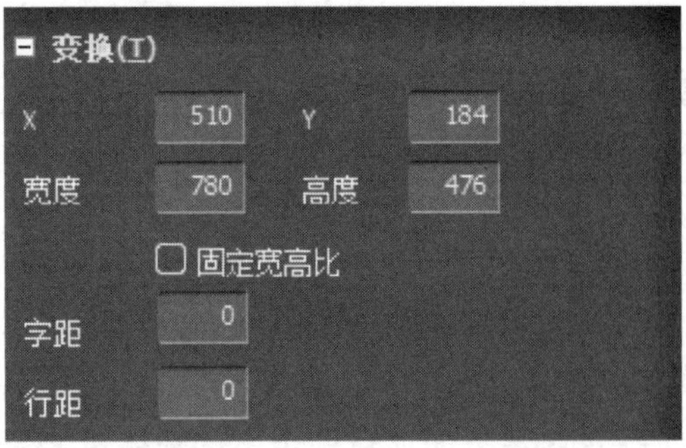

图 15-4-2　变换属性的设置界面

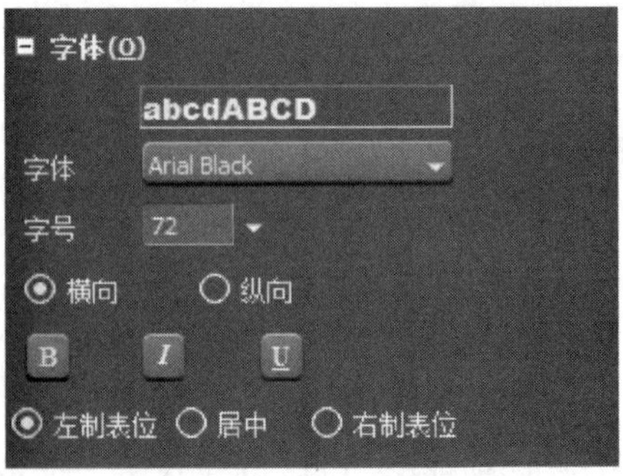

图15-4-3　字体属性的设置界面

填充颜色：该属性可以为文字设置填充的颜色，既可以填充单色，也可以填充渐变色，最多支持7种颜色的渐变色。如果要为文字填充3色渐变，则首先在颜色栏目输入3，然后点击颜色下面的色块，在弹出的拾色器中选择颜色。方向栏可以设置填充颜色的角度；透明度可以设置文字的透明度。如果要用图片来填充文字，则需要首先勾选“纹理文件”，然后再选择一张图片来填充文字，如图15-4-4。

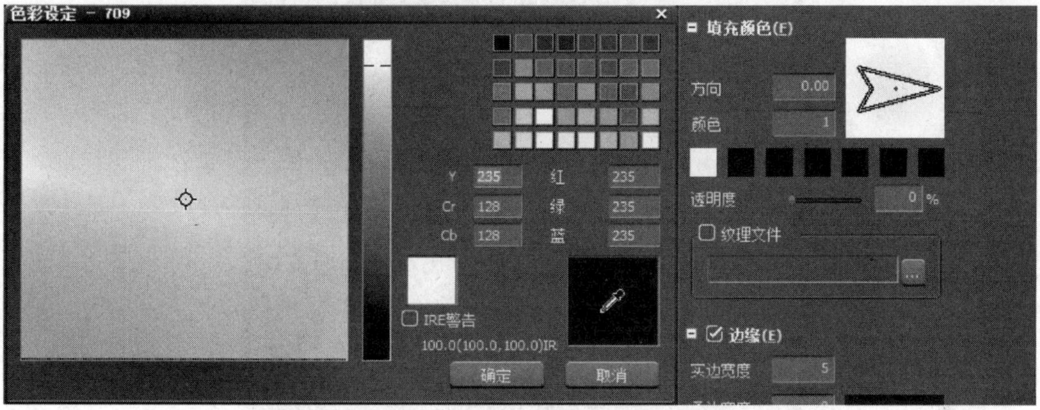

图 15-4-4 填充颜色属性的设置界面

边缘属性：勾选边缘可以为文字添加描边效果，可以设置描边的宽度、颜色和透明度，当然也可以用图片当作描边，如图15-4-5。

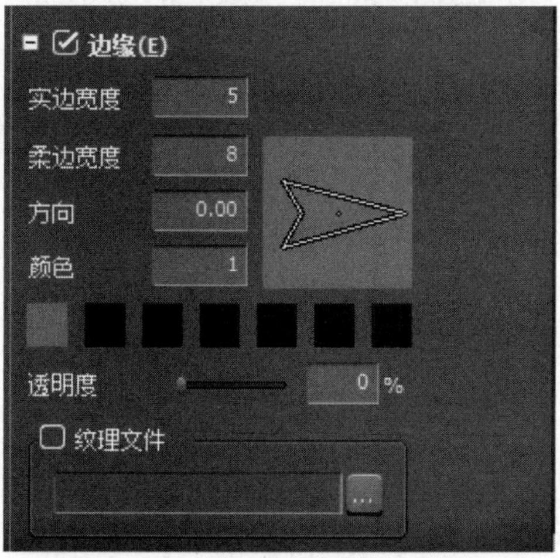

图15-4-5 边缘属性的设置界面

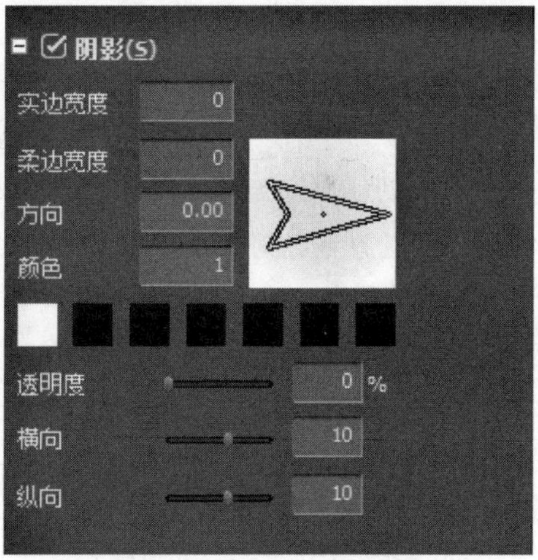

图15-4-6 阴影属性的设置界面

阴影属性：勾选阴影可以为文字添加阴影，如图15-4-6。该属性可以设置阴影的宽度、方向和颜色、透明度等参数。横向和纵向设置的是阴影与实体文字的距离。

浮雕属性：勾选浮雕可以为文字添加类似浮雕的立体效果。可以选择在文字内部还是外部添加浮雕，还可以设置浮雕的角度、高度和照明灯属。

模糊属性：勾选模糊可以为文字的实体、描边和阴影添加模糊度，如图15-4-7。

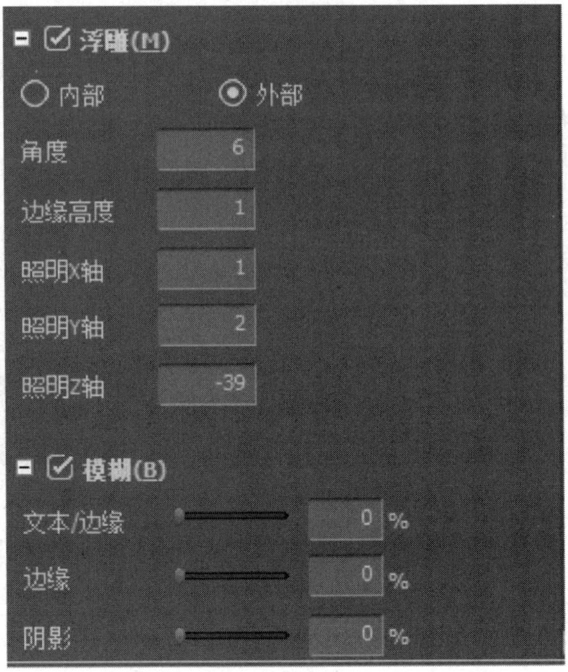

图15-4-7　浮雕属性和模糊属性的设置界面

(5)当把字幕的属性和位置等设置好之后，关闭【QuickTitler】面板后会弹出一个保存对话框，选择“是”，字幕文件就会被保存起来，并自动放置到之前选择的轨道上。

二、制作和调用字幕样式

在对象创建界面输入文字后，还可以调用对象样式栏的样式，具体的操作是：在对象创建界面选择输入好的文字，然后在对象样式栏，双击自己满意的样式，文字就会拥有和该样式在字体、颜色方面的相同设置。

我们还可以自己制作所需要的文字样式，具体操作是：在对象创建界面输入文字后，在对象属性栏设置文字的颜色、边缘、阴影等，直到满意为止，然后执行选择菜单命令【样式】/【另存为新样式】，在弹出的对话框中，为新样式命名，这样新的样式就会出现在对象样式栏，如图15-4-8。

图15-4-8　创建新的字幕样式

第五节　绘制图形和图像

一、绘制图形

在QuickTitler中，还可以绘制图形和图像，制作图形字幕。

对象工具栏的矩形工具可以创建直角和圆角矩形；圆形工具可以创建椭圆和正圆；三角工具可以创建等腰三角形和直角三角形；线段工具可以创建直线和折线，如图15-5-1。

图 15-5-1　四个图形工具

下面以绘制矩形为例，演示创建图形的具体步骤。

(1) 在对象工具栏选择矩形，然后在对象创建界面按下鼠标拉出一个矩形框，松开鼠标后，一个矩形就绘制出来了，如图15-5-2。它会自动调用对象样式栏中的某个样式。

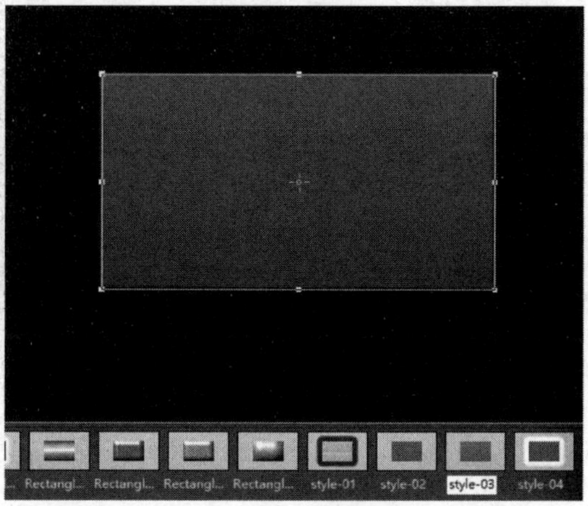

图15-5-2　绘制矩形

(2) 如果对矩形调用的样式不满意，可以选中矩形，这时对象属性栏就变成了"对象属性"的各项属性参数，可以根据需求设置矩形的各个参数，如图15-5-3。

变换属性：可以设置矩形的宽高值和在屏幕上的位置。

样式属性：在绘制图形时，不可用。

填充颜色属性：如果勾选"纹理"，那么该矩形可以用电脑中的一张图片来填充。如果不勾选"纹理"，就可以在上方设置填充颜色和填充方向。

边缘/线形属性：勾选该项可以为矩形描边，并设置描边的宽度、方向、颜色等数值，还可以勾选"纹理"，用一张图片来描边。

阴影属性：勾选该项可以为矩形添加阴影。该属性可以设置阴影的宽度、方向、颜色、透明度等参数。横向和纵向设置的是阴影与矩形的距离。

浮雕属性：勾选该项可以为矩形添加浮雕的立体效果，可以选择在矩形内部还是外部添加浮雕，还可以设置浮雕的角度、高度和照明灯属性。

模糊：勾选该项可以为矩形的实体、描边和阴影添加模糊度。

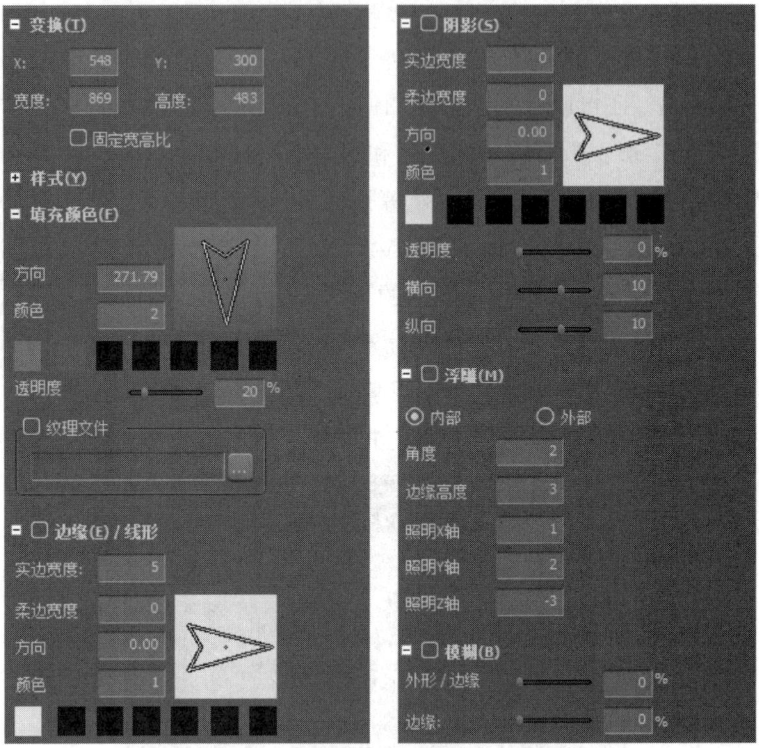

图 15-5-3　矩形的【对象属性】面板

(3) 矩形的各项参数设置好后，关闭【QuickTitler】面板就可以把矩形保存起来并放置到轨道上了。

二、制作图像

在【QuickTitler】中，绘制图像跟绘制图形有很多相同之处，下面以一个案例来展示图像的绘制过程。如果给视频上的人物添加对话气泡和气泡里的文字，添加的对话气泡就属于图像，添加的具体步骤如下：

(1) 首先把需要添加对话气泡的视频放到VA轨道，然后点击时间线面板上方的创建字幕按钮 T，在展开的下拉菜单选择【在T1轨道中创建字幕】，然后打开【QuickTitler】。

(2) 在右侧对象属性栏中的背景属性选择“视频”，这样轨道上的视频就显示在对象创建界面，如图 15-5-4。

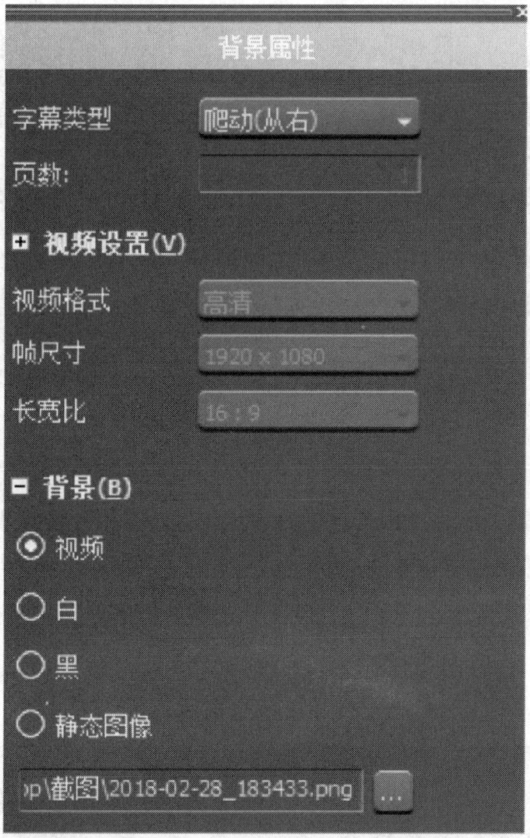

图15-5-4　在字幕面板显示轨道上的视频

(3) 点击对象工具栏的图像按钮，然后在对象创建界面按下鼠标拉出一个矩形框，松开鼠标后，一个图像就绘制出来了。它会自动调用对象样式栏中的某个样式，如图15-5-5。选中这个图像，在对象样式栏选择其中一个对话气泡，创建界面的图像就变成对话气泡了。

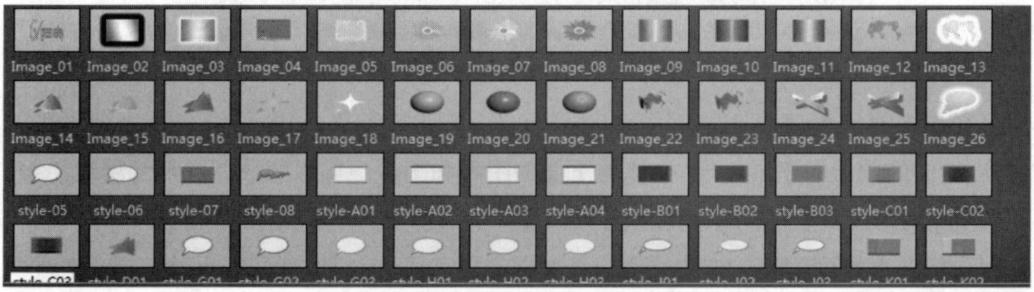

图15-5-5　对象样式栏中的样式

(4) 在创建界面选中对话气泡，把它放置到合适的位置，并且用鼠标放在它的对象操作框上，改变它的大小，如图15-5-6。

图15-5-6　绘制对话气泡

技巧：选中对话气泡后，对象属性栏会显示图像属性，图像属性包括变换、填充颜色、文件、边缘、阴影、模糊。每个属性的具体参数跟对象属性类似，通过设置这些属性可以设置绘制的对话气泡的颜色、描边等。

(5) 使用对象工具栏里的文字工具，输入文字“没菜怎么下饭”，在对象属性栏设置字体、字号等参数，然后用鼠标调整文字位置，将其放在对话气泡上。气泡文字的效果就做完了，如图15-5-7。

图15-5-7　在对话气泡里输入文字

如果在对象创建界面绘制了多个图形、图像和文字，它们的位置会有一个层级关系，后绘制的图形居于最上层，会遮盖下面的图形和图像。如果想改变图形的层级关系，就要使用对象工具栏的对象叠加次序工具。该工具有4个子工具，分别是向前、向后、移到顶部和大幅度后移。选中图形、图像或者文字后，就可以使用这几个工具，来改变图形的层级关系。

下面以一个绘制蒙版的任务为例，来说明对象工具栏的各项工具的使用方法。

(1) 点击时间线面板上方的创建字幕按钮，在展开的下拉菜单选择【在VA轨道中创建字幕】，然后打开【QuickTitler】。

(2) 使用对象工具栏里的矩形工具■，在对象创建界面按下鼠标绘制一个和界面一样大的矩形，然后选中矩形，在右侧的对象属性，设置矩形的填充颜色为黑色。

(3) 使用对象工具栏里的圆形工具■，在对象创建界面按下鼠标绘制一个小一点的圆形，然后选中圆形，在右侧的对象属性，设置圆形的填充颜色为白色，这样一个简单的蒙版就绘制完毕了，如图15-5-8。关闭quicktitler，并选择保存，蒙版就添加到VA轨道上了。

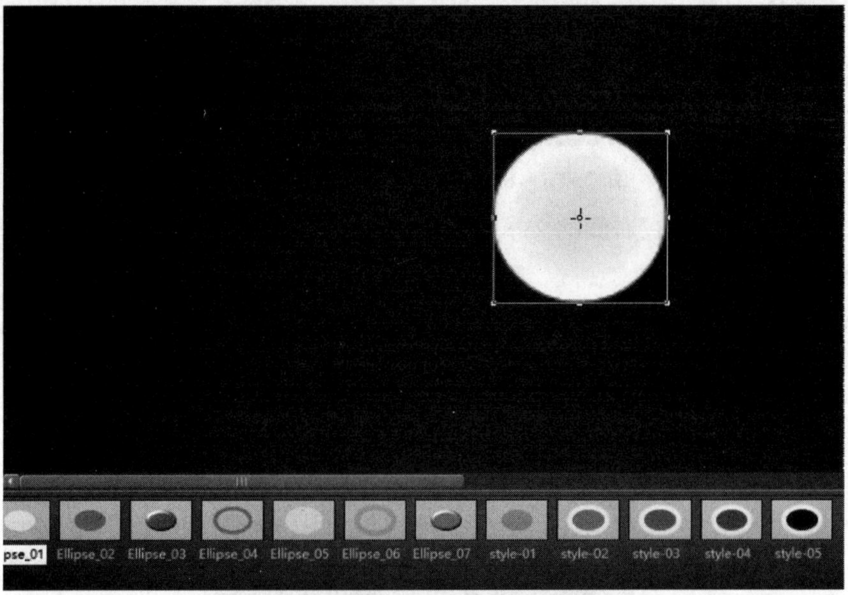

图15-5-8　绘制圆形蒙版

第六节　制作滚动/爬动字幕

影视节目中经常会用到运动的字幕，如在电影的结尾，演职人员表经常会用滚动字幕来展示；一些新闻节目中经常会在屏幕的下方用爬动字幕展示本期节目中的重点新闻。

一、设置滚动字幕

制作滚动字幕所需要的文字内容一般比较多，所以，在制作滚动字幕之前，可以先在TXT文档里写好相关文字，然后，按照下列步骤进行设置：

(1) 点击时间线面板上方的创建字幕按钮■，在展开的下拉菜单选择【在VA轨道中创建字幕】，然后打开【QuickTitler】。

⑵执行菜单命令【插入】/【文本】/【文件】，在弹出的对话框里选择刚才保存好的TXT文档，这样文档里的文字就被导入到对象创建界面了，如图15-6-1。

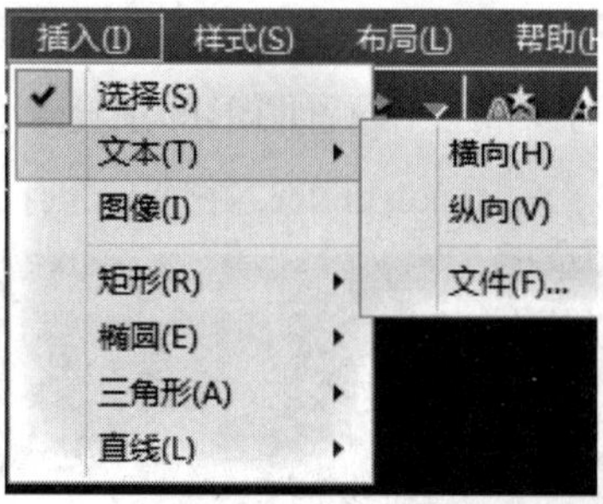

图15-6-1　将TXT文档插入到对象创建界面

⑶选中这组文字，在右侧的文本属性栏设置文字的字体、字号、行距、颜色等参数，具体参数设置如图15-6-2。

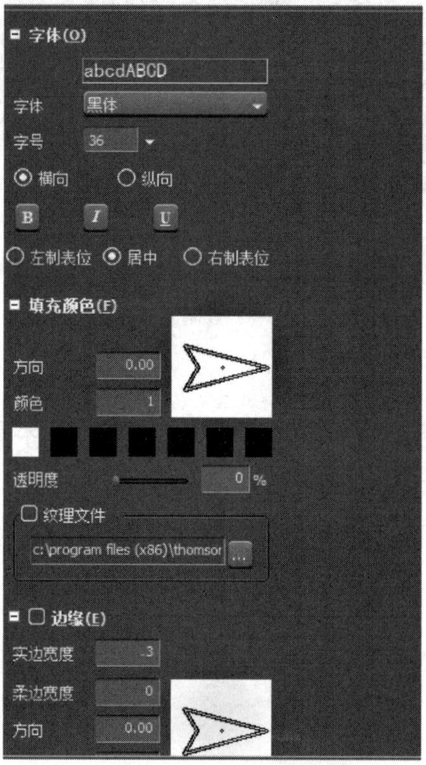

图15-6-2　文字的具体属性设置

选中这组文字，在对象工具栏点击居中方式按钮，选择垂直居中，让这组字幕在屏幕上居中。

用鼠标点击对象创建界面的空白处，在右侧的背景属性栏选择字幕类型为“滚动从下”，这样就可以创建演职员表从屏幕下方滚动到屏幕上，并向上滚动到屏幕外的滚动字幕效果，如图15-6-3。

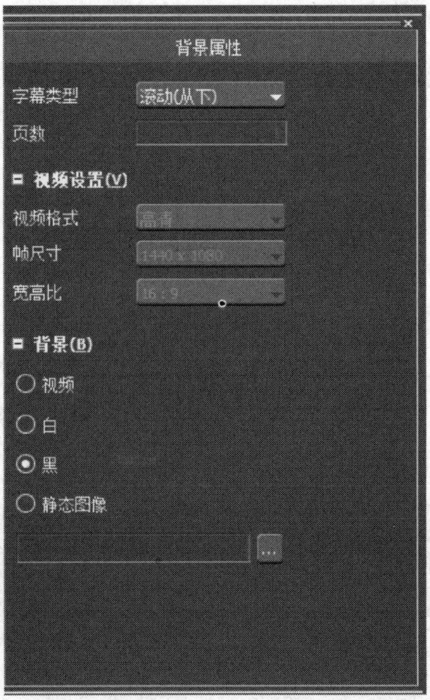

图 15-6-3　滚动字幕的参数设置

经验：如果在背景属性栏选择字幕类型为“滚动从上”，这样就可以创建演职员表从屏幕上方滚动到屏幕上，并向下滚动到屏幕外的滚动字幕效果。

如果要对字幕的滚动进行更复杂的设置，则需要选中时间线面板上的字幕，点击鼠标右键，选择“标题详细设置”(图 15-6-4)，在弹出的对话框里设置滚动/爬动的参数。

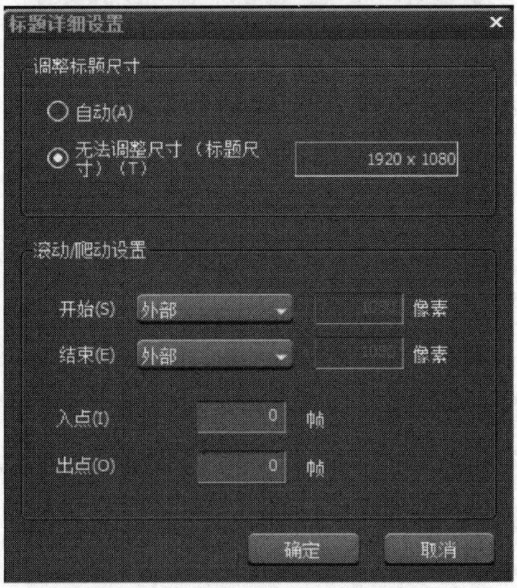

图 15-6-4　标题详细设置对话框

开始：设置运动字幕的起始位置。共有“外部”“内部”“位置”3个选项。如果选择“外部”，那么运动字幕的初始位置是在屏幕外面；如果选择“内部”，那么运动字幕的初始位置是在屏幕上的当前位置；如果选择“位置”，那么其后面的“像素”调节栏变为可用，可以使用鼠标改变其数值，从而改变字幕在屏幕上的初始位置。

结束：设置运动字幕的结束位置。也有“外部”“内部”和“位置”3个选项，其意义跟开始的3个选项的意义相似，不再赘述。

入点：字幕开始运动前的持续时间。

出点：字幕结束运动后的持续时间。

针对上面的字幕，如果我们想要字幕从屏幕外开始运动入画，走到最后一行后，运动停止并停留在屏幕中央，维持2秒钟，那么我们应该将“开始”设置为“外部”，“结束”设置为“位置”，将“出点”设置为50帧，然后将时间线指针移动到最后2秒内，调节结束位置的像素值，如图15-6-5。

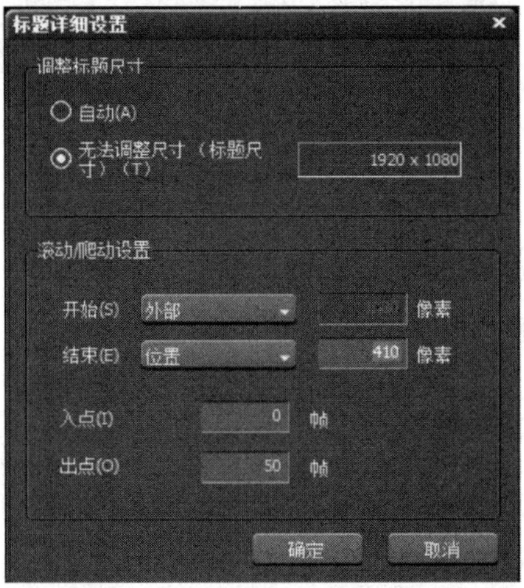

图15-6-5　滚动字幕的具体参数设置

二、设置爬动字幕

爬动字幕的最终效果是文字在水平方向从左向右或者从右向左运动，它的操作跟滚动字幕类似，具体操作如下：

(1) 点击时间线面板上方的创建字幕按钮，在展开的下拉菜单中选择【在VA轨道中创建字幕】，然后打开【QuickTitler】。

(2) 在【QuickTitler】中，使用文字工具，输入一行文字。然后，在对象属性栏为文字设置合适的字体、字号、颜色等属性。

(3) 调整字幕在屏幕上的位置，如果是用在新闻类节目的热点新闻滚动播报，就需要把字幕放到屏幕的下方。

(4) 点击对象创建界面的空白处，在右侧对象属性栏的背景属性中选择字幕类型为“爬动从左”，如图15-6-6。

图15-6-6　爬动字幕的参数设置

(5)关闭【QuickTitler】,在字幕轨道上用鼠标改变字幕的持续时间,这样就获得了这行字幕从屏幕外,从右向左爬动,并最终移出屏幕的效果。

技巧:字幕持续时间的长短决定着字幕运动速度的快慢,持续时间越长,字幕运动的速度越慢。

如果选择字幕类型,为"爬动(从右)",那么字幕的运动效果是:字幕从屏幕外,从左向右爬动,并最终移出屏幕。

如果想设置更为复杂的字幕爬动效果,那么同样需要在轨道上的字幕文件上单击鼠标右键,选择快捷菜单命令【标题详细设置】,在弹出的对话框里,设置滚动\爬动的参数。该对话框的参数设置与滚动字幕的设置意义是一样的,不再赘述。

第七节　为字幕添加转场效果

在【效果】面板中,有一个【字幕混合】文件夹,专门放置用于字幕的转场效果,如图15-7-1。但需要注意的是,字幕混合只能用于放置在字幕轨上的素材,字幕如果放置在其他类型的轨道上则不能使用字幕混合,不过在这种情况下,就可以使用"转场"文件夹里的各种转场效果。

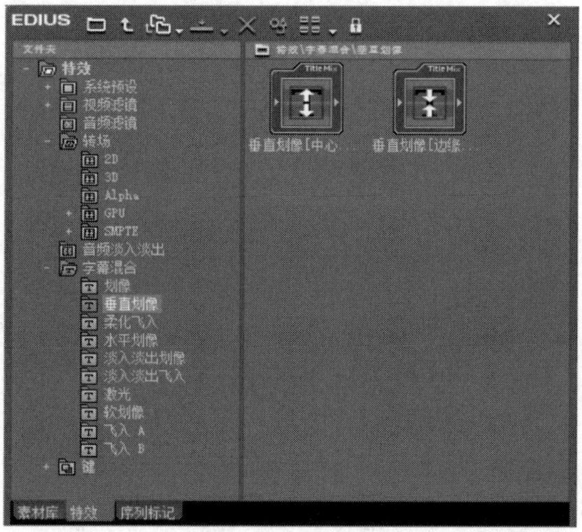

图15-7-1　字幕的转场

字幕混合的添加方法跟其他转场效果是一样的，即将字幕拖放到字幕的混合区域就可以创建字幕的多种转场效果，甚至实现一些动态效果，如图15-7-2。

图15-7-2　把字幕转场添加到混合区域

字幕混合文件的子文件夹“飞入A”里有4个可以创建文字运动效果的转场特效，分别是：

向上飞入A：它可以创建字幕从屏幕的下方飞进，并停留在屏幕上的效果，停留在屏幕的位置，就是它在QucikTitle里的初始位置；

向下飞入A：与向上飞入A效果正好相反；

向右飞入A：它可以创建字幕从屏幕的右方向左飞进，并停留在屏幕上的效果，停留在屏幕的位置，就是它在QucikTitle里的初始位置；

向右飞入A：与向右飞入A效果正好相反。

字幕混合文件的子文件夹“飞入B”里也有4个可以创建文字运动效果的转场特效，跟“飞入A”里的4个转场特效名称一样，效果也差不多，唯一的区别是这4个特效都是从屏幕内向上或者向下飞进，而不是从屏幕外飞进来。

除了上述两个文件夹里的转场特效，“字幕混合”文件夹里还有很多字幕转场特效，如划像、激光等，可以创建不同的字幕运动效果。

技巧：在给字幕添加这些动态的转场效果时，要在【QuickTitle】中，把字幕类型改为静止，否则两种运动效果叠加在一起会有冲突。

第十六章　EDIUS视频输出

后期编辑工作最后一个流程应该就是输出视频了。EDIUS支持多种文件格式，同样也拥有丰富的输出格式供选择，包括常见的AVI、MOV、MPEG、DVD甚至蓝光影碟等。

第一节　输出菜单

当我们在时间线上将素材编辑完成，有时候可能并不需要输出时间线上的全部内容，如果没有指定工作区域的话，EDIUS将输出时间线上所有的素材。

在输出开始之前预先定义输出范围是一个好习惯。

配合时间指针的移动，单击录制窗口中的设置入点和出点按钮，或者使用快捷键“I”和“O”在时间线上设置入点和出点，设置输出的工作区域，如图16-1-1。

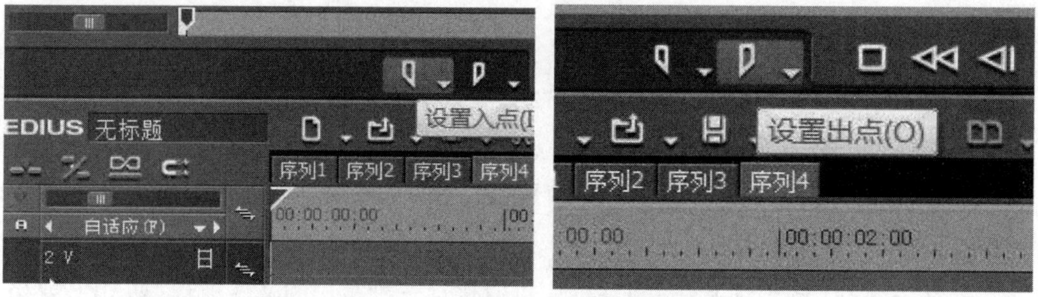

图16-1-1　在时间线上设置入点和出点

时间线上的亮灰色区域就是入出点间包含的内容，深灰色表示没有选择的内容，如图16-1-2。

图16-1-2　在时间线上输出选区

单击【录制】窗口右下角的【输出】按钮，会弹出输出菜单，如图16-1-3。

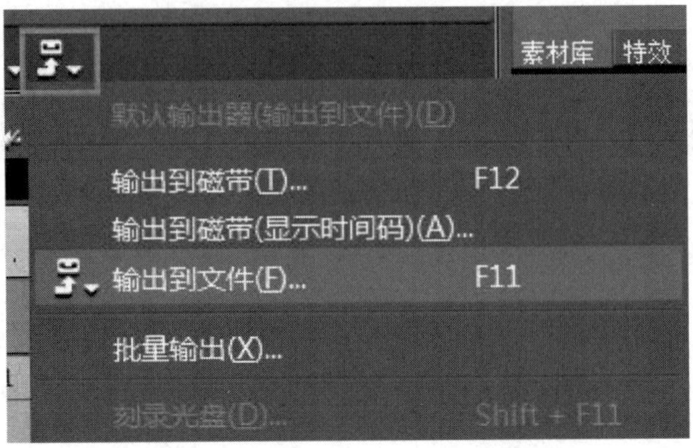

图16-1-3　输出菜单

默认输出器：输出格式的一种快捷方式。

输出到磁带：若连接摄像机，则可以将时间线内容直接输出录制到磁带上。

输出到磁带(显示时间码)：与“输出到磁带”相同，只是在输出的视频上覆盖有时间码。

输出到文件：选择编码方式，输出为一个视频文件，这是我们最常用的输出命令。

刻录光盘：可以创建有菜单操作的DVD碟片。

第二节　设置默认输出器

(1)单击【录制】窗口右下角的【输出】按钮，选择【输出到文件】选项，或者使用快捷键F11，打开EDIUS的输出列表。

(2)在弹出的【输出到文件】对话框中可以挑选一种常用的文件格式，如MPEG2格式，选择一个高清格式，单击“保存为默认”按钮。

(3)当再次打开输出菜单时，第一项“默认输出器”选项已经可以使用了，如图16-2-1。单击该选项可以直接进入刚才选定格式的编码设置界面，如图16-2-2，可以直接打开输出文件的对话框。

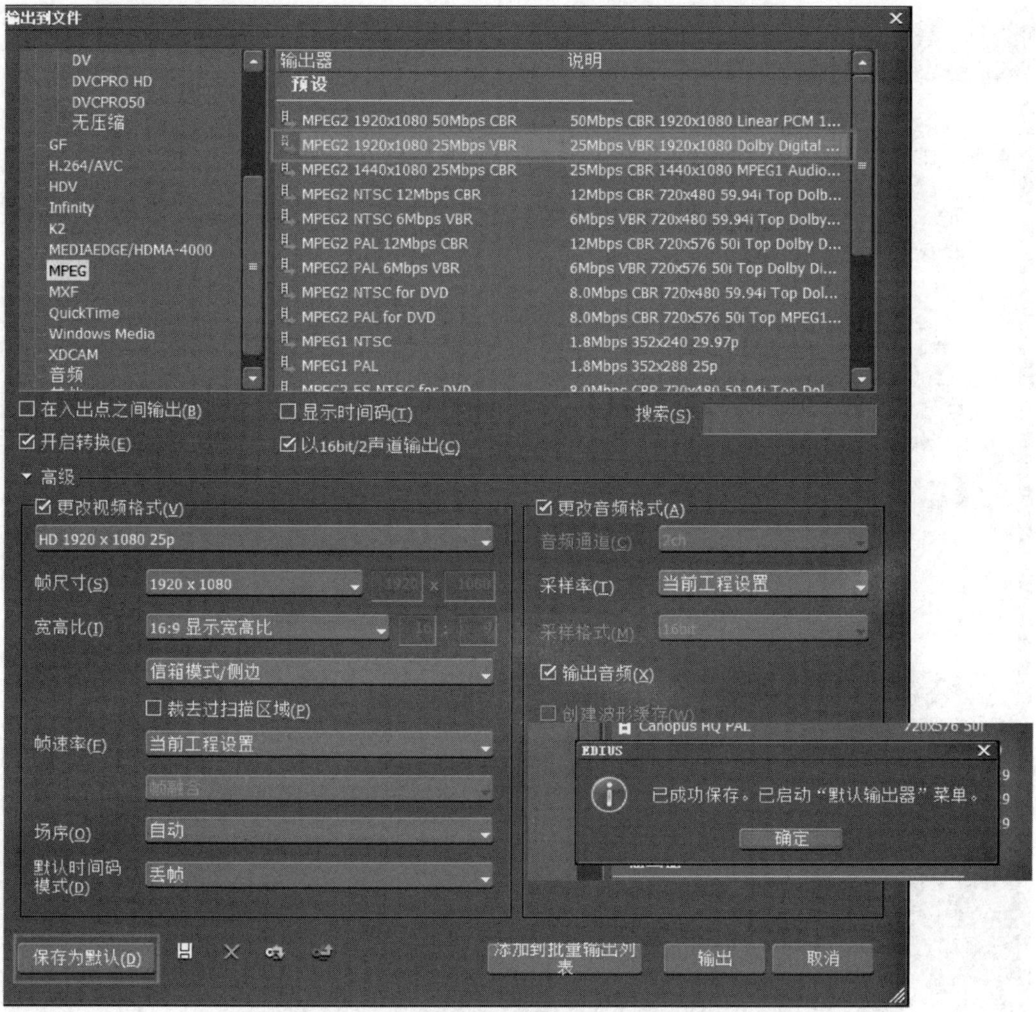

图 16-2-1　保存默认输出器

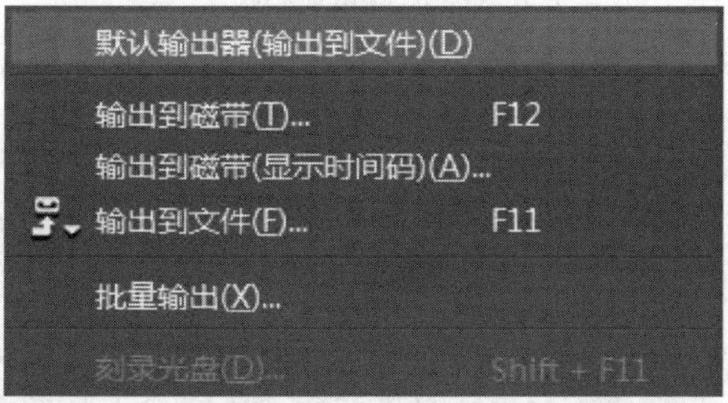

图 16-2-2　默认输出器选项有效

(4) 输入文件名，设置输出路径，单击“保存”按钮，即可输出。输出的格式就是“输出到文件”对话框中设置的视频文件格式，如图 16-2-3。

图 16-2-3　输出文件对话框

(5)渲染进度条运行完毕，表示时间线输出已完成，如图 16-2-4。

图 16-2-4　输出进度条

第三节　自定义输出器预设

除了可以设置一个默认输出器以外，还可以进行自定义输出器的设置。

(1) 打开输出菜单，选择【输出到文件】选项。我们以H.264为例，在弹出的对话框中选择H.264，可以看到目前还没有相关的预设信息，我们可以对输出器的预设选项进行自定义设置，勾选“开启转换”复选框，如图16-3-1。

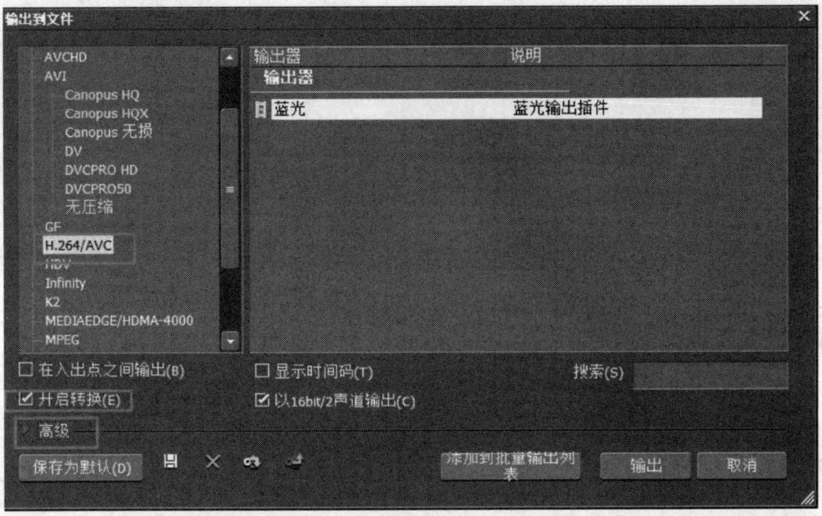

图16-3-1　自定义输出器预设

(2) 展开“高级”参数栏继续调整，在打开的对话框中，在“更改视频格式”下拉列表中选择一个高清格式，如“HD 1920 × 1080 50i”，如图16-3-2。

图16-3-2　更改视频格式选项

（3）单击对话框下方的“保存预设”按钮，将自定义的设置保存为输出器的预设，如图16-3-3。

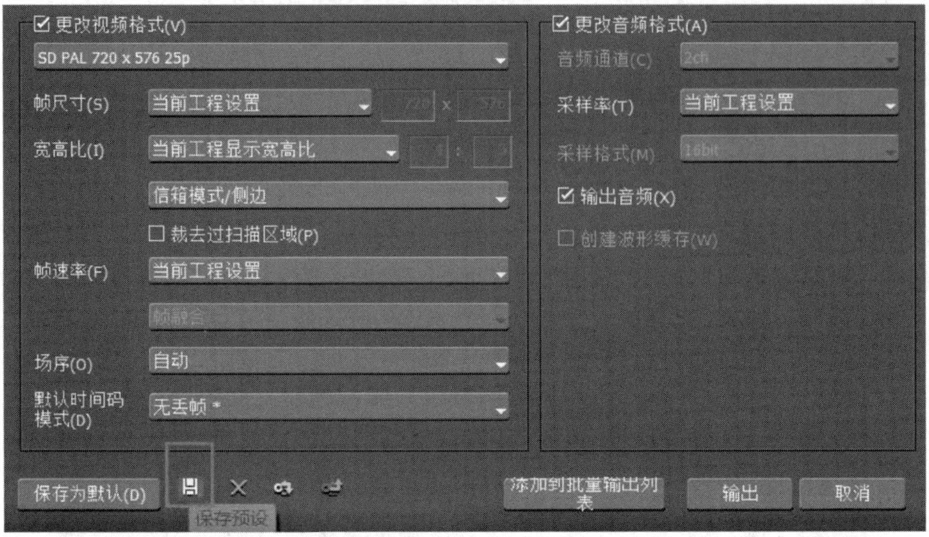

图16-3-3　保存预设

（4）在弹出的对话框中，输入自定义预设的名称，比如HD，调节参数后单击“确定”，如图16-3-4。

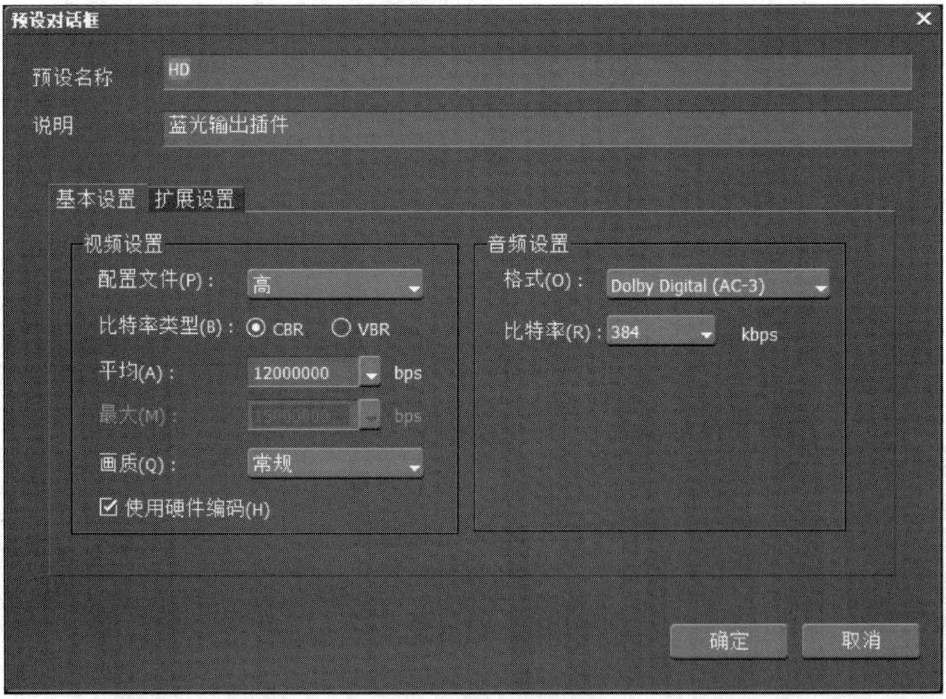

图16-3-4　命名自定义预设

(5)这时，在输出器菜单栏中会出现自定义预设的输出器，如图16–3–5。

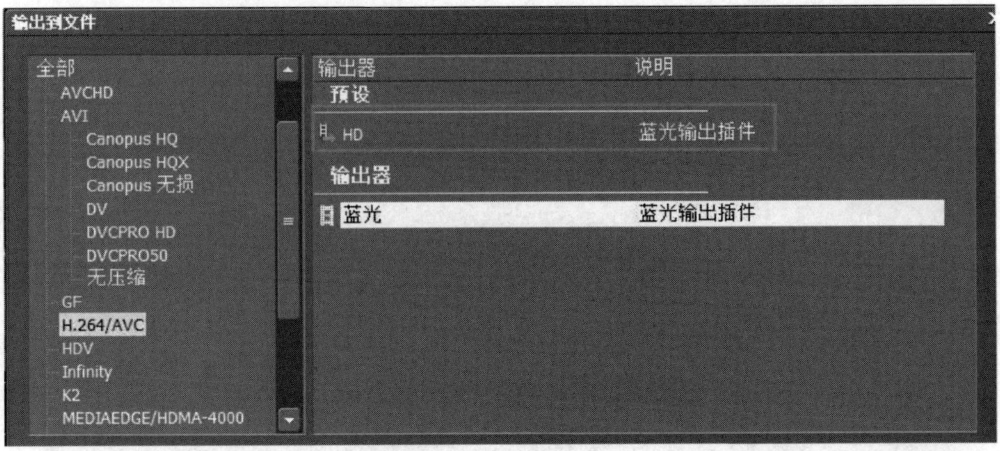

图16–3–5　自定义预设成功

(6)选中自定义的输出器，单击“输出”按钮，就可以开始渲染输出了。再次打开输出到文件的对话框，可以在“我的预设”中找到自定义的输出器。

⚠ 注意：在设置输出选择预设时，从VCD大小到高清、标清和N制都能转换。

第四节　批量输出

如果在同一个工程文件中有多个输出任务，也就是多个输出序列，最好的方法就是用EDIUS的批量输出工具。在EDIUS中使用批量输出工具的方法有两种：一是，直接在时间线上指定文件到批量输出列表；二是，在输出列表中添加任务到批量输出。

一、直接在时间线上指定文件到批量输出列表

(1)使用快捷键I和O在时间线上设置入点和出点，明确输出时间长度。将鼠标移动到时间线刻度的区域，单击鼠标右键，在弹出的快捷菜单中选择【添加到批量输出列表】选项，如图16–4–1。

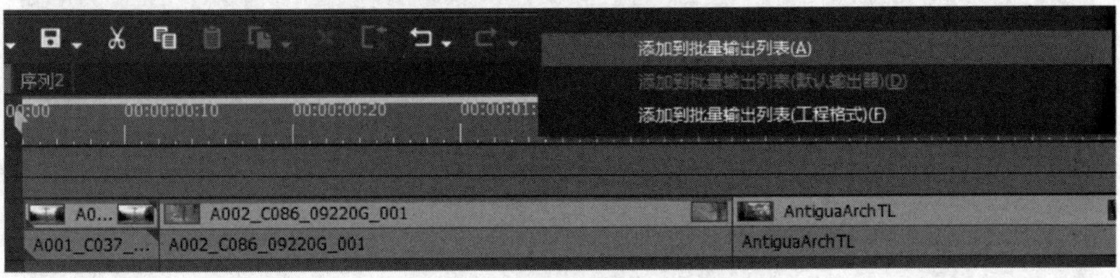

图16–4–1　添加序列到批量输出列表

(2)选择输出器之后，列表随即打开，按照常规的输出到文件的方法，选择一个需要的编码器，确定并调节参数，设置文件名和保存路径，如图16-4-2。

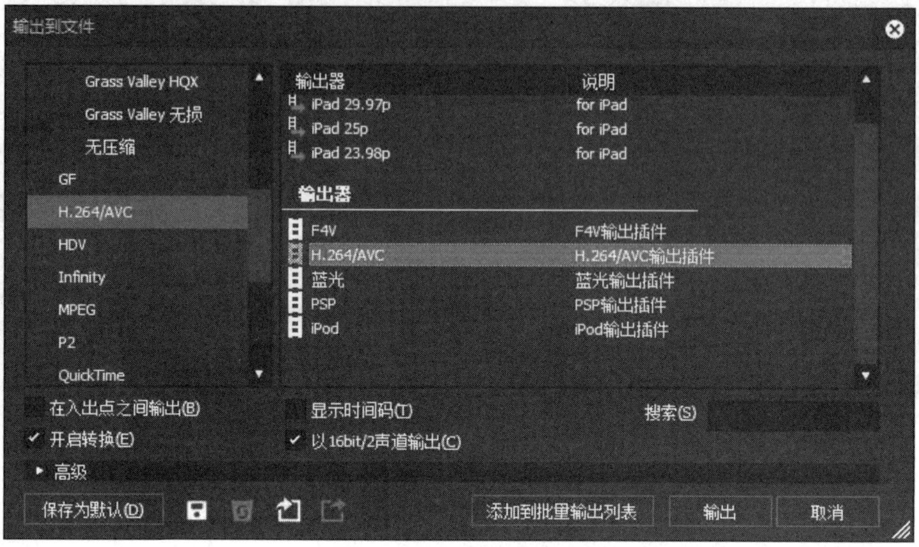

图16-4-2　选择输出编码器

(3)单击"保存"按钮退出对话框后，发现EDIUS并没有立即开始渲染输出。

(4)单击输出按钮，在弹出的菜单中选择【批量输出】选项，如图16-4-3。

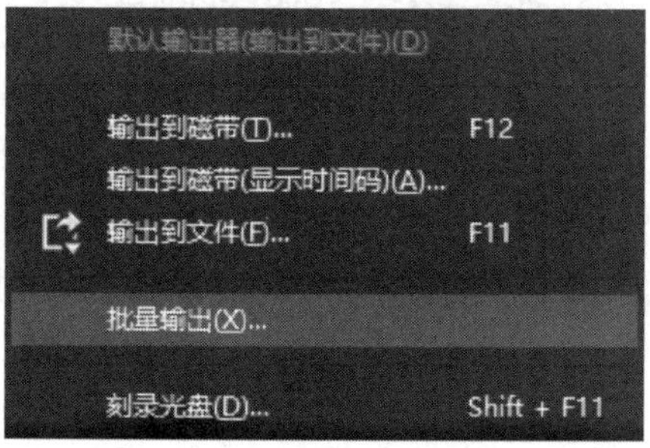

图16-4-3　选择批量输出命令

(5)EDIUS将刚才的输出设置作为一个任务添加进了批量输出列表中，等待处理，如图16-4-4。

图16-4-4　批量输出列表

(6)除了可以添加不同的时间段、时间长度、编码器之外，EDIUS的批量输出还支持添加不同序列上的任务。如果切换到其他序列标签，使用相同的方法创建入点和出点，重复第1-3步骤即可，可继续添加输出任务。

(7)所有要输出的序列添加完成后，输出列表中会添加多个输出任务，如图16-4-5。

图16-4-5　添加多个输出任务

(8)添加完毕后，单击“输出”按钮，EDIUS即可依次自动执行输出任务，如图16-4-6。

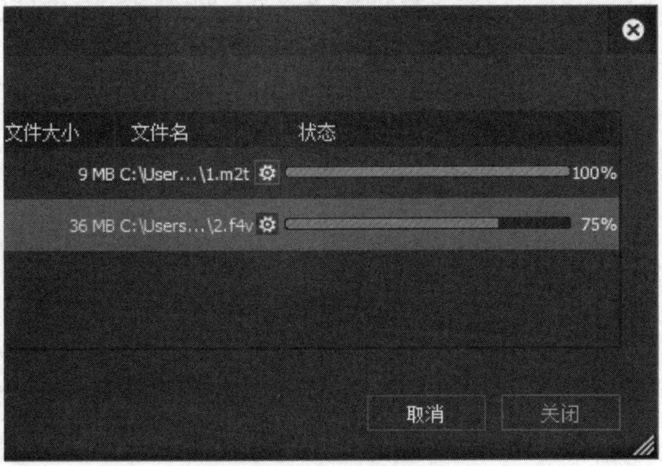

图16-4-6　执行输出任务

二、在输出列表中添加任务到批量输出

(1)先通过在时间线上设置入点和出点，确定输出时间段，如图16-4-7。

图16-4-7　在时间线上确定入点和出点

(2)单击输出按钮，在弹出的菜单中选择【输出到文件】选项，如图16-4-8。

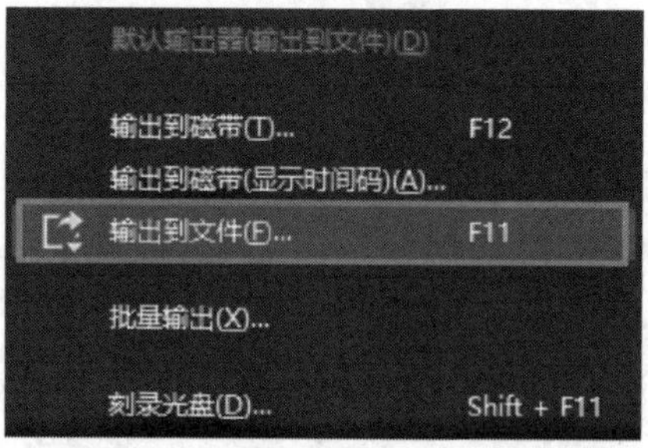

图16-4-8　选择“输出到文件”命令

(3)按照常规输出方法，选择一个需要的编码器，确定并调节参数，然后单击对话框底部的“添加到批量输出列表”按钮，如图16-4-9。

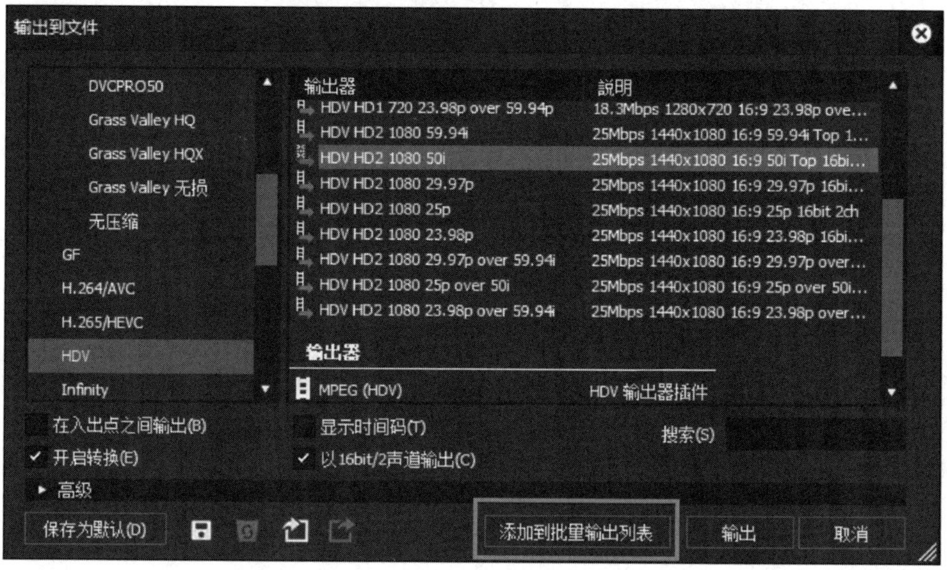

图16-4-9　添加到批量输出列表

(4)设置完编码器和输出路径后，任务即被添加进列表，可以返回至其他序列继续添加新任务，添加完毕后单击批量输出列表的“导出”按钮，即可依次执行输出任务。

参考文献

[1] 石喜富，王学军，郭建璞. Adobe Premiere Pro CC数字视频编辑教程[M].北京：人民邮电出版社，2015.

[2] JAG. Adobe Premiere Pro CC 2017经典教程[M].巩亚萍，译.北京:人民邮电出版社，2017.

[3] 肖一峰，康拿普视电子(上海)有限公司. EDIUS视音频制作标准教程[M].北京：科学出版社，2009.

[4] 曹飞，张俊，汤思民.视频非线性编辑[M].北京：中国传媒大学出版社，2009.

[5] 新视角文化行. Premiere Pro视频编辑剪辑制作完美风暴[M].北京：人民邮电出版社，2011.

[6] 李晓斌.影视动画数字后期编辑与合成[M].北京：海洋出版社，2008.

[7] 傅正义.影视剪辑编辑艺术[M].北京：中国传媒大学出版社，2009.

[8] 李琳.影视剪辑实训教材[M].北京：中国广播电视出版社，2009.

[9] 周新霞.魅力剪辑——影视剪辑思维与技巧[M].北京：中国广播电视出版社，2011.

教学课件　　　　实训素材

扫描二维码，下载配套资源

图书在版编目(CIP)数据

非线性编辑 / 段兰霏主编. -- 北京 : 中国传媒大学出版社, 2020.9(2026.1 重印)
21 世纪应用型本科系列教材
ISBN 978-7-5657-2749-8

Ⅰ. ①非… Ⅱ. ①段… Ⅲ. ①非线性编辑—高等学校—教材 Ⅳ. ①G222.1

中国版本图书馆 CIP 数据核字(2020)第 142605 号

非线性编辑
FEIXIANXING BIANJI

主　　编	段兰霏
副 主 编	冯春燕　姬晨晨　张正学
责任编辑	王　硕
特约编辑	张　蕊　景贵英
责任印制	李志鹏
装帧设计	拓美设计

出版发行	中国传媒大学出版社		
社　　址	北京市朝阳区定福庄东街 1 号	**邮　　编**	100024
电　　话	86-10-65450528　65450532	**传　　真**	65779405
网　　址	http://cucp.cuc.edu.cn		
经　　销	全国新华书店		

印　　刷	三河市东方印刷有限公司
开　　本	787mm×1092mm　1/16
印　　张	24.75
字　　数	513 千字
版　　次	2020 年 9 月第 1 版
印　　次	2026 年 1 月第 7 次印刷

书　　号	ISBN 978-7-5657-2749-8	**定　　价**	78.00 元

本社法律顾问:北京嘉润律师事务所　郭建平